郑州市地方志“一体两翼”工程
The “One Body Two Wings” Project of Zhengzhou’s Local Chronicles

# 郑州地情报告

## 2019

郑州市地方史志编纂委员会　主办
郑州市地方史志办公室　编著

中国水利水电出版社
www.waterpub.com.cn
·北京·

图书在版编目（CIP）数据

郑州地情报告. 2019 / 郑州市地方史志办公室编著
. -- 北京 : 中国水利水电出版社, 2019.12
ISBN 978-7-5170-8193-7

Ⅰ. ①郑… Ⅱ. ①郑… Ⅲ. ①郑州－概况－2019
Ⅳ. ①K926.11

中国版本图书馆CIP数据核字(2019)第253737号

选题策划：马爱梅　宋建娜　张小思
责任编辑：戴甫青

| 书　　名 | **郑州地情报告（2019）**<br>ZHENGZHOU DIQING BAOGAO（2019） |
| --- | --- |
| 作　　者 | 郑州市地方史志办公室　编著 |
| 出版发行 | 中国水利水电出版社<br>（北京市海淀区玉渊潭南路1号D座　100038）<br>网址：www.waterpub.com.cn<br>E-mail：sales@waterpub.com.cn<br>电话：（010）68367658（营销中心） |
| 经　　售 | 北京科水图书销售中心（零售）<br>电话：（010）88383994、63202643、68545874<br>全国各地新华书店和相关出版物销售网点 |
| 排　　版 | 中国水利水电出版社微机排版中心 |
| 印　　刷 | 北京印匠彩色印刷有限公司 |
| 规　　格 | 167mm×237mm　16开本　30.75印张　458千字 |
| 版　　次 | 2019年12月第1版　2019年12月第1次印刷 |
| 印　　数 | 0001—2100册 |
| 定　　价 | **78.00**元 |

凡购买我社图书，如有缺页、倒页、脱页的，本社营销中心负责调换

# 《郑州地情报告（2019）》编委会

张朝霞　秦永纪　王晓静　王志勇　郭宏旭　郭利伟
赵　翔　王向阳　王　静　郝惊迪　满　超　史晓韦
慕秋石　刘俊吉　冯　乐　陈相师　王建林　杨　翔
胡　坤　张　欣　左巧娈　胡　明　朱文聪　刘睿谨
赵　凯　李　振　张　雯　金　东　杜　娟　史玉琴

# 编纂说明



一、《郑州地情报告》以马克思列宁主义、毛泽东思想、邓小平理论、“三个代表”重要思想、科学发展观、习近平新时代中国特色社会主义思想为指导，认真学习宣传贯彻党的十九大精神，坚持辩证唯物主义和历史唯物主义立场、观点和方法，继承和发扬我国优秀文化传统，积极服务郑州市国家中心城市建设大局，提高地方志资源开发利用水平，客观翔实地记述郑州市在经济建设、政治建设、文化建设、社会建设、生态文明建设方面的发展状况，力求达到思想性、资料性、科学性的统一。

二、《郑州地情报告》由郑州市地方史志编纂委员会主办，郑州市地方史志办公室编著。该报告以推行地方志资料年报制度为依托，充分反映郑州国家中心城市建设的工作实践，是系统记述本行政区域政治、经济、文化、社会和生态等方面情况的年度资料性文献，为机关、企事业单位等组织及外来投资者和社会各界人士了解郑州、研究郑州、建设郑州提供丰富翔实的地情资料。

三、《郑州地情报告》以出版年份为卷次名称，自2018年创刊以来，每年出版一卷。

四、《郑州地情报告》总体结构划分为3个部分：第一部分为总报告；第二部分为专题报告，收录各开发区、县（市）区，部分市委部委、市直机关、人民团体的年度工作报告，突出展示各方面重点、亮点工作成效；第三部分为调研报告，收录部分开发区、县（市）区，市委部委、市直机关、人民团体的专题调研报告，对一些全局性、典型性课题进行深入调查研究。

五、《郑州地情报告》所辑录的内容由各开发区、县（市）区，市直各部、委、办、局等单位组织提供，均经各供稿单位审核。

六、《郑州地情报告》在组稿、编撰、印刷、发行过程中得到各有关部门和领导的大力支持，撰写人员付出了艰辛努力，在此一并表示谢忱。本卷《郑州地情报告》中的疏漏和错误之处，敬请专家和读者批评指正。

郑州市地方史志办公室

2019 年 11 月

# 目录



## Ⅰ 总报告



## Ⅱ 专题报告

## Ⅲ 调研报告

# I

# 总报告

# 郑州市2018年经济社会发展总报告

（根据郑州市人民政府市长王新伟2019年2月在郑州市第十五届人民代表大会第二次会议上的政府工作报告整理编写）



## 一、2018年工作回顾

刚刚过去的一年，是郑州发展史上具有里程碑意义的一年。一年来，我们在省委、省政府和市委的坚强领导下，高举习近平新时代中国特色社会主义思想伟大旗帜，按照党的十九大作出的战略部署，全面贯彻落实习近平总书记视察河南、郑州时的重要指示精神，树牢"四个意识"，坚定"四个自信"，做到"两个维护"，统筹推进"四个着力"，持续打好"四张牌"，有效应对各种困难风险挑战，砥砺奋进，拼搏赶超，较好完成了市十五届人大一次会议确定的主要目标任务。以地区生产总值破万亿、常住人口破千万、人均生产总值破10万"三大突破"为标志，出彩郑州站在了高质量发展的新起点。

（一）抢抓国家中心城市建设机遇，引领辐射作用日益凸显。国家中心城市建设迈出坚实步伐。省委、省政府支持郑州建设国家中心城市的意见即将出台，全面落实《郑州建设国家中心城市行动纲要（2017—2035年）》，总投资4.5万亿元的国家中心城市建设重大项目库发布，1000亿元产业发展基金设立运营，"一中枢一门户三中心"加快构建；

上榜“国家物流枢纽承载城市”，陆港型、空港型、生产服务型、商贸服务型物流枢纽地位巩固提升；首次进入“世界城市100强”“亚洲城市50强”；中国社科院研究机构发布的“国家中心城市指数”中，我市荣登潜在国家重要中心七项榜单；“中国大陆最佳商业城市”和《中国金融中心指数报告》，我市均居第12位。区域协调发展新格局加快构建。晋身国家区域协调发展新机制12城市，《郑州大都市区空间规划（2018—2035年）》省委、省政府审议通过，发展目标、战略路径、主要任务进一步明晰；郑开双创走廊、开港产业带、许港产业带等6个专项规划加快报审，郑焦6个专项合作协议签订实施，郑新融合发展战略规划省政府审议通过，“1+4”郑州大都市区的规划、交通、产业等领域加速融合。经济贡献度进一步提升。以占全省4.45%的地域面积、10.55%的人口，创造了占全省21.1%的GDP、30.6%的一般公共预算收入、20.7%的社会消费品零售总额、32.9%的重点项目投资、74.5%的进出口总值，航空港实验区进出口总额突破500亿美元，占全省的62.8%；引进境内外资金356.7亿美元，其中实际吸收外资42.1亿美元，占全省的23.6%。

（二）始终坚持“稳”字当头，经济质量效益稳步提升。坚持从供给侧精准发力，保持了经济运行总体平稳、稳中有进的良好态势。主要指标稳中提质。初步核算，全市地区生产总值完成10143.3亿元，居全国298个地级以上城市第16位，比上年前移1位；增长8.1%，居全国16个万亿以上城市第2位。规模以上工业增加值增长6.8%；工业投资增长11.8%，扭转了近年来持续下滑态势，高载能产业占比首次下降到40%以下。固定资产投资增长10.9%；社会消费品零售总额增长9.7%；地方财政一般公共预算收入达到1152.1亿元，增长9%，税收占比达到74.6%，高出全省4个百分点。新增市场主体25.2万户，总量达到107.5万户，成为第8个超百万的省会城市。民营经济占GDP的比重达到58.9%，从业人员占城镇就业人员的比重达到87.3%。单位生产总值能耗降低率达到7%，万元工业增加值能耗下降14.8%。现代产业体系加快构建。高技术产业增加值增长12.4%，战略性新兴产业增加值占规模以上工业比重达到20%，新能源客车产销量突破2.5万辆、占全国的

27%。七大主导产业增加值增长7.6%，对全市工业增长的贡献率达到93.9%，初步形成电子信息、汽车及装备制造两个5000亿级产业集群，国家级技术创新和制造业单项冠军示范企业达到9家。服务业增加值5545.5亿元、增长8.3%。旅游接待总人数1.15亿人次、总收入突破1300亿元，分别增长13.6%、14.3%，卢森堡旅游签证（郑州）便捷服务平台投运，郑东新区中央商务区成为“中国最具活力中央商务区”之一。金融业增加值1145.8亿元、占GDP的11.3%，郑州农商行获批筹建，郑州银行成为全国首家A+H股上市的城商行。建筑业增加值增长16.5%；物流业增加值780亿元、增长9%，国际物流园区晋升为国家级示范物流园区。新增环城都市生态农业15万亩，农业产业化龙头企业10家。“智能制造”提速增效。“三大改造”深入推进，工业技改投资增长35.4%，制造业投资占工业投资比重达到79.5%，战略性新兴产业投资增长26.4%，其中高端装备制造业、新一代信息技术产业投资分别增长380.5%、734.7%。新增超百亿企业2家、超200亿企业1家，“百千企业上云”近4700家。成功举办首届世界传感器大会、中国（郑州）承接产业转移系列对接活动等，引进上汽二期等一批重大制造业项目，中铁智能装备产业园等206个项目开工建设，合晶一期等211个项目竣工。成功创建国家服务型制造示范城市、中国消费品工业“三品”战略示范城市，中牟汽车产业集聚区成为国家新型工业化产业示范基地。

（三）强化科技创新引领，高质量发展新动能加快培育。聚焦“四个一批”，促进“四个融合”，万人发明专利拥有量13件、增长20%，科技进步贡献率达到63%。自创区建设步伐加快。大数据产业园等重大项目入驻中原科创谷，高新区管理体制和人事薪酬制度改革经验将在全省国家级开发区推广；全省首个新型产业用地试点成功落地。创新创业载体达211家，孵化载体面积突破850万平方米，在孵企业（团队）近万家，孵化水平居全国13位。技术合同交易额82.3亿元，增长136.8%，全省占比54.9%。“四个一批”成效明显。高新技术企业和科技型企业分别达到1329家、4283家，增长55%、32.7%；大力实施“智汇郑州”人才工程，吸引21万余名青年人才来郑就业创业，办理人才落户近5万人；

成功承办首届中国·河南招才引智创新发展大会，签约项目111个，引进高层次人才293人。科技创新实现重大突破。积极推动协作创新，实施通信技术、超级电容等十大科技专项，8项成果获2018年度国家科技奖励，创历史新高。旭飞光电参与研发的光电显示项目获国家科技进步一等奖，结束了我国玻璃基板完全依赖进口的历史；中铁装备公司研发的异形全断面掘进机获二等奖，填补了国内外技术空白；盾构及掘进技术实验室被科技部评为全省唯一优秀国家重点实验室。新增省级以上研发中心221家、制造业创新中心3个。

（四）坚定不移推进改革开放，发展动力活力持续增强。重点改革加快推进。政府机构改革全面启动，因地制宜设置40个政府工作部门，新老机构顺利交替。“放管服”改革持续深化。在全省率先启动“最多跑一次”改革，市级政务服务办事大厅建成投用，878个审批服务事项分类“一窗受理”，全面推行一次告知、“肩并肩”辅导等机制，为群众提供了“门好进、脸好看、事好办”的政务服务。投融资体制改革持续深化。财政资金基金化改革有序推进，市场准入负面清单试点加快实施，公共资源交易在线监管全覆盖。国企改革攻坚行动强力实施。13家市管工业企业改制大头落地，34家“僵尸企业”实质出清，市管三级企业混改比例达47%。农村土地承包经营权确权颁证全面完成，农村集体产权制度改革扎实推进；社会信用体系建设荣获国家“守信激励创新奖”，城市管理综合执法、医疗卫生等领域改革加快推进。“五区联动”综合发力。航空港实验区电子信息先进制造业集群向高端拓展，电子信息产业产值突破3000亿元，“双创”示范基地受到国务院表彰。自贸区郑州片区256项改革创新试点任务已超前完成五年计划的86.7%，新增注册企业4万家、占河南自贸区的80.6%。大数据综试区加快建设，中科院计算所郑州分所挂牌成立，累计引进大数据及相关企业200余家。口岸建设成效突出，汽车平行进口试点、中欧班列运邮试点城市获批，进境粮食指定口岸试运营，内陆地区口岸数量最多、种类最全的城市地位继续保持。“四路协同”效应显现。“空中丝绸之路”越飞越广，国家支持郑州机场使用第五航权，已开通航线236条，横跨欧、美、亚三大经济区的国际枢纽航线网络初步形成，成为全国第二个实现航空、铁路、轨道交通、高速公路一体化换乘机场。“陆上丝绸之路”越跑越快，中欧班列（郑州）每周“去九回八”高频次运行，新开通中亚、东盟线路，全年开行752班，主要指标继续保持全国前列。“网上丝绸之路”越来越便捷，EWTO核心功能集聚区启动建设，新签约项目45个，第二届全球跨境电子商务大会成功举办，跨境电商交易额增长25.1%。“海上丝绸之路”越来越顺畅，郑州至连云港、青岛、天津等港口海铁联运班列累计开行206班。

（五）集中精力打好“三大攻坚战”，补短板强弱项取得积极进展。始终把“三大攻坚战”作为政治任务盯紧抓牢。防范化解重大风险攻坚战扎实推进。全面开展金融机构不良资产压降、非法违规金融活动打击、互联网金融风险和政府隐性债务“四清四实”专项整治行动，依法依规处置非法集资事件，稳妥处置重点领域个案重大风险，有序化解上市公司流动性危机，政府债务管理机制进一步规范。精准脱贫攻坚加快推进。脱贫退出1434户3800人，占全年目标的122%，剩余贫困人口1785人，实现除政策兜底外全部脱贫，脱贫攻坚由取得决定性进展向夺取全面胜利转变。结对帮扶贫困县工作深入开展，22项重点工作和197个帮扶项目启动。全面打好污染防治攻坚战。认真做好中央环保督察“回头看”及省委、省政府环保督察交办问题整改工作，制定实施大气、水、土壤污染防治攻坚三年行动计划。围绕“四大结构”调整，深入开展工业企业提标改造、柴油货车污染治理、燃煤用量削减、城乡接合部环境综合整治、扬尘治理等专项行动，强力推进秋冬季大气污染攻坚，全市空气质量明显改善。2018年7月、8月、9月连续三个月空气质量首次达到国家二级标准，综合指数、6项指标、优良天数实现“七降一增”，为2013年执行国家空气质量新标准以来最好水平；PM10、PM2.5年均浓度同比分别下降10.2%、4.5%，超额完成国家和省定目标。坚持“治、护、建、管”并重，全面推行河（湖）长制，大力实施“四水同治”工程，6个国、省控断面实现水质类别提升，通过国家节水型城市建设复查和全国水生态文明城市建设试点验收、集中式饮用水水源地专项排查验收，城市黑臭水体整治获得国家督查组肯定。完善污染地块土壤环境管理联动机制，加快推进土壤治理与修复省级试点项目，完成重点行业企业土壤污染状况调查，土壤污染防治攻坚战有序推进。

（六）健全完善城市功能体系，城乡融合发展持续深化。国家综合交通枢纽地位进一步强化。我市被确定为全国12个最高等级国际性综合交通枢纽之一。《郑州国际航空货运枢纽战略规划（2018—2035年）》《郑州铁路枢纽总图规划（2016—2030年）》成功获批，《畅通郑州白皮书（2019—2021年）》编制完成。郑济、郑万、郑阜高铁及郑州南站、机场至南站城际铁路加快建设。高铁客流量发送3303.8万人次、增长14.9%；航空货邮吞吐量51.3万吨、客运量2733.5万人次，分别居全国大型机场第7位、第12位。机西高速二期、商登高速（郑州段）建成通车，新建、改建国、省干线和农村公路320公里，环城高速出入口达到24个。地铁5号线空载试运行，轨道交通运营及在建里程突破300公里。中心城区“两横两纵＋环线”快速路网体系基本形成，成功创建“国家公交都市建设示范城市”。城市基础设施加快建设。百城建设提质工程深入实施，统筹做好“四篇文章”，抓好城市“四治”，实施项目1461个，完成投资2182亿元。“四大文化片区”有序推进，中央文化区（CCD）“四个中心”基本完工。新建公共停车泊位5.2万个，新建改造公厕1692座。综合管廊、清洁取暖等国家试点有序推进。新增供热面积1600万平方米，新增生活污水日处理能力20万吨。日处理4000吨的垃圾发电厂和600吨的餐厨垃圾处理厂即将投用。市、县两级城市建成区面积830平方公里，全市城镇化率达73.4%。城市精细化管理三年行动计划全面启动。环卫保洁标准大幅提升，城市管理范围从三环内拓展至近郊48个乡镇，面积达到1440平方公里。四环内全面推行三级“路长制”，管理责任落实到了最后一米、最后一人；实施道路大中修155条、支路背街改造提升71条；清理清除楼顶广告6521个、路边路牌广告、道旗广告4056杆。入选全国35个建筑垃圾治理试点城市，城市生活垃圾分类工作进入国家46个试点城市前10位。生态建设成效明显。强力推进国土绿化提速行动，铁路沿线、干线公路、高速立交及出入市口等区域违建全部拆除，提质连通生态廊道528公里，新造林11.5万亩，完成森林抚育

7.8 万亩；市区新增绿地 1356 万平方米，建成高铁公园等公园、游园、微公园 411 个。第十一届园博会圆满闭幕，园博园常态化开放。贾鲁河综合治理蓝线工程基本完工，绿线工程全面启动。牛口峪引黄等三大水源工程主体建成，河道采砂整治成效进一步巩固，全年向城区河道调水 3.8 亿立方米。乡村振兴战略深入推进。27 个美丽乡村和 364 个规划保留村生活污水集中处理设施加速推进，1037 个基层综合性文化服务中心、148 个乡镇公厕改造竣工投用。“大棚房”专项整治成效明显。非洲猪瘟等动物疫病防控扎实有效。

（七）聚焦民生福祉下功夫，人民群众获得感幸福感不断增强。坚持在发展中补齐民生短板，省、市民生实事基本完成。全年财政民生支出 1402.9 亿元、增长 17%，占全市财政一般公共预算支出的 79.6%。聚焦“一老一小”提供优质服务。高度关注养老问题，全市养老床位达到 4 万张，城乡居民月人均养老待遇达到 239 元。全域通过国家义务教育发展基本均衡工作评估。幼儿园建成投用 37 所，新建、改扩建中小学 38 所，投用 20 所，大班额、上学难问题逐步缓解。聚焦就业消费提高群众收入。新增城镇就业 12.4 万人、农村劳动力转移就业 6.12 万人，“零就业家庭”动态为零。居民消费价格指数上涨 2.4%，“衣食住行”等八大类商品价格均保持温和上涨。居民人均可支配收入完成 33105 元，增长 8.3%，城乡居民收入比缩小到 1.8。专业市场转型升级和有序疏解步伐加快。聚焦就医、住房，缓解群众难题。公立医院综合改革受到国务院表彰，药品、高值耗材联合采购实现全覆盖，药占比 29.6%，各医疗机构药品“两票制”执行比例 98%以上，“家门口医疗服务”更加便捷；基本建成保障性住房 9.4 万套，首批 2.5 万套青年人才公寓开工建设，安置房网签 12 万套，新增回迁群众 30 万人、回迁率 84%。房地产市场保持平稳。聚焦文化惠民满足群众需求。公共文化服务体系进一步完善，服务效能不断提升，文化艺术和产业提质发展。成功创建国家首批文化消费试点城市，成为全国最爱阅读城市之一。成功举办戊戌年黄帝故里拜祖大典、第十二届中国郑州国际少林武术节、2018 郑州航展、2018 郑州国际马拉松赛等活动赛事，第十一届全国少数民族传统体育运动会筹备工作有序推进。

在做好各项工作的同时，我们聚焦聚力作风建设，不折不扣落实党中央、国务院决策部署和省委、省政府及市委要求，大力营造真抓实干、拼在一线的强大气场。我们夯实全面从严治党主体责任，不断加强民主法治建设、党风廉政建设和政府系统党的建设，深入推进依法行政，强化审计监督，持续纠正“四风”，认真做好中央、省委巡视及国务院大督查反馈问题整改工作，自觉执行市人大决议决定，主动接受各方监督，385件人大代表建议（议案）、683件政协提案全部办结。推进军民融合深度发展，“双拥”工作持续深化。深入开展“扫黑除恶”专项斗争，依法打击各类违法犯罪和暴力恐怖活动。民族宗教工作创新推进。安全生产、食品药品安全、信访稳定、社会治理等工作进一步加强。妇女儿童、残疾人、红十字、慈善等事业健康发展。外事、侨务、对台、统计、史志、气象、地震、社科研究、援疆等工作取得新成绩。

过去一年取得的成绩，是以习近平同志为核心的党中央掌舵领航的结果，是省委、省政府和市委坚强领导的结果，是中央、省驻郑单位共同参与，市人大、市政协支持监督和全市上下奋力拼搏的结果。

同时，我们也清醒地认识到，我市经济社会发展还存在许多不平衡不充分的矛盾和问题。主要是：产业发展质量不高，传统产业仍占较大比重，新兴产业增速快但体量小，金融和实体经济的良性循环尚未形成，投资特别是民间投资不足。科技创新能力不强，企业研发投入比例不高，科技成果转化有待加强，高端创新人才、创新团队仍然偏少。生态环境保护任务依然繁重，产业结构、能源结构、交通运输结构不优，大气、水体、土壤环境治理压力较大，绿色低碳生产生活方式还需加快推进。民生保障还存在不少短板，就业、教育、医疗、住房、养老、家政等方面与群众期待还有差距，影响社会稳定的突出矛盾需要加快解决。政府治理体系和治理能力与国际化、现代化、生态化大都市要求还有差距，营商环境有待优化，城市管理精细化水平还需提高，一些领域不正之风和腐败问题时有发生等。对此，我们将不畏难、不避险，采取有力措施，切实改进解决。

## 二、2019 年政府工作总体要求和主要预期目标

2019 年是新中国成立 70 周年，也是推动国家中心城市高质量建设、决胜全面建成小康社会、实现第一个百年奋斗目标的关键之年。综合判断，今年有挑战更有机遇，有压力更有动力。

（一）站在国家中心城市高质量建设新的历史起点，我们要有强烈的使命意识。2014 年 5 月习近平总书记视察河南和郑州时，提出郑州要“建成连通境内外、辐射东中西的物流通道枢纽，为丝绸之路经济带多作贡献”，向“买全球卖全球”目标迈进、打造中部地区对外开放高地。2016 年 12 月国家明确提出支持郑州建设国家中心城市，2018 年 11 月晋身国家区域协调发展新机制 12 个城市。省委、省政府全力支持郑州国家中心城市建设，强调在引领中原城市群发展中，“让郑州这个龙头高高扬起来”。我们要始终牢记习近平总书记的殷殷嘱托和省委、省政府的希望重托，把“引领区域发展、参与国际竞争、代表国家形象、服务国家战略”作为郑州建设国家中心城市的方位、目标和使命，推动经济高质量发展、城市高品位建设，努力在全国全省大局中贡献“郑州力量”。

（二）站在国家中心城市高质量建设新的历史起点，我们要有强烈的机遇意识。当前，建设国家中心城市是我市最大发展机遇，航空港实验区、自贸区郑州片区、郑洛新国家自主创新示范区等一大批国家战略和载体平台加快实施，政策叠加优势加速释放。中央继续实施积极财政政策和稳健货币政策，实施更大规模减税降费，加大基础设施领域补短板力度，有利于我们抢抓机遇加快发展。新一轮科技革命和产业变革蓬勃兴起，“四新”经济不断涌现，只要主动作为，就能抢占先机。作为 1 亿人口大省的省会，“1＋4”郑州大都市区空间规划深入实施，“枢纽＋区位”的优势地位更加巩固，将释放巨大的发展潜力和市场空间。特别是近年来在市委坚强领导下，全市上下形成了“心齐、劲足、气顺”谋发展的浓厚氛围。我们要抢抓机遇，深耕细作，勇作先行者，当好排头兵。

（三）站在国家中心城市高质量建设新的历史起点，我们要有强烈的

忧患意识。世界经济下行风险逐步加大，中美贸易摩擦带来的经济不确定性增加，市场需求放缓，增长动能减弱；我市经济运行稳中有变、变中有忧，稳定经济增长的任务更加繁重；区域竞争更加激烈，追兵逼近、标兵奋进，不进则退、慢进亦退。我们要切实防范化解经济发展、政治安全、社会稳定、自然灾害、公共事件、安全生产等领域重大风险，牢固树立底线思维，打好主动仗、下好先手棋、增创新优势，以破解难题的成效带动全局工作提升，始终保持郑州在全国省会城市中晋位升级态势。

（四）站在国家中心城市高质量建设新的历史起点，我们要有强烈的担当意识。时刻牢记“新时代是奋斗者时代”的召唤，培养斗争精神和争先意识，面对使命敢于踏平坎坷，面对矛盾敢于迎难而上，面对危机敢于挺身而出，面对失误敢于承担责任，面对歪风邪气敢于坚决斗争，始终把准大势、顺应趋势，走对路子、踩准鼓点。只要有利于发展、有利于人民幸福，就毫不犹豫地大胆闯、勇于改、超前干，全力跑好郑州发展这一棒，用扎实业绩开创高质量发展新境界。

（五）站在国家中心城市高质量建设新的历史起点，我们要保持战略定力。紧盯国家中心城市高质量建设总目标，牢牢把握“稳中求进”总基调，突出“奋发有为”总要求，始终坚持“四重点一稳定一保证”工作总格局，坚持目标导向、问题导向和“创优势、增实力、补短板、能抓住”工作方针，落实好“党委加强领导、政府充分履职、人大政协共同参与”责任明晰、工作有序、运转高效的工作机制，坚持以项目为带动、项目化推进，明确任务书、时间表和路线图，确保定一件、干一件、成一件。

（六）站在国家中心城市高质量建设新的历史起点，我们要保持竞进姿态。要树立世界眼光，围绕“整体工作创一流、重点工作做示范、特色工作争先锋”政府工作目标，身体力行“四问、四标”工作要求。“四问”：即围绕国家中心城市建设，一问思想站位高不高，是不是世界眼光？二问研究谋划深不深，是不是国际标准？三问方法路径对不对，是不是改革创新？四问措施作风实不实，是不是高效务实？着力以“四问”

推动经济高质量发展、城市高品位建设，形成交通枢纽、开放平台、经济体系、营商环境、城市风貌的“五个国际化”。“四标”：即寻标、对标、达标、夺标，找差距、补短板、创优势，每项工作都要对标国内外先进城市找标杆、对标杆、追标杆、超标杆，力争在国家中心城市建设中先出彩、出重彩。

今年政府工作的总体要求是：坚持以习近平新时代中国特色社会主义思想为指导，全面贯彻党的十九大和十九届二中、三中全会及中央经济工作会议精神，深入贯彻习近平总书记视察指导河南和郑州时的重要讲话精神，认真落实省委十届八次全会、市委十一届九次全会部署，牢固树立新发展理念和以人民为中心的发展思想，把握“稳中求进”总基调，突出“奋发有为”总要求，以高质量发展为根本方向，以供给侧结构性改革为主线，以国家中心城市建设为统揽，以航空港实验区建设为引领，以“五区联动”“四路协同”为突破，坚持“四重点一稳定一保证”工作总格局，坚持目标导向、问题导向和“十二字”工作方针，坚持项目带动、项目化推进工作，继续打好三大攻坚战，统筹推进稳增长、促改革、调结构、惠民生、防风险各项工作，进一步稳就业、稳金融、稳外贸、稳外资、稳投资、稳预期，提振信心、激发活力，保持经济持续健康发展和社会大局稳定，推进国家中心城市建设迈出更大步伐，为全面建成小康社会收官打下决定性基础，以优异成绩迎接新中国成立70周年。

主要预期目标：生产总值增长8%左右；规模以上工业增加值增长7%左右；固定资产投资增长8%以上；一般公共预算收入增长8%左右；税收占一般公共预算收入比重达到75%左右；社会消费品零售总额增长9.5%；进出口保持平稳增长；居民人均可支配收入增长8%；居民消费价格指数涨幅控制在3%左右；常住人口城镇化率提高1.3个百分点以上，全社会研发投入强度达到2%；城镇调查失业率、登记失业率控制在5.5%、4%以内；节能减排、环境保护等指标完成国家、省下达任务。

## 三、2019年重点工作

2019年，我们将紧盯国家中心城市高质量建设总目标，紧紧围绕“让郑州这个龙头高高扬起来”新要求，加快“一中枢一门户三中心”建设，突出抓好十个方面工作。

（一）着力构建现代产业体系，加快建设国家新的经济增长中心。坚持稳增长、促转型、重民营、强县域、活金融相结合，夯实经济高质量发展的基础支撑。

深化供给侧结构性改革。坚持“巩固、增强、提升、畅通”八字方针。一是巩固“三去一降一补”成果，推动产能过剩行业加快出清，促进土地、资本、人才等要素向优质企业、新兴产业流动。二是增强微观主体活力，发挥企业和企业家主观能动性，构建以公平竞争、优胜劣汰为主导的正向激励机制，破除各类要素流动壁垒。三是提升产业链水平，加快构建以信息、技术、知识、人才等要素为支撑的竞争新优势，促进产业迈向全球价值链中高端水平。四是畅通经济循环，强化产销、产需、产运对接，提高金融体系服务实体经济能力，着力建设统一开放、竞争有序的现代市场体系。

牢牢扭住稳增长基本要求。一是突出强投资。坚持民间投资和政府投资“两手抓”，紧盯总投资2.13万亿元的910个省、市重点项目，确保完成投资4600亿元以上；落实国家、省、市鼓励民间投资政策措施，为民间投资营造良好环境。实施工业“1312”强投资计划，推进上汽大数据中心等200个项目开工建设，加快推动宇通电动客车技术中心等200个以上项目竣工投产。二是着力稳实体。全面落实国家减税降费等政策，清理规范各类行政审批中介服务事项，全面清理涉企收费，加强运行监测预警分析，强化电力、运力、能源等要素保障，突出稳定工业增长。三是积极扩需求。紧跟国家政策导向促进消费升级，充分释放健康、文化、信息等领域和传统服务业消费潜力，落实好个人所得税专项附加扣除政策，积极培育新的消费热点。四是强力抓招商。落实招商引资“一把手”工程，深度对接世界500强和国内外行业领军企业，大力实施精准招商，定向引进一批建链、延链、强链、补链企业和项目，力争实际到位资金2450亿元，其中实际利用外资43亿美元，新增世界500强企业不少于5家。

全方位支持民营经济发展。像爱护眼睛一样爱护民营经济，像对待亲人一样善待民营企业。全面落实省“非公经济20条”，优化市“民营经济40条”，坚持“两个毫不动摇”，促进多种所有制经济共同发展。积极营造公平、透明、高效的普惠性市场环境，构建“亲清”新型政商关系，研究解决民营企业发展中遇到的困难，切实依法保护企业家人身和财产安全。市场经济是企业家经济，企业家是郑州最宝贵的战略资源，我们要为企业提供“六心”服务，充分激发郑商活力，让广大企业家坚定信心向前走、心无旁骛谋发展。

加快推进产业转型升级。以高端化、绿色化、智能化、融合化为方向，一是强化智能制造引领。实施电子信息、汽车、装备制造等5个重点产业转型升级行动计划，智能传感器、信息安全等5个新兴产业培育专案，加快建设信息安全产业基地和智能传感谷，着力培育世界级智能终端、客车、超硬材料等先进制造业集群；加快铝及铝精深加工、家居和品牌服装制造等传统产业改造升级。深入推进质量强市战略，推动经济转型发展；实施制造业研发投入三年倍增计划，加快制造业创新中心、产业创新联盟等创新平台建设。推进制造业和服务业融合，加快工业互联网平台建设，持续推进“百千企业上云”计划。实施“三大改造”，力争技改投资增长30%以上。积极筹办中国服务型制造大会和第二届世界传感器大会，利用好2019年两岸智能装备制造郑州论坛、豫沪产业合作对接活动等平台，力争签约亿元以上项目100个以上、签约额1500亿元以上。实施战略性企业培育、企业家领航、中小企业培育等行动计划，推动百家企业“三年倍增”发展，力争百亿级工业企业达到14家。积极推进5G技术应用、物联网应用、人工智能应用，抢占数字经济制高点，加快建设网络强市。二是推进现代服务业提质。加快区域金融中心建设，力争金融业增加值突破1200亿元。建设国家现代物流创新发展试点城市，力争物流业增加值达到 850 亿元。大力发展健康养老服务，力争新增养老床位 4000 张，加快推进郑州宜居健康城、河南精准医疗产业园等项目建设。积极吸引国际展会活动来郑举办，力争展览总面积增长 6%以上，国际性展会达到 12 个。坚持“房子是用来住的，不是用来炒的”定位，加快建立租购并举住房制度，构建房地产平稳发展长效机制。大力支持技术、信息等专业服务业，着力发展供应链管理、信息增值等服务型制造新业态。三是促进都市现代农业增效。打造“一带四区五组团”格局，加快建设环城都市生态农业圈和沿黄生态涵养带。实施生态农业建设等“四大工程”，力争新发展环城都市生态农业 10 万亩、湿地农业和高标准“菜篮子”生产示范基地各 1 万亩、培育全国休闲农业与乡村旅游星级企业 10 家。同时，继续抓好“大棚房”清理整治。持续抓好非洲猪瘟疫情防控。筹办好第 20 届中国绿色食品博览会。

用好资本市场的金融活水。一是发挥国家中心城市建设产业发展基金和投融资担保专项资金作用，支持制造业高质量发展。用足用活地方政府债券政策，支持发行企业债券、双创专项金融债券和孵化专项债券，激发民间投资活力。二是优化金融服务，大力发展绿色金融、普惠金融、科技金融，常态化办好重大项目融资对接会，推动郑州银行、中原银行、郑州农商行等提高存贷比，打通企业融资“最后一公里”，降低民营企业获得信贷难度和成本。三是实施企业挂牌上市和并购重组提速计划，持续打造上市挂牌“郑州军团”、并购重组“郑州高地”、资本市场“郑州板块”，力争上市公司和新三板挂牌公司达到 220 家。

强力推进县域经济高质量发展。全面贯彻习近平总书记县域治理“三起来”、乡镇工作“三结合”重要指示，加快组团式发展，明晰发展定位，放大比较优势，彰显县域发展特色。扎实开展产业集聚区、服务业“两区”高质量发展专项行动，支持各开发区、县（市）区培育 1～3 个主导产业，打造一批具有国际国内竞争力的千亿级产业集群，做大做优做强县域经济“单元格”。

（二）*着力实施创新驱动发展战略，加快建设国家创新创业中心。*突出企业创新主体地位，加快培育创新生态链，汇集改革动力、激发人才活力，真正让创新成为引领发展的第一动力。

持续提升科技创新能力。一是全力支持自创区发展，谋划建设自创区展示中心，积极打造中原科创谷、郑东新区科学谷、郑开双创走廊。二是加大政策支持力度，加强专利权、商标权、版权等要素市场和产权市场法治建设。研究建立助推高质量发展的科技创新政策体系，大力培育高新技术企业，积极引进培育雏鹰企业、瞪羚企业、独角兽企业。三是深入推进“政产学研用”协同创新，充分发挥国家技术转移郑州中心、河南省技术产权交易所等作用，加速科技成果转化。加快推进国家超算中心、中科院过程所郑州分所等项目建设。组织实施盾构、燃料电池客车等 50 个科技创新重大专项。办好中国・郑州北斗应用大会、独角兽企业峰会、新兴产业大会、中国・河南开放创新暨跨国技术转移大会、双 12 双创日暨第五届中国创客领袖大会等活动。

扎实推进军民融合深度发展。全力推进 6 个国防科技关键核心“卡脖子”技术攻关，加快开发和实施一批军民两用技术产品。依托新材料、精密机械加工、高端装备制造等军民融合重点领域，有效引导“民参军”“军转民”。加强与省内外央属军工单位对接，加快引进综合实力强、科技含量高的军民融合型企业。加快建设河南郑州军民融合产业创新基地（荥阳）、河南军民融合产业基地（巩义）、北斗产业园（高新区）。

加大“四个一批”培育力度。积极引进培育一批行业领域隐形冠军企业，力争新培育高新技术企业 500 家；持续推进大中型企业研发机构全覆盖工程，加速布局市级创新平台；引进建立新型研发机构 10 家以上，高标准建设中科院计算所郑州分所、浙江大学中原研究院、同济大学中原环保产业研究院、固高郑州智慧产业研究院；积极打造国际人才新高地，大力实施“智汇郑州”人才工程，出台更具竞争力的人才政策，加快推进设立海外人才工作站，着力引进一批站在世界科技前沿、处在创新高峰期的领军人才和创新团队，力争引进领军人才和高层次紧缺人才 200 名。

强力打造“双创”升级版。健全完善人才培养、评价和激励机制，探索实施顶尖人才“全权负责制”，落实科研人员发明成果转化创业、科技成果收益分配、股权期权激励等政策，推动科研机构与企业双向交流，培养一批为企业提供智力支持的科研人才团队。高质量建设各级各类双创示范基地、大学生创新创业实践示范基地、小型微型企业创业创新示范基地、创业孵化园等，支持社会力量多元建设创新创业综合体；着力打造“郑创汇”“强网杯”等创新创业大赛品牌。力争万人发明专利拥有量达到16件，科技进步贡献率达到64%。

（三）着力提升城市文化软实力，加快建设华夏历史文明传承创新中心。围绕“建设国际文化大都市，打造中华文明与世界文明交流对话重要平台”，打造城市名片，提升文化品位，塑造城市形象，不断提升文化对全球吸引力、影响力和传播力。

高标准建设重点片区。一是抓好中央文化区（CCD）。加快CCD区域重大公共服务平台建设，打造一批具有郑州特色的文化新地标。确保奥体中心、大剧院、新博物馆等项目建成投用，全面加快北部片区建设步伐。二是抓好四大历史文化片区。开工建设商都历史文化区公建类项目和商业文化片区，全力打造中原地区“城市会客厅”。大力提升百年德化历史文化片区德化街环境，着力打造城市文化“品牌工程”。加快建设二砂文化创意园，着力打造国内一流“城市创新工场和工业历史博物馆”。加快推进荥泽古城一期文化片区、水系等重点项目建设，努力打造中华文明史诗级地标、国际知名旅游目的地。四大片区完成投资100亿元以上。

推动文化事业繁荣发展。一是实施文化惠民、文化精品工程。积极引导城乡居民扩大文化消费，建设“绿城智慧书房”50处；推进县乡文化馆、图书馆总分馆制，新增分馆15个；组织好“千场演出”“万场电影”“绿色周末”、精品剧目演出季等文化惠民项目；打造提升《精忠报国》《朝阳城》《郑风·意象》等新剧目，努力争取国家艺术奖项。围绕庆祝新中国成立70周年等重大节日，组织开展各类丰富多彩的群众文化活动。二是加强历史文化遗产保护利用。编制全域文物保护利用示范区总体规划，打造国家文物保护利用示范区。新建生态保遗项目22个。郑州商都博物院和郑州市文物考古研究院“两院”建成开放，三年内谋划建设各类博物馆100家以上。实施中原文物全媒体传播计划。启动文物安全智慧监管平台建设。加强非物质文化遗产名录体系建设，鼓励扶持民营展示馆、传承基地建设。

培育文旅产业集群优势。一是加快“只有河南”主题演艺公园、宋城·黄帝千古情、银基佳宝乐园、列子小镇等一批重点项目建设，推进文化传承保护创新，培育壮大文化消费市场。二是广泛吸收世界先进文化元素，赋予新时代内涵和现代表达形式，精心筹办已亥年黄帝故里拜祖大典，加快建设中牟国际文化创意园区，依托华强中华复兴之路、电影小镇、海昌海洋公园等项目，全面打造“东方奥兰多”。三是促进旅游业转型升级，做大做强“功夫郑州”、黄帝文化、黄河文化、嵩山文化、河洛文化等知名品牌，加快构建快进慢游新格局，力争跻身国内旅游城市第一方阵。

（四）着力打造内捷外联“畅通郑州”，加快建设国际综合交通物流中枢。突出抓好九大重点工程，巩固扩大提升“域外枢纽、域内畅通、多式联运”三大优势。

一是抓好航空枢纽能级提升工程，以郑州国际航空货运枢纽战略规划获批为契机，加快推进机场三期工程建设，完善中央航站区布局，提升机务维修等配套能力，打造24小时内全球可达的航空服务体系。二是抓好“米字形”高铁网实施，配合做好郑万、郑阜、郑济高铁和郑州南站建设，确保郑万一期、郑阜高铁年底前通车运营。三是抓好铁路货运体系建设工程，持续推进占杨、薛店和上街铁路物流基地以及郑州南站高铁快运基地等工程建设，加快构建“1＋2＋N”铁路货运体系。四是抓好“1＋4”郑州大都市区交通构建工程，完善郑州与周边地市“3＋3＋4”快速交通系统，确保机场至南站城际铁路建成通车，开工建设机登洛城际铁路，争取开工建设焦平高速（郑州段），加快连霍高速外移等工程前期工作。五是抓好环城货运通道建设，推动107国道东移与四港联动大道连接线等6个项目完工。六是抓好“‘米’字＋环线”轨道交通建设工程，力争4月底前轨道交通第三期建设规划获批，5号线5月通车运营，市民文化服务区地下交通市政工程、2号线二期、城郊线二期等线路年底前投用；3号线一期、4号线等加快建设。七是抓好城市路网建设工程，金水路西延、农业快速路铁路代建部分、四环线及大河路快速化高架主线等工程投用，开工建设紫荆山路—长江路综合立交等一批快速路工程，续建新建支线道路55条，基本消除三环内断头路。八是抓好公交场站和公交专用道建设工程，积极发展“全域公交”，巩固提升“公交都市”创建成果。九是抓好多式联运“一单制”工程，围绕物流枢纽承载城市定位，提升公铁集疏、陆空衔接、铁海联运水平，研究建立“一单制”联运体系，构建一站托运、一次收费、一单到底的现代国际物流中心。

（五）着力推动“五区联动”“四路协同”，加快建设内陆地区对外开放门户。加强政策研究、制度创新，积极融入全球经济体系，巩固提升“一带一路”核心节点城市地位。

全面提升“五区联动”优势。一是强化航空港实验区引领作用。开工机场三期北货运区，加快智能终端及新型显示、智能装备、生物医药、航空制造和服务、航空物流等产业发展。二是高水平建设自贸区郑州片区。围绕“两体系一枢纽”定位，深入推进政务、金融、监管、法律、多式联运五大专项体系建设，力争256项改革创新任务和153项复制推广任务基本完成，持续推进申建自由贸易港。三是全力支持自创区发展。深化管理体制和人事薪酬制度改革，启动自创区核心区扩区工作。四是加快推进跨境电商综试区建设。加快EWTO核心功能集聚区专项政策的制定落实，打造跨境电商零费区；积极申建跨境电商进口药品监管服务试点；反向复制1210进口模式，开行直飞欧美包机，举办第三届全球跨境电商大会。五是加快国家大数据综试区建设。以龙子湖智慧岛为中心，辐射高新区、金水科教园区，力争入驻大数据企业300家以上、产值超过300亿元。

巩固扩大“四路协同”效应。一是推动“空中丝绸之路”强基扩面。加快组建本土客货运航空公司，推动国内外知名航空物流服务企业落地。深入实施郑州—卢森堡“空中丝绸之路”专项规划，推动第五航权业务开展，加快组建卢森堡合资货航公司。支持卢森堡货航开辟1～2条洲际货运航线，增加1～2个通航点。力争客运量突破3000万人次，货邮吞吐量达到52万吨以上。二是推动“陆上丝绸之路”扩线提量。开通经满洲里、绥芬河口岸线路，力争中欧班列（郑州）全年开行1300班以上。三是推动“网上丝绸之路”便捷便利。完善跨境电商供应链体系，拓展跨境电商出口业务，引进跨境电商大型平台类、物流类、支付类总部企业，力争跨境电商交易额增长20%。四是推进“海上丝绸之路”无缝衔接。打造“郑州港”内陆港，通过海铁联运、公海联运等方式让港口功能平移至“郑州港”，力争在郑州海关报关放行不少于1万个标准集装箱。

切实加强开放平台建设。一是抓好口岸和海关特殊监管区建设，加快集装箱中心站第二线束、汽车口岸二期项目建设，加快推进汽车平行进口试点，建设“一站式”大通关服务体系，打造智慧口岸，积极推进建设海外仓及物流分拨中心。二是加快实施《郑州市推进中欧区域政策合作案例地区建设工作方案（2018—2020年）》，持续提升城市国际化水平。三是着力推动外贸转型升级，促进跨境电商与制造业融合发展，尽快把产业优势转化为出口优势，力争全市外贸进出口总额完成4100亿元以上。

（六）着力破解全面建成小康社会瓶颈制约，坚决打好打赢三大攻坚战。切实防范化解重点领域风险。坚持消存量、控增量并举，加快非法集资案件办理，构建互联网金融监管长效机制。探索建立部门联动、上下联手、市场运作机制，持续推动上市公司流动性危机化解。强化债务风险管控，严守政策红线，依法规范政府举债行为，有序稳妥化解债务风险。建立专班专案，有效化解房地产领域问题楼盘。强化应急管理，提升防灾减灾救灾能力，压实安全生产责任，全面推行双重预防体系建设，坚决防范遏制各类事故发生。做好突发公共事件预防处置，有效防范社会风险。

坚决打赢脱贫攻坚战。落实脱贫攻坚三年行动实施方案，解决好“两不愁三保障”突出问题，切实增强贫困群众内生动力和自我发展能力。把防止返贫摆在更加突出位置，狠抓政策举措落地、就业产业带动、综合保障兜底，持续巩固扩大脱贫成效。扎实推进易地扶贫搬迁后续扶持和黄河滩区居民迁建，确保搬迁群众"稳得住、能致富"。持续做好结对帮扶贫困县工作。

全力打好污染防治攻坚战。强化"党政同责、一岗双责""三管三必须"，强力推动生态环境保护再上新台阶。一是坚决打赢蓝天保卫战。持续优化能源结构，加快推进主城区煤电机组清零工程，推动煤炭消费总量稳步下降；加快调整产业结构，实施重污染企业退城搬迁、重点企业"一企一策"深度治理改造；积极调整交通运输结构，继续实施公铁联运，加快建设城市物流配送体系，建设完善"天地车人"一体化的机动车排放监控系统，打好柴油货车污染治理攻坚战；不断提高扬尘污染治理标准，持续抓好"六控"，确保全市PM10、PM2.5年均浓度、城区优良天数达到省定目标。二是坚决打好碧水保卫战。加强全市河湖管理保护，深化落实河（湖）长制，持续推进"三污一净"专项治理；深入开展河流综合整治、黑臭水体整治、打击非法采砂、全域清洁河流和农业农村污染治理攻坚战；实施重点行业提标治理，加快污染处理设施建设提标；持续开展饮用水源地保护攻坚战，确保水源地水质稳定。三是强力推进净土保卫战。强化土壤污染源头防治和重点企业监管，加强重金属污染防治，建立更新污染地块清单和优先管控名录，实施污染地块动态化管理，有序开展污染土壤修复与治理试点工作。

（七）着力塑造现代化城市形态风貌，扎实推进城乡一体化建设。树立精明增长的城市发展理念，提升城市功能品质，大力实施乡村振兴战略，持续推进以人为核心的新型城镇化。

提升城市规划建设管理水平。一是发挥规划引领作用，推动"多规合一"，高质量、高标准完成《郑州市城市总体规划（2018—2035年）》及综合交通体系规划、轨道交通线网规划修编等15项专项规划。建立国土空间规划体系，优化国土空间开发保护格局。二是大力实施精准供地，推进批而未供和闲置土地专项整治，强化自然资源要素保障，落实最严格的耕地保护制度。三是以文明城市创建为抓手，编制出台《城市精细化管理白皮书》，持续推进三级"路长制"，引入第三方评估机构，以绣花功夫、匠心精神促进城市管理规范化、标准化、精准化、智慧化。四是全面启动楼体广告、门头牌匾整治，持续推进灯光亮化工程，对62条道路实施中修和人行道提升改造，推进架空通信线缆入地改造、交通秩序、市容环境和城乡接合部综合整治，彻底改善城乡接合部48个乡（镇、办）脏乱差面貌。五是推进垃圾分类处置，市内五区和四个开发区生活垃圾分类覆盖率达到70%以上、回收利用率30%以上，建筑垃圾资源化利用率65%以上。六是加快标准化市场建设和提升改造力度，持续推进市场外迁，推动商品交易市场转型升级。

深入推进百城建设提质工程。一是市县协同推进，支持六县（市）围绕打造全国一流县级城市目标，与文明城市创建等融合推进。二是坚持"补短板、强功能、增效能、提品质"，全面落实城市"四篇文章"和城市"四治"专项行动方案。三是切实加强楼院治理，加快推进以老旧小区整治提升为重点的老城区有机更新，实现无主管老旧小区物业全覆盖，力争2年内完成整治提升任务。四是加快提升23个中心镇综合承载能力和服务功能，发挥好在县域城镇体系中的节点支撑作用。加快构建网络化、无障碍、功能复合的公共服务网络，推进15分钟城乡社区生活圈建设。五是加快推进"城市双修"、综合管廊、城市设计、海绵城市等试点城市建设；政府投资新建公共建筑实行超低能耗建筑标准，民用建筑大力实施绿色建筑标准。六是积极推进既有住宅加装电梯和公厕建设改造，新建公厕393座、达到每平方公里6座。

切实加强基础设施建设。加快推进次高压燃气管道及配套调压站、豫中LNG应急储备中心等项目建设，新建改建燃气管网100公里，发展天然气用户10万户；抓好清洁取暖示范城市试点建设，开工建设新密裕中电厂2台100万千瓦供热机组"引热入郑"集中供热配套管网工程，新建改造供热管网63公里，新增集中供热面积500万平方米。确保东部垃圾焚烧发电厂建成投用，推进西部垃圾焚烧发电项目、华润登封电厂西热东送"引热入郑"等项目尽早开工。加快建设郑州新区污水处理厂二期等项目，新增污水处理能力15万吨/日、污泥处理能力300吨/日，中水利用率提高到45%。积极推进500千伏建新变（电站）等70个项目开工，500千伏惠济变（电站）等35个项目投运，完成295个行政村电网改造。

加快建设新型智慧城市。坚持“善政、惠民、兴业”方向，抓好智慧交通、城管、教育、医疗等规划编制实施，完善郑州政务云、城市大脑一期等基础设施，加快推进全市统一的党政政务办公系统、“无现金支付结算城市”“i郑州APP”、智慧停车等重点示范应用项目，持续推进郑州直联点提升工程，加快中国联通中原数据基地二期、中国移动（河南）数据中心一期等重点项目建设。

深入实施乡村振兴战略。统筹推进“五个振兴”，努力在乡村振兴中走前列、做示范。一是以农民增收为导向，推进乡村产业跨界融合，启动“农村集体经济+农商文旅体融合发展”试点。二是以改善环境为突破，突出抓好农村生活垃圾和污水处理、“厕所革命”等工作，具备条件村庄实现生活污水集中处理设施全覆盖，建设美丽乡村试点村32个，启动城乡融合共享特色田园乡村建设项目6个。三是以土地制度改革为牵引，深化农村集体资产股份化改革，健全农村产权交易服务机制，稳步推进农村宅基地和集体产权制度改革。四是以基层党建为重点，实施村党组织带头人优化提升行动，突出政治功能，强化服务功能。鼓励各类人才返乡创业，培育一批新型职业农民和乡村急需紧缺高端人才。

（八）*着力全面深化改革，激发经济社会发展内生动力。*突出抓好已出台改革举措落实，进一步优化营商环境、提升行政效能、激发市场活力。

加快构建国际化法治化便利化营商环境。把优化营商环境作为经济高质量发展、国家中心城市高质量建设的生命线，统筹推进政务、商务、市场、人文、法治、城市“六大环境”建设，扎实开展开办企业、贸易便利化等10个对标提升专项行动，实施营商便利度评价指标体系，清除一切影响投资自由化、贸易便利化的障碍，力争营商环境全省领先、进入全国重点城市前列，各开发区、县（市）区全部处于省第一方阵，自贸区郑州片区成为全国营商环境“排头兵”。新增市场主体20万户以上。

持续深化“放管服”改革。开展“最多跑一次”改革规范提升年活动，围绕“马上办、就近办、网上办、一次办”，做好办事大厅管理水平提升、基层政务服务全覆盖、重点领域改革攻坚等工作，打通政务服务的堵点难点，努力让群众办事不作难。力争市县乡办事大厅审批服务事项“应进必进”，100个高频事项“最多跑一次”，50个事项凭身份证直接办理，群众办事申请材料削减60%以上，企业投资项目审批控制在100个工作日以内。

深入推进重要领域和关键环节改革。完成政府机构改革，优化职能配置，提高行政效能。深化投融资体制创新，用好政府债券，完善政府和社会资本合作政策体系。继续抓好国资国企改革，稳妥处置“僵尸企业”，加大剥离企业办社会职能力度，深化企业产权结构、组织结构、治理结构改革，全面加快市直部门监管的市属企业改革。积极发展混合所有制经济，建立完善差异化薪酬分配和长效激励约束机制，加快实现从管企业向管资本转变。深化财政事权与支出责任划分、全过程预算绩效管理改革。大力推进要素市场化配置改革，积极推进执法体制、信用管理体制、价格、科技等领域改革。

（九）着力强化生态文明建设，打造生态宜居“美丽郑州”。深入实施生态文明建设“四大行动”，全力打造天蓝地绿水净、宜居宜业宜游的美丽中国示范城市。

加快建设森林生态系统。大力实施国土绿化提速行动，围绕“六化”目标，完成营造林16万亩，加快郑州树木园改造提升、侯寨森林公园、邙岭森林公园等重大项目建设，大力发展特色经济林、花卉苗木、森林旅游等特色林业产业，着力打造“森林郑州”。

加快建设城市生态系统。大力推进国家生态园林城市创建工作，建设公园城市，实施“300米见绿、500米见园”三年建设规划；不断完善城市公园体系，中心城区公园围墙应拆尽拆，今后中心城区拆迁区域面积10亩以下的地块，全部建成公园绿地；在城市外围开工建设郊野公园10个，建成3～5个；做好郑州第二动物园、第二植物园前期准备工作；制定实施城区绿化导则，大力开展社区周边、重要节点微景观打造；持续推进铁路沿线、国省干道、高速出入口等交通路网绿化提升工程，高标准打造绿色视觉通廊。

加快建设湿地生态系统。加强黄河湿地保护修复，推进黄河滩区生态环境综合治理，规划建设郑州黄河中央湿地公园。积极开展省级湿地公园建设，推进荥阳万亩湿地等一批人工湿地公园建设。加快推进湿地农业建设。

加快建设农田生态系统。扎实推进农林复合生态系统规划与建设，积极实施畜禽生态养殖、土壤面源污染、农村人居环境三项综合治理，大力改善农业生态环境，不断优化农业生产条件，大力调整种植结构，提升农田生态系统综合服务功能。

加快建设流域生态系统。坚持“四水同治”。实施国家节水行动。强力推进水生态重点项目建设，贾鲁河（包括西流湖）综合治理蓝线工程基本建成，绿线工程主体完工，西流湖段按照时间节点完成任务，牛口峪引黄工程、环城生态水系循环工程等建成通水；加快推进古汴河疏浚和金水河、熊儿河、溱水河整治提升工程，启动实施贾峪河常庄水库坝后段生态治理工程（水博园一期）、贾鲁河尖岗水库大坝至南四环桥段治理工程，谋划推进西水东引等工程前期工作。

（十）着力保障和改善民生，切实让群众共享改革发展成果。继续办好民生实事。一是全市新增城镇就业11万人，农村劳动力转移就业4万人。建成保障性住房5万套，分配公租房7500套，回迁安置群众15万人，完成安置房网签9万套，建成投用便民服务中心50个。二是全市新增公办幼儿园100所，市区新建、改扩建中小学校30所、新投用中小学校20所。三是免费为具有郑州市户籍的适龄妇女进行“两癌”筛查、为孕妇进行唐氏筛查和产前超声筛查、为新生儿进行听力障碍初筛等疾病隐患筛查等。四是开展“舞台艺术进乡村、进社区”文艺演出1200场；引进、组织精品剧目（节目）25台；建成基层综合性文化服务中心100个。五是新建、提升改造标准化农贸市场20家；新创建食品安全管理示范单位、餐饮示范店各100家；在全市幼儿园建成明厨亮灶1200家。六是购置新能源公交车1000台，建成充电站28座；市区新增公共停车泊位5万个以上；建成新能源汽车充电桩5000个；新改建“四好”农村公路130公里；完成农村户用卫生厕所改造10万户。七是对符合条件的视力、听力、言语残疾人，每人每月发放30元通讯信息消费补贴；新增50个、提升100个“绿城妈妈”社区环保服务项目；新增、提升“儿童之家”各50个；将儿童免费乘坐公交的身高标准由1.2米提高到1.3米。八是新建、改建城镇社区多功能运动场、社区健身活动中心、农民体育健身升级工程300个，新增健身路径300条。九是建成公园、游园、微公园400个，连通提升生态廊道400公里，市区新增绿地面积1000万平方米。

坚持稳定和扩大就业。把稳就业放在更加突出位置，积极推进公共服务专项行动，突出做好高校毕业生、城镇困难人员、退役军人等重点群体就业工作。持续实施全民技能振兴工程，开展各类职业培训33万人次。完善政府贴息创业担保贷款机制，支持各类群体创业。切实做好过剩产能化解中职工安置工作。支持农民工等群体返乡下乡创业，实施失业保险援企稳岗“护航行动”。

稳步提高居民收入水平。贯彻落实扩大中等收入群体规模政策措施和最低工资保障制度，加强对企业工资集体协商的分类指导，推动企业建立健全工资共决及正常增长机制。完善国有企业工资决定机制改革相关配套政策，建立健全企业薪酬调查和信息发布制度。跟进实施公务员地区附加津贴制度。

织密社会保障网络。一是继续提高退休人员基本养老金和城乡居民养老保险待遇水平。二是完善社会保险转移接续政策，开展新经济新业态灵活就业人员参加工伤保险国家试点。三是推进城乡低保标准一体化。做好城乡低保专项治理工作，健全完善临时救助制度。

持续提升教育发展水平。推进城镇小区配建幼儿园规范建设，完成100所义务教育学校标准化建设，市区新开工建设外国语学校港区校区、回中港区校区、二中经开区校区等4所普通高中，努力消除城镇义务教育阶段大班额等突出问题。强力推进职业教育优质发展，开展国家产教融合试点城市申报工作；加大对市属高校支持力度，持续支持郑州大学“双一流”建设。加快推进国内外优质高等教育资源来郑办学。加强教师队伍建设，改善教师工作生活条件。

加快建设健康郑州。完善公共卫生服务体系，加大传染病、慢性病、地方病、职业病等防治管力度。健全健康服务管理网络，推进城企联动、普惠养老，努力提高群众健康保障水平。全面深化 59 家公立医院综合改革，加快推进国家区域医疗中心建设，扎实推进 15 家县级医院基础能力和急诊、心血管等 34 个县级临床重点专科建设。加强分级诊疗制度建设，推进县域“医共体”、社区卫生服务中心建设。推进按病种收付费改革，完善药品供应保障制度。实施中医药振兴发展工程。积极创建全国全民运动健身模范城市，加快构建城市 15 分钟健身圈，培育郑州体育活动品牌，引入和培育 6 个以上国际性、国字号文化体育活动项目落户郑州，着力打造体育强市。继续办好郑州国际马拉松等大型赛事；集全市之力高质量办好第十一届全国少数民族传统体育运动会。

深化社会治理创新。借鉴“街乡吹哨、部门报到”改革经验，以党建引领基层治理创新。强化正面宣传及政策解读，针对社会重大关切点，及时完善政策举措，合理引导预期。深化市场监管体制改革，加快构建现代化市场监管体系，建立食品药品智慧监管平台，积极创建食品安全示范城市。健全预防和化解社会矛盾机制，高质量推进“一村（格）一警”工作，加强信访法治化建设，夯实平安郑州建设基础。切实做好农民工工资治欠保支工作，积极维护农民工合法权益。深入开展“扫黄打非”。提高网络治理能力，着力打造清朗网络空间。推动“扫黑除恶”专项斗争纵深发展，切实做好重要时间节点安全稳定工作。

积极践行社会主义核心价值观，持续开展精神文明创建活动。加强国防动员、后备力量和人民防空建设，深入开展“双拥”共建，努力让军人成为全社会尊崇的职业。加强民族宗教工作基层基础建设，促进民族团结、宗教和睦。加强统计工作，扎实开展第四次全国经济普查。做好外事、侨务、港澳、对台工作，抓好审计、机关事务、地方史志、档案、气象、地震、移民安置、援疆等工作。积极支持工会、共青团、妇联、科协、文联、侨联、社科联等群团组织工作。

## 四、全面加强政府自身建设

民之所望，政之所向。我们要始终坚持以人民为中心的发展思想，砥砺前行不懈怠、争先进位谋出彩，以想事、谋事、干事、成事的过硬作风，展示新形象、开创新局面。

（一）坚定信念务实干。坚持以习近平新时代中国特色社会主义思想武装头脑、指导实践、推动工作，树牢“四个意识”，坚定“四个自信”，做到“两个维护”。始终对习近平总书记步伐步步紧跟，对党中央决策部署闻令而动，把党的要求贯彻到政府工作全过程、各领域，确保政令畅通、令行禁止。始终涵养“功成不必在我”精神境界，葆有“功成必定有我”历史担当，发扬钉钉子精神，一张蓝图绘到底、一锤接着一锤敲，苦干实干、久久为功。

（二）依法行政规范干。全面贯彻依法治国方略，持续推进“七五”普法，切实加强法治政府和诚信政府建设。坚持遵法学法守法用法，善于运用法治思维和法治方式深化改革、推动发展、化解矛盾、维护稳定。完善政府法律顾问制度，健全政府咨询专家库，推进决策法制化、科学化、民主化。深入推进行政机关负责人出庭应诉，认真执行法院生效裁判。严格执行市人大及其常委会决议决定，自觉接受人大法律监督、工作监督和政协民主监督，自觉接受监察机关监督，加强审计监督，主动接受社会监督和舆论监督。完善政府立法机制，严格规范公正文明执法，防止任性用权，决不允许以权代法、以权压法、逐利违法、徇私枉法。

（三）牢记宗旨清廉干。始终与人民群众站在一起、想在一起、干在一起，把人民群众的难点痛点作为履职重点，为人民群众全心全意服务、真心真意办事。严格遵守廉洁自律准则，始终敬畏人民、敬畏组织、敬畏法纪，坚决贯彻中央八项规定及实施细则精神，聚焦突出问题、紧盯关键节点，下大力气纠“四风”、树新风，坚定不移反腐倡廉，深入抓好以案促改，让钢规铁纪成为政府工作人员的自觉遵循。

（四）主动担当创新干。始终保持融入新时代、奋斗新时代的姿态，冲破思想观念束缚，突破利益固化藩篱，改革开放再出发，对发展负责、对历史负责、对人民负责，不避矛盾，不惧挑战，不推责任，勇挑重担。全面锤炼“五个过硬”，增强“八种本领”，强化正向激励，坚定使命必达的决心和舍我其谁的担当。坚持厚爱严管结合、激励约束并重，理解基层、关心基层，坚决把容错纠错机制落到实处，为担当者担当、为负责者负责、为实干者撑腰，让担责担难担险成为郑州干部最鲜明的底色。

奋进新时代，追梦新征程，惟拼搏者强，惟奋斗者赢。让我们高举习近平新时代中国特色社会主义思想伟大旗帜，在省委、省政府和市委的坚强领导下，以锐意进取、永不懈怠的精神状态和敢闯敢干、一往无前的奋斗姿态，奋力谱写新时代郑州国家中心城市高质量建设新篇章，以优异成绩向新中国成立70周年献礼！

# Ⅱ

# 专题报告

# 郑州市 2018 年组织工作报告

中共郑州市委组织部

2018 年，在市委的坚强领导下，市委组织部深入践行新时代党的组织路线，紧紧围绕落实市委各项决策部署，自觉履职尽责、奋力担当作为，抓大事、解难事、干实事，推动各项工作取得显著成效。

## 一、坚持政治统领、思想引领，着力提高政治思想建设的质量

坚持以坚定理念信念为根基，引导广大党员干部深入学习贯彻习近平新时代中国特色社会主义思想，锤炼鲜明党性。

一是持续筑牢思想根基。坚持把教育引领党员干部落实“两个维护”作为首要政治责任，深入开展“大学习、大研讨、大培训”，对县处级干部进行专题轮训，对科级干部加强督促指导，全市培训县处级干部 2811 余人、科级以下干部 4 万余人次，营造了学懂、弄通、做实的浓厚氛围。大力开展“万名党员进党校”“万名书记大轮训”活动，推动学习贯彻工作向基层延伸、向深度广度拓展。

二是抓实党内政治生活。严格落实《新形势下党内政治生活准则》，汲取秦岭北麓违建别墅问题教训，指导全市自上而下召开专题民主生活会，进一步严肃政治纪律和政治规矩。持续规范“三会一课”制度，深

化拓展“4+N”党员活动日制度，开展以“专项检查、专题培训”为主要内容的“两专行动”，切实让党支部组织生活严起来实起来活起来。

三是全力抓好巡视整改任务落实。把抓好巡视反馈意见整改作为重大政治检验，巡视期间主动配合、边巡边改，认真开展自查自纠；集中整改阶段积极认领、压实责任，部署开展8个整改专项行动，有序推进全面整改；巩固提升阶段举一反三、标本兼治，补齐制度短板，建立长效机制。目前6个个性问题整改到位，8个专项行动按时间节点完成，制定代表委员资格联审、干部兼职报备、科级干部选任预审等一系列制度，消除顽疾痼疾，提升了工作质量。

## 二、坚持选优配强，着力打造忠诚、干净、担当的高素质干部队伍

坚持好干部标准，立足国际中心城市战略定位，充分挖掘岗位资源，着力在倡树导向、精准用人、从严管理、激励干部上发力，为郑州国家中心城市建设提供了坚强保证。

一是高质量完成市人大、政府、政协换届任务。坚决扛起服务保障市人大、政府、政协换届政治责任，树立换届工作以质取胜的意识和导向，坚持把加强党的领导、组织从严把关、落实组织意图、狠抓正风肃纪贯彻全过程。资格审查突出政治标准，建立20余个部门联审机制，前置开展非公人士综合评价、代表委员资格联审工作，取消64名代表委员初步推荐人选提名资格，确保了代表委员质量。大会选举注重细节把控，充分发挥临时党委作用，全过程细化选举工作流程，坚持警示在先，警钟长敲，全程督导，严肃问责，大会组织严密、程序严谨，市政府、人大、政协主要领导全票当选圆满成功，向省委、市委和广大群众交上了满意答卷。

二是全方位提升选人用人精准度。坚持事业为上，大力选用重点工作一线攻坚克难的干部，注重从年度考核优秀的班子里选择优秀的干部，在全市形成了投身一线、奉献发展的好导向。规范干部选任程序，建立

选用纪实制度，探索开展无任用推荐等，推行干部考察“10问”和家访，选人用人精准度不断提高。

三是从严监督管理干部。坚决打好“三超两乱”整治攻坚战，规范用人行为，按职数配备干部逐步进入良性循环轨道。畅通来信、来访、来电、网络“四位一体”举报渠道，持续抓实领导干部个人有关事项报告、从严出国境管理、经济责任审计等制度，全市用人环境持续优化。

四是激励干部担当作为。研究起草激励广大干部新时代、新担当、新作为和发现培养选拔优秀年轻干部等文件，积极探索干部激励、容错纠错、能上能下等具体措施，让干部放下包袱、放开手脚、积极作为。同时，在市委领导下，超前谋划机构改革工作，用足用活干部配备政策，耐心做好干部思想工作，推动工作稳妥有序开展。

## 三、坚持强基固本，着力提升基层党建工作的质量

牢固树立大抓基层、大抓支部鲜明导向，坚持以提升组织力为重点，突出政治功能，推动各领域基层党建工作全面进步、全面过硬。

一是压实管党治党政治责任。全面落实基层党建工作责任制，制定出台《关于以习近平新时代中国特色社会主义思想为指导全面推进党的建设高质量发展的实施意见》，认真执行《乡镇（街道）党（工）委书记抓基层党建任期考核评价暂行办法》，定期开展精准化基层党建督查，推动了抓基层党建责任落地落实。

二是抓好村（社区）“两委”换届。坚持“先整顿后换届”，下沉3410个工作组、14000余名干部蹲点工作、全程把控，圆满完成全市3067个村（社区）“两委”换届任务，基层干部年龄、文化结构明显优化，党员群众参会率和满意度均为历届最高，有关做法被中组部《组工信息》《中国组织人事报》等宣传报道。创新建立换届“后评估”机制，并在全省推广。

三是提升各领域党建工作质量。坚持分类别具体指导、分领域统筹推进。农村党建，聚焦脱贫攻坚，深入开展236个软弱涣散和后进村党

组织整顿，管好用好市县两级490名驻村第一书记，全面推进“逐村观摩”，党建引领乡村振兴呈现崭新气象。城市党建，健全“1+N”政策体系，积极构建市、区、街道、社区四级联动、多方共建的党建格局，得到中组部高度评价。非公党建，注重源头把控，建立“一排查两同步六重点”工作法，“两新”组织党组织覆盖率达到86.4%。机关、国企、高校、中小学校党建结合领域特点、明确任务抓手，切实发挥党组织的领导核心作用。

四是大力开展“支部建设提升年”。认真落实“一切工作到支部”的要求，制定“支部建设十条”标准，开展“逐支部评定”，对全市2万多个党支部进行“全面体检”，有力推进党支部规范化、标准化建设。以支部为依托加强党员日常管理，建立农村发展党员工作预警机制，推广在职党员到社区报道、党员积分管理，开展“亮身份、争先锋、做表率”等活动，激励全市党员对标先进、务实重干、建功立业。

五是以基层党建引领基层治理。全面推行农村“四议两公开”工作法，不断深化城市社区“一征三议两公开”工作法，解决楼院整治、管网改造等问题1860件。“一征三议两公开”工作法被中组部、中宣部确定为全国十个城市党建宣传典型。积极配合扫黑除恶专项斗争，配合查处涉黑涉恶腐败和“保护伞”问题177起，群众的安全感、幸福感明显提升。

## 四、坚持人才为先，全面实施“智汇郑州”人才工程

2018年，是“智汇郑州”人才新政实施的开局之年，我们广泛开展政策宣传，大力优化人才服务，不断强化政治引领，持续完善工作机制，推动人才工作再上新台阶。

一是抓宣传推介，品牌效应日益凸显。多渠道开展政策解读，扩大人才新政影响力。协助承办中国·河南招才引智创新发展大会，高规格承办中原人才发展高层论坛等系列活动，发布《郑州市人才发展报告(2018)》和郑州市急需紧缺人才需求指导目录，为各类人才在郑创新创

业提供精准指导。

二是抓政策落实，招才引智成果丰硕。发挥人才工作领导小组统筹协调作用，紧盯人才引进、培养、评价、使用、激励等100多个政策点逐项逐条抓落实，圆满完成第三批“1125聚才计划”项目，引进创新创业高层次人才236人，吸引创新创业人才21万人，人才落户数占新增户籍人口比例由2017年的13.5%上升为33.4%，实现了引才数量、质量等多项历史性突破。特别是注重引进豫籍人才，避免恶性竞争，受到中组部人才局领导充分肯定。

三是抓服务提升，人才环境更加优化。开启国内首家人才服务热线——96567，率先建立全数据共享申报平台，完善集教育、卫生、房管、公安等服务资源在内的APP服务平台，实现“人才少跑腿、数据多跑路”。开设99个人才服务窗口和169个公安入户专窗，实现青年人才服务事项“一站式办理”，全面开工建设2.5万套青年人才公寓，受到青年才俊普遍欢迎。成立人才发展促进会，承接政府关于人才工作的业务转移。

四是抓政治引领，爱国奉献精神充分激发。成立“郑州人才爱国奋斗教育基地”，加大人才中发展党员力度，全市人才中共有1600多名被吸纳为中共党员，近2000名被确定为入党积极分子，4名高层次人才被推荐为市人大代表、政协委员。积极开展践行爱国奋斗精神先进团队和个人选树工作，有效激发各类人才的爱国之情、报国之志。

## 五、坚持从严治部，着力建设模范部门和过硬队伍

对标习近平总书记“两个绝对”要求，持续深化“三学三抓三提升”活动，带头学起来、带头干起来、带头严起来，组织部门自身建设得到不断加强。

一是强化政治建设。坚持把政治建设作为组织部门第一位的建设，带头学习贯彻习近平新时代中国特色社会主义思想，带头贯彻中央和省、市委的重大部署。认真落实“三会一课”制度，部务会先后召开3次高质量民主生活会，部领导带头以普通党员身份参加支部集中学习、组织

生活会，在部内形成了正气充盈的政治生态。

二是强化队伍建设。安排171人次参加全市党支部书记轮训班、组工干部专业化能力提升班等，举办全市组织系统“迎七一，学、考、赛”活动，选派机关干部参加援疆、驻村、巡察，有效提升了专业素养。面向全市公开遴选25名工作人员，充实了机关工作力量，优化了机关干部结构。

三是狠抓规范管理。认真落实民主集中制原则，对重大事项决策、重要干部任免、重大额度资金使用等坚持部务会集体研究、科学决策。加强组工干部从严管理，规范工作流程和标准，提高了组织工作运行质量和效率。另外，军转安置、绩效考核，远程教育、组工宣传等各项工作都取得了新成效。

# 郑州市2018年宣传思想文化工作报告

中共郑州市委宣传部

2018年，在市委的正确领导下，全市宣传思想文化系统深入贯彻落实习近平新时代中国特色社会主义思想和党的十九大精神，坚持“抓重点、攻难点、举亮点、化解风险点”的工作思路，积极作为，务实宣传，全市上下主旋律更加响亮，正能量更加强劲，自信心更加坚定，为国家中心城市建设提供了有力的思想引领、舆论推动、精神激励和文化支撑。

## 一、大力推动习近平新时代中国特色社会主义思想深入人心，理想信念基础更坚实

始终把学习宣传贯彻习近平新时代中国特色社会主义思想和党的十九大精神摆在首要位置，深入学习领会，持续入脑入心，理想信念基础更加坚实。

一是精心组织中心组学习，理论武装不断强化。认真落实《郑州市党委（党组）理论学习中心组学习实施细则》，市委理论学习中心组全年集中学习研讨10次，其中7次专题学习习近平新时代中国特色社会主义思想。制定印发《2018年度县处级党委（党组）理论学习中心组分专题集体学习的安排意见》，加强平时管理，建立学习台账，开展督查调研，及时通报各地各单位学习开展情况，全市县处级中心组全年共学习

1030场。

二是深入开展基层宣讲，推动党的创新理论落地生根。始终把理论宣讲进基层作为贯彻落实习近平新时代中国特色社会主义思想和党的十九大精神的重要载体，全力抓好党的创新理论进企业、进农村、进机关、进校园、进社区、进网站，推动党的创新理论在基层落地生根。先后开展“党的创新理论万场宣讲进基层”“咱们一起奔小康”基层宣讲助力行动等系列活动，不断增强理论宣讲的吸引力和感染力。全市共开展“党的创新理论万场宣讲进基层”活动7000余场，受众近80万人次，“咱们一起奔小康”基层宣讲助力行动各类宣讲600余场，取得了良好的效果。2018年10月，我部被中宣部评为“基层理论宣讲先进集体”。

三是加强党员教育阵地建设，党员教育系列活动深入开展。持续推进基层党校规范化建设，指导基层党校日常培训工作，全市共有20所基层党校获得全省先进基层党校命名表彰，位居全省第一。持续抓好党员教育培训工作，以“深入学习贯彻党的十九大精神 推进国家中心城市建设”为主题，认真组织开展全市书记微党课巡回宣讲、微党课比赛、征文比赛、主题党课等系列活动，形成了全市党员干部学习理论知识、强化党性意识的热潮。

## 二、压紧砸实意识形态工作责任制，意识形态安全更牢固

牢牢把握正确的政治方向、舆论导向和价值取向，严格落实意识形态工作责任制，不断加强阵地管控，意识形态统一思想、凝聚人心的工作取得新成效，强基固本、正本清源的工作赢得新进展，意识形态安全更加牢固。

一是加强领导，夯实扛稳意识形态主体责任。以中央意识形态工作责任制巡视检查和省委巡视整改为契机，深入查摆问题，深挖问题根源，不断压实意识形态工作主体责任。结合中央巡视反馈的19项问题和省委巡视反馈的11项问题，制定71项具体整改措施和19项立行立改事项。

对两级巡视反馈涉及我市的10项具体问题清单，挂牌督办、限时办结、严肃处理。市委常委会4次专题研究意识形态领域相关问题，安排部署意识形态方面工作。成立并完善市委意识形态巡视整改专项工作组，加强对意识形态巡视整改工作的统筹协调，连续召开10余次调度会、推进会，强化跟踪问效，督促各地各单位加快整改进度，推进各项整改任务落实。各县（市）区、市直单位参照市里做法，结合各自实际，建立工作台账，对巡视反馈问题主动认领、主动担责，精准发力、标本兼治，推进意识形态工作责任制落地落实。

二是完善机制，构建意识形态工作责任制制度链条。制定印发《郑州市党委（党组）意识形态责任制考核体系》《郑州市党委（党组）网络意识形态工作责任制县（市）区考核测评体系（试行）》《郑州市意识形态工作责任制十项推进制度》《郑州市进一步加强文化活动政治导向管理的暂行办法》等文件，进一步完善了教育培训、提醒约谈、专题督查等系列工作制度。运用《考核体系》对全市各开发区、县（市）区和市直单位2017年的工作进行了考核，有效发挥了“指挥棒”作用。成立联合督导组，对两级巡视整改任务落实情况进行督导检查，有力促进了意识形态工作责任制的落实。制定出台《意识形态领域问责追责工作办法（试行）》，加大意识形态领域问题处置力度，加强典型案例通报，强化警示教育作用。将意识形态工作纳入党委（党组）理论学习中心组必学内容，纳入党员干部教育培训、各级党校主体班教学及基层党校学习的重要内容。成功举办两期意识形态工作责任制培训班，有效提升了市县两级意识形态工作业务骨干的能力和水平。

三是严格管理，巩固筑牢各类意识形态阵地。严格落实属地管理和主管主办责任，坚持阵地管理横向到边、纵向到底，全覆盖、无死角，经常性全方位开展“排查检修”，确保各类意识形态阵地可管可控。加强对各类形势政策报告会、论坛、研讨会和讲座的报备管理，完善对社科研究机构和思想文化学会、协会等社团的管理，严把政治关。进一步强化高校意识形态工作责任制落实，制定出台《郑州市地方高等学校意识形态阵地管理办法》《关于印发〈报告会、研讨会、讲座、论坛管理制度

（试行）〉的通知》，严肃高校课堂纪律。联合市委统战部等部门建立健全民族宗教工作沟通协调机制，切实加大农村基督教事务治理力度，印发《郑州市贯彻落实中央巡视反馈意见有关农村基督教问题专项整改方案》，深入开展宗教专项治理工作。加强对社情民意和舆情动态的跟踪分析，及时掌握网上网下相关舆情动向，对倾向性苗头性问题及时处置，防止舆情炒作产生不良影响。深入开展“扫黄打非”行动，查处违法违规案件124起，有力维护了文化领域意识形态安全。

## 三、不断强化正面宣传，主流思想舆论更强势

紧紧围绕市委市政府的工作大局，坚持团结稳定鼓劲、正面宣传为主的方针，组织协调各级媒体，不断提升策划水平，为全市经济社会发展营造良好的舆论氛围和外部环境。

一是营造学习宣传贯彻习近平新时代中国特色社会主义思想和党的十九大精神浓厚氛围，主流舆论更强势。组织市属媒体围绕19个宣传重点，开设专题专栏，运用多种载体，精心制作推出融媒体产品，及时用好中央主要媒体重点稿件，持续掀起学习宣传贯彻习近平新时代中国特色社会主义思想和党的十九大精神热潮。组织开展“新时代 新气象 新作为”大型主题蹲点采访活动，安排媒体记者进企业、进农村、进机关、进校园、进社区、进军营、进网络，宣讲党的十九大精神。组织市属媒体开设“在习近平新时代中国特色社会主义思想指引下 新时代新气象 新作为”“奋斗新时代 春意满中原”“郑州建设者”等专题专栏，对习近平新时代中国特色社会主义思想和党的十九大精神进行全方位宣传。

二是围绕中心突出重点做好宣传报道，主题宣传浓墨重彩。围绕国家中心城市建设开设“国家中心城市建设进行时”专栏，抽调精干力量组成郑州市融媒体报道团队，持续推出系列报道，形成强大的舆论声势。围绕交通秩序综合治理、环境污染防治攻坚战等热点难点工作，坚持正面宣传和监督曝光相结合，妥善引导社会舆论，有力发挥媒体助政作用。

全国“两会”期间，组织郑州融媒体全国两会报道团队联动推出了《奋斗新时代 春意满中原》大型主题报道，特别是H5《遇见总书记》一日内点赞数破10万次。围绕贯彻落实习近平总书记提出的支持建设郑州—卢森堡“空中丝绸之路”的指示精神，深度报道郑卢“双枢纽”战略、中欧班列以及河南保税物流中心“郑州模式”，进一步展现独具特色的陆上、空中和网上三条“丝绸之路”的创新发展成效。在改革开放四十周年的宣传报道工作中，我市被列为中宣部“改革开放40周年”两个系列集中采访活动宣传典型，新华社、《人民日报》《光明日报》《经济日报》、中央电视台等中央主流媒体对郑州进行了集中宣传报道。

*三是讲好新时代郑州发展故事，城市对外影响力更广泛。*借助黄帝故里拜祖大典、国际少林武术节、中国（郑州）旅游城市市长论坛、郑州国际马拉松等重大活动在郑举办契机，积极协调、组织境内外媒体对郑州进行宣传报道，塑造郑州品牌形象。在俄罗斯“世界杯”期间，依托中央国际广播电视总台国际在线在海外落地广、站点多的优势，组织策划在中俄双语杂志《中国风》上刊发宣介郑州的专题报道《中国郑州：“国际商都”乘势起航》，多角度宣传郑州。不断夯实“三微五网一杂志”外宣主阵地，发挥其在宣传推介郑州形象上的主渠道作用，广泛传播郑州声音。外宣官方抖音号“遇见郑州”正式上线，使党的宣传以“接地气”的形式更加贴近百姓生活，更加深入人心。城市形象短片播放量超25亿次。建立外宣工作专家库，创作发行了一批反映郑州城市文化和发展成果的外宣精品，打造了多部风格各异、题材多样的宣传片，在全球广泛宣传郑州，进一步扩大了郑州在海外的影响力和美誉度。全国“两会”期间，创新推出《郑州八度》系列微视频，集合郑州多重人文情怀元素，取得良好宣传成效，阅读量超千万次。拜祖大典前夕，策划出品“轩辕黄帝有熊氏”微信表情包，成为利用新媒体创新推广城市形象的生动实践。

## 四、不断完善网络综合治理体系，互联网空间更清朗

坚持“正能量是总要求，管得住是硬道理”，突出问题导向，坚持依

法治网管网，大力加强网络宣传管理，狠抓责任落实，互联网空间更加清朗。

一是加强网上宣传舆论引导，深化正能量网络宣传。深化新时代中国特色社会主义和中国梦宣传教育，开展社会主义核心价值观网络传播。策划组织“中国梦·大国工匠篇”“礼赞改革开放40周年·郑州故事”“2018网上看河南·壮美黄河行”等网络采风活动，汇聚网络正能量。建立“网信郑州”微信矩阵，开办“郑州网信”官方抖音号，原创视频《手绘郑州》等影响广泛，效果良好。加强各开发区、县（市）区网评员队伍建设，全面开展舆论引导工作，进一步巩固壮大了网络宣传态势。

二是夯实网络治理体系建设，维护清朗网络空间。加强对潜发性舆情的发现关注和分析研判，确保重大突发舆情信息无遗漏。发现敏感信息8820余条，向市委、市政府主要领导报送《舆情专报》67期，向省委网信办上报管控请示等内容640余条、省内舆情线索15600余条。持续开展净化网上舆论环境整治工作，制定下发《郑州市关于开展违规从事互联网新闻信息服务专项治理工作实施方案》，全面清理各类违规新闻信息和账号。共核查问题网站、公众账号等各类信息平台382个，约谈违规平台44个，上报处置违规平台364个。共发现“信息发布审查制度不健全”“信息编发岗位从业人员审查不规范”等问题121个，督促有关单位整改，确保阵地安全。与公安、文化、新闻出版广电等部门密切沟通，对违法违规传播有害信息的行为依法从严处理，确保联合执法“快、准、狠”，对违法违规的网站平台形成强大震慑。

三是着力推进网络安全建设，筑牢网络安全屏障。印发《关于联合开展全市关键信息基础设施保护检查的通知》，会同有关部门组成联合检查组，集中对全市范围内的重点单位开展现场检查。全力推进《网络安全法》和《关于加强网络信息保护的决定》贯彻实施，制定下发《郑州市关于进一步推进“一法一决定”贯彻实施的工作方案》。建立“一个机制统筹推进、一个党委集中领导、一批示范点率先行动、一批网络平台线上推进、一系列教育活动正面引导、一批自媒体党支部联建联管”的“六个一”互联网行业党建工作格局，组织开展“七一国旗快闪”“党建马拉松”等多项主题活动，进一步激发了互联网企业的党建积极性和凝聚力。新华社、新浪网等10余家重点媒体对我市互联网行业党建创新经验进行了报道。

## 五、核心价值观建设深入推进，大爱郑州氛围更浓厚

围绕培育和践行社会主义核心价值观，以全国文明城市创建为统领，以市民公共文明素养提升行动为抓手，不断深化城乡精神文明创建活动，推进志愿服务活动开展和诚信建设制度化，全面提升市民文明素质和社会文明程度。

一是核心价值观入脑入心。积极推进核心价值观融入法治建设，核心价值观立法工作稳步推进。联合印发《关于深入开展宪法学习宣传教育活动的通知》，在全市组织开展宪法学习宣传教育活动。在全省率先出台实施《郑州市文明行为促进条例》，为郑州市文明行为促进工作提供了有力法律保障支撑。以“七进”活动为抓手，以“四项集中治理行动”为重点，启动“向不文明行为宣战”全民行动，持续提升城市文明程度。深入开展道德模范和身边好人推荐评选工作，评选出11名郑州市道德模范，推荐10人上榜“中国好人”，7人上榜“河南好人”，全市各级共组织道德模范故事汇基层巡演100余场，受教育群众达3万余人。认真实施红色基因传承工程，积极开展道德教育实践活动。对省、市、县三级共40余家爱国主义教育基地逐一排查，充分发挥其教育引领作用。持续开展诚信建设宣传，定期发布诚信“红黑榜”，不断探索对诚信人物的激励机制，积极推进失信问题专项治理，在全社会形成诚实守信、重信守诺的良好风尚。

二是文明创建工作不断深化。印发《郑州市深化文明城市创建三年行动计划（2018—2020）》，明确郑州市及各县（市）区深化文明城市创建工作的目标和任务。加强对全市文明城市创建工作的督导，邀请第三方专业机构对全市各开发区、各县（市）区每季度开展模拟测评，不断巩固全国文明城市创建成果。持续加强文明社区、文明村镇、文明校园等

精神文明细胞工程建设。继续推行文明单位与全市农村、学校结对帮扶，不断完善结对共建机制，丰富结对共建内涵，增强结对共建成效，推动城乡精神文明建设同步发展。对全市各级文明单位文明奖发放进行全面排查，加强对文明奖发放的规范管理。

三是未成年人思想道德建设活动丰富多彩。不断提高乡村学校少年宫覆盖率，争取市财政资金连续四年投入2500万元建成100所乡村学校少年宫，成为乡村未成年人思想道德建设的主阵地。深入开展“扣好人生第一粒扣子”主题教育活动，利用清明节、建党日、国庆节等重要节日开展“清明祭英烈”“童心向党”“向国旗敬礼”等主题活动，全市中小学校和学生参与率均达100%。强化典型选树，评选出100名郑州新时代好少年，其中2人被评为河南省新时代好少年。四是志愿服务活动亮点纷呈。制定印发《关于全面推行“社区党建+志愿服务”工作模式的实施意见》，指导各地各部门各单位精准施策，引导社区建设类志愿服务不断深入。3个先进典型荣获中宣部、中组部、中央文明办等部委联合表彰的全国志愿服务先进典型“四个100”荣誉称号。《志愿服务回馈：让爱循环流动 让善越来越浓》入选中宣部、省委宣传部创新案例，《河南郑州推动志愿服务持续健康发展》一文被中宣部刊发。连续6年组织实施关爱外来务工人员志愿服务活动，圆满完成戊戌年黄帝故里拜祖大典组委会志愿者招募等大型志愿服务活动。10个本土优秀志愿服务项目完成签约，顺利领取首期60%的援助资金。完善郑州市志愿者培训联盟建设，进一步强化业务培训，直接受益志愿者达5500余人。

## 六、坚持为民惠民，群众文化生活更丰富

围绕推进中原文化高地建设，以实现文化小康为目标，加快文化领域供给侧结构性改革，持续推动文化事业繁荣发展，不断满足群众对美好精神文化生活的需求。

一是公共文化服务水平持续提升。全市基层综合性文化服务中心建设基本完成，新郑市、荥阳市顺利通过省级公共文化服务示范区验收，

"田园二七文化志愿服务""天中讲坛"顺利通过省级公共文化服务示范项目验收。"百姓文化云"市本级和6县(市)的平台建设全部完成并正常运转,得到广泛关注。图书馆总分馆制建设进展迅速,已建成分馆173个。扎实开展文化消费试点工作,参与市民达576万人次,我市被评为国家文化消费试点城市先进城市。

二是群众文化活动精彩不断。精心组织"红色文艺轻骑兵""文明河南·欢乐中原""出彩郑州""舞台艺术进乡村、进社区"等各类文化活动数千场,进一步丰富了群众精神文化生活,凝聚了全市上下投身国家中心城市建设的精神力量。持续开展"传统文化进校园"工作,有效激发了学生传承优秀传统文化的自觉自信。组织开展郑州市第二十三届精神文明建设"五个一工程"暨第二十届文学艺术优秀成果奖评选活动,激励文艺创作繁荣发展。成功举办第八届全省少数民族传统体育运动会、第五届群众文化艺术节、第六届中国(郑州)国际街舞大赛等各种赛事活动,进一步提升了郑州知名度。春节前后,举办各类文艺活动上千场,被中央媒体先后报道80余次,其中有4次登上央视《新闻联播》。作为四个分会场之一,配合中央电视台成功录制《东西南北贺新春》,大大提升了郑州美誉度。

三是文艺精品创作稳步推进。研究制定《郑州市文化事业发展若干政策》,出台《关于印发支持戏曲传承实施方案的通知》《关于制定文艺创作规划(2018—2021)的通知》等文件,为文化事业健康发展提供了政策支持和制度保障。通过深度挖掘传统文化资源,创作一批具有本土特色的文艺精品力作。精心打磨豫剧《朝阳城》《风流才子》,舞剧《精忠报国》等文艺精品,曲剧《小小把城官》获市政府立项批复。加大文化名家推介力度,成功开展虎美玲、阮志斌等5位本土文化名家推介宣传活动。

四是文化遗产保护利用成效显著。着力在加强文物保护利用和文化遗产传承上下功夫,打造国家文物保护利用示范区,构建中华文明标识体系,建设华夏历史文明传承创新中心。全年开展生态保遗项目26处,其中续建项目10处、新建项目16处。持续加强登封"天地之中"历史建筑群保护管理工作，启动观星台保护维修工程，完成少林寺法堂，中岳庙东、西御碑亭及照壁维修工程。继续做好大运河通济渠郑州段保护管理工作，积极推进大运河沿岸节点多个展示项目工程建设，完成《郑州大运河文化带建设文物保护专项报告》，上报国家文物局审批。完成人和寨遗址、织机洞遗址等 6 个文物保护规划，启动并持续推进中牟老火车站、永泰寺塔等 16 处古建筑文物保护工程。举办《阿富汗国家博物馆藏珍宝特展》等系列展览，参观人数达 35 万人次，受到市民好评。

## 七、激发文化活力，文化改革发展更深入

充分把握郑州市文化大发展、大繁荣的历史契机，科学谋划，主动作为，不断深化文化体制机制创新，文化改革发展工作取得了新突破，实现了新跨越。

一是文化体制改革不断深入。出台《郑州市关于推动国有文化企业把社会效益放在首位、实现社会效益和经济效益相统一的实施意见》，成立了国有文化资产监督管理领导小组，国有文化资产管理体制不断健全。深化文化市场综合执法改革，12 个县（市）区均已完成文化市场综合执法大队组建，有效提升了执法保障和执法效果，强化了文化市场监管。郑州广播电视报社改制遗留问题取得重大进展，人员安置问题已拿出解决方案并提交市政府研究。推动政府购买服务的政策重新延续 5 年，助推国有文化企业在稳定的基础上进一步发展壮大。组建成立郑州市文化产业协会，为文化企业发展搭建沟通交流的平台。

二是文化产业发展成效突显。出台《郑州市加快文化产业发展若干政策》，加大财政支持力度，设立 2 亿元文化产业发展专项资金，扶持文化产业发展壮大。配套制订《郑州市加快文化产业发展若干政策实施细则（暂行）》，对若干政策的资金扶持标准、程序等进行明细，让政策能够真正惠及全市文化企业。组织开展 2019 年度市级文化产业专项资金申报，积极争取省级高成长服务业专项引导资金，对符合条件的项目进行资金扶持，持续提升全市文化产业的规模和水平。组织参加第三届宁波

文博会、第十四届深圳文博会、第五届中原（鹤壁）文博会，推介郑州文化产业项目，宣传展示郑州文创产品，有效提升了郑州文化产品的知名度和影响力。印发《中共郑州市委宣传部结对帮扶卢氏县工作方案》，实地考察对接，建立帮扶机制，推动文化产业结对帮扶工作深入开展。

三是重大文化项目顺利推进。积极做好服务协调工作，服务全市重大文化项目加快建设。中央文化区“四个中心”项目顺利推进，奥体中心、文博艺术中心、市民活动中心、现代传媒中心形象初步显现。加快推进“四大历史文化片区”建设龙头工程，片区内各个规划、方案编制及有关保护工程稳步实施。扎实推进全市重点文化产业项目，华强四期中华复兴之路、建业·华谊兄弟电影小镇、“只有”河南戏之国、郑州海昌海洋公园、轩辕圣境文化产业园、宋城·黄帝千古情、建业足球小镇、二七华侨城、瑞光创意工厂文创园等项目有序推进。

# 郑州市2018年统一战线工作报告

中共郑州市委统战部

2018年，郑州市统一战线深入学习贯彻习近平新时代中国特色社会主义思想和党的十九大精神，全面落实中央、省委、市委关于统一战线一系列重大决策部署，扎实开展“大学习、重引导、凝聚力、树标杆、强肌体”五大活动，着力提升统战工作能力水平，全力画好“最大同心圆”，为加快郑州国家中心城市建设、实现中原更加出彩凝聚广泛力量支持。

## 一、扎实开展“大学习”活动，进一步夯实共同思想根基

精心安排部署。一是专题研究。按照习总书记“全党来一个大学习”的号召，在全市统一战线开展“大学习”活动，召开部务会2次专题研究，确定了把学习贯彻党的十九大精神作为年度统战工作的核心任务和工作主线，切实提高政治站位，强化责任担当，推动全市统战工作开创新局面。二是集中部署。召开专题会议，印发工作要点和实施方案，进一步明确目标任务、方法步骤等，推动全市统一战线掀起学习热潮。三是搭建平台。充分发挥党建云平台、“根在中原”网站等平台作用，促进学习实效。开通郑州市“最大同心圆”、中原区“中原新阶层”等

微信公众号，使之成为学习理论、掌握政策、交流经验、指导工作的重要载体。

突出学习主题。一是提高站位学。以习近平新时代中国特色社会主义思想武装头脑、指导实践，深刻学习领会习近平总书记关于统一战线工作的新理念新思想新战略，引领全市统一战线树牢“四个意识”、增强“四个自信”、做到“两个维护”。二是原原本本学。制定下发《中心组2018年度理论学习专题安排》和《党员干部2018年度理论学习方案》，引导大家学原文、读原著，原汁原味抓学习。各级领导以身作则抓学习、抓辅导，市委常委、统战部长杨福平在市委党校作专题辅导，为全市300多名县处级领导干部宣讲党的十九大精神。三是结合工作实际学。把学习党的十九大精神与立足统战工作实际相结合，对标新时代对统一战线的新要求，努力学习统战业务知识，熟记“统战篇”，画好“同心圆”，以学习的高质量推动统战工作的高质量，切实肩负起中原更加出彩的统战担当。

丰富学习形式。一是抓好集中学习。充分发挥全市统战系统党委（党组）、各民主党派理论学习中心组的示范带动作用，推动“大学习”活动向基层延伸、向深度拓展。年内组织全市统战系统各层次、各界别中心组学习42次、党员干部集中学习158次。二是抓好多层次培训。增强培训针对性，区分统战系统党员干部、民主党派、党外青年干部、新的社会阶层人士和非公经济人士5个类别举办各类理论培训班11期次，协助举办各民主党派骨干成员参政议政培训班14期，举办民族宗教干部、宗教教职人员业务技能培训503期次。三是抓好理论宣讲。全年举办“统战大讲堂”6期，邀请中国民营经济研究会庄聪生会长等专家、名家解读十九大精神、优化营商环境等内容，有效提高了统战干部和统战成员政策理论水平。四是抓好调研促学。制定下发了《2018年度全市统一战线理论政策研究课题计划》《关于改进和加强调查研究工作的通知》，围绕重点工作展开调研，形成高质量调研文章46篇，遴选其中12篇优秀文章上报省委统战部。五是注重成果信息化。把信息写作作为统战干部展现学习成果的重要窗口，力争“人人都是笔杆子、个个都是信息员”。今年以来，被中央统战部《每日汇报》采用信息13条、《零讯》1篇，中央统战部网站采用信息3篇，《中国统一战线》5篇，《河南统战工作》7篇，在各级党报党刊和《中华工商时报》《中国统一战线》《台湾工作通讯》等省级以上报刊发稿85篇。“最大同心圆”微信公众号推送150余期600余条内容；“根在中原”郑州网站发布各类信息1386条，被省委统战部网站采用301条；依托“郑州与台湾”网站发表信息118条。编印《郑州市对台工作信息》8期，编发《郑州统战信息》32期。

## 二、扎实开展“重引导”活动，引领广大统战成员高举爱国主义、社会主义旗帜

加强政治引领。在民主党派、无党派人士中持续开展“不忘合作初心，继续携手前进”主题教育活动，依托纪念中共中央发布“五一口号”70周年活动，举办征文比赛、专题辅导报告、书画笔会、看郑州观摩等系列活动；在非公有制经济人士中开展“不忘创业初心，接力改革伟业”理想信念教育，组织民营企业开展守法诚信、创新创优等活动，举办非公有制经济人士座谈会；在党外代表人士中开展“跟党迈进新时代、同心共筑中国梦”系列主题教育，利用《大河网》《中华网》开展新的社会阶层人士“我新我行我出彩”“豫新愈出彩”活动。通过系列政治教育活动，不断巩固新时代统一战线团结奋斗的政治思想基础。

优化营商环境。一是加大调查研究力度。开展非公企业“大走访、大调研、大服务”活动，对86家行业代表性企业进行调研走访；召开郑州市优秀年轻企业家座谈会，研讨民营经济发展的方法对策，帮助解决企业发展中的困难和问题。各民主党派中央、省委调研组先后5次到郑考察调研，为推动营商环境优化提供有益指导。二是推动政策制定。积极参与市委市政府《关于加快建设国际化营商环境的实施意见》制订工作，举办“优化营商环境，促进非公企业发展”报告会，加强与有关部门的沟通联系，建立联动工作机制，切实维护企业合法权益，推动民营

经济快速健康发展。三是帮助解决问题。加大对非公企业、台企服务力度，研究制定中央“31 条惠台措施”等政策落实办法。上街区开展“零距离”保姆式服务，解决企业发展中的资金、用地、用工等难题。积极做好非公经济和涉台涉诉案件的调处工作，协调解决了康师傅公司、硕达钻石有限公司因大气污染治理被迫停工事宜，研究督办了河南晟和祥实业和丹尼斯百货所反映问题。

搭建参政平台。一是规范开展政党协商。协助市委印发了《中共郑州市委同民主党派无党派人士 2018 年政党协商计划》，开展各类政党协商活动 5 次，举办党外人士座谈会 2 次、《政府工作报告》征求意见报告会 1 次。市委常委、统战部长杨福平组织带领各民主党派、市工商联和无党派代表人士，赴湖南、广东、福建等地开展恳谈考察活动，开阔了工作视野，增进了友谊。二是积极落实政治安排。认真做好市、县人大、政协和政府部门党外人士安排情况调查摸底，推荐优秀党外代表人士、非公经济人士作为人大代表、政协委员，进行有序政治安排，今年全市人大、政协换届中，市人大常委会组成人员中党外人士 13 人；550 名市政协委员中，党外政协委员 335 名。三是引导鼓励建言献策。聚焦国家中心城市建设，搭建建言献策“直通车”平台，荥阳市建立完善了“党委出题、党派调研、政府采纳、部门落实”的调研参政机制，管城区开展了“统一战线建言献策双月谈”活动等，充分发挥广大统战成员集体智慧，全市各界别统战成员建言献策共 194 条，其中 43 条得到市委领导批示。

推动创新实践。一是加强新阶层人士统战引领。针对新的社会阶层人士“看似千军万马，点名无人应答”的现状，出台《关于加强新的社会阶层人士统战工作的实施意见》，健全新的社会阶层人士统战工作联席会议制度，加大对新的社会阶层人士的识别建档，登记注册 17.2 万人，建立新阶层代表人士人物库 410 人。在条件成熟的 3779 个“两新”组织完善统战工作制度，引导新的社会阶层人士听党话、跟党走。二是探索工作新模式。积极探索了二七区“三平台三促进”瑞光创意工厂、管城区“四抓一促”同心楼宇统战、中牟县“三家六部联动”等新阶层人士统战工作新模式、新路子，打造新郑“郑域新的社会阶层实践创新基地”等“试验田”，实现新的社会阶层人士资源共享、优势互补、合作共赢。三是打造实践创新基地。以全国新阶层统战工作实践创新基地建设试点为契机，倾力打造特色品牌。召开全市新的社会阶层人士统战工作暨实践创新工作推进会，强力推动中原区“新的社会阶层人士联谊会”、市网信办“中原网络达人联谊会”、金水区“河南街舞联盟”、惠济区“良库工舍·同心园区”等实践创新项目建设。中央统战部在深圳召开全国新的社会阶层人士统战工作经验交流座谈会暨实践创新基地建设中期推进会，市委常委、统战部长杨福平出席会议并作典型发言，得到中央统战部主要领导的肯定。12 月下旬在郑州召开的全省新的社会阶层人士统战工作现场推进会，郑州市在会上做经验介绍。

促进民族团结。一是开展民族团结创建。围绕增强中华民族共同体意识，积极开展“共筑中国梦”民族团结进步创建系列活动，推荐河南省第三批民族团结进步示范区（单位）6 个，打造民族团结进步示范点 10 个。以举办 2019 年全国少数民族运动会为契机，加大民族工作政策的宣传，积极营造民族团结的良好氛围。二是加强少数民族流动人口管理。全市建立少数民族流动人口服务中心 17 个，定期与少数民族流动人口输出地民族工作部门、劳动就业部门沟通对接，加强对少数民族流动人口的服务和管理。三是深入开展民族领域“三化”现象治理。加强重点区域排查整改，组织清真食品专项执法检查 2 次，取缔违规经营商户 10 多家。

依法规范宗教事务。一是强化组织领导。成立全市宗教工作领导小组，出台《关于加强和改进新形势下宗教工作的实施意见》，将宗教工作纳入各级领导班子考核内容。市委常委会和政府常务会议先后 5 次研究宗教工作，召开全市宗教工作会议 2 次，省委常委、市委书记马懿 11 次对宗教工作作出批示，提出明确要求。各县市区均成立了宗教工作领导小组和专项工作办公室，建立宗教工作三级网络两级责任制，确保工作落实。二是依法开展专项治理活动。围绕宗教中国化方向，建立宗教工作联席会议机制，开展集中专项行动，依法规范农村基督教事务。在全市宗教场所开展“四进”活动，少林寺、牛寨清真寺等在全国率先举行升国旗仪式。巩义市、新密市在农村开展“快乐星期天”等活动300余场，丰富了农民精神生活。登封市探索建立了《关于宗教事务管理工作责任追究和责任倒查的处理意见》，被作为全省宗教管理典型和经验做法上报中央统战部。三是加强网络舆情监管。探索建立了涉及民族宗教舆情管理协调、网络舆情监测、网络舆情信息员制度。

## 三、扎实开展“凝聚力”活动，为郑州市国家中心城市建设凝心聚力

凝聚人心，扩大海内外“朋友圈”。一是开展联谊交友。建立“三带头四纳入”工作机制，完善联谊交友制度，加强与各民主党派、非公经济代表人士、无党派代表人士联谊交友。二是丰富联络活动。全力参与戊戌年黄帝故里拜祖大典，邀请“一带一路”沿线20个国家和地区的重要华人社团的侨领、中国台湾嘉宾代表等309名海内外人士出席，持续扩大郑州的知名度和影响力。着力加强对台工作，开展“电影电视文化进台湾”和“非物质文化遗产”赴台交流等活动，增进郑台良性互动。三是加强海外联系。以血缘、地缘、姓缘为基础，发挥根亲文化资源优势，举办“龙族后裔·姓氏跑团”和“我的姓氏故事”根亲文化进校园活动。积极开展郑台两地和海外侨胞民间交流往来，年内共接待来郑台胞534人次，应邀赴台交流215人次，接待来郑侨胞侨眷506人次。

凝聚力量，当好发展“助推器”。一是持续推进“同心实践”基地建设。牵头组织“同心”实践行动工作联席会议13个成员单位、19个支持单位，采取向上申请、项目扶持等方式，先后投入资金4000余万元，助推“同心实践”基地建设；惠济区、金水区、登封市依托党派资源，打造党派社会服务品牌，组织开展法律知识培训、送医、助教、送文化等特色惠民服务活动85次，赠送各类图书6000余册。二是实施“双招双引”行动。充分发挥对外经贸合作优势，大力开展招商引资活动，吸引跨境电商B2C京猫电子、瑞士TCM健康科技等侨企来郑投资发展；举办郑州台资企业成果展，积极参与豫台绿色农业发展合作对接会，全年

意向签约台资项目 3 个，新增台资企业 6 家。中原区协调引进中国工程院院士、水害防治与水资源研究所所长武强及专家团队到中原区与中赟国际工程股份有限公司合作建立“智慧地质及地下工程地质灾害防治研究院”。三是汇聚扶贫济困力量。引导支持民主党派、工商联开展“因病致贫”帮扶活动，上街区、中原区探索建立“N 助一”救助服务平台，累计开展社会服务 70 余次，救助困难家庭 73 户；巩义市推动“扶贫驿站”建设，建设“扶贫驿站”132 个；中牟县探索“慈善爱心超市”积分化扶贫管理模式，激发贫困户脱贫内动力。鼓励非公经济人士踊跃参与光彩事业和“百企帮百村”精准扶贫活动，全市参与民营企业 89 家，帮扶村 48 个、帮扶贫困人口 2144 人，产业扶贫项目投资 1.44 亿元，捐款捐物 463.8 万元。组织新的社会阶层人士劳模代表开展扶贫帮困捐赠活动，捐赠图书 1000 余册、生活物资 240 余件。积极发挥统战优势，组织统战干部到登封市唐庄镇寺沟村开展精准扶贫，较好地完成了脱贫攻坚任务。全年全村建档立卡贫困户 105 户 467 人，除 3 户 6 人享受低保政策由政府兜底外，其他 102 户 461 人实现了脱贫。

凝聚智慧，打造高层次“智囊团”。充分发挥驻郑高校、企业、科研单位数量多、层次高的优势，主动与知名高校联系，进一步发挥党外高端人才作用。聘请张帅梁、支合、唐军等知名专家、律师成立智囊团，为统战工作开展提供理论、法律服务；推进“郑州国际人才港”项目实施，打造中原人才引进培养高地，吸引来自 13 个国家的海外优秀人才入驻创业，21 家企业成功登陆中小企业股权交易中心；参与举办中国·河南招才引智创新发展大会和欧美同学会海归专家河南行座谈会，邀请 100 多位海外院士、海归专家和省外豫籍高端海归人才来郑考察调研，达成人才项目 3 个，对接项目 2 个。

## 四、扎实开展“树标杆”活动，激发广大统一战线成员建设国家中心城市的正能量和使命感

积极组织引导。制定下发《“树标杆”活动实施方案》，指导各县市

区开展倡树标杆工作，成立评选机构和组织，在统战成员中树立标杆意识，通过倡树标杆活动，引导广大统战对象见贤思齐，掀起争先创优热潮。

科学分类评选。结合统战各领域不同特点，明确标准条件，分别在民主党派、无党派人士中推选形成“诤友挚友篇”，在少数民族人士中推选形成“石榴籽颂篇”，在宗教界人士中推选形成“爱国爱教篇”，在非公经济人士中推选形成“健康万里篇”，在港澳台海外人士中推选形成“同根同辉篇”，在归国留学人员中推选形成“报效桑梓篇”，在新阶层人士中推选形成“好雨新笋篇”，谱写郑州统战“英雄谱”，打造统一战线“名人榜”，涌现出徐平、赵永强、杨万里、陈肖纯等一大批统战系统各界别先进典型。三全集团董事长陈泽民、圆方集团董事长薛荣被评为全国“改革开放 40 年百名杰出民营企业家”，好想你健康食品股份有限公司、郑州医美健康产业集团、天明城乡建设开发集团有限公司等 3 家企业被表彰为全国“万企帮万村”精准扶贫行动先进民营企业，18 名新阶层代表人士在“五一”评选中被表彰为“郑州市劳动模范”。

注重宣传推广。认真筛选业绩突出、影响广泛、能够发挥示范作用的标杆人物，总结可复制、可借鉴、可推广的统战经验。结合庆祝改革开放 40 周年，开展“豫新愈出彩、最大郑能量”系列宣传活动，对石聚领、党永富、吕龙等 50 名新的社会阶层人士代表进行宣传报道，受到社会广泛赞誉和好评。同时，依托中央统战期刊、省委统战期刊、“最大同心圆”微信公众号、“根在中原”网站等媒体进行宣传报道，让典型人物立起来、让典型经验活起来，不断扩大宣传的覆盖面和影响力。

## 五、扎实开展“强肌体”活动，引领统战干部健康成长

加强政治建设。修订完善《中共郑州市委统战部全面从严治党主体责任清单》，扎实推进“两学一做”学习教育常态化制度化，明确领导班

子成员“一岗双责”的抓党建责任。严格落实“三会一课”制度，开好民主生活会，班子成员带头接受监督。成立部机关意识形态工作领导小组，把意识形态工作列入部务会重要议事日程，与统战工作同步研究部署、同步推进落实。

加强作风建设。在统战部机关倡导踏实干事、任劳任怨、默默奉献的“老黄牛”精神，营造人人争当“笔杆子”、培养重用“文秀才”的良好氛围，激发统战工作新活力。坚持不懈抓好周一学习日活动，持续开展“学习竞赛·每月一文”活动，每月选择一个主题，每人写出一篇思辨性文章，每期选出“精彩观点”在机关大屏幕和“最大同心圆”微信公众号上发布交流。制订工作日志、学习日志制度，机关干部每日记录《工作日记》和《学习日志》，推动工作学习化、学习工作化。开展文明素养提升行动，学习落实《郑州市文明行为促进条例》，坚持党员进社区报到制度，社会反响较好。

加强纪律建设。严格落实中央八项规定实施细则精神，制定市委统战部机关具体实施办法，整改落实中央、省委巡视反馈问题46项。修订完善《机关考勤制度》《机关财务管理制度》，进一步加强机关人员管理。驻部纪检监察组围绕落实市纪委“八大工作任务”和市委统战部“五大活动”，坚持“盯责、盯学、盯常、盯全、盯小、盯惩、盯改、盯治”，真正发挥“派”的权威和“驻”的优势，持之以恒正风肃纪，着力营造了统战系统风清气正的政治生态和干事创业的良好氛围。

# 郑州航空港经济综合实验区 2018年经济社会发展报告

郑州航空港经济综合实验区（郑州新郑综合保税区）管理委员会

航空港实验区自获批以来，按照“三年打基础、五年成规模、十年立新城”的发展思路，坚持以塑造“国际、魅力、机遇、幸福”航空新城为目标，聚焦“一区一群一体系一新城”（即：具有国际影响力的枢纽经济集聚区、以智能终端为代表的世界级电子信息先进制造业集群、完善的对外开放体系、现代国际航空新城），全力推进“开放、培育、提质、创新、民生”五项工程，航空港实验区经济社会发展呈现出“一持续两提升一转变”（即：经济社会持续保持较快发展，建设品质和发展水平大幅提升，带动力、辐射力、影响力大幅提升，加快实现从高速增长向高质量发展转变）的良好态势，各项工作再取新突破、再上新台阶。

## 一、经济持续保持较快发展

2018年经济社会发展主要体现在“五个突破”和“五个第一”。五个突破，一是地区生产总值突破800亿元，达到800.2亿元，增长12%，为郑州市GDP破万亿做出了积极贡献；二是电子信息业产值突破3000亿元，达到3084.2亿元，增长7.6%；三是外贸进出口总额突破500亿美元，达到527亿美元，全省、全市占比持续保持在60%、80%以上；四是跨境电商业务单量突破2000万单，达到2114.4万单，全市占比由2016年的3.28%提升至2018年的21.8%，比重三年提高5.6倍；五是产业发展实现新突破，合晶单晶硅项目投产，华锐液晶面板项目开工，光力科技半导体封装划片机、DW电子先进集成电路芯片靶材、富士康中州研发中心等项目入驻，都填补了全省空白。五个第一，一是地区生产总值增速12%，全市排名第一；二是一般公共预算收入完成42.4亿元，增长16.8%，高于全市7.8个百分点，增速全市排名第一；三是综保区外贸进出口总额完成3415.4亿元，实现封关以来“7连增”，稳居全国综保区第一方阵；四是郑州机场客货运规模持续保持中部地区“双第一”；五是PM2.5、PM10累计浓度下降率在全市县（市）、开发区中排名第一。一年来，“五项工程”建设成效明显，高质量发展的基础和支撑能力进一步巩固提升；在全省开放中的龙头作用、在郑州建设国家中心城市中的引领作用进一步增强。

## 二、加快实施开放工程，开放体系更加完善

一是综合交通枢纽建设加快推进。郑州高铁南站地铁换乘站已完工，南站站房工程初步设计已获批复，机场三期北货运区开工建设。洪泽湖大道高速出入口和京港澳高速、省道102、华夏大道组合式互通立交建设进展顺利。国道107郑州境东移（三期）改建完成31%，省道317郑州开封交界至实验区改建工程完成27%，华夏大道南延项目一期已顺利完工，机西高速二期投用，实验区高速交通环已全面形成，实验区至市区高速实现免费通行，对外联络更加通畅。

二是航线网络持续拓展。《郑州国际航空货运枢纽战略规划》发布实施，这是全国唯一一个以货运为主的战略规划，将郑州机场定位为全球航空货运枢纽、现代国际综合交通枢纽、航空物流改革创新试验区以及中部崛起的新动力源。国务院发文支持郑州机场利用第五航权，国际竞争力大幅提高。目前，郑州机场客运航空公司55家，客运航线208条，

通航城市 116 个；货运航空公司 21 家，开通货运航线 34 条。2018 年，旅客吞吐量 2733.5 万人次，增长 12.5%，增速在全国 2000 万级以上 22 个大型机场中排名第一，行业排名全国第 12 位；货邮吞吐量 51.5 万吨，货运规模稳居全国第 7 位。

三是带动力、辐射力、影响力稳步提升。牢记全省对外开放“龙头”责任，统筹“五区联动”“四路协同”，基本建成“1＋1＋7”的口岸体系，构建起我国内陆地区功能最全、效率最高的对外开放门户。第一个“1”即郑州新郑国际机场航空一类口岸，2018 年出入境旅客达到 171.5 万人次，进出口货物达到 32.92 万吨，其中“一带一路”沿线国家（地区）货物超过 60%。第二个“1”即郑州新郑综合保税区，2011 年封关以来，进出口总额实现“七连增”，2018 年完成 3415.4 亿元，排名全国综保区第二名。“7”即肉类、水果、冰鲜水产品、食用水生动物、活牛、邮政、药品等特种商品进口指定口岸。2018 年，河南肉类指定口岸总报检量 3.53 万吨，增长 33.3%，查验量居全国内陆地区第一位；进口冰鲜水产品指定口岸全年查验量、货值分别增长 33.5%、46.7%，航空口岸国际邮件增长 59%。活牛口岸业务持续拓展，首批 681 只澳大利亚种羊驼顺利入境，各口岸覆盖范围、查验规模持续扩大。

四是国际营商环境进一步优化。主动融入并积极推动与自贸区联动发展，承担的 202 项改革创新试点任务已完成 105 项，复制推广上海等自贸区 53 项改革试点经验已完成 48 项；“飞地”注册企业 26 家，注册资本 12.2 亿元。领事馆片区完成城市设计，河南联合签证中心即将投入运营。

五是开放政策体系更加完善。率先实施了“9610”跨境电商模式、出口退税资金池、供应链金融、选择性征税、港仓内移等一系列改革创新；通过打造以“单一窗口”对外的电子口岸中心、口岸作业区、“7×24 小时”预约通关服务体系，航空港实验区已初步建成带动河南融入全球经济循环的战略平台，成为全国最为重要的进口货物集散分拨中心之一；海关已明确支持将郑州—卢森堡“空中丝绸之路”纳入中欧安全智能贸易航线试点计划，推动“一带一路”沿线海关国际合作，提高通关效率，降低通关成本；通过实施“境外检、口岸放”、探索“空检铁放”“空检空放”等检验检疫验放新模式。积极引进设立联合签证中心。卢森堡旅游签证（郑州）便捷服务平台 2018 年 4 月 16 日正式挂牌运营；积极与多国驻华使领馆对接，申请旅游签证外包服务授权，现已与捷克、保加利亚、尼泊尔、巴林、贝宁、多哥、加纳等多个国家达成合作意向。

## 三、加快实施培育工程，产业结构更加优化

一是富士康产业集群建设再集聚再发力。按照“保存量、抢增量”原则，持续强化与富士康合作，智能手机项目第二个五年期产能产值安排初步确定，为富士康的持续稳定发展奠定了基础；中州研发中心研发团队已超百人，富士康在实验区集聚度进一步提高。

二是智能终端（手机）产业培育再扩容再提质。手机产业园四期建成投用，总建成面积达到 110 万平方米。智能终端（手机）产业新签入区项目 19 个，累计入区项目达到 208 个；新增投产项目 6 个，累计投产项目 67 个，其中整机项目 36 个、配套项目 31 个；另有正在装修的项目 39 个。2018 年全区手机产值完成 3083.8 亿元，增长 7.3%。智能终端手机产业发展呈现三个可喜变化，即企业投资由轻资产向重资产转变、手机产品结构智能机占比持续增大、订单委外生产向本地生产转移。

三是航空物流产业再升级再提速。以冷链、快递、电商物流为突破口，积极培育引进以郑州机场为基地的大型货运承运商和物流集成商。新签约引入安博空港仓储服务中心、绿地全球进口商品中部运营中心等项目；ZARA（飒拉）时装分拨中心货运量快速增长，全年航空货运量占其国内市场份额 1/3；顺丰河南转运中心投入运营，“双十一”期间日处理快递超过 80 万单，申通快递河南转运中心日均处理快递约 60 万单。

四是部分新兴产业再提升再突破。初步构建了金融租赁产业政策体系、运作体系，SPV 公司达到 15 家，2018 年新交付经营性租赁飞机 4 架。宝聚丰供应链公司获海关 AEO 高级认证企业资质，成为河南省唯一一家获此认证的外贸综合服务平台，2018 年完成进出口额 50.2 亿元，排名全

省第四，同比增长191.3%。富士康、宝聚丰供应链、嘉瑞供应链、易通跨境供应链、捷迅保税物流、华讯方舟、双合盛供应链等7家企业列入全省进出口50强，数量稳居全省第一。生物医药产业园一期投用，21家企业已进驻装修与设备安装，生物医药大分子公共服务平台基本建成。新药研发取得突破，鸿运华宁在研创新抗体药19个，其中肺动脉高压、Ⅱ型糖尿病等三个突破型创新药已在多国开展临床实验。第三方服务类项目已有博睿医学、嘉宝仁和、郑州百桥、江苏衡谱等一批企业入驻。

## 四、加快实施提质工程，航空新城更具魅力

坚持国际化标准，坚持以满足人民群众美好生活需要为目标，着力打造富有魅力、充满机遇的航空新城。目前，航空港实验区托管面积约430平方公里（不含尉氏区域），基础设施覆盖超过200平方公里，建成区面积约80平方公里，区内人口超过80万。

一是强化建设管理，城市承载力快速提升。强力推进市政基础设施建设，自来水第二水厂一期竣工验收，南区第一给水加压泵站建成；第一污水处理厂三期启动建设，第三污水处理厂再生水工程完工；2016年开工的6座变电站全部建成，2017年开工的6座变电站主体完成83%；新铺设供水管网25公里、电力排管39公里、燃气管网57公里；新增通车里程40公里，新开工道路30公里，城市承载能力进一步增强。全面实施路长制，强力推进违建、广告牌、村容村貌等专项治理及餐厨垃圾清运，城市精细化管理水平持续提升。

二是强化绿色环保，生态建设成效明显。实验区“十三五”环保规划方案通过专家评审，总体规划环评取得省环保厅批复。2017年9月，园博园、双鹤湖中央公园、苑陵故城遗址公园同时开园运营，园博园已获批国家4A级旅游景区，成为航空港实验区文化旅游经济新亮点。河东南区“三纵三横”生态廊道和梅河干流、梅河支流、高路河等生态水系建设快速推进，全年新增绿化面积200万平方米，全区绿化面积达到1800万平方米，建成区绿地率达到28%，生态环境得到持续改善。

三是强化以人为本，棚户区改造加快推进。南水北调运河以东区域第一至第九安置区58个项目地块已开工建设50个地块，正在进行主体施工或装修地块42个，封顶313栋楼，封顶率超过90%。新增回迁项目5个，涉及12个村1.61万人，完成安置房网签4891套，群众回迁进一步加速。

四是强化严管严控，污染防治攻坚取得阶段性成果。2018年空气质量指标实现“两降一增”，PM10年累计浓度106微克/立方米，下降7.8%，低于年度目标值9微克/立方米，目标完成率在全市县（市）区组中排名第一；PM2.5年累计浓度63微克/立方米，下降1.6%，低于年度目标2微克/立方米；全年优良天数169天，同比增加10天。省控梅河、丈八沟责任目标考核的三项因子均达到Ⅳ（四）类水质标准，全区饮用水水质达标率98%以上，完成了省市确定的水质改善目标。

## 五、加快实施创新工程，发展活力更加充沛

一是政务服务实现“简”的效果。坚持将“放管服”改革作为全区全面深化改革的“牛鼻子”，努力实现放得更活、管得更好、服务更优。推进审批服务事项“三级十同”梳理规范工作。按照“N±X”要求，各单位共梳理审批服务事项697项（N±X），统一对外公布并制定形成审批服务工作规程及办事指南。全面落实审批服务“三集中，三到位”。做到部门行政审批职能向一个内设机构集中、该内设机构向政务服务中心集中、审批服务事项向河南政务服务网集中，做到事项进驻到位、审批授权到位、监督管理到位。推进投资项目“12412”改革。全面推行投资项目审批“一口受理”，推进“容缺办理、容错纠错”两个机制，实行“多规合一、多评合一、区域评估、联合审验”4项举措，确保投资项目审批时间压缩至120个工作日内。进一步压缩企业开办时间。优化再造工作流程，将企业设立登记、新办企业首次申领发票、刻制公章和办理社会保险登记时间大幅度压缩至4天以内。推进房屋交易与不动产登记改革。实现所有业务在系统运行，“一套材料申报、一个窗口受理、一个

平台办理、集成优质服务”，实现“一窗受理、并联办理”，办事主体“最多跑一次”。

二是“双创”工作再造“升级版”。坚持创新驱动，全力推进改革创新。郑洛新自创区航空港辐射区正式获批。辖区首支创投基金正式成立，拨付“双创”扶持资金超过6000万元。在全省率先打造国际引智中心，建设“全球眼”人才大数据库，打造人才资源共享和信息发布平台，制定人才专项服务政策，为人才提供全方位服务。目前已引进院士4名、国家级专家8名、智汇郑州聚才计划人才86名，设立院士工作站3个。获批河南省首个国家级区域性“双创示范基地”，建成面积超过300万平方米的双创综合体，入驻双创项目和创客团队360个，中科院软件所郑州基地启动建设，国家级、省级、市级研发平台分别达到1家、33家、62家，高新技术企业超过30家，科技型中小企业达到169家，“双创示范基地”建设工作得到国务院和省政府的通报表彰。

三是高端人才汇集实现“量”的突破。实施“人才＋项目”战略，以“智汇郑州·1125”聚才计划为抓手，在全省率先打造“国际引智展示中心”，建设“全球眼”人才大数据库，打造人才资源共享和信息发布平台；搭建了“线上全天候＋线下一站式”人才服务模式。制定出台《关于实施人才强区战略打造人才集聚高地的若干意见》《关于优化人才发展服务的若干措施》等人才专项服务政策，在住房保障、场租补贴、贡献奖励等10个方面为人才提供全方位服务，已引进院士4名、国家级专家8名、“智汇郑州”聚才计划人才86名，设立院士工作站3个。

## 六、加快实施民生工程，群众生活更加美好

一是脱贫攻坚取得阶段性成果。始终把脱贫攻坚摆在全区工作的重要位置，紧紧围绕“两不愁、三保障”这一中心任务，实施“精准”脱贫方略，突出稳定增收渠道，落实行业扶贫政策，抓重点、抓难点、补短板、强弱项。截至2018年底，全部实现脱贫。并对已脱贫的贫困户实施帮扶提升措施，确保每一脱贫户至少通过“转、扶、搬、保、救”中

的一种渠道稳定脱贫。

二是公共服务体系不断完善。启动中小学建设 25 所，其中新建 7 所，续建 9 所，前期工作 9 所，建成后将新增学位 4.71 万个。郑州六中航空港校区设计已完成，郑州一中航空港校区开工建设，省实验小学、省实验中学裕鸿国际学校实现招生。市中医院港区医院可研报告已批复，市中医骨伤病医院港区项目、区公共卫生服务中心开工建设，省立医院二期已经封顶，市第一人民医院港区医院即将投入运营。积极开展智能化家庭医生签约服务，全区安装使用手机 App 居民达到 2.93 万户，累计签约 14.66 万人。开通四条实验区至市区定制公交，常规公交客运量同比增加 51.4 万人次，人民群众获得感、幸福感持续提升。

三是民生实事推进顺利。2018 年承办的 7 大类 12 小项省民生实事、9 大类 32 小项市民生实事全部完成；全区安排的 10 个方面 16 小项民生实事已完成 14 项，另外 2 项跨年度工程正加快推进。

四是社会大局保持稳定。债务风险有效化解。深入开展防范处置非法集资、互联网金融风险防控等专项行动。有效扩大财政收入，科学安排财政支出，积极优化债务结构，债务规模逐步缩小、债务占比逐步降低。依法治区深入推进。雷霆开展扫黑除恶专项斗争，严打黑恶势力“保护伞”，社会正气积极弘扬，人民群众更加安居乐业、社会更加安定有序。加强源头预防治理，持续畅通信访渠道，全年未发生一起赴京非正常上访。

## 七、坚定理想信念，党建保证更加牢固

始终坚持抓好党建是最大政绩的理念，紧紧围绕“六个体现”，坚持“三个注重”，着力抓好“八个方面工作”，打造忠诚、干净、担当干部队伍，推进党的建设高质量。

一是坚决做到“两个维护”，始终对党绝对忠诚。深入学习贯彻习近平新时代中国特色社会主义思想和党的十九大精神，坚决落实党建高质量要求，制定《关于全面推进党的建设高质量发展的实施意见》；扎实做

好巡视反馈意见整改工作，中央巡视组反馈整改工作有序推进，省委巡视组反馈的整改工作已按方案全部实施整改；切实把讲政治要求全面贯穿于从严治党全过程，坚决做到贯彻中央和省委、市委决策部署不走样。

二是坚定理想信念，积极投身中原更加出彩的生动实践。将能否为中原更加出彩贡献力量作为衡量党员干部理想信念是否坚定的重要标准，持续推进“两学一做”学习教育常态化制度化，累计召开支部党员大会、支部委员会议和党小组会议 9000 余次，组织支部书记讲党课 1290 次，党员意识不断增强，理念信念更加坚定，自觉投身实践的热情更加高涨。

三是强化理论武装，真正做到学懂弄通做实。将习近平新时代中国特色社会主义思想和党的十九大精神纳入各级中心组专题学习内容，坚持系统学、跟进学、联系实际学；组织专题培训 18 次，累计培训党员 20 万余人次；开展“党的创新理论万场宣讲进基层”活动 200 余场，切实让广大党员搞清楚、弄明白“八个明确”和“十四个坚持”基本方略，掌握思想精髓和实质。

四是厚植党内政治文化，着力建设良好政治生态。高标准召开年度民主生活会和专题民主生活会，严肃和规范党内政治生活。在全区选树一批先进基层党组织、优秀党务工作者和政治素养高、理想信念坚定的党员代表，大力弘扬忠诚老实、公道正派、实事求是、清正廉洁的价值观，推动形成了正气充盈的政治生态。

五是树好用人导向，激励干部担当作为。制定《基层（重点项目）工作一线干部考核评价办法》，探索建立“1＋2”领导班子和干部考核模式，着力推动干部在基层历练、在一线成长，让勇于负责、敢于担当、善于作为、实绩突出的干部有为有位，激励广大干部担责担难担险，干部队伍结构更加优化。

六是持续转变作风，赢得人民群众真心拥护。坚决纠四风、正作风；坚持以上率下，区党工委班子成员全年累计调研 556 次，主动听取群众呼声；严格落实中央八项规定及实施细则精神，开展作风纪律明察暗访 68 次；强化工作落实督导，确保上级重大决策部署和实验区中心工作落地落实。

七是深入推进反腐败斗争，夺取压倒性胜利。保持惩治腐败高压态势，营造风清气正政治生态。坚持“以案促改”常态化，把不敢腐不能腐不想腐一体推进；注重基层反腐，对办事处集中开展全面从严治党“两个责任”落实情况专项督查，督促问题整改；强化对公共资源交易、征地拆迁等方面的执纪监督，督促全区各单位建立完善制度规定，切实把权力关进制度的笼子。

# 郑东新区 2018 年经济社会发展报告

郑州市郑东新区管理委员会

2018 年，是贯彻落实党的十九大精神的开局之年，也是全区上下抢抓机遇、加快国家中心城市先导区、示范区、核心区建设的关键一年。面对错综复杂的宏观形势和艰巨繁重的改革发展任务，在市委、市政府的坚强领导下，全区上下高举习近平新时代中国特色社会主义思想伟大旗帜，全面贯彻落实党的十九大精神和习近平总书记调研指导河南时的重要讲话精神，认真落实市委“两个导向”和“十二字”方针，坚持“四重点一稳定一保证”工作总格局，以国家中心城市建设为统揽，以两个转型升级为主线，以 16 个战略引领性项目为抓手，突出项目带动、项目化推进，克难攻坚、主动作为，经济社会呈现较好的发展态势。全年郑东新区固定资产投资完成额同比增长 16%，规模居全市首位，增速全市第二；地区生产总值完成 538 亿元，同比增长 8.4%。地方公共财政预算收入完成 90.5 亿元，同比增长 10.4%；全口径财政收入完成 293.5 亿元，同比增长 15%。实际利用外资完成 5 亿美元，利用域外资金 161 亿元，分别完成年度目标任务的 102%和 110%。一年来，全市大气污染防治现场会、道路交通秩序综合整治现场会、路长制工作推进现场会、铁路沿线征迁现场会等重要会议先后在东区召开，东区的很多经验做法成为全市的样板和示范。

## 一、项目推进取得重大突破

锐意创新，担当进取，在市政府大力支持下，“混合供地模式”获准实施，打通了制约项目落地的关键环节。全年完成土地报批 1.6 万亩，供地 8271 亩。持续开展“零容忍、零增长”，完成 71 处违法图斑治理，高效集约的土地管理为重点项目落地提供了可靠保障。创新实行招商选址、土方清运、文物勘探“八同步”项目推进工作法，坚持“双统筹”的土方清运模式，清运各类土方超 2000 万立方米，为项目节约开工时间半年以上。16 个战略引领性项目中，金融岛外环建筑群、宝能国际金贸中心、清华附中·启迪科技城、卢森堡中心、华润新时代广场、中原总部基地、上海师大附中等 7 个项目实现落地开工。云湖智慧城、阜外医院综合服务中心、中粮大悦城等 9 个项目正在加快土地报批，预计 2019 年全部落地。24 个投资 5 亿～50 亿元的重点项目进入建设高潮，农投国际、清华华商等 4 个项目主体封顶，中瑞控股、邮储银行、希尔顿逸林等项目加快建设。

## 二、产业培育持续提档升级

以金融业和信息服务业双引擎为驱动，围绕机构引进、载体建设、项目服务、环境营造等关键环节，加快构建链条完善的产业体系。

（一）金融业发展持续深入。新引进珠江村镇银行等各类金融机构 22 家，核心区累计引进持牌类金融机构 334 家，全区入驻各类金融机构 1300 余家。PTA 期货成功引入境外投资者，棉花期权正式上市，全市首家商业保理公司——河南晋瑞商业保理公司开业运营，河南资产融资租赁等 3 家企业获批内资融资租赁试点。境内外挂牌或上市企业 22 家，辖区企业通过资本市场新增融资超 265 亿元。郑州银行成为全国首家 A＋H 股上市的城商行。中原基金岛新增中金资本、光大德尚等基金机构 81 家，累计达 132 家，管理规模突破 2000 亿元。“一号工程”金融岛取得突破性进展，外环建筑群确定地下空间交通组织、4 栋公共建筑和 2 栋超高层建筑方案。内环 20 栋楼宇 18 栋主体封顶，华信期货总部大厦等项目加快建设。

（二）信息服务业势头强劲。围绕构建“政策洼地、服务高地、创新福地、创业宝地”，推动智慧岛国家大数据综合试验区核心区建设步入快车道。签约引进中国科学院计算技术研究所、海康威视、软通智慧、释码大华、杭州世导、中芬创新基地等一批大数据龙头企业，累计引进大数据企业 200 余家，带动集聚相关科技企业 2893 家，注册资本金突破 200 亿元。与独角兽企业 APUS 签约，在郑东新区设立全球第二总部。云湖智慧城、科学谷完成规划设计和项目储备，正式进入实施阶段。成功举办 2018 数字经济峰会暨 5G 重大技术展示交流会，在全省的示范引领作用持续增强。

（三）其他高端服务业竞相发展。新引进特斯拉河南总部等 4 家国内外 500 强企业，累计入区世界 500 强企业 65 家、中国 500 强企业 93 家。全球四大会计师事务所全部落地，中介服务业发展实现新的提升。瑞吉、洲际、万豪、希尔顿逸林等 4 家高星级酒店入驻，累计入驻高星级酒店 17 家。全年培育税收超亿元楼宇 40 栋，文化产业大厦等特色楼宇 32 栋，新增出租面积 132 万平方米，建成楼宇出租率达 92%。

## 三、改革开放创新活力十足

（一）加快构建全方位开放格局。发起并成功举办 2018 首届郑州国际城市设计大会，形成《城市设计郑东共识》，郑东新区在世界城市规划界的影响力进一步提升。卢森堡旅游签证（郑州）便捷服务平台正式运营，卢森堡中心开工建设，成为全省首个外事服务综合体。麻省理工学院中国未来城市实验室成功落户，郑东新区惊艳亮相麻省理工学院中国新城论坛。相继举办第三届中国（郑州）国际期货论坛、首届国际教育论坛等大型活动，国际化氛围愈加浓厚。自贸区郑东区块全年注册企业 1.8 万家，注册资本 2158 亿元，占郑州片区八成以上，企业注册数量占河南自贸区的60%。“保险+期货”创新案例获评郑州自贸片区十大创新案例。

（二）科技创新步伐不断加快。河南豫鹰众创空间被评为省级众创空间，新增在孵企业200家，累计在孵小微企业2500余家。全年新增高新企业44家，累计达84家，同比增长110%；新增科技型中小企业73家，累计达216家，同比增长51%；12家企业入选第三批“1125聚才计划”。全区专利申请量突破1万件，郑州云海科技全年申请和授权专利数全省领先。大力实施人才强区战略，智慧岛被确定为全市大数据人才管理改革试点。先后通过国际人才交流大会、招才引智清华行等活动，新引进院士4名，青年人才901人，其中博士97名，累计引进高层次专家（团队）7个，院士10名，建立院士工作站24个。

（三）“放管服”改革扎实推进。积极营造国际化法治化便利化营商环境，强力推进“一网通办”前提下的“最多跑一次改革”，全区478项审批服务事项中429项实现一网通办，一网通办率90%。在全市率先推出商事主体照章同取、首次发票领取、社保信息登记“一条龙”服务，企业开办更加便利，投资项目审批效率提升76%。不动产登记、房屋交易、契税缴纳等民生服务实行一表通用、一窗受理。

## 四、新型城镇化建设有力推进

坚持“以建为主、建管并重，提升品质、扩大成效”，持续提升城市建设水平。

（一）持续高水平规划引领。高标准完成宝能国际金贸中心、清华启迪科技城、白沙园区总部产业园等重点区域城市设计，完成各类规划编制140项。高效率完成800万平方米安置房、便民中心、中小学、商业综合体等项目规划审批，保证了项目高品质建设。

（二）安置房建设稳步推进。全年安置房建设完成投资116亿元。圃田嘉园等7个安置区新增回迁面积357万平方米，累计达816万平方米，新增回迁人口2.4万余人，累计回迁6.8万人，回迁率65%。顺利完成

1.6 万套安置房网签，完成市定目标的 185%。困扰群众多年的老安置区不动产证办理顺利启动。新型城镇化建设持续位居全市第一。

（三）综合承载能力不断提升。聚焦龙湖、白沙、新时代广场等重点区域，新开工基础设施项目 61 个，完成投资 62 亿元，累计建成道路 585 公里。龙湖金融岛外环地下空间工程开工建设，东站东广场地下空间综合利用工程有序推进，白沙综合管廊一期主体完工，二期启动招标。跨贾鲁河 10 座桥梁加快建设。列子小镇生态建设全面启动。深入实施乡村振兴战略，姚湾、后湾、后洼 3 个移民村生活污水集中处理设施正式投用，建成村（社区）文化服务中心 16 个，农村土地承包经营权确权颁证工作全面完成，“美丽乡村”蓝图初步显现。

（四）生态建设再掀高潮。持续推进国土绿化提速，新开工安平路高铁游园、象湖生态文化公园二期等项目 17 个，新增绿化 318 万平方米，高铁公园、森林公园建成开园。大力实施屋顶绿化，新增绿化 16 万平方米，完成任务为市定任务的近 5 倍。黄河湿地集中整治行动拆违 20 万平方米。铁路沿线拆违 33 万平方米，任务量和拆迁速度均居全市第一。生态水系建设全面收尾，莲湖、象湖 C 区、三河治理、贾鲁河综合治理工程绿化加速推进。云湖完成规划设计，十八里云溪启动施工招标。龙湖水利风景区成功获批国家级水利风景区。

（五）扎实做好脱贫攻坚工作。积极做好卢氏县和新郑市“一乡一镇一村”精准扶贫工作，积极参与后河食用菌出菇、老虎寨文化旅游等产业项目建设，入股卢氏农商行项目提交银保监会审核。大槐树村 62 户贫困户实现全员脱贫。

## 五、城市环境更加优美

顺利完成文明城市测评，城市管理水平进一步提升。

（一）全力打好环境污染防治攻坚战。创新推行塔吊喷淋、“五好十差”工地评选、办事处轮值调度等一批行之有效的新举措，扭转了大气污染防治工作的被动局面。全年空气优良天数 165 天，同比增加 27 天，空气综合指标和六项监测指标同比明显下降，东区大气治理经验得到省市主要领导的认可。积极推进“四水同治”，全面落实河长制，开展入河排污口、黑臭水体、河湖“三清一净”整治行动，全年排查整改污染源头310处，水质状况总体良好。

（二）深化“路长制”改革。确立了“路长负总责，多员共担当，部门作保障，社会齐动员”的工作格局，探索出“五好十差路段”评比、安置区周边考核评比、脏车免费清洗等举措，以“六个看不见”为标准，直面薄弱环节，全面启动安置区周边整治，推动庙张街、相济路等一批道路旧貌换新颜，成为全市学习的样板。道路交通秩序综合治理成效显著，先后取得2个全市第一、3个开发区第一，创新的“5个十”工作法在全市推广。

（三）城市配套更加完善。持续推进公厕革命，启动新建公厕350座，第一批建成投用140座，59座正加快推进，第二批151座已完成招标。公共自行车项目二期完成建设，建设站点302个，配置自行车1万辆。新建公共停车场27处，新增停车泊位6260个。开通CBD、智慧岛便民服务车，打通日常出行的“最后一公里”。启动智慧城市建设，在全市率先引入智慧停车系统，建成智慧市政指挥平台，启动智慧环保平台建设，智慧岛智慧化积极推进。

## 六、社会事业发展更加协调

（一）便民服务体系加快构建。一期15处便民服务中心全部开工，体育公园、宏图街等7处建成投用，岗王路、郑信路等7处主体完工。二期16处1处开工建设，3处完成方案设计。

（二）教育事业实现新飞跃。清华附中、外籍人员子女学校、上师大附中实现当年签约、当年开工，枫杨外国语中学确定选址，龙湖区域成为全省优质基础教育资源最丰富区域。锦绣路小学、省实验二中等12所学校实现秋季招生，新增学位2.26万个。建成区学校实现外教全覆盖。中小学教学水平跃居全市前列。

（三）医疗养老事业实现新突破。泰康·豫园、中美（河南）荷美尔肿瘤研究院、北大医疗产业园等项目有序推进，龙湖国际医院确定选址。全区医疗床位达1.2万张，每千人拥有床位8张，高于国家标准。优质医疗资源的集聚度和覆盖面全省领先。

（四）是民生保障更加有力。持续扩大被征地农民参保覆盖面，新增参保人员2156人，参保率100%。加大就业创业扶持力度，新增城镇就业2602人。加快推进住房租赁市场试点，完成公租房分配4168套。加强劳动监察，处理劳动纠纷1240件，追讨工资1500余万元。

（五）是社会治理水平持续提升。121个村（社区）两委实现平稳换届。健全信访维稳“7＋1”工作机制，全国、省、市三级“两会”期间实现信访“双零”，东区连续两年被评为全市信访工作先进单位。非法集资高风险案件零增长，存量案件消化80%以上。深入开展互联网金融专项整治，对21家机构进行分类处置。平安建设基础不断夯实，视频监控二期建成投用，“两基地两中心”（反邪教警示教育基地、禁毒教育基地、综治信息化中心和社区矫正中心）效用初显。深入开展扫黑除恶专项斗争，打掉村霸7个，铲除涉黑保护伞7个、黑社会性质团伙1个。全面推进法治政府建设，重大决策法治化水平进一步提高，行政应诉胜诉率95.6%，法治保障进一步增强。民族宗教事业开创新格局，落实“四规范一打击一治理”突出问题整治，得到省市高度肯定。持续筑牢消防安全、施工安全、食品安全底线，国家食品安全示范城市创建工作深入开展。

# 郑州经济技术开发区 2018 年经济社会发展报告

郑州经济技术开发区管理委员会

近年来，在习近平总书记视察经开区指示精神的指引下，在省市党委、政府的正确领导下，经开区以国家中心城市建设为统揽，围绕“四重点一稳定一保证”工作总格局，突出高质量发展主题，坚持开放创新双驱动战略，以“双十工程”为工作主线，脚踏实地，真抓实干，经济社会保持了快速良好发展态势。2018 年，全区地区生产总值完成 732.4 亿元，同比增长 8.1%；规模以上工业增加值完成 419.8 亿元，同比增长 7.1%；固定资产投资完成 429 亿元，同比增长 12%；社会消费品零售总额完成 255 亿元，同比增长 24.5%；财政总收入完成 254 亿元，同比增长 17.7%；公共财政预算收入完成 68.4 亿元，同比增长 15.6%。全区城镇居民人均可支配收入达到 40236 元，农民人均可支配收入达到 24342 元。

## 一、产业发展提质增效

坚持把产业作为经济发展的关键支撑，努力打造汽车及零部件、装备制造和现代物流三个千亿级主导产业集群，推动产业结构调整和转型升级。目前，全区超百亿企业11家，10亿元以上企业48家，亿元以上企业220家，2018年全区规上工业总产值完成1543.2亿元。汽车及零部件产业方面，拥有上汽、宇通等4家整车厂和森源鸿马等6家专用车厂，配套零部件企业近130家，产品涵盖轿车、SUV、客车、专用车等。2018年整车产量55.3万辆，同比增长22%。汽车产业完成产值789.8亿元，占全区规模以上工业总产值的51.2%。今年年底全区可形成130万台整车生产能力。装备制造业方面，拥有中铁盾构、郑煤机、海尔等一批龙头项目，是全球最大的矩形盾构机生产基地和液压支架生产基地。2018年装备制造业完成产值418.3亿元，同比增长10%，占全区规模以上工业总产值的27%。中铁工程装备集团深入践行总书记“三个转变”指示精神（中国制造向中国创造转变、中国速度向中国质量转变、中国产品向中国品牌转变），积极抢占掘进机创新高地，产品出口16个国家和地区，市场占有率和科技实力国内第一。现代物流业方面，集聚各类物流企业275家，其中5A级物流企业14家，建成仓储面积400多万平方米。2018年完成主营业务收入887.5亿元，同比增长13.6%；医药物流营业收入占据全省一半以上。其他产业方面，主要有河南中烟黄金叶生产制造中心，郑州双汇、益海嘉里、中粮、安图生物等食品医药加工企业。

## 二、项目建设快速推进

招商引资和项目建设是经开区的“生命线”。坚持围绕主导产业发展和战略性新兴产业培育，瞄准规模实力型、前沿战略型、对外开放型、科技创新型、总部利税型、现代物流型等6个方面进行招商选商，以龙头带配套，拉长产业链条，形成产业集聚，取得了良好效果。2018年，新签约项目57个，签约金额550.6亿元；引进“四力”型项目8个，完成五职项目5个。为切实转变作风、狠抓落实，加快推进项目建设，2018年初谋划推进了“双十工程”，包括上汽、宇通等10个投资超20亿元的重大产业项目和安置房建设、城区道路等10类政府投资重点工程，共计项目392个。为确保项目按计划推进，成立了经开区重点项目建设领导小组，下设综合服务办公室、协调推进办公室、督查督导办公室，总体负责“双十工程”的计划制定、协调服务、督导落实等工作。10类重大产业项目和10类重点工程分别成立服务部、指挥部，每个服务部（指挥部）由一名区领导班子成员牵头负责、一个部门具体负责、一名科级以上干部专职对接服务。建立了周例会、月观摩、季讲评、年终总结推进机制，建立了联审联批手续推进机制等一系列制度机制，在全区上下营造了大抓项目建设的浓厚氛围。全年省市重点项目实际完成投资、开工率、竣工率均超额完成任务。其中，投资42亿元的上汽一期整车项目，实现了年初签约，半年首台车下线；投资55亿元的上汽二期项目实现了当年签约、当年开工建设、当年主体完工，创造了项目建设的“郑州速度”。

## 三、对外开放日新月异

通过近年来的发展，对外开放已经成为经开区的一张名片。2018年全区完成进出口额275.6亿元，实际吸收外资5.68亿美元，经济外向度达到37.7%。区内设置有郑州车站海关、郑州邮政海关、郑州新区海关三个海关，拥有铁路一类口岸和汽车、粮食、邮政三大指定口岸。深入践行习近平总书记“买全球卖全球”和“建成连通境内外、辐射东中西的物流通道枢纽，为丝绸之路经济带建设多做贡献”的重要指示精神，按照河南省“五区联动、四路协同”的总体要求，全力推动陆上、网上丝绸之路建设，打造内陆地区对外开放高地。“陆上丝绸之路”越跑越快，2013年，依托铁路集装箱中心站，省市谋划建设郑州国际陆港，规划面积5.78平方公里，目前多式联运集疏中心、多式联运海关监管中心、汽车口岸、粮食口岸等设施均建成投用，2018年货运吞吐量达到16.1万标箱，同比增长14%。依托国际陆港，中欧班列（郑州）2013年7月开行首班，截至5月底累计开行2216班，累计货值99亿美元。其中，2018年开行752班，同比增长50%以上。班列境内覆盖全国三分之二以上城市，境外覆盖 30 多个国家 130 多个城市。2018 年 12 月，在中国铁路总公司综合评估中，郑欧班列在全国 56 个城市开行的中欧班列中排名第二。不断加强与沿海港口业务合作，创新铁海联运“一单制”运营模式，2018 年郑州至连云港、青岛、天津等港口海铁联运班列开行 206 班。同时，依托国际物流园区，谋划建设“公路港”，全力打造深耕郑州、辐射河南、服务全国的综合型公路港，为郑州发展枢纽经济提供支撑。“网上丝绸之路”越来越便捷，自 2013 年跨境电商试点率先运行以来，通过不断创新管理机制，取得了巨大突破。创新网购保税“1210”监管模式，实现了监管创新；优化平台再造，平台通关设计处理能力大幅提升，被李克强总理称赞为“秒通关”，实现了流程创新；创新案例在全国复制推广，实现了机制创新；O2O 线下自提满足了广大消费者的需求，实现了服务创新。目前拥有河南保税物流中心、郑州出口加工区、河南凯越、豫满全球、河南商报、圃田邮政和国际陆港等七个跨境电商产业园区，业务涵盖保税网购备货零售进口（1210）、跨境电商直邮进出口（9610）、邮政直邮进出口和跨境电商 B2B 进出口（0110）等商业模式，形成了多园区、多主体、多模式、多平台的产业发展格局。2018 年，跨境电商交易量突破 1.2 亿包、交易额达到 116 亿元，继续稳居全国前列。跨境电商进口药品和医疗器械试点正式获批，目前已启动试点招商工作，将会成为跨境电商新的增长点。自贸区建设快速推进，河南自贸区郑州片区经开区块面积 41.22 平方公里，占郑州片区面积的 56.3%，注册企业 8462 家，“一区多功能”“一店多模式”创新案例在全国复制推广。对外合作交流不断加强，积极引进国际办事机构，匈牙利国家贸易署驻郑州代表处、欧盟中国经济文化委员会河南代表处顺利入驻经开区。区内企业“走出去”步伐明显加快，宇通客车取得欧盟（WVTA）整车认证，在欧美市场实现了批量销售。双汇集团并购史密斯菲尔德，郑煤机并购德国博世电机业务，实现了转型升级。越来越多的区内企业通过走出去，在吸纳国内外先进生产要素发展壮大的同时，代表中国品牌走向世界。

## 四、创新、创业稳步提升

以国家自主创新示范区、全国双创示范基地为依托，借助高新技术创业中心和留学人员创业园等国家级服务平台，深入实施创新驱动发展战略，营造了良好的大众创业、万众创新氛围。2018年全区高新技术产业产值完成1249.6亿元，同比增长13%；高新技术产业增加值完成281.4亿元，占规模以上工业增加值的64%；全社会R&D投入34.4亿元，占GDP的4.7%；完成科技经费支出3亿元，占财政支出的5.4%。截至目前，全区共有科技企业孵化器9家（国家级2家、省级2家、市级5家），众创空间5个（国家级1个、省级4个），双创载体面积150万平方米。累计获批各类研发机构220个（国家级11个、省级82个），院士工作站13家，专利授权量8579件，万人有效发明专利拥有量达到30.6个。集聚高新技术企业102家、上市企业16家。科技创新成果显著，近年来共获得国家科学技术进步奖5项，省级科学技术进步奖17项。中铁装备研制的中国最大直径（15.8米）泥水平衡盾构机填补了国内空白，郑煤机研发的8.8米超大液压支架多项关键技术为世界首创，旭飞光电获得国家科学技术进步一等奖，中铁装备获得国家科学技术进步二等奖，王复明院士创办的安源工程公司获得2018年第九届中国专利金奖。

## 五、新型城镇化快速推进

按照以产兴城、产城融合的发展理念，扎实推进基础设施、配套设施建设，城市功能进一步完善。安置房建设顺利推进，坚持政府主导安置模式，全区共有53个行政村，目前已完成整村征迁40个，已征迁群众2万户8.5万人。共规划建设安置区15个，建筑面积1350万平方米，约需资金405亿元。目前，已累计完成投资159亿元，已建成交付使用安置房359万平方米，在建安置房774万平方米，已安置群众 1.5 万户 6.7 万人，基本实现了安置工作大头落地。城市综合承载能力不断提升，建成区面积 60 平方公里，道路通车总里程 350 公里，基本实现了基础设施全覆盖。起步区改造有序推进，第八大街、航海东路提升改造等一批亮点工程建成投用。生态建设高标推进，2019 年投入 30 亿元，全面实施铁路沿线、高速互通立交等五个重点区域绿化，新增公园游园 29 个。“一河三湖一城”（潮河，金沙湖、蝶湖、荷湖，滨河国际新城）和“一山一河一渠一溪一湖”（泉山，凤河，龙渠，花溪，梦湖）两大生态景观带基本建成，全区绿地面积达到 2600 万平方米，人均绿地面积达到 65 平方米，水域面积 179 万平方米。通过一系列卓有成效的工作，经开区的城市承载力、生态环境、形态风貌得到明显提升。

## 六、民生事业持续改善

坚持以人民为中心，办好省市区各级民生实事，2018 年民生支出 39 亿元，占公共预算支出的 70%，民生投入创历年之最。教育事业蓬勃发展，已建成学校 84 所，在校学生 42676 人，教师 3112 人。成功引进郑州外国语学校，在建学校项目共 23 个，为历年最多。力争到 2021 年，全区所有学校规模与班额、生均建筑面积完全达标。医疗卫生水平不断提升，已建成医院 3 所，基层医疗卫生机构 7 所，在建医院 2 所。共有医生 1052 名，床位近 2000 个，实现了医疗卫生服务全覆盖。环境质量持续改善，扎实推进环境污染防治攻坚战，2018 年，PM2.5、PM10 分别下降 5.88%、13.74%，优良天数 156 天。城市管理水平不断提升，全面推行“路长制”管理模式，深入开展环境综合整治“531”行动，进一步提升城市精细化管理水平。保障性住房建设不断加快，全区共建设公共租赁住房 7490 套，已建成投用 3749 套，基本满足了区域保障性住房需求。同时，认真落实安全生产责任制，强化食品药品监管，狠抓矛盾化解、风险防控，全区社会大局保持和谐稳定，人民群众的获得感、幸福感大幅提升。

## 七、党的建设不断加强

加强基层党组织建设，全面夯实基层基础，目前经开区党工委下辖13个党（工）委、326个基层党组织，共有党员8104名，实现了基层组织全覆盖。持续强化理论武装，开设“经开讲坛·周末大讲堂”，近万名党员干部接受学习教育，党性观念和业务水平不断提高。认真落实党风廉政建设责任制，正确运用监督执纪“四种形态”，持续保持高压反腐态势。严格履行意识形态责任制，扎实开展扫黑除恶专项斗争，积极弘扬正能量。不断加强党建机制创新，中铁装备集团“蜂巢式”党建成果案例荣获“2018全国国企管理创新成果”一等奖；国际物流园区“一统六联”党建工作机制成为全省非公党建特色品牌。经过不断努力，全区风清气正的政治生态持续优化，为推动经济高质量发展汇聚了强大正能量。

2019年，是新中国成立70周年，是习近平总书记调研经开区5周年，也是经开区实现“百千万”目标的关键之年，经开区将在市委、市政府的正确领导下，以国务院刚刚出台的《关于推进国家级经济技术开发区创新提升打造改革开放新高地的意见》为契机，以高质量发展为核心目标，以激发对外经济活力为突破口，着力推进经开区开放创新、科技创新、制度创新，提升经济发展质量，打造改革开放新高地，为郑州国家中心城市建设和“中原更加出彩”做出积极贡献。

# 郑州高新技术产业开发区2018年经济社会发展报告

郑州高新技术产业开发区管理委员会



2018年是全面贯彻落实党的十九大精神开局之年、改革开放40周年，也是高新区建区30周年、管理体制与人事薪酬制度深刻改革之年。全区上下深入学习贯彻党的十九大精神，坚决落实中央和省委、市委决策部署，牢牢把握“四重点一稳定一保证”工作总格局，抢抓国家中心城市建设的重大机遇，紧紧围绕2025年建成千亿级世界一流高科技园区的奋斗目标，全方位推进“四链一城”实践路径，以体制机制改革创新为动力，统筹改革发展稳定各项工作，实现了改革发展双统筹、双促进，国家自创区建设开局良好。

## 一、深入推进十九大精神的学习宣传贯彻，党的建设迈上新台阶

（一）不断学懂弄通做实，推动十九大精神形成高新区生动实践。在系统深入学习党的十九大精神的基础上，全面准确把握习近平新时代中国特色社会主义思想的精神实质和丰富内涵，自觉将这一强大思想武器转化为树牢“四个意识”的高度自觉，转化为郑州高新区的生动实践，推动党的十九大精神在郑州高新区落地生根。2018年1月17日，高新区

召开领导干部扩大会，讨论通过了《关于高举习近平新时代中国特色社会主义思想伟大旗帜开启全面建设国家自主创新示范区新征程的意见》，在凝聚并借鉴上级精神、过往经验、先进做法、专家建议、实践探索和社会各界意见的基础上，谋划了一批具有战略性、基础性、支撑性的项目抓手，形成了比较系统的国家自主创新示范区建设的发展战略和推进策略。

（二）开展“七进”系列活动，凝聚形成自创区建设的强大正能量。一方面，通过领导班子“带头学”、党员干部“深入学”、社会各界“持续学”，在高新区全面形成学习宣传贯彻党的十九大精神的热潮。另一方面，深入结合建区 30 周年庆祝活动，组织开展了女子马拉松赛、全民健步走活动、征文比赛、“魅力高新”摄影大赛、“墨香高新”书法比赛、高新区“30 年成就展览”、高新区“30 年 30 人 30 事”评选、“迎新春座谈会”等系列活动，进一步深化十九大精神进企业、进农村、进机关、进校园、进社区、进军营、进网络。同时，利用网络平台媒介开设党的十九大精神专题专栏，推出“每周一星”典型宣传引导活动。通过“七进”系列活动，回顾了建区 30 年发展历程，梳理了 30 年前进经验，凝练了 30 年奋斗精神，推动习近平新时代中国特色社会主义思想深入人心，凝聚起推动自创区建设的强大正能量。

（三）全面夯实基层基础，实现党的组织力凝聚力战斗力有效提升。一是持续完善基层组织体系。改革期间，按照“四同步”要求，在各内设机构、园区、中心设立党支部和党总支，配备专职副书记协助工作开展。同时，进一步落实“一二六”工作法推进非公有制企业和社会组织党建工作“两个覆盖”要求，积极开展非公企业排查和党组织组建工作，扩大了党组织覆盖面。二是加强基层党员队伍建设。按照“稳字当头、规范有序”的原则，顺利完成了全区 35 个行政村、27 个社区党组织换届工作。大力实施“亮身份、作表率、当先锋”行动，推行“党员楼栋长”制度，积极开展党员志愿者和其他党员实践活动。全面推行农村（社区）党员积分制管理和“一编三定”工作。三是强化党员学习培训。多层次、多形式举办学习贯彻十九大精神系列主题培训班，千人次党员干部参训。启动“党的创新理论万场宣讲进基层活动”，近万人次参训。组建了新时代文明实践中心、志愿服务中心、县级融媒体中心和百姓文化云平台，为广大基层干部群众提供了学习的场所和载体。四是提升支部建设水平。围绕“支部建设十条”标准，从严落实“三会一课”“主题党日”“民主生活会”“双重组织生活会”等基本制度。建立了三级基层动态分析会议制度，定期召开基层动态分析会议，目前已在9个村（社区）试运行。

（四）强化监督执纪问责，党风廉政建设得到全面加强。一是坚持政治建设放首位。把“两个维护”落实到纪检监察工作的全过程各环节，紧紧围绕重大决策部署执行情况，开展监督检查，确保上级决策部署落细落实。强化对人大代表、政协委员推荐，村“两委”换届选举的监督，紧紧围绕防范化解重大风险、精准脱贫、污染防治等“三大攻坚战”强化监督执纪问责。二是持续保持作风建设高压态势。开展落实中央八项规定精神“回头看”专项活动、“节日病”专项治理活动、整治“帮圈文化”专项排查等专项监督检查。每季度开展机关作风纪律明察暗访和基层党风政风监督检查，促进作风持续好转，确保改革健康有序推进。全年共对存在问题的25个单位57人予以通报，对问题突出的6个单位下发督办通知，责令限期整改。三是坚持“三不”机制一体推进。坚持不敢腐、不想腐、不能腐一体推进，加快构建标本兼治的反腐防腐机制。同时，通过召开以案促改警示教育大会和民主生活会，深入推动以案促改工作制度化常态化，做好监督执纪的“后半篇文章”。四是突出抓好两级巡视整改工作。对照中央巡视河南、省委巡视郑州反馈意见，成立了高新区党工委巡视整改工作领导小组，全面梳理整改问题台账，扎实推进巡视整改工作，取得阶段性成效。共认领两级巡视反馈问题86项，目前已经整改完成41项，其余45项属长期推进事项，正在按整改要求持续进行整改。

## 二、系统推进自创区体制机制创新，全面深化改革取得重大突破

（一）管理体制与人事薪酬制度改革顺利完成。按照省委省政府统一部署，在市委市政府正确领导下，高规格成立了领导小组，与国内4

家顶尖专业咨询机构合作，结合郑州高新区实际，充分考虑党和国家机构改革精神，研究制订了改革总体方案、改革实施推进方案以及改革配套相关制度。5月份全面启动实施了管理体制与人事薪酬制度改革，通过“赋权、改制、考核、激励”，构建了新型管理服务体系、干部管理体系、绩效考核体系、分配激励体系。截至2018年年底，原行政事业类人员全部通过竞争上岗和双向选择获得岗位，市场化新招聘98人已经全部入职到岗，充实了市场化机构人员队伍，改革相关配套制度文件顺利获批，并开始实施。通过改革，实现了“四个优化”。组织架构方面，工作机构由原来的36个精简到10个，实现了扁平化的管理。理顺了工作职责，提高了工作效率。人力配置方面，人员向基层一线流动，向经济战线流动。基层办事处人员略有增加，经济服务职能划到了园区，进一步加强基层治理的力量。专门从事经济工作的人数增加到280人，逐步实现了经济科技服务培育全覆盖。管理岗位的人员年龄平均下降了3岁，一批年富力强、专业精通的干部充实到管理层。团队文化方面，改革过程中，全体干部坚持规则先行、严格尊重规则，形成了一个干事创业、公平竞争、尊重规则，充满正能量的团队文化。干部活力方面，各个部门组建之后，工作要求和标准进一步提升。绝大多数干部都呈现出主动作为、凝心聚力、奋发争先，以自身行动助力高质量发展的良好局面。管理体制与人事薪酬制度改革取得示范性突破，获得省委、省政府高度认可，明确将在全省国家级高新区复制推广。

（二）全省首个开发区《暂行规定》正式获批实施。全省首个开发区层级的法律规章《郑州高新技术产业开发区暂行规定》经市人民政府常务会议审议通过后，2019年1月1日已经正式实施。《暂行规定》明确了管委会派出机关的性质，同时赋予了较为完备的县区级行政管理权限2486项和市级经济管理及相关行政管理权限2496项。

（三）新兴产业用地M0试点正式落户高新区。2018年12月，《关于高新技术产业开发区新型产业用地试点的实施意见》获得市政府批准，标志着河南省第一个明确针对新型产业用地的试点新政正式落地郑州高新区。新型产业用地考虑到了园区配套的需求，降低建筑密度，提高绿地率标准，适应了新型产业用地远期的发展需要，能够更好地吸引高端人才。同时，在传统工业用地类型中增加“新型产业用地（M0)”，有效破解了新型产业发展用地瓶颈制约，将为全市今后发展各类战略性新兴产业探索路径、提供经验，也将更好地满足高新区新型产业的发展需求。

（四）“放管服”政务服务改革取得扎实成效。一是承接“简政放权”。全面做好618项国务院部门行政审批事项、取消的283项中央指定地方实施行政审批事项、434项国务院部门职业资格许可和认定事项、323项行政审批中介服务事项的落实衔接工作；全面取消非行政许可事项共26项；取消政府性基金收费等。二是优化“便民服务”。通过正向梳理和反向排查的方式，结合“三级十同”梳理标准，全面梳理各部门审批服务事项，目前梳理出全区（含派驻机构）审批服务事项502项，全部录入河南省政务服务网权力事项库，实现“一网通办”。同时，率先实现房屋交易和不动产登记同步办理，实行税务和不动产“一窗受理”，实现税费缴纳和不动产业务联办，“水、电、气、暖”走进不动产交易和登记大厅，实现办事群众“最多跑一次”的改革目标。三是完善“五个清单”。梳理全区权力清单事项，积极做好清单的动态管理工作，根据法律法规立改废释情况、机构和职能调整情况等，及时调整权力事项内容，固化改革成果，督促各部门及时对照法律法规变动或实际工作变化开展调整清单工作。

（五）国有企业和投融资体制改革稳妥有序实施。在管理体制改革整体框架下，按照中央和省委、市委部署，启动区属国有企业的改革，已经形成国企改革总体方案，计划总体构建“三大体系、四个层级”国资运营管理体系和“1＋3＋N”国资运营架构。

做好科技金融服务体系建设发展顶层设计和规划引领，与北大深圳研究院金融创新中心对接，就高新区科技金融顶层设计、企业数据库建设以及设立金融实验室等工作达成合作；出台《郑州高新区关于加快科技金融服务体系建设的实施意见》，对科技型企业贷款贴息、金融机构引进和金融产品创新、资本市场发展、金融平台搭建等方面予以政策支持和鼓励；积极发行地方政府债券，出台了《防范化解政府隐性债务风险行动方案》，建立了《政府债务风险防范化解台账》。按照“疏堵结合、分清责任、规范管理、防范风险、稳步推进”的基本原则，建立规范的政府举债融资机制，牢牢守住不发生区域性和系统性风险的底线，切实防范和化解政府债务风险。

## 三、全面实践“四链一城”路径，经济社会发展实现全面提升

聚焦智慧产业，建设智慧社会，围绕产业链，布局科创链，完善金融链，强化政策链，建设更加宜创宜业宜居智慧新城，强力推进新型城镇化、产业发展、创新开放引领和生态建设等各项重点工作，经济社会发展实现了全面提升。2018 年全区 GDP 完成 348 亿元，增速 10.3%，高于郑州市 2.2 个百分点；完成规模以上工业总产值 498.6 亿元，同比增长 16.7%；全口径收入 137.96 亿元，首次实现超百亿元；一般公共预算收入完成 41.1 亿元，首次突破 40 亿元，增长 12.52%，高于全市平均增速 3.5 个百分点，收入质量达到 86%。

（一）“四链”创新创业生态持续完善。一是“四个一批”培育引进成效显著。创新引领型企业方面，新增科技型中小企业备案 220 家，同比增长 25%；新增高新技术企业 184 家同比增长 48.4%，占全市 42.5%。创新引领型平台方面，新增市级以上研发机构 83 家，同比增长 35%。“盾构及掘进技术国家重点实验室”被科技部评估为优秀国家重点实验室，全省仅此 1 家；新增创新孵化载体 9 家。创新引领型机构方面，郑州计量先进技术研究院新挂牌成立，新签约浙江大学中原研究院；新增新型研发机构 3 家。创新引领型人才方面，入选郑州市第三批“智汇郑州 1125 聚才计划”21 个，占全市的 24%，居全市第一；新增 2 家省级院士工作站，累计 45 家。二是自创区财政支持体系持续完善。市政府在上解资金支持、土地出让金返还、科技专项资金支持方面出台新的支持政策，政府债务管理进一步规范；申报地方政府专项债券 21.5 亿元，一般债券 30.8 亿元，第一批 5.1 亿元资金已到位；化解政府隐性债务

5.7 亿元，政府债务率更加合理。三是金融链持续强化提升。“一体两翼六平台”的科技金融服务体系已初步构建，科技金融广场的建设取得重大进展。在郑洛新自主示范区取得科技金融创新“五个第一”，第一家科技银行建行科技支行设立，第一个中小企业指数设计，第一个科技金融广场设立，第一个母子基金架构设立，奖补金融机构和企业奖补金额第一。高新区 2018 年底共集聚金融机构 97 家，股权投资机构 45 家占比 46%。银行通过微小贷、双创贷等金融产品创新，全年累计为科技型企业贷款 24 亿元，增速 38%。政府性引导基金投资累计 3 亿元，社会资本股权投资 10 亿元，增速 355%。四是知识产权优势持续加强。专利申请和授权“质”“量”并进。当年专利质押融资额达到 3200 万元，专利申请量达到 18534 件。获评国家知识产权示范企业 1 家（郑州春泉节能股份有限公司）、河南省知识产权优势企业 4 家，通过贯标企业 107 家。不断优化知识产权生态环境，开展形式多样的知识产权宣传活动。五是区域创新氛围更加浓厚。2018 年，校地合作进一步加强，以区内高校为核心，持续强化协同创新，在创新发展、促进科研成果转化等方面形成了互惠互利、校地共赢的发展格局，助推高新区培育经济发展新动能、经济高质量发展。特别是高新区联合信息工程大学共建实体化网络安全学院、郑州大学被评为“双一流”高校、郑州轻工业学院更名为郑州轻工业大学、河南工业大学不断加强校地合作等，均为高新区发展提供了坚实的人才储备队伍。六是承办创新创业系列活动亮点突出。成功举办第二届“强网杯”全国网络安全挑战赛、强网论坛和网络安全军民融合先进技术展示会，第十五期“钱学森论坛”，2018 首届世界传感器大会，2019 中国·郑州创新创业高峰论坛暨“郑创汇”年度总决赛等重量级大型活动，吸引了国内创新创业领军人物、创投机构、郑州市双创载体、高校科研院所、新型研发机构、优秀创业企业、创客代表等参加，取得良好的社会效果。成功获批全国唯一的北斗应用技术知名品牌创建示范区。

（二）主导产业发展取得新成效。一是项目化推进成效显著。围绕构建现代产业体系，积极开展招商引资工作，取得较好的工作成效。全年新签约项目完成36个，投资金额287.53亿元，其中主导产业项目达29个，投资金额231.77亿元，项目个数和投资金额占比均突破80%以上。二是主导产业重大项目引进有力。“四力”项目、“五职”项目等主要招商引资指标稳步推进，全年认定“四力”项目8个，总投资145.17亿元。上报“五职”项目5个，总投资110亿元，全部实现了当年签约当年开工，其中2个“五职”项目已投产。三是存量企业加快转型升级。大型企业持续扩大优势，其中6家企业荣获首批郑州市制造业创新中心培育单位，占郑州市的66.7%；2家企业被认定为河南省制造业创新中心，占郑州市比例50%；4家企业荣获河南省制造业“双创”平台和制造业与互联网融合“双创”基地称号，占全市80%；2家企业获批国家级技术创新示范企业，占全市100%；1家企业荣获国家制造业“双创”平台试点示范项目，占全市50%。中型企业深入融合发展，其中金惠计算机有限公司荣获工信部人工智能示范平台，全市唯一，占全省的50%；21家企业获批郑州市“双百”企业。中小企业坚持创新发展，其中河南金源创业孵化基地荣获国家级小型微型企业创业创新示范基地，占全市50%；8家企业荣获市级企业技术中心称号；2家企业获得2018年度郑州市小微型企业创业创新示范基地，占全市的25%。

（三）产业发展能力不断增强。一是引智引平台取得新突破。借助科特勤、友文等国际咨询机构，搭建了海外创新协同体系；引入清科集团等基金领域的专业化机构，实现精准对接、产业导入；与八戒科技共同组建创新资源协同平台的全国总部。项目对接方面，与国际知名的营销学咨询公司美国科特勤集团签订总投资110亿元的国际创新源头生态城战略合作协议。二是高新技术产业项目稳步增长。已签约项目包括，总投资55亿元的创新科区域总部基地及大数据产业园，总投资20亿元的固高郑州智慧产业研究院，投资10亿元的雷动智能传感器及扫地机器人研发生产基地项目。三是企业服务不断拓展深化。坚持企业家接待日、重点企业分包和定期走访制度，及时协调企业发展中存在问题，助力不断做大做强。全年共举行区级企业家接待日活动54次，参与接待人员145余人次。同时，不断探索企业服务新模式，改革后设立的园区运营中心作为专门服务经济的市场化部门，积极探索企业服务新模式，大力推进精准服务，不断优化营商环境，助推企业持续健康有序发展。

（四）新型城镇化建设稳步推进。一是加快基础设施建设。全年围绕“畅通高新”“绿色高新”目标，全年共完成基础设施建设投资额 79 亿元，其中政府投资类项目完成投资约 16 亿元，安置房项目完成投资约 155 亿元。棚户区改造安置住房建成 9788 套，网签安置房 11081 套，实现群众回迁 23796 人。二是城市承载能力不断提升。全年共完成交通道路 12 项，通车里程 21.7 公里；完成供水工程 49 项，修建供水管道 27.8 公里；完成供热工程 16 项，修建热力管道 13.67 公里。同时，人行道铺装完成 9 项，道路复浇完成 5 项，老旧公厕改造完成 20 座，环卫工人之家完成 8 座，消防工程、便民服务中心、文化遗址公园等项目均稳步推进。三是城市精细化管理能力不断强化。以“四乱”治理为抓手推进城市精细化管理，持续开展城市交通综合整治专项行动，推行“路长”定期巡查，实施全面综合管理，营造了文明、规范、有序的城市环境。

（五）生态环境质量明显改善。一是大气污染防治成效初现。空气质量持续改善，主要污染物 PM10 年均浓度同比降低 11.5%，PM2.5 年均浓度同比降低 7.5%，优良天数 151 天；圆满完成中央第一环境保护督察组“回头看”交办的 38 批 241 件案件的整改回复工作；全面开展第二次全国污染源普查工作，完成 1339 个调查主体的入户调查、数据采集、专网录入等工作。二是区域生态绿化全面提质。全年市政新增绿化面积 148.4 万平方米，完成投资 4.5 亿元；市政公用基础设施进一步完善，新建微公园游园 40 个，生态廊道建设工程 9 项，西三环北延两侧道路绿化建设完成 19.8 万平方米。五大重点区域稳步推进，铁路沿线完成拆迁违建 69 处；生态廊道绿化提质共涉及绿提质任务 138 处，已完成 79%；断点连通已完成 35 处；标识标牌标线等标识系统已完成 18 公里。三是水和土壤防治稳步推进。全面落实“河长制”，落实日常巡查制度，系统推进水污染防治、水生态保护和水资源管理。积极开展贾鲁河综合治理，巩固提升须河生态水系治理成果。持续推进高新区涉水企业监管工作，强化涉水企业的排查治理，确保涉水企业达标排放，消除水环境安全隐患。积极开展高新区土壤污染防治工作，全面做好工业企业土壤再利用准入管理、疑似污染地块排查、土壤污染重点行业企业调查等工作。

## 四、有力推进社会治理和民生改善，社会大局和谐稳定

（一）加强领导，社会治理平安有序。严格落实党政领导每天接访，特别是在全国“两会”期间在京非访“零登记”，被郑州市评为驻京值班工作优秀单位；两级巡视组移交郑州高新区案件38批164起，已经全部办结，办结率100%。同时，司法体系逐步建立完善，办事处、村（社区）两级公共法律服务工作室全部建成49个，区级公共法律服务中心建设加快推进。

（二）精心组织，扫黑除恶深入推进。根据中央、省、市扫黑除恶专项行动工作部署要求，制订工作方案，成立领导小组，层层落实工作任务，明确职责分工，确保专项活动有序开展。制作宣传栏及宣传版面1000余个，悬挂条幅2100余条，发放彩页60000余份，制作喷绘25000平方米，掀起扫黑除恶宣传高潮，做到了人人知晓。同时，强化线索摸排和处理打击，全年共摸排线索130起，打掉犯罪团伙2起，批捕涉恶类嫌疑人29人，全区的民风政风都得到了改善。

（三）抓常抓细，安全生产形势平稳。全年未发生较大以上事故，组织开展了安全生产百日攻坚行动、节假日和重要会议期间安全生产大检查、烟花爆竹专项大检查、危化品专项大检查、电器火灾专项大检查等安全大检查和专项检查活动，建立了隐患排查治理台账，实现了安全生产大检查常态化、日常化、清单化。同时，根据高新区具体情况，组织专家对高新区安全生产事故应急救援预案重新进行了修订、完善，全区危险化学品生产企业应急预案备案率达到100%。积极开展食品安全示范创建工作，全年共开展保健食品、面粉、桶装饮用水、肉制品、医疗器械四排查四打击、药品流通领域非法渠道购进药品专项整治、中药饮片专项检查等各类食品药品安全专项整治活动28次，未发现重大安全

隐患。

（四）统筹协调，社会民生事业全力推进。一是民生实事基本完成。2018年省级重点民生实事工作中，城乡居民基础养老金最低标准提标、机关事业退休人员养老金调整、新增城镇就业等6项工作提前或超额完成全年任务；2018年市级重点民生实事中，新增城镇就业、基本建成城市棚户区改造安置住房、公共租赁住房分配、新增绿地面积等12项工作提前或超额完成全年任务。二是就业创业形势稳定。2018年，进一步扩大及稳定就业，城镇新增就业2045人；完成各类培训3768人次；多方位培育自主创业主体，实现返乡农民工创业534人，其中118人获得返乡农民工创业补贴资金94.4万元。同时，采取多种措施加强劳动关系监管，总体上实现农民工工资治欠保支工作稳定有序。三是教文卫体各项事业稳步发展。全年新开工建设和续建中小学8所，新投入使用3所，另外郑州中学初中部扩建项目基本具备投入使用条件；成功举办全民健身·厚德健步走活动、高新区第一届全民运动会；成功开展高新区“舞台艺术进社区、乡村”系列活动30场，高新区“红色文艺轻骑兵”“快乐星期天”系列主题活动34场。

# 巩义市2018年经济社会发展报告

巩义市人民政府

2018年，巩义市坚持以习近平新时代中国特色社会主义思想为指导，全面贯彻落实党的十九大精神和习近平总书记视察河南、郑州时的重要指示精神，狠抓“4+4+2”重点工作推进机制落实，砥砺奋进，克难攻坚，较好地完成了全年各项目标任务。

## 一、坚持稳中求进，分类精准施策，经济保持平稳运行

加强宏观形势分析研判，强化经济运行监测调度，着力解决制约经济稳定增长的突出问题，全市经济发展呈现稳中向好、稳中向优、稳中提质的良好态势。全市地区生产总值完成815.6亿元，同比增长8.1%；规模工业增加值增长7.9%；固定资产投资增长10.6%；一般公共预算收入完成45.4亿元，增长7.2%；社会消费品零售总额完成340.3亿元，增长10.4%。巩义市位居全国综合实力百强县市第54位、全国工业百强县市第40位。狠抓防范化解重大风险攻坚，建立健全金融机构和重点企业重要风险信息、事件报送机制，积极通过银企协调、兼并重组等方式化解企业担保链、资金链风险，千方百计帮助企业解忧纾困，重点企业债务风险化解和非法集资防范处置有序推进。2018年年末全市银行业金

融机构融资总额达到332.4亿元，比年初增加37.7亿元，增长12.8%。强化生产要素保障，全年累计补充耕地4603亩，组卷报批各类建设用地9969亩，新增供地8665亩。全面落实减税降费政策，累计降低实体经济负担1.7亿元。深入开展“项目建设年”活动，争取中央预算内投资项目3项、省重点项目14项，全市439项市定重点项目累计完成投资558亿元。河南明泰铝业股份有限公司年产12.5万吨车用铝合金板、巩义市泛锐熠辉复合材料有限公司复合材料一期、河南恒星液压有限公司地铁紧箍件一期等一批重点项目建成投产。

## 二、坚持创新发展，加快转型升级，发展质量持续提高

始终把发展着力点放在实体经济上，持续深化供给侧结构性改革，加快转型发展攻坚，促进新旧动能转换，三次产业比重调整为1.5∶57.4∶41.1。

（一）工业转型步伐加快。落实工业转型升级创新发展三年行动计划，出台实施先进制造业高质量发展实施意见等系列政策，加快传统产业提质和新兴产业培育，铝及铝加工、耐材、装备制造三大主导产业规模工业增加值分别增长9.8%、1%和13.7%。加强军民融合发展，巩义市泛锐熠辉复合材料有限公司、河南万达铝业有限公司2家企业获得“军工四证”资质，2个项目列入省军民融合产业重点项目库，巩义市军民融合产业基地获得省国防科工局批复。加快产业集聚区建设，巩义市产业集聚区入选国家级开发区目录，获评国家新型工业化三星级产业示范基地、河南省产业集聚区建设杰出贡献奖；电线电缆产业园、高端装备制造园区入驻企业分别达到18家、13家，军民融合智能装备产业园、净水材料应急产业园等专业园区建设有序开展。强化创新引领，市科创中心启动运行，全市高新技术企业、国家科技型中小企业均达到43家，高新技术产业增加值增长12.6%。河南中孚实业股份有限公司高效能铝基新材料创新中心被认定为省制造业创新中心。河南天祥新材料股份有

限公司被确定为省知识产权优势企业。大力推进绿色化、智能化和企业技术“三大改造”，全市累计实施技术改造项目195项，完成投资105亿元；实施智能化改造示范项目8个，完成投资2.2亿元，培育智能工厂3家、智能车间1个；河南明泰铝业股份有限公司、河南恒星科技股份有限公司获评国家级绿色工厂。巩义市建设机械制造有限公司入选省“两化”融合管理体系贯标试点企业。巩义市恒星金属制品有限公司入选国家制造业单项冠军示范企业。

（二）现代服务业发展提速。坚持以旅游业发展带动服务业提升，积极推进国家全域旅游示范区创建。杜甫故里成功创成4A级景区，长寿山景区被评为“2018年中国十大最美乡村”“全国乡村旅游百佳目的地”，康百万庄园被评为省研学旅游示范基地，涉村镇北庄村入围省乡村旅游特色村。长寿山颐和涌泉水世界、浮戏山逍遥谷阳光木屋、明月文化养生小镇山石舍民宿等项目竣工营业，累计新建改建旅游厕所30座。高标准开展“杜甫故里诗词大会”“美丽乡村快乐行——走进竹林长寿山”等一系列特色节庆活动，带动全市游客接待量再创新高，全年累计接待游客1521万人次，增长33.9%；实现旅游综合收入54亿元，增长76.2%。巩义市被确定为全省旅游业转型发展工作先进标杆及试点县市，经验做法在全省推广。巩义市快递处理（分拣）中心、象道物流园竣工投用，建业百城天地、正上豪布斯卡等项目快速推进，市商务中心区晋级省一星级服务业“两区”。房地产市场保持平稳健康发展，金融保险、电子商务、健康养老等服务业蓬勃发展，全市备案河南省电子商务企业69家，竹林长寿山健康养老产业园区成功申报省级现代服务业专业园区。

（三）现代农业稳步发展。推进山丘区“五小水利”工程建设，加快新型职业农民培育和农业结构调整，全年粮食总产达到17.1万吨，增产7.4%，巩义市被认定为全国主要农作物生产全程机械化示范县。强化农产品质量安全监管，累计建成省级农业标准化生产基地11家、“三品一标”示范基地3家，巩义市被命名为省农产品质量安全县。非洲猪瘟等动物疫病防控工作扎实开展。大力发展林业产业，建成经济林精品示范园 5 处、示范点 4 个。南岭新村被确定为全国森林康养基地试点建设单位。

## 三、坚持城乡统筹，完善功能品质，承载能力不断提升

围绕郑州国家中心城市副中心建设，统筹推进百城建设提质工程和乡村振兴战略实施，加快城乡融合发展，累计实施各类项目 252 项，完成投资 130 亿元。

（一）重大基础设施加快建设。韩门至张沟道路和南部山区旅游通道马米路至石殿段、口头段等 3 个项目全线贯通，康芝路、七里铺至韩门道路、S233 至 S315 连接线、中原西路连接东部五镇道路快速推进，累计新建改建农村公路 49.6 公里。

（二）百城建设提质工程深入实施。先后完成 10 个镇总体规划修编和教育设施等 26 项专项规划编制，主城区基本实现控制性详细规划全覆盖。总长 13.7 公里的 18 条市政道路快速推进，东周路等 4 条道路竣工通车。新铺设燃气管网 109.5 公里、热力管网 7.2 公里，新增集中供热小区及单位 19 个、供热面积 93 万平方米，集中供热普及率达到 62.8%。新建公厕 13 座、垃圾中转站 3 座，新购置环卫车辆 262 辆。五里堡城乡公交场站主体完工，新购投运纯电动公交车 10 辆，空调公交车比例达到 87.1%。新沟村、大黄冶村实现整村拆迁改造，伊洛鑫苑、新心花园、丁香花园启动回迁。数字化城市管理监督指挥平台投入运行，累计整治各类违法建设、不规范标识标牌 6 万平方米，全市 464 个老旧楼院实现简易物业管理全覆盖，城市人居环境持续改善。巩固创文成果，市民素质和社会文明程度持续提升，巩义市以全省第一的优异成绩通过全国文明城市年度复查验收，获评全省百城建设提质工程先进县市。

（三）生态建设持续强化。交通路网沿线绿化提升提质工作有序推进，S312、S235 生态廊道绿化工程完工，累计新建公园、微公园 8 个，新增绿化面积 84.7 万平方米。“绿水工程”全面开工建设，累计完成土方回填

64.6 万立方米、微地形塑造 24.2 万立方米、河道清淤 2.8 公里。以国储林为主要内容的“青山工程”建设全面启动，全年累计完成新造林 1.2 万亩、中幼林抚育 2.8 万亩。

（四）乡村振兴战略稳步实施。扎实开展美丽乡村示范县创建，加快基础设施向农村延伸、公共服务向农村覆盖，开工建设美丽乡村示范项目 34 个，完成“文明示范路”创建 40.6 公里。农村污水处理项目有序推进，“户投放、环卫公司收集转运、市集中处理”的垃圾收运处置体系平稳运行，农村环卫市场化管理工作被作为先进典型上报中办、国办。巩义市农村垃圾治理工作通过省级达标验收。小关镇被确定为省乡村振兴示范镇，大峪沟镇海上桥村入选国家传统村落名录。

## 四、坚持深化改革，着力扩大开放，动力、活力明显增强

全面实施“先照后证”等改革，大力推进注册登记便利化，全年新登记市场主体 8632 户，新增注册资金 182.9 亿元。扎实推进农村集体产权制度改革试点，累计清查集体资产 51.3 亿元、集体土地 118.7 万亩。稳妥推进党政机构改革，涉改部门全部挂牌履职，监察体制改革、派驻纪检监察机构改革圆满完成，司法体制改革、企事业单位公车改革有序推进。加大企业上市、挂牌力度，河南众擎铝业科技有限公司、河南金路网络科技有限公司等 23 家企业在中原股权交易中心挂牌，全市累计通过资本市场融资 30.6 亿元。深入开展大招商、招大商活动，全年签约中原丝路文化产业园、中部铝港等重大项目 16 个，总投资 1517 亿元，其中正式合同项目 8 个，总投资 457.4 亿元。全市累计引进省外境内资金 82 亿元，比上年增长 5.8%；实际利用外资 3.3 亿美元，增长 3.1%。狠抓招商项目落地，2017 年以来签约并履约的 45 个重大项目，已开工 29 个，正式合同项目开工率 87.9%。引导企业持续优化调整出口市场、产品结构，全年实现进出口总值 7.1 亿美元，其中出口 6.9 亿美元，增长 42%，再创历史新高。巩义市被授予国家外贸转型升级基地称号。

## 五、坚持以人为本，突出发展惠民，社会建设全面加强

坚持在发展中保障和改善民生，三级民生实事基本完成，全年财政民生支出达到58.2亿元，增长23.1%，占一般公共预算支出的比重达到77%；城乡居民人均可支配收入达到32911元、23069元，分别增长8.6%和9%。

（一）精准脱贫攻坚扎实开展。统筹推进脱贫攻坚和脱贫成效巩固提升，产业扶贫、光伏扶贫、金融扶贫和“七改一增”等重点工作扎实推进，累计投入财政专项资金1亿元，实施扶贫项目130个，全年脱贫848户1840人，实现除政策性兜底外存量贫困人口全部脱贫。对口帮扶淮滨工作有序开展，投资4500万元的扶贫产业园开工建设，投资500万元的19个基础设施类项目有序推进。

（二）污染防治攻坚强力推进。持续深化大气污染防治攻坚，累计改造治理重点行业企业55家、实施“双替代”10408户，城市主要道路全部实现机械化洒水清扫，全市空气质量持续改善，PM10、PM2.5年累计浓度107微克/立方米、64微克/立方米，同比分别下降10.8%和5.9%。深化水污染防治攻坚，全面推行河长制，累计封堵整治入河排污口97个，北山口污水处理厂、站街污水处理厂主体完工，14个村农村环境综合整治项目有序推进，伊洛河出境水质由地表水Ⅳ类提高到Ⅲ类。扎实推进土壤污染防治攻坚，平顶寺铁矿完成综合治理。巩义市被命名为省级生态县（市）。

（三）社会保障水平持续提升。加强公共就业、创业服务，全年开展各类职业技能培训12000人，累计新增城镇就业9720人、农村劳动力转移就业7255人。完善社会保障体系，全市养老保险参保52.7万人，参保率达到90%；医疗保险参保74.2万人，参保率达到96%。加强社会救助，城乡低保标准分别提高到每人每月630元和430元，残疾人两项补贴发放及扩面经验在全省推广。加大住房保障力度，累计新开工棚户

区改造4852套，实现回迁2117户3098套；纳入公共租赁住房保障232户522人。积极推进民政基础设施建设，5所敬老院改造提升基本完成，新设立儿童之家11个、老年人日间照料中心3所。加强退役军人服务管理工作，有效维护退役军人合法权益。

（四）社会事业协调发展。积极扩充城镇教育资源，新建中小学3所、幼儿园2所，子华初级中学、香玉幼儿园、回郭镇启蒙幼儿园和江南成功实验学校二期建成投入使用，特殊教育学校全面竣工，新增学位5370个。“全面改薄”校舍类建设项目全部完工，农村学校办学条件得到提升。巩义市一中专顺利通过国家中等职业教育改革发展示范学校验收。全民健身运动蓬勃开展，成功举办了巩义国际马拉松等大型群众性健身活动。常态化开展“诗乡月明”“河洛书场”等广场文化活动，市民文化广场成为“城市会客厅”和群众文化活动聚集地。全市累计组织开展广场、民俗文化活动4000余场次，参与群众200余万人次。市图书馆被评为国家一级图书馆，市博物馆被评为国家二级博物馆。巩义市被命名为“中国诗歌之乡”，鲁庄镇被命名为“中国民间文化艺术之乡”。完善公共卫生服务体系，全市卫生机构达到650个、床位3901张，万人床位数、卫生技术人员分别达到46.8张、62.4人。加强食品药品安全监管，巩义市被命名为“河南省食品安全示范县”。

（五）社会治理不断加强。村级组织换届选举圆满完成。深入开展“扫黑除恶”专项斗争，加快“雪亮工程”等立体化防控体系和公共法律服务体系建设，依法严厉打击各类违法犯罪活动，加强不稳定因素和矛盾纠纷排查化解，社会大局保持和谐稳定。改革和加强应急管理，持续加强重点行业、重点领域安全监管和隐患排查治理，全市安全生产形势保持稳定。

## 六、坚持依法行政，加强自身建设，政务效能持续提高

认真落实全面从严治党主体责任，积极推进“两学一做”学习教育

常态化制度化，进一步严明政治纪律和政治规矩，牢固树立“四个意识”，切实增强“四个自信”，坚决做到“两个维护”，扎实推动中央、省委巡视反馈问题整改落实。深入推进依法行政，严格落实重大行政决策程序和“三重一大”事项决策机制，认真执行市人大及其常委会决议决定，主动接受法律监督和工作监督，自觉接受市政协民主监督，累计办理人大代表议案建议80件、政协提案53件。深入推进“放管服”改革，做好权责清单动态调整、行政审批证明事项和中介服务事项清理规范，积极推进“互联网＋政务服务”和“最多跑一次”改革，1182个“三级十同”事项全部实现网上可办，46个单位1036个审批服务事项进驻市政务服务大厅。扎实开展“抓落实年”活动，强力推进不担当不作为问题专项整治，有效确保了各项决策部署的落实见效。严格落实中央八项规定及其实施细则精神，积极推行财政预决算和“三公”经费公开，加强重点领域审计监督和行政监察，严肃查处各类违法违规行为，坚定不移纠正“四风”，政府自身建设和治理能力不断提升。

国防动员、防灾减灾、消防、人防、双拥工作取得新进展，审计、统计、物价、档案、气象、邮政、史志等工作取得新成绩，民族宗教、外事侨务、妇女儿童、青少年、老龄、慈善等工作取得新成效。

# 登封市2018年经济社会发展报告

中共登封市委　登封市人民政府

以习近平新时代中国特色社会主义思想为指引，坚持“四重点一稳定一保证”工作总格局和“创优势、增实力、补短板、能抓住”工作方针，全面落实“五五四”工作部署，有效应对各种困难风险挑战，锐意改革创新，奋力攻坚克难，经济社会保持平稳健康发展。全年地区生产总值突破700亿元，同比增长6.6%；规模以上工业增加值增长6%；固定资产投资增长4.8%；第三产业增加值完成307.9亿元，增长7.8%；一般公共预算收入完成27.5亿元，增长9.9%；城镇居民和农村居民人均可支配收入分别增长8.7%和9%，居郑州五县（市）前列。登封市在县域经济百强县中排名65位，较去年上升28个位次。登封在高质量建设郑州国家中心城市次中心的征程中迈出坚实步伐。

## 一、狠抓提质增效，产业发展迈出新步伐

工业结构持续优化。出台实施制造业高质量发展“1+N”政策，投资60亿元的宝莱特微尼奥科技产业园、4亿元的非晶产业园一期等21个项目开工建设；中恒美年产10万吨铝型材、金勇木业8万立方装饰板、中岳非晶年产6000吨高B值带材等16个项目建成投产；高新技术产业增加值完成66亿元，增长12%。产业集聚区成功列入《中国开发区公告

目录》，中联登电水泥被评为国家级绿色工厂，银河科技 SMD 被认定为河南省机器人应用倍增工程示范项目。关闭煤矿 2 家，去产能 30 万吨；全市煤炭行业产值达到 37.6 亿元，纳税 8.2 亿元。文化旅游融合健康发展。实施绿地集团嵩山小镇、嵩山少林国际功夫小镇等 40 个重大文化旅游项目，完成投资 23.7 亿元。开发功夫、儒学、地质等研学旅游线路 15 条，嵩山少林景区、少林寺武术馆被确定为全省首批研学旅游示范基地，河南（豫西）抗日根据地纪念馆被授予河南省“弘扬老区精神，传承红色基因”示范基地。嵩山景区被评为“2018 中国旅游产业影响力文化旅游景区”“2018 年度中国十大美景 IP”。正商集团朝阳沟戏曲小镇开工建设，摘星楼、范家门景区初见成效，大熊山仙人谷创成 3A 级景区，禅心居传统村落保护发展经验在全国推广，乡村旅游实现历史性突破。文化城福园美食荟创成郑州市级食品安全示范街。中州华鼎被评定为五星级酒店。成功举办嵩山论坛 2018 年会、第十二届中国郑州国际少林武术节整体活动，顺利举行 2018 中国功夫联盟会议、嵩山少林国际马拉松等活动，赛事经济得到有效培育。全年接待游客 1530.7 万人次，旅游总收入 131.3 亿元，分别增长 13.4%和 15.9%。现代农业稳步推进。全年粮食产量 22.5 万吨，新发展特色林果 2 万亩，建成三力智慧、文龙牧业等 5 个养殖标准化项目，完成好莱坞、天合等第三批现代都市生态示范园建设任务。小苍娃、龙潭湖等 4 家企业获得绿色食品认证。新发展农民合作社 25 个，新建家庭农场 10 个。完成宣化镇五小水利工程、东华镇 1 万亩高标准农田建设任务。成功举办登封首届“中国农民丰收节”。

## 二、注重品质提升，城乡面貌展现新形象

回迁安置全面提速。实施安置房项目 15 个，建成 77.4 万平方米，回迁群众 6524 人。嵩阳新型社区配建安置房加快建设，滨河新苑、中天广场一期、尚城国际配建安置房主体封顶，韩村、城南庄等安置区主体完工。完成 11 个安置房“四证”办理工作，网签安置房 1080 套。投资 8200 万元的告成石羊关移民工程主体完工。城市空间布局日趋优化。完

成城市双修、绿地系统、街景整治等34个专项规划，登封市数字规划平台建成运行，推进“多规合一”，从源头上优化布局、弥补短板、管控风貌。积极对接、融入、服务郑州发展，坚持“山水和合、产城融合、人文聚集”的发展定位，规划了106平方公里的郑登新城，启动郑州第二动物园、中国天文博物院项目，着力打造郑州国家中心城市华夏历史文明传承创新示范区。百城建设提质工程有序推进。实施城建项目158个，竣工78个，完成投资204.8亿元。中心城区功能提升项目一期5条改建道路竣工通车，二期11条新改建道路具备开工条件；新铺设电力、天然气等各类管网83.9公里，新增供热面积20万平方米，主次干道雨污分流率达到80%。投资5.8亿元，110千伏城关变电站建成投用，10千伏配网工程实现城乡全覆盖。守敬路、登封大道等5条道路街景整治工程基本完工，初步形成了错落有致、彰显特色的街景风貌。市民文化中心城市展览馆主体完工，郑州大学嵩阳书院具备开工条件。新建人防工程13万平方米。利用城市空闲土地，新建停车场13个，新增停车位935个。投资1.3亿元的文化公园、体育公园、太室阙游园、均美体育馆等项目建成开放，新增城市公园绿地20万平方米。旅游新城污水处理厂建成投用，完成市区污水处理厂污水截流工程，有效解决了城市黑臭水体问题。城乡一体化交通体系加快构建。实施交通项目75个，完成投资9.8亿元。登封通用机场建成投用。少洛高速少林站开工建设，登封站扩建工程完工，汝登高速白坪站开通运营；环嵩山旅游公路改建、嵩阳路南延、X048改线、郑登快速通道匝道建设有序推进；完成农村公路建设项目50个、70.4公里，创成河南省“四好农村路”示范县。城乡精细化管理水平不断提高。以“创文”“创卫”为载体，启动“智慧交通”项目。城市主干道设立中心隔离护栏40余公里，实现机非分离、人车分离，建成“文明交通严管示范街”4条。实施城市环卫一体化，城区主次干道机扫率达到90%，城市生活垃圾无害化处理率100%。数字化城市管理系统规范运行，受理解决问题2万余个，城市管理向精细化、智能化转变。拆除违规户外广告牌2100处，800公里架空线缆入地，亮出城市天际线。整治无主管楼院395个。建成13个乡镇垃圾处理中心、83

个农村污水处理项目、128处农村饮水安全巩固提升工程。投资3.4亿元，深入开展农村人居环境综合整治，107个行政村达到省级达标村标准，88个达到省级示范村标准。国家卫生城市通过复审。

## 三、加快动能转换，改革创新实现新突破

重点领域改革纵深推进。政府机构改革有序推进，27个新组建部门挂牌成立。登封新区率先在郑州地区完成“一区三园”管理体制改革工作。深化国有企业改革，7家企业完善法人治理结构，4家“僵尸企业”处置到位。统筹推进经济发达镇改革，向大冶镇、告成镇下放县级经济社会管理权限185项。加快农村集体产权制度改革，317个行政村（居委会）完成清产核资，110个行政村（居委会）完成改革任务。加强城市信用建设，登封市从全国第337位跃升至第65位。招商引资成果丰硕。签约引进投资180亿元的复华登封国际度假区、100亿元的正弘·中岳城等39个项目，投资额超过850亿元。开工招商项目16个，文化旅游、生物医药、先进制造等主导产业项目占比达到76%；引进域外境内资金113.6亿元，吸收境外资金1.13亿美元。创新能力有效提升。与中科院、郑州大学、河南工业大学建立深度合作关系，开展院地合作研发项目5个，实施技术创新改造项目20个。全年科技经费直接支出6933万元，同比增长56.3%。培育科技雏鹰企业10家、科技小巨人企业8家。中岳非晶、新登中瓷被评为郑州制造业创新中心。中岳非晶、磴槽集团被评为河南省优秀非公有制企业。申请专利3206件，授权专利2208件，位居全省县（市）前列。

## 四、聚焦三大战役，生态建设开拓新局面

蓝天保卫战硕果累累。聚焦问题、举一反三、综合施策，高标准完成中央、省委环保督察“回头看”交办问题整改工作。严格落实应急管控、联合执法措施，坚持开展“零点夜查”行动，完成285家工业企业环保提标治理，36处在建工地落实“8个100%”和“三员”现场管理制

度。建成洁净型煤厂2个，完成“双替代”2万户；燃煤削减105.6万吨，超出郑州市定目标2倍。PM10、PM2.5实现双下降，空气质量综合指数稳居郑州市首位。碧水保卫战成效显著。投资4500万元，高标准完成颍河、少阳河、书院河全流域水环境综合治理工程，封堵排污口68个，治理河道120公里，种植水生植物57万平方米，新增生态湿地6000亩，部分河段形成水鸟栖息、水波漫流的景观。坚持“河长＋警长”的治河模式，加强对电解铝、炭素等行业进行提标改造，降低氟化物排放总量，因地制宜进行生态补水，白沙水库水质明显改善。卢店镇、大金店镇等3个污水处理厂竣工投用，大冶镇、东华镇、告成镇等9个污水处理厂移交建投集团规范运行，城乡污水治理一体化有效推进。净土保卫战扎实推进。全面启动登封全域矿山环境综合整治工程，坚持“不再欠新账、加快还旧账”，实行“一矿一策”“一坑一策”，实施治理项目236个，回填土石方407万立方米，栽植林木34万株，恢复耕地、林地2300余亩。深入开展“大棚房”问题专项清理整治行动，对62处超标大棚看护用房进行恢复治理。完成83家重点监管企业土壤监测工作。“双保”工作取得阶段性成果。深入开展保护嵩山和世界文化遗产综合整治工作，拆除天中寺等违法建筑103处、1.9万平方米。谋划中岳庙、大周封祀坛遗址等生态文化公园，着力改善世界文化遗产周边环境。“爱我家园·保护嵩山”青年志愿服务活动常态化，树立了文明登山新风尚。实施国土绿化提速行动。重点推进铁路沿线、生态廊道、过境干线公路、高速立交及出入市口区域绿化提升工程，完成投资1.5亿元，植树347万株，绿化3.5万亩。实施香山、大熊山森林公园项目，建成汝登高速生态廊道和天中路、太和路生态廊道连通工程。完成国土绿化5.9万亩，创建河南省森林城市通过省级备案。卢店镇、阳城工业区创成河南省绿化模范乡镇。宣化镇创成河南省园林城镇。

## 五、坚持共建共享，社会事业取得新进步

全年民生支出46.3亿元，同比增长15.4％，占一般公共预算支出

74%。脱贫攻坚取得决定性胜利。开展“党建领航、六村联创”工作，打响脱贫攻坚“百日会战”，全市4779名机关党员干部风餐露宿、夙夜在公，舍小家为大家；90家爱心企业积极响应号召，慷慨解囊、雪中送炭；全市上下众志成城、合力攻坚，打好“四场硬仗”，开展“六大行动”，实施“四项工程”，扶贫、扶志、扶智同步推进，除政策兜底外贫困户全部实现脱贫。实施整村推进、基础设施、科技产业化等专项扶贫项目185个，完成投资2亿元。建成扶贫就业基地8.7万平方米，君召“巧媳妇”扶贫服装厂一期、颍阳纸袋加工等69个项目建成投产。完成易地扶贫搬迁项目11个，搬迁入住贫困群众1836户8691人。改造农村危房241户。建成第二批饮水安全巩固提升工程，61个贫困村受益。发放扶贫小额信贷2.1亿元，金融扶贫覆盖率达到80.6%。开展“七改一增”行动，投入资金6543万元，清洁农院5300个。贫困户脱贫质量更优，满意度更高，发展活力更强。社会事业协调发展。南水北调登封供水工程禹州段铺设管网28公里，2019年上半年建成通水，登封城区吃水难问题将彻底解决。落实郑少高速豫A牌照小型客车免费通行政策。实施农村义务教育“全面改薄”项目37个，外国语高中二期、颍河路初中等项目有序推进，创建义务教育均衡县通过国家验收；高考重点本科上线突破千人大关，上线人数实现“三连增”，普通本科上线率居郑州五县(市)首位，高考成绩和教学质量创历史新高，彻底扭转教育落后被动局面。市公共卫生综合管理服务中心、妇幼保健院门诊综合楼竣工投用，市医院门诊医技楼主体完工；开展全市14岁以下儿童先天性心脏病免费排查治疗工作；建成区域医疗卫生信息平台，市医院通过“二级甲等医院”复审。新增城镇就业5339人，农村劳动力转移就业9735人。成功举办登封市首届职业技能竞赛、第二届全民健身大会。有效防范化解重大风险。建立政府债务变化实时监控机制，成功退出风险提示地区。开展非法集资专项整治，妥善处置案件11个。完成应急转贷资金6.7亿元，惠及32家公司。社会治理不断深化。加快安全风险隐患双重预防体系建设，推进多领域联合执法、安全巡查检查和专项整治，开展煤炭行业“三讲三做三实”活动，安全生产形势总体稳定。打响信访矛盾化解

"四大战役"，建立"六无"示范村159个，信访总量下降20%以上。建立农民工工资支付专项检查制度，清欠工资3600余万元。稳步推进景区、武术院校、宗教场所等重点领域宗教专项治理。深入开展"扫黑除恶"专项斗争，抓获涉黑涉恶犯罪嫌疑人374人，扣押、冻结涉案资金1700余万元，打击震慑了黑恶势力，人民群众安全感和满意度持续上升。

## 六、实施效能革命，政务服务得到新提升

依法行政不断加强。落实政府法律顾问制度，完善规范性文件、重大决策合法性审查机制，全面规范行政行为。坚持政府信息公开制度，主动公开信息5269项，依申请公开96项。自觉接受人大监督和政协民主监督，办理人大代表议案建议65件、政协提案177件，办结率100%、满意率98%。行政效能大幅提升。深化"放管服"改革，推进24个方面政务服务"最多跑一次"改革，828项审批服务实现"一口受理"，52家单位进驻办事大厅，不动产登记、税费征缴、房屋交易实现"一窗受理、并联办理"全覆盖，"三级十同工作"率先在全省实现打通率100%，营商环境和便民服务质量明显提升。认真办理市长热线、市长信箱来电来信15188件，办结率99%，群众满意率98%。作风建设持续深化。集中开展效能革命，围绕"三大攻坚战"、重点项目建设、支持民营经济发展等中心工作持续发力，有效解决了"庸、懒、散"问题，全面提高了党员干部的"精、气、神"。严格执行中央八项规定精神，"三公"经费及会议费支出同比下降12%。

同时，积极培育和践行社会主义核心价值观，公民道德素质和社会文明程度不断提升。档案、工会、共青团、妇联、慈善、老干部、老促会、外事侨务、地方史志、民兵预备役、"双拥"等工作都取得了新进展。税务、邮政、烟草、通信、气象、保险、盐业等部门，在支持和参与地方经济建设中都做出了积极贡献！

2018年，登封市坚持党的领导，践行群众路线，发扬革命老区传

统，发挥人民首创精神，保持勤勉务实作风，尽锐出战、苦干实干，办好了一批重点民生实事，办成了一批事关全局的大事，办妥了一批制约发展的难事，全市上下共谋发展、共渡难关的氛围更加浓厚。一年来，坚持把握风险走向，谋求战略主动，从“危”与“机”的转换中借势发力，积极对接、融入、服务郑州的速度更快、步伐更稳、机遇更多，郑登新城建设开篇布局，郑州市第二动物园落户登封，南水北调登封供水工程通水在望，百城提质建设拓展了城市发展空间，政府债务风险化解取得突破，通过“双保”和矿山治理规范了秩序、恢复了生态，奠定了高质量发展的基础。一年来，坚持稳中求进工作总基调，从供给侧精准发力，以“稳”求“进”，以“进”促“稳”，经济结构转型、发展方式转变、增长动能转换“三转”加速，产业、生态、城市建设协调推进。全年实施重点项目 149 个，完成投资 259 亿元，同比增长 61.6%；固定资产投资、一般公共预算收入增速居郑州五县（市）第 2 位。在水利、教育、扶贫、生态治理方面也取得了历史性突破。一年来，坚持高质量发展理念，紧扣城市战略定位、资源禀赋、比较优势，找标杆、补短板、增实力，全年地区生产总值首破 700 亿元，第三产业增加值超过 300 亿元，税收占一般公共预算收入比重达到 66%，规模以上工业能耗降低率居郑州五县（市）首位，既实现了“量”的增长，又实现了“质”的提升，登封高质量发展态势更加强劲。

大道至简，实干为要。高举习近平新时代中国特色社会主义思想伟大旗帜，不忘初心、牢记使命，众志成城、砥砺奋进，奋力开创登封经济社会高质量发展新局面，努力走在郑州国家中心城市次中心建设前列，为中原更加出彩做出积极贡献，以优异成绩向新中国成立 70 周年献礼！

# 新密市 2018 年经济社会发展报告

中共新密市委　新密市人民政府

2018 年，新密市坚持以习近平新时代中国特色社会主义思想为指导，全市上下抢抓战略机遇，做好七个“突出”建设美丽新密，全面加快国家中心城市次中心建设。全年实现国内生产总值 791.8 亿元，较上一年增长 7.9%，总量居郑州五县（市）第一位，增速居第二位。规模工业增加值增长 6.6%。完成地方财政总收入 51.7 亿元、增长 9.8%，其中一般公共预算收入 35 亿元、增长 9.4%，税收收入 23.4 亿元、增长 18.7%。跃居全国县域经济综合竞争力百强县（市）第 55 位、全国县域经济百强县（市）第 62 位，分别较上一年度晋升 7 位、11 位。

## 一、突出城乡一体、全域振兴，城乡融合发展迈出新步伐

坚持新型城镇化、百城建设提质工程与乡村振兴战略同步规划、同步发展，统筹推进城区、镇区、产业园区、特色小镇、美丽乡村等空间功能载体规划建设，加快城市现代化、全域城镇化、城乡一体化，城镇化率提高到 61.6%。城市品质持续提升。围绕打造现代化全国一流县城，突出“以绿荫城、以水润城、以文化城、以业兴城”，持续推进中心城区有机更新和外围组团开发建设，逐步形成“山在城中、城在林中”的城市发展新

格局。《新密市城乡总体规划（2018—2035）》通过省级评审，城东新区概念性规划等编制完成，总体城市设计、历史文化名城保护规划等通过省级评审。北文峰、育才街老旧片区升级改造示范点成为郑州市老旧片区改造样板示范性项目，王沟社区等18个老旧小区“三供一业”改造基本完成。城区路网结构优化，长宁街、栖霞南路等断头路、卡脖路打通，密州大道、未来大道、西大街升级改造等建成通车，有效缓解了市民出行难问题。市容市貌整治提升，溱水路与荥密路、密州大道与溱水路等出入口整治效果明显，城区主次干道机械化清扫率和环卫保洁覆盖率达100%，建成综合公园1个、微公园、游园10个，新增绿地38.7万平方米，市民服务中心“六馆四中心”、市委党校新校区开工建设。新密新区基础设施和公共服务进一步完善，北京外国语大学附属郑州外国语学校、河南中医药大学第一附属医院南院区建设项目稳步推进；引进主导产业龙头项目6个、总投资382亿元，施密特电梯产业园、鑫明木业智能家居、郑纺机等项目进展有序，锦荣服装产业新城、同赢企业总部港、风尚企业芯城等新入驻企业100多家。乡村振兴稳步实施。加快推进农业现代化，建成都市生态农业示范园14个，环城都市生态农业1.9万亩，新型农业经营主体达300多家。超化等中心镇共规划实施项目46个、总投资109.6亿元，伏羲古镇、轩辕圣境黄帝文化旅游小镇、桃花源理想小镇等特色小镇初具规模，朱家庵村、香山村等美丽乡村成效彰显。全市新建在建安置项目40个，建成安置住房40万平方米，实施配套项目62个。城乡一体加快完善。城市供水、供气、供热管网不断改造延伸，南水北调引水入密工程常态化供水，引热入城项目建成投用，改造供水管网11公里，铺设天然气管网76公里、供热管网4.5公里，新增供热入网48万平方米。建成村级电商公共服务点114个，其中覆盖建档立卡贫困村35个。新建益农信息社305个并投入运营，“互联网＋现代农业”信息进村入户工程全面覆盖。

## 二、突出生态优先、绿色发展，生态环境质量得到新改善

深入践行绿色发展理念，以创建国家生态文明建设示范市为抓手，

大力加强生态保护和环境治理，全面规范“两个秩序”，全面改善人居环境，还自然以宁静、和谐、美丽，为新密持续转型、高质量发展积蓄后劲。大气污染防治巩固提升。深化细化常态化抓好各项攻坚措施落实，深入推动产业结构、能源结构、消费结构调整，扎实推进“双替代”“散乱污”企业治理，全市耐材企业全部改用天然气等清洁能源，8台20蒸吨天然气锅炉、1家碳素企业和7家水泥企业完成改造任务，裕中能源有限公司储煤场密闭工程全部完工，中原环保热力有限公司3台燃煤锅炉按标准完成拆除任务。水污染防治有序推进。“1+5”城乡污水处理体系加快构建，市级污水处理云平台建成运行，建成生活、工业污水处理厂11家，建成农村生活污水处理设施61处，基本实现全市城乡污水处理全覆盖。“河长制”全面落实，清理河道168公里，溱水河、双洎河等综合整治项目扎实推进。强化饮用水水源地环境保护，水质达标率为100%。全域生态系统持续完善。厚植绿色生态优势，营造生态林2.7万亩，商登高速节点绿化和雪花山森林运动公园、轩辕圣境等13个森林公园建设加快推进，生态廊道实现全域覆盖，“生态屏障+生态廊道+示范园”的生态体系基本形成。人居环境进一步改善，新建改建城乡公厕61座，完成改厨改厕2.2万余户，生活垃圾无害化处理率达90%以上，建筑垃圾消纳处置能力达到230万吨。创建省级生态乡镇10个、生态村60个，郑州市级生态村65个。坚持用最严格的制度、最严密的法治保护生态环境，市委常委会研究制定出台了《关于进一步落实最严格耕地保护严格土地矿山监管责任的暂行办法》，加大对土地资源和生态环境的监管追责力度，推动形成节约资源和保护环境的空间格局、生产方式、生活方式。

## 三、突出转型升级、提质增效，产业结构调整实现新突破

牢牢把握供给侧结构性改革方向，着力推动先进制造业、现代服务业融合发展、双轮驱动，以先进制造业为支撑、现代服务业为主导的现代产业体系加快构建，三次产业结构调整优化为2.6∶50.7∶46.7。强化

项目建设总抓手。坚持项目带动、项目化推进，以项目强投资、稳增长、调结构、促转型，全市 300 个重点项目，总投资 1788 亿元，完成投资 454 亿元，占年计划 103%，已开工 285 个，开工率 95%。投资 300 亿元的绿地溱水小镇、投资 120 亿元的轩辕圣境黄帝故里文化产业园二期、投资 20 亿元的伏羲山大峡谷旅游区、投资 50 亿元的锦荣服装产业新城等在建续建项目加快推进。新增“四上”单位 68 家，新开工入库项目 162 个。坚持重点项目周例会、观摩讲评、并联审批、限时办结等制度，项目建设水平得到持续提升，重大项目对经济发展的关键性、引领性和支撑性作用更加坚实，荣获郑州市重点项目建设先进集体。强化先进制造业支撑。落实支持制造业高质量发展“1+N”系列政策，工业企业受益面达 25.6%；耐材行业税收增长 54.2%，出口额 3.9 亿元，再创历史新高；实施绿色、智能和技术改造项目 44 个，烨达新材等 5 家企业被评为省“专精特新”企业；先后获批国家环保装备制造基地、中国品牌服装制造名城、中国优质服装制造基地等，成功举办“首届中国（河南）大学生时装周暨国际青年时尚文化创意周”“2018 中原新材料高峰论坛”，新密市与中国轻工业联合会合作共建“中国密玉之都”。强化现代服务业主导。坚持把现代服务业作为产业结构调整的主攻方向，以全域旅游引领带动服务业转型升级，全年 4A 级旅游景区新增 1 个、达到 4 个，3A 级旅游景区新增 2 个、达到 3 个，A 级以上旅游景区共 8 个位居郑州第一；成功举办伏羲山杏花节、花海节、九里山槐花节、可润庄园桃花节、乱石坡油菜花节等节会活动；全年接待游客 758.3 万人次、增长 34.8%，旅游综合收入 51.2 亿元、增长 73.8%。房地产市场运行保持平稳，商贸物流、电子商务、金融、信息等快速发展。坚持以产业集聚区、各类专业园区、乡镇创业园等为载体，加快新材料（新型耐材）、家居和品牌服装、环保科技、装备制造、绿色造纸、电力能源、生物医药等千百亿级产业集群发展，市产业集聚区、耐火材料专业园区分别获评郑州市“两强”产业集聚区、“五强”专业园区，特色商业区获评河南省“一星级服务业两区”，米村、苟堂、岳村等乡镇创业园建设加快推进。

## 四、突出增强动力、激发活力，改革开放创新取得新成效

抢抓新一轮改革再出发、开放再扩大的重大机遇，进一步强基础、补弱项、增优势，推动新密走向开放前沿，成为创新创业的热土。科技创新有力驱动。坚持把创新作为高质量发展的第一动力，推动互联网、大数据、人工智能与实体经济深度融合。市环保科技创新创业综合体建设运营稳步推进，新入驻企业及研发机构 53 家、总数 158 家。培育省工程技术研究中心 7 家，引育高层次创新创业人才团队 50 个，专利申请累计突破 4000 件。科技型企业新增 23 家、达到 153 家，培育申报认定高新技术企业 30 家，高新技术产业增加值 123.7 亿元，科技进步对经济增长贡献率达 60%。各项改革持续深化。坚持以改革激发创新创业活力，“放管服”改革、“三十五证合一”“最多跑一次”深入推进，营商环境居全国百强区县第 32 位、中部六省十强区县第 2 位、河南省第 1 位。完善投融资体制，资本市场上市企业 4 家、新三板 3 家、区域性股权市场 147 家，挂牌上市企业数量保持全省县（市）第一位。创新公共资源交易管理，市公共资源交易中心累计交易 595 项、交易金额 123 亿元，荣获全国百强公共资源交易中心前十名、全国公共资源交易改革制度创新和科技创新成果奖、全国公共资源交易平台整合先进单位。农村集体产权制度改革、城市综合执法体制改革、党政机构改革等不断深化。开放招商质量更高。坚持大招商、招大商，深入京津冀、长珠闽等地开展精准招商，累计签约落地重大项目 32 个、总投资 1528 亿元；积极承接郑州服装批发市场外迁，新增企业、商户 600 家；吸收境外资金 2.2 亿美元，进出口总额 5.28 亿美元，荣获郑州市对外开放工作先进县（市）和市场外迁工作先进单位。

## 五、突出以人为本、顺应期盼，群众生活品质实现新提升

主动适应社会主要矛盾新变化，大力践行以人民为中心的发展思想，

在发展中保障和改善民生，不断满足人民群众日益增长的美好生活需要。脱贫攻坚扎实推进。将精准脱贫作为重大政治任务和第一民生工程，突出深度贫困户、贫困线边缘户，切实抓好产业扶贫、健康扶贫、金融扶贫、易地搬迁、基础建设等关键环节，完成省级贫困户脱贫30户108人，市级低收入户脱贫245户733人。市委常委班子认真落实分包制度，带头深入贫困村、贫困户，弄清致贫原因、掌握贫困程度，帮助制定脱贫规划。狠抓政策落实，建立市乡村“三对照”工作机制，确保各项惠民政策及时准确落实到位。“三单联动”就业培训、“爱心家园”行动、强化扶志扶智、改善村容村貌、构建“多包一”帮扶机制等创新举措取得明显成效，有力助推了全市脱贫攻坚的深入开展。民生事业加快发展。教育、医疗、社保等民生支出达到50.4亿元，占财政一般公共预算支出的79.6%。推进优质教育资源均衡配置，城区10所学校加快建设，政通路小学、新华路小学、东大街小学投入使用，实施薄弱学校改造项目13个，贫困地区义务教育办学条件得到改善；高考成绩实现重大突破，一本、二本、专科上线人数均居郑州县（市）第一位、全省前列；成功举办新密市第七届运动会暨第二届全民健身大会，国家级农村职业教育和成人教育示范县（市）创建通过复检验收。完善医疗服务体系，引进医疗卫生高新项目47项，利用“中国家医平台”完成智能化签约41.7万人，成功创建省级慢性病综合防控示范区；市妇幼保健院暨儿童医院建成投用，妇女“两癌”检查、新生儿疾病筛查等顺利实施。“全民创业”纵深推进，全市新增各类创业主体1.3万家，创业带动就业4.5万多人，同比大幅增长。社会保险覆盖范围不断扩大，各类社保待遇和补助标准持续提升。

## 六、突出团结和谐、公平有序，民主法治建设得到新加强

坚持党的领导、人民当家做主、依法治市有机统一，更好地凝聚共识、共推发展、促进和谐。支持人大及其常委会依法行使职权。市人大及其常委会依法行使监督、决定、任免等职权，紧紧围绕助推国家中心城市次中心建设履职尽责，结合经济社会发展“四大重点”工作、“五个

体系”建设、“三大攻坚战”等，扎实开展调研、询问、评议等活动，主动承担国家历史文化名城申报、古城保护改造、溱水河综合治理等中心工作，199件议案建议全部办结，有力促进了工作开展。支持和保障人民政协积极履行职能。市政协及其常委会主动服务全市工作大局，围绕乡村振兴、国家生态文明建设示范市创建、实体经济、“书香新密”等，积极开展协商议政、调研视察、建言献策，策划推出《中国·新密故事会》电视专栏，传承新密历史文化，146件提案全部办结，较好发挥了职能作用。巩固和发展最广泛的爱国统一战线。密切与工商联、各人民团体及各界人士的联系和协作，定期就重大问题通报情况、征求意见，在无党派人士、新社会阶层人士、民族宗教界人士、非公有制经济人士中有针对性地开展主题教育活动，塑造光彩事业工程，开展依法规范农村基督教事务专项行动，凝心聚力推动改革发展稳定。积极推进工会、共青团、妇联等群团改革发展，加强政治性、先进性、群众性建设，团委、妇联、科协等群团组织顺利完成换届。党管武装得到新的加强，双拥共建基础更加扎实，军民融合深度发展。深化平安新密建设。“一村一警”综治联动长效机制全省推广，中共中央政治局委员、中央书记处书记、中央政法委书记郭声琨到新密市调研指导，全省公安机关坚持发展新时代“枫桥经验”高质量推进“一村（格）一警”工作现场会在新密市召开。深入推进依法治市，“七五”普法教育深入开展，法治政府建设扎实推进，司法体制改革不断深化，全社会法治观念不断增强。实施安全生产网格化信息化标准化“三化”建设，推进第三方专家体检式隐患排查治理，统筹煤矿、交通、消防、食品药品等重点领域安全监管，安全生产态势平稳。用心做好群众工作，狠抓市乡领导接访和下访、特定利益群体稳控、“六包一”等制度落实，实现反映诉求“三到位一处理”，群众安全感、满意度持续提升。

## 七、突出政治统领、正风肃纪，全面从严治党开创新局面

认真落实新时代党的建设总要求，突出根本建设、基础建设、长远

建设，找准加强党的建设的着力点，不断强化政治统领，加强自身建设，夯实基层基础，压实各级责任，以党的建设高质量为经济发展高质量提供坚强政治保证。始终把政治建设摆在首位。市委常委会带头旗帜鲜明讲政治，牢固树立“四个意识”，坚定落实“两个维护”，始终对党绝对忠诚，在政治立场、政治方向、政治原则、政治道路上始终同以习近平同志为核心的党中央保持高度一致，做到党中央提倡的坚决响应、党中央决定的坚决执行、党中央禁止的坚决不做，自觉在党和国家大局下想问题、办事情、作决策。厚植党内政治文化，在党员干部中大力弘扬忠诚老实、公道正派、实事求是、清正廉洁等价值观。落细落实管党治党责任。市委自觉扛起全面从严治党主体责任，充实完善全面从严治党主体责任清单，常委会成员均制定了主体责任清单，带动分管领域、分管行业部门党委（党组）落实好管党治党责任。在全市树立大抓党建的鲜明导向，分级分层组织党建述职评议，开展重点任务“回头看”，持续深化党建“大考核”，完善书记抓党建工作台账，党建责任制落实到具体事项、转化成实际行动。全面加强宣传思想和精神文明建设。围绕“举旗帜、聚民心、育新人、兴文化、展形象”，强化理论武装，加强舆论引导，讲好新密故事。坚持把习近平新时代中国特色社会主义思想宣传阐释作为头等大事，举办“党的创新理论百场宣讲进基层”、乡科级集中轮训班、高端大讲堂等800余场次、受众近5万人次，推动习近平新时代中国特色社会主义思想入脑入心。大力弘扬社会主义核心价值观，深化群众性精神文明建设，“道德模范故事汇”巡演、“快乐星期天”活动丰富多彩，文明城市、文明村镇、文明单位创建，免费送戏、送电影下乡等有序开展，市民文明素质和社会文明程度持续提升。牢牢掌握意识形态主导权，将意识形态纳入政治巡察问题清单并开展3轮巡察，出台《意识形态工作责任制十项推进制度》，常规性开展专项督查，意识形态领域总体态势持续向好。筑牢基层组织和干部队伍根基。聚焦基层组织、基础工作、基本能力，持续推进健康支部达标创建，分层分类开展4轮“逐村观摩”，提升党组织组织力。圆满完成村（社区）“两委”换届，集中整顿软弱涣散村33个，扎实开展村级“后评估”，得到省委常委、组织部长孔昌生充分肯定。以全省城市基层党建试点为契机，创新“四方五联共治”，建立社区代表大会制度，199家驻区单位、4455名“三长”、142个自治组织融入区域化党建。以加强组织体系建设为重点，全面推广“一村民组一党小组”，开展机关党支部书记“大比武”，实施“百点示范”工程，深化“四议两公开一监督”。聚焦“两个覆盖”，成立非公党建指导站17个，新建“两新”党组织32个，选派党建指导员246名。推行农村党员积分管理和“一编三定”，依托“7＋N”主题党日融合规范“三会一课”等制度，党员活动参与率提高到80％以上。坚持好干部标准，识人察人看担当、选人用人重作为，把基层工作一线作为培养使用干部的主阵地，把“敢不敢扛事、愿不愿做事、能不能干事”作为研判班子效能、评判干部优劣的重要依据，注重在基层一线和艰苦地区发现人才，大胆选用默默无闻、埋头苦干、在脱贫攻坚等中心工作中业绩突出的干部，干部素质能力在一线得到锻炼和提升。落实“智汇郑州”人才政策，高标准设立人才服务专区，柔性引进院士、专家、紧缺人才15名；深入推进“双密”人才回归工程，新入库新密籍青年人才119人；成功举办新密市第三届蓝领人才暨田园工匠技能大比武活动。深化党风廉政建设和反腐败工作。创新以基地、丛书、戏曲、家风等为载体的家庭、组织、社会“三位一体”廉政教育新模式，古县衙廉政教育基地杨炳堃展馆顺利开馆；新编大型廉政历史戏剧《春秋相国》，在新密市及郑州演出近40场，社会反响热烈；编纂《累代声华2》《杨炳堃典纂》等廉政书籍，举办“讲家史、学家训、传家风”“好家风家庭”评选等活动，丰富拓展了廉政教育内涵。全面完成监察体制改革和派驻机构改革，大力推进监察职能向基层延伸，各乡镇办均成立派出监察专员办公室，同时聘任351名村级廉情监督员，实现对所有村（社区）监督监察全覆盖，被确定为郑州市县巡察向村（居）延伸试点单位。大力开展中央八项规定及实施细则精神“回头看”、违规经商办企业和“帮圈文化”专项整治等活动，查处违反中央八项规定精神案件18起22人、工作日午间饮酒4起7人，清理违规配备公务车辆75辆，办公用房全部整改到位。举行全市民主评议政风行风大会，22人被免职，27人被诫勉谈话。突出抓早抓小，正确运用监督执纪“四种形态”处理634人次，第一、二种形态占比分别为53.9％、28.2％。坚持力度不减、节奏不变，有腐必反、有贪必肃，全市纪检监察系统共处置问题线索582件，立案221件，党政纪处分283人，其中科级干部24人，进一步强化了不敢腐的震慑。

一年来，新密市委常委会始终坚持“打铁必须自身硬”的高度自觉，高标准抓好自身建设。持续深入学习习近平新时代中国特色社会主义思想和党的十九大精神，深刻领会中央、省委、郑州市委决策部署的内涵实质，不断提升政治站位、提升工作标准，提高把方向、谋大局、定政策、促改革的能力和定力。带头讲政治、懂规矩、守纪律、转作风、树形象、作表率，影响和带动全市党员干部履职尽责、奉献新密。带头认真贯彻民主集中制，自觉遵守市委常委会议事规则，严格执行民主生活会、双重组织生活会和谈心谈话制度，落实“三重一大”集体决策、主要领导“五个不直接分管”、党政一把手“末位表态”等制度，提高决策民主化、科学化水平。带头正风肃纪，从严执行中央八项规定实施细则精神，持续纠“四风”、转作风，深入基层、深入群众、深入一线调查研究，坚持重要事项请示报告，严格按照程序原则办事，自觉接受组织、群众、社会各方面监督，巩固风清气正、健康清朗的良好政治生态。

# 荥阳市 2018 年经济社会发展报告

中共荥阳市委　荥阳市人民政府



2018 年，面对艰巨繁重的改革发展任务，荥阳市在市委的坚强领导下，全市上下坚持以习近平新时代中国特色社会主义思想为指导，以习近平总书记视察指导河南时的重要讲话为统领，深入贯彻党中央、国务院、上级党委政府和市委决策部署，坚持稳中求进总基调、奋发有为总要求，围绕“四重点一稳定一保证”工作总格局，全面融入郑州国家中心城市建设，统筹推进稳增长、促改革、调结构、惠民生、防风险各项工作，保持战略定力，强化运行调度，全市经济社会高质量发展取得积极进展。跃居“全国综合实力百强县”第 56 位、“全国投资潜力百强县”第 28 位、“全国新型城镇化质量百强县”第 73 位、“全国工业百强县(市)”第 41 位，分别较上年前移 2 位、1 位、2 位、1 位；位居首届“全国绿色发展百强县”第 83 位、“全国科技创新百强县”第 68 位。

## 一、以更大力度打好三大攻坚战，全面小康打下新基础

防范化解重大风险攻坚扎实推进。非法集资案件处置专项行动深入开展，新老案件叠加、存量案件消化慢等问题得到有效解决。政府债务风险预警和应急处置机制不断完善，债务增量有效遏制，债务存量加快

化解。精准脱贫攻坚成效明显。“N＋2”精准扶贫深入实施，百企帮百村、爱心救助、社团帮扶活动扎实开展，产业扶贫、金融扶贫、集体经济发展全面推进，实施扶贫项目104个、完成投资7256万元，全市除政策托底外的存量贫困人口全部脱贫。

污染防治攻坚持续深化。蓝天、碧水、净土保卫战全面打响、持续发力，环境质量不断改善。中央第一环保督察组交办的38批次99个问题全部办结。全年PM10、PM2.5平均浓度为105微克/立方米、59微克/立方米，较上年分别下降2.7％、4.8％。汜水河二期治理工程、索滨公园河道清淤工程全部完工，建成区内黑臭水体基本消除。土壤污染源监管清单初步形成，土壤环境质量检测制度基本建立。

## 二、以更新理念推进新型城镇化，城乡面貌焕发新容颜

城乡建设品质持续提升。实施百城建设提质工程项目103个，完成投资87.8亿元。《荥阳市城乡总体规划（2018—2035年）》上报省政府审批，完成专项规划编制36项。站南路跨索河大桥主体完工，新建（改建）市政道路13条，新增供水管网60公里、供热管网38公里、供气管网20公里，完成雨污分流工程37公里。污泥处理中心建成投用。G234（G310以北段）改建、莲花街西延（X009线）新建工程基本完工。

乡村振兴战略顺利实施。农村集体产权制度改革扎实推进，完成全市90％行政村集体资产清产核资和集体经济组织成员界定。完成汜水村、索坡村、枣树沟村、刘沟村美丽乡村和石洞沟国家级传统村落年度建设任务，44个行政村生活污水集中处理项目具备通水条件。整改农地非农化违规园区（企业）84个、“大棚房”问题园区（企业）22个，恢复基本农田193.6亩。

城乡管理更加精细。“四城联创”成效明显，国家卫生城市复审通过国家验收，创成郑州市级以上卫生村7个、卫生先进单位6个。农村环卫管理实现市场化运作，设立生活垃圾分类试点3个。“路长制”管理模

式试点推行，打造“路长制”特色街道2条。“厕所革命”深入实施，新建（改造）城区公厕12座、乡镇公厕24座、A级旅游厕所20座。新建立体化停车场1处，新增停车位4091个。

群众回迁安置步伐加快。开工安置房182万平方米，建成安置房121万平方米、网签5452套，回迁群众2.5万余人。

## 三、以更高质量加快转型升级，结构调整迈出新步伐

先进制造业支柱作用更加突出。荥阳产业集聚区海格科技等6个项目主体完工；新材料产业园区白鸽迁建等9个项目竣工投产；五龙产业集聚区签约引进联东U谷等项目13个，获评郑州市“五快”专业园区。装备制造（建筑机械）产业园开工建设，阀门、游乐设备产业园建设工作加快推进，实施技改项目93个、完成投资40亿元，新创省级服务型制造示范企业3家、省级智能车间2个，获评郑州市促进建筑业转型发展先进集体。年产50吨石墨烯标准化生产线建成投用，军民融合产业基地概念性规划编制完成。制定出台激励扶持产业发展四个政策文件，全年供应工业用地2400亩，同比增长4.2倍；工业投资增长42.6%，高出目标增速34.6个百分点。

现代服务业带动作用更加明显。健康园区健康生态谷一期初具规模，郑州卫校一期工程主体完工。特色商业区商业集聚效应凸显，海龙居然之家开业运营，海格国瑞大厦开工建设。石洞沟村创成省级乡村旅游示范村，王村镇获评郑州市级最具潜力乡村旅游示范镇；全市接待游客1027万人次，实现旅游总收入31.3亿元。市电子商务公共服务中心投入运营，新认定省级电子商务企业20家。首创奥特莱斯开业运营，新增规模以上服务业企业8家、限额以上批零住餐企业15家。

都市生态农业基础作用更加牢固。完成环城都市生态农业种植结构调整2.5万亩，建成龙头企业、“三品一标”基地农产品可追溯网点80个。划定粮食生产功能区22万亩，全年粮食总产达29.4万吨。王村镇农田水利现代化示范乡镇项目、李村灌区节水改造项目完成建设，新增

节水、改善灌溉面积3.2万亩。发放农机购置补贴1103万元，主要农作物耕种收综合机械化水平达83%，农作物秸秆综合利用率达93%。获评郑州市“三农”工作先进单位、2015—2018年度郑州市水利建设“中州杯”。

## 四、以更大格局厚植发展优势，区域发展汇聚新动能

各项改革深入推进。“三去一降一补”成效明显，关停水泥企业2家、去产能81万吨/年。“多证合一”改革和全程电子化登记工作全面推行，新增企业3428家、个体工商户7873户，实现“个转企”33家。研发费用加计扣除、小微企业税收优惠等减税降费政策全面落实，依法依规减免各类税费8300万元。投融资、国企、土地、教育、卫生等重要领域和关键环节改革取得积极成效。

开放招商成果丰硕。新签约合同项目59个、总投资2053亿元；引进域外境内资金148亿元、增长6%；外贸进出口总额达9.7亿元、增长12.2%。实施市本级重点项目133个，完成投资324亿元。成功举办第二届楚河汉界世界棋王赛暨第二届中国象棋文化节，荣获“亚洲象棋特别贡献城市奖”。

创新能力加快提升。中原智谷新增孵化企业51家、毕业企业10家，新世纪材料基因组工程研究院获评首批“河南省重大新型研发机构”。新引进高层次创新创业团队2个、创新创业领军人才12名。授权专利816件，新增国家级科技型企业22家，完成高新技术产业增加值18.6亿元。

## 五、以更严标准构建生态文明，环境保护取得新成效

生态建设力度加大。实施生态项目55个、完成投资27亿元，浮戏山森林健康养生园等21个项目竣工，完成营造林1.8万亩，新增城市绿地196万平方米。铁路沿线、生态廊道、过境干线公路、高速互通立交及出入口综合整治与绿化提升工作全面启动，完成绿化84万平方

米。恢复治理矿山 1688 亩，清理整改黄河湿地人类活动监测点位 59 处，综合治理水土流失面积 8.1 平方公里。

绿色发展步伐加快。拆改煤气发生炉 24 台，完成“双替代”任务 4.9 万户，削减煤炭 25.2 万吨。严格控制用水“三条红线”，完成水资源费改税工作，压采公共供水区内自备井 232 眼。全市公交车全部更换为纯电动车辆，成为郑州市首家全部采用绿色纯电动车辆运行的公交城市。

执法监管持续加强。扬尘治理监控平台、工业企业污染物排放监控平台、大气污染防治监测动态监控系统更加精准完善，新建乡镇空气监测站点 13 个。探索实施“河长＋警长”制，受到水利部充分肯定。开展各类环保专项执法活动 8 次，检查企业 3200 家次，立案查处违法案件 326 起。

## 六、以更实举措增进民生福祉，人民生活得到新改善

将财政资金持续向民生领域倾斜。全年民生支出 55.5 亿元、增长 17.4%，占一般公共预算支出的 78.9%。城乡居民人均可支配收入分别达 33170 元、20440 元，分别增长 7.5%、8%。三级民生实事基本完成。

社会保障持续增强，群众更有获得感。发放创业贷款 6389 万元，新增城镇就业 6045 人，农村劳动力转移就业 1.3 万人。城乡低保标准分别提高至每人每月 630 元、430 元，发放特困救助金 1866 万元。新建城市社区日间照料中心 6 个，新增养老床位 240 张。募集善款 1774 万元，实施慈善项目 34 个，惠及困难群众 1.4 万人。建成公共租赁住房 1339 套，分配 414 套。

社会事业协调发展，群众更有幸福感。完成市六小、七小、四中扩建项目，新增公办中小学学位 8000 个、幼儿园学位 2500 个，义务教育阶段超大班额基本消除。为全市 3 所公办普通高中学生免除学杂费 2513 万元，高考一本上线率提升 3.5 个百分点，清华、北大上线人数达到 6 人，创近三年新高。全省首个利用大数据对患者进行个性化精确疾病画像的“荥阳健康云”正式上线，全国基层中医药先进单位通过复审。升

级改造乡镇综合文化站 15 个、村（社区）综合文化服务中心 80 个，完成苌村汉墓、千尺塔本体保护规划方案编制。

社会大局和谐稳定，群众更有安全感。扫黑除恶专项斗争成效明显，打掉涉黑组织 3 个、涉恶集团 3 个。市应急与反恐指挥中心建成投用，矛盾纠纷多元化解公众平台上线运行。全市村（居）委会顺利完成换届。

安全生产形势持续稳定向好。食品药品、商贸物流等市场秩序保持规范稳定。人事、统计、档案、史志、气象、人防、民族宗教、外事侨务、防震减灾、双拥共建、妇女儿童、关心下一代等各项事业取得新成绩。



## 七、以更强担当打造为民政府，自身建设呈现新气象

作风建设不断加强。坚持把政治建设摆在首位，高质量完成中央和省委巡视反馈问题整改 87 项。严格落实党风廉政建设责任制、中央“八项规定”及实施细则精神，持之以恒纠正“四风”，政风行风持续改进。不断强化审计监督，审计项目 147 个，促进财政增收节支 1.6 亿元。

法治政府加快建设。自觉执行人大决议决定，主动接受人大监督、政协民主监督和社会监督，办理人大代表议案 4 件、建议 76 件，办结率 100%、满意率 98%；办理政协委员提案 114 件，答复率 100%。严格遵守重大行政决策法定程序，召开政府常务会议 31 次，依法集体研究决策重大事项 175 项。主动公开政府信息 1.1 万余条，办理依申请公开政府信息 632 件。

行政效能持续提升。入选全省“放管服”改革试点县市，929 项审批服务事项列入“一网通办”清单，34 个部门的 800 个事项实现“一口受理”，市本级审批服务事项网上可办率达 70%、30 个高频事项实现“最多跑一次”。

# 新郑市2018年经济社会发展报告

新郑市人民政府

2018年，新郑市委、市政府团结带领全市人民，坚持以习近平新时代中国特色社会主义思想和党的十九大精神为引领，围绕市五届人大二次会议确定的目标任务，牢固树立新发展理念，坚持高质量发展的根本方向，持续深化“四重点一稳定一保证”工作总格局，以国家中心城市次中心建设为统揽，以黄帝文化历史名城、现代临空产业新城、郑州南部生态绿城建设为载体，统筹推进稳增长、促改革、调结构、惠民生、防风险各项工作，实现了经济平稳发展与社会和谐稳定，在决胜全面建成小康社会进程中迈出坚实的一步。

## 一、国民经济稳步增长，发展质量有效提升

面对经济环境复杂多变、下行压力加大、多重约束趋紧的严峻形势，始终坚持党的集中统一领导，把握稳中求进工作总基调，深入贯彻新发展理念，持续推动新旧动能转换，促进经济由高速度向高质量转变，努力筑牢高质量发展基础。

综合实力持续增强。2018年全年完成地区生产总值779.3亿元，增长7%。地方一般公共预算收入75亿元，增长9.7%，其中，税收55.6亿元，增长20.6%，税收占一般公共预算收入比重达74.1%，较上年提

高6.7个百分点，总量蝉联全省县（市）首位。固定资产投资增长4.5%。社会消费品零售总额300.8亿元，增长13.3%。城镇和农村居民人均可支配收入分别达33450元和21562元，增长8.3%、8.5%。三次产业比调整为2.9∶49.5∶47.6。全国中小城市综合实力百强县（市）、县域经济基本竞争力百强县（市）排名分别升至第40位、33位，县域经济发展质量总体评价连年位居全省首位。龙湖镇连续四年全省唯一跻身全国综合实力百强镇，排名第79位。

三大攻坚战扎实推进。全力打好防范化解重大风险攻坚战。严格执行政府债务限额管理，妥善化解存量债务、严格控制增量债务，债务总量保持可控范围；深入开展防范和处置非法集资、互联网金融风险专项行动，加强问题企业、问题楼盘监管处置，防范区域性系统性风险。坚决打好精准脱贫攻坚战。投入资金6795万元，实施扶贫开发项目73个；建成市乡村三级金融扶贫服务体系，发放小额扶贫贷款4639万元，帮助1000名贫困群众稳定就业；具茨山5个行政村829户贫困群众易地搬迁入住新居；结对帮扶南召县，投资4480万元援建扶贫道路3条，解决22个行政村、3.6万人安全出行问题；谋划实施5个产业扶贫项目，带动贫困人口1861人；评为全省结对帮扶工作先进单位。强力推进污染防治攻坚战。狠抓燃煤、扬尘、机动车、工业等污染治理，加强“散乱污”企业整治，空气质量主要污染因子指数完成郑州市下达目标；双洎河国控断面水质稳定达标，饮用水源地水质达标率100%，城市黑臭水体基本消除；科学实施土壤污染防治，完成土壤污染状况详查，污染地块修复治理有序推进。

工业经济加快转型。着眼高端化、智能化、绿色化发展目标，持续推动产业转型升级，出台加快制造业高质量发展“1+N”政策体系，全年新设企业4962家，增长46%，市场主体达6.3万家，居郑州县（市）首位；新增规模以上工业企业15家，主要工业增加值增长5.7%；全国工业百强县（市）排名第33位，位居全省第一。以食品制造、生物医药、电子信息、高端装备等重点产业为突破口，加速新旧动能转换，开建、续建重大产业项目86个，好想你FD食品等21个项目建成投产，完成投资 220 亿元，食品制造、生物医药产业增加值增长 7.2%。着力发展高新技术产业，新增高新技术企业 11 家、科技型企业 7 家，高新技术产业完成增加值 84.5 亿元，增长 12.6%。深入实施质量强市战略，新注册商标 1394 件，商标拥有量保持全省县（市）首位，新港产业集聚区评为省产业集群商标品牌培育基地。积极推行绿色制造，31 家工业企业实施技术改造，好想你健康食品、加加味业分别评为国家、省级绿色工厂。

现代服务业提档升级。现代商贸物流业势头强劲，投资 200 亿元的华南城会展中心、五星级酒店、T—Park 高新产业园等九大高端商业项目集中开工，华南城特色商业区晋升省二星级服务业“两区”；传化物流小镇、红星美凯龙中原家居城全面开建，现代商贸物流业完成增加值 146.2 亿元，占 GDP 比重达 18.7%。文旅产业繁荣发展，成功举办戊戌年黄帝故里拜祖大典、黄帝文化国际论坛和第十六届枣乡风情游活动，创建全国休闲农业与乡村旅游星级示范企业（园区）5 家、省级乡村旅游经营单位 3 家，龙湖镇泰山村认定为省级旅游特色村；全年接待游客 503 万人次，实现旅游收入 20.1 亿元。房地产业平稳发展，商品房屋交易面积 434 万平方米，交易额 328 亿元，均居全省县（市）首位。积极发展金融服务业，进驻银行 14 家，银行存贷款规模分别达 625 亿元、572.6 亿元，均居全省县（市）榜首，金融服务业预计完成增加值 33.3 亿元，占 GDP 比重 4.3%；农商银行获评全国金融机构年度最具创新力中小银行。第三产业完成增加值 371.3 亿元，增长 8.4%。

现代农业稳步发展。农业综合生产能力持续增强，新增恢复节水灌溉面积 1.7 万亩，建成都市生态农业示范园 1.2 万亩，评为国家高效节水灌溉示范县（市）、省节水型社会达标建设县（市），通过省“红旗渠精神杯”和郑州市“中州杯”考核验收。积极培育新型农业经营主体，新增农业联合体 2 家、农业龙头企业 4 家、农民专业合作社 26 家。加强农业品牌建设，新认证“三品一标”农产品 20 个。成功举办首届“中国农民丰收节”河南主会场活动。

## 二、着力品质提升，新型城镇化建设高质量推进

瞄准国内一流中小城市建设目标，大力推进城市建设提质工程，投资 254 亿元，谋划实施城市提质项目 186 个，列为省百城提质暨文明城市创建工作推进会观摩城市，位居全国新型城镇化质量百强县（市）第 60 位。

城市品质有效提升。新建升级城区凤台路等道路 10 条，改造人民路等 9 条道路的人行步道，文化北路全线通车，打造迎宾街等精品街道 4 条，新增 550 个公共停车位；完成新区万福路、中兴路暖泉河桥等 18 条道路桥梁亮化工程，少典路东延、姬水路建成通车，长青路等 13 条道路加速推进，全省唯一智能化商登高速新郑新区收费站通车运行，综合商厦及总部大楼招引综合商业和企业总部 50 余家；实施烟厂大街等 11 条道路雨污分流工程，铺设供水、雨污管网及截污干管 61 公里，新建改造电网 294 公里；整治提升迎宾路等 4 条道路街景，完成暖泉河景观大桥等 18 项道路桥梁亮化工程。环境品质更加优良。扎实推进旧城改造，改善群众居住环境，实施 17 个老旧小区整治，完成拆迁 355 万平方米，建成安置房 4315 套 58.7 万平方米，网签安置房 7714 套，2.3 万名群众入住新居。大力推进城市绿化美化工程，建成东关南园等街头游园 4 个，实施黄帝像周边等 4 处重点区域景观提升，完成轩辕丘、故里西路绿化，新增城市绿地 12.4 万平方米。文化品质不断丰富。加强历史文化风貌保护，规划建设 3.5 万平方米历史文化风貌区，修缮接旨亭、考院、凤台寺塔、县衙、南街古巷老民居等历史建筑 38 处，南街古巷重现传统街巷面貌。嫘祖城商业综合体、接旨胡同历史文化商业街招商运营。服务品质明显提升。加强农贸市场综合整治，完成文化路农贸市场、永兴农贸市场提升改造，洧水路农贸市场动工开建。大力发展公共交通，开通 202 路公交线路，“公交一卡通”与全国 80 个城市互联互通。新区中央商务区招引企业总部和综合商业 50 家。

城市管理更加精细。全面推行城市管理“路长制”，扎实开展道路交

通秩序整治，完成人民路等3条道路中心隔离、“人非分离”。大力实施城乡环卫一体化，实行“五步三过程”道路清洁机械化联合作业，主次干道机械化清扫率达100%；新建改造垃圾中转站25座，重新命名郑州市级以上卫生先进单位36个，城乡管理综合考评蝉联郑州县（市）首位，夺取郑州爱国卫生金杯，通过国家卫生城市复审。加快智慧城管建设，整合1800多个视频监控资源，实现全天候、全方位城市精细化管理。

重点片区加速建设。华夏幸福产业新城4条园区干道工程完工，服务中心建成投用，智能终端产业港等10个项目快速推进，签约耀德电子等产业项目8个。新区东部片区完成整体规划设计，城市公园、五星级酒店、文化活动中心动工开建，科技馆设计方案编制完成。龙湖西部片区拆迁村庄112万平方米，建成区电网升级改造完毕，宋城·黄帝千古情项目全面启动，郑州新郑教育园区评为郑州市“两快”组团新区。新港产业集聚区新旧动能转换示范港等6个项目开工建设，遂成药业新厂区二期等4个项目建成投产，河西变电站等11个基础设施工程建成投用；入选国家开发区目录，评为省二星级产业集聚区、郑州市“两强”产业集聚区。

融郑融港迈出关键步伐。坚持北进东连、统筹西南，大力建设城乡路网，投资13.5亿元，新建提升市域干道80.8公里。融郑通道更加畅通，新孟路改建二期、鸿鹄路南延等4条道路工程竣工，求实路南延、西环路及跨S323立交桥等3项道路桥梁工程快速推进，商登高速新郑新区站建成通车；市财政出资兜底，将京港澳高速新郑站、薛店站、双鹤湖站，商登高速新郑新区站、新村站，郑尧高速新郑西站等6个收费站全部免费通行，自今年1月6日起，新郑豫A牌照小客车在郑州范围内高速公路实现政府付费、个人免费通行。融港路网紧密衔接，华南城大道、中兴路东延、学院路东延一期等7条道路竣工通车，S323改建、新村大道东延、万邓路上跨商登高速立交等10项道路桥梁工程加速建设。

## 三、深化改革开放创新，发展活力持续增强

坚持改革推动、开放带动、创新驱动，全面深化重点领域改革，高水平推进开放创新，为高质量发展提供强有力的制度保障、动力支撑。

重点改革不断深化。全面启动政府机构改革。持续深化“放管服”改革，深入推进“一网通办”前提下的“最多跑一次”改革方案，落实“最多跑一次”事项797项，实现网上可办率100%。全面推行“三十五证合一”和企业登记全程电子化，市场准入更加高效便捷。大力实施“三块地”开发利用改革，扎实开展“大棚房”专项整治，从严查处土地利用管理突出问题，整改违规用地2148亩，盘活闲置低效用地1019亩。公共资源交易中心跻身全国公共资源交易机构百强。

创新创业活力迸发。聚焦“四个一批”汇聚创新资源，加大科技创新支持力度，培育郑州市级以上工程技术研究中心8家，新转化科技成果10项、申请专利1986件，万人发明专利拥有量增长18%，技术合同成交额1.5亿元，好想你健康食品、庆安化工、中原工学院列入省首批郑洛新国家自主创新示范区辐射点。加快“双创”平台建设，建成创新创业综合体、众创空间、科技企业孵化器21个，入驻企业项目597个、团队309个。评为省知识产权强县工程示范县（市），全省唯一入选国家首批创新型县（市）建设试点，全国科技创新百强县（市）排名第48位，位居全省第一。

开放招商成果丰硕。大力开展园区招商、节会招商、以商招商，完善招商引资项目准入和评估机制，利用拜祖大典经贸洽谈活动这一有利契机，借助华夏幸福优势资源，积极对接智联机械、希尔顿（中国）公司、上海联谷等企业，成功签约耀德电子科技、卫龙食品等20个项目，到位资金242亿元。完成外贸进出口4.3亿元，引进境内域外资金126亿元，实际利用外资2亿美元。河南进境粮食指定口岸新郑查验场获批运营，电子商务综合体“一带一路”国际合作示范园区签约南非、韩国等11个国家28家企业。

## 四、加强生态文明建设，环境质量不断改善

实行最严格生态环境保护制度，环境保护和生态建设同步发力，全市生态环境质量稳步提升。

持续强化大气污染防治。重拳治理扬尘污染，全面落实建筑工地“三员”管理和“工地警长”“路段警长”责任制，严查运输车辆超限超载、抛撒滴漏等行为。强化燃煤管控，燃煤锅炉基本拆改到位。严控机动车尾气排放，限制重型车辆市区通行，取缔非法加油站点 95 处。大力整治餐厨油烟污染，餐饮服务单位全部安装油烟净化装置。着力提高秸秆禁烧技防水平，实现重点监管时段“零火点”，评为省秸秆禁烧工作成绩突出单位。

全面加强水生态治理。严格落实“河长制”，扎实开展河湖“清四乱”专项行动，沿河违规养殖场、排污口全面整治。高标准推进生态水系建设，双洎河综合治理示范段初具形象，绿化面积 23 万平方米；完成郑风苑、轩辕湖湿地文化园景观提升，十七里河湿地公园建成开放。加快污水处理设施建设，华南城污水处理厂二期、城关污水处理厂二期建成投用，全市日处理污水能力达 32 万吨。完成轩辕丘、故里西路等 4 处重点区域景观提升，建成街头游园 4 个，新增城市绿地 12.4 万平方米，顺利通过国家园林城市创建省级初验。

造林绿化提标升级。全面开展国土绿化提速行动，实施山地绿化、平原防风固沙造林工程，新造林 5753 亩。强力推进铁路、干线公路两侧和高速互通立交、出入口区域绿化整治及生态廊道提升，新建提升中华北路华南城段、郑新快速通道、京港澳高速等生态廊道 4 条 66 公里 4100 亩。同时启动商登高速新郑段、万邓路西延等廊道建设。加强古树名木保护，对 462 株古树及 15 株古树名木后备资源挂牌保护。薛店镇评为省级园林乡镇，15 个单位创成郑州市级以上园林单位。通过国家园林城市创建省级初验。

## 五、加大惠民利民力度，群众幸福感日益增强

坚持以人民为中心，将有限财力向民生领域倾斜，投入民生资金84.5亿元，增长15.8%，占财政总支出比重达81.5%，更多群众分享到改革发展成果。

农村面貌明显改善。狠抓农村人居环境整治，投资8360万元，完成11个示范村村容村貌提升，硬化道路36公里、新建游园广场20个，打造观音寺镇田庄、梨河镇学田、新村镇梨园等特色村；投资2.9亿元，完成54个行政村生活污水集中处理，铺设污水收集管网900多公里，建成村级污水处理站80个；投资2300万元，全面启动农村改厨改厕改水工程，新建改造城镇公厕80座，建成环保深埋桶538处，城乡道路清扫保洁和生活垃圾收运实现全覆盖；重新认定郑州市级以上卫生村（社区）44个，农村垃圾治理、乡镇公厕建设工作通过省级达标验收，薛店镇通过国家卫生镇复审。扎实开展农村集体产权制度改革，28个试点村（社区）改革基本到位，96%以上村（社区）完成清产核资。美丽乡村建设步伐加快，辛店镇北靳楼等6个美丽乡村形象显著提升。

惠民措施更加有力。大力支持创业就业，新增城镇就业再就业7920人，转移农村劳动力1万人，吸引农民工返乡创业1087人，发放创业担保贷款6590万元。逐步提高社会保障标准，企业和机关事业单位退休人员基本养老金年人均分别提高1536元和1740元，城乡居民基础养老金最低标准年人均增加360元，城乡居民最低生活保障标准分别提高至每人每月630元、430元，基本养老保险、基本医疗保险参保人数分别达到32.76万人、65.49万人，参保率达99%以上。居民医保财政补助标准增长至每人每年490元，职工和居民医疗保险年度最高支付限额统一提高至55万元，重特大疾病门诊病种增加到27种。加快构建养老服务体系，新建改造敬老院10所、社区老年人日间照料中心5所。强化群众住房保障，盘活处置公租房4000套，为135户住房困难家庭发

放廉租补贴。

社会事业均衡发展。着眼新郑未来，优先发展教育事业，集中财力投资11.9亿元，新建、改扩建中小学、幼儿园30所，迁建新郑二中，全年新增学位3万个，投入力度、新增规模创新郑教育发展史最高纪录。逐步提高教师待遇，落实乡村教师补贴2483万元、高中教师补贴1714万元、班主任补贴904万元，共计5101万元。高考成绩综合评价连续27年保持郑州县（市）领先位次，评为国家农村职业教育和成人教育示范县（市）。优化医疗资源布局，市公立人民医院开诊运营，市公立中医院加紧推进，通过全国健康促进县（市）试点验收。不断完善公共文化服务体系，举办各类文化惠民演出450场；图书档案方志馆启动建设，城市展览馆免费向市民开放，市博物馆晋升国家二级博物馆，基层综合性文化服务中心实现全覆盖，全国戏曲进乡村工作经验交流会作为十九大以后中宣部第一个全国现场会在新郑市成功召开。南水北调丹江口库区移民安置通过国家验收。妇女儿童、青少年权益保护事业健康发展，统计、粮食、供销、物价、人防、民族宗教、气象、黄帝文化研究等工作取得新成绩，税务、邮政、铁路、烟草、盐业等部门和各高等院校，都为全市经济社会发展做出了积极贡献。

社会大局和谐稳定。深化平安新郑建设，强力推进扫黑除恶专项斗争，依法打击和惩治各类违法犯罪活动，社会治安秩序良好。扎实开展安全生产隐患排查整治，安全生产形势持续稳定，评为省“安全生产月”活动先进单位。依法做好信访稳定工作，信访总人数和越级上访人数分别下降23％、38％。加强食品药品安全监管，获评郑州市食品安全管理示范单位5家。强化基层社会治理，完成村（居）委会换届选举。深入开展“七五”普法，建成公共法律服务平台296个，学法守法用法氛围日益浓厚。

自身建设同步进行。新郑市在加快经济社会发展的同时，高度重视政府自身建设，始终坚持在市委领导下开展工作，认真落实市人大及其常委会决议决定，自觉接受市人大法律监督和市政协民主监督，办理人大代表建议141件、政协委员提案173件。持续推进政府信息与政务公开，政府网站连续8年荣获中国政务网领先奖。积极拓宽社情民意表达渠道，认真办理市长热线、网民留言反映问题9086件，整体办结率达98.3%，被评为全国人民网网民留言办理工作先进单位、郑州市市长电话优秀督办单位。强化审计监督，为财政增收节支3.5亿元。

# 中牟县2018年经济社会发展报告

中共中牟县委　中牟县人民政府



2018年是贯彻落实党的十九大精神的开局之年，是改革开放40周年，是决胜全面建成小康社会攻坚之年、实施“十三五”规划承上启下的关键一年，是开启新时代中牟都市田园新城建设新征程的重要一年。一年来，中牟县坚持推动发展是第一要务、抓好党建是最大政绩，统筹推进“五位一体”总体布局、协调推进“四个全面”战略布局，贯彻新发展理念和以人民为中心的发展思想，坚持以党的建设高质量推动经济社会发展高质量，突出“四重点一稳定一保证”工作总格局，团结带领全县上下，把握方向、凝心聚力、克难攻坚、真抓实干，促进经济社会实现持续健康发展，党的建设全面加强，都市田园新城建设迈出坚实步伐，各项工作在原来的基础上取得新的进展。

推动稳增长、调结构、促转型、惠民生实现新的突破。在宏观经济下行压力、周边县（市）区竞争压力、产业转型升级压力持续加大和多重约束趋紧的情况下，中牟县经济始终保持稳步增长的态势，生产总值增速10.2%，高于全市增速2.2个百分点。产业结构持续优化，新旧动能加快转换、接续发力，三次产业结构调整为8∶31.3∶60.7。经济发展质量效益不断提升，一般公共预算收入完成53亿元，增长10.4%，投资潜力、综合竞争力在全国百强县中排名第11位和第84位；经济发展质量在全省县（市）中排名第3位，发展效益连续3年位居全省县（市）

第 1 位。在中科院举办的《中国县域经济发展报告（2018）》暨全国百强县案例报告发布会上，中牟模式作为典型案例进行交流讨论。民生事业协调发展，人民群众的幸福感、获得感、安全感、满意度全面提升。

推动三大攻坚战取得明显阶段成效。脱贫攻坚实现除政策兜底外贫困人口全部脱贫。污染防治攻坚取得积极成效，主要空气质量指标持续好转，全年优良天数排名 8 县（市）区第 1 位；城市黑臭水体实现动态性清零、主要河流各项约束性指标全面完成，实现了经济发展与污染治理双统筹、双促进。重大风险防范化解攻坚扎实推进，政府债务风险总体可控，一批非法集资案件、问题楼盘、问题企业得到有效处置，社会大局保持和谐稳定。

推动中央和省委巡视整改落地落实。县委常委会专题研究巡视整改工作 4 次，县巡视整改工作领导小组召开推进会 11 次，常委会成员牵头负责，建立台账、严格标准、逐项整改、逐项评估、逐项深化，截至 2017 年年底，中央巡视河南反馈问题涉及 46 项整改任务，已办结 39 项，完成率 84.8%；省委巡视郑州反馈问题涉及五大方面 16 个问题，52 项整改事项，已完成 39 项，完成率 75%。全县干部群众从巡视整改中受到了教育，有力地促进了全县各项工作的开展。

## 一、坚持政治统领，树牢“四个意识”、坚定“四个自信”、坚决做到“两个维护”

（一）强化政治自觉。坚持把中央、省委巡视整改和环境保护、扫黑除恶专项斗争、脱贫攻坚等工作督察督导，作为提高政治觉悟、严格政治要求的重大契机，高标准抓好整改工作，让党员干部从中接受教育、受到警醒、增强敬畏，更加坚定自觉推动中央决策、省市委部署的贯彻落实。认真汲取秦岭北麓违建别墅问题教训，扎实开展习近平总书记指示批示贯彻落实情况“回头看”工作，引导党员干部把政治要求落实到业务工作之中，不断增强践行“四个意识”“两个维护”的政治自觉、思想自觉和行动自觉。

（二）严明政治纪律和规矩。加大违反政治纪律和政治规矩问题的查处力度，扎实开展“帮圈文化”排查整治、违规经商办企业专项治理、国家工作人员因私出国（境）管理监督专项治理和个人事项报告核查等工作，持续开展中央八项规定精神“回头看”等活动，严明政治纪律和政治规矩。

（三）结合实际抓好贯彻落实。坚持把习近平总书记提出的“四个着力”打好“四张牌”、县域治理“三起来”、乡镇工作“三结合”与贯彻中央决策精神、落实省市委工作部署贯通起来，紧密结合中牟实际，先后出台了《关于推进经济社会高质量发展的实施意见》《关于以习近平新时代中国特色社会主义思想为指导全面推进党的建设高质量发展的实施意见》等文件，不断深化以“四重点一稳定一保证”为工作总格局、以党的建设高质量推动经济社会发展高质量的实践体系，保持了“二次创业”的正确方向，推进了中央决策、省市委部署在中牟的有效落实。

## 二、坚持新发展理念，推动经济社会高质量发展取得新成效

（一）新型城镇化加快推进，城乡承载能力和形态品质不断提升。加快完善现代交通体系，机西高速二期、国道 107、国道 310，人文路、广惠街跨贾鲁河大桥，广惠街平安大道互通立交、广惠街陇海铁路立交等交通工程顺利通车，官渡黄河大桥、开港大道、沿黄快速通道等路网建设工程快速推进，中牟初步实现了“高速环绕、国道纵横、立交相连、内通外畅”的交通格局。县乡路网建设同步加快，建成通村道路 23 条。路网密度达到每百平方公里 283 公里。着力提升城市建设品质，深入实施县城建设提质工程，同步推进老城区改造升级和新城区开发建设，实施提质工程项目 141 个，完成投资 161.6 亿元。大力实施老旧小区改造、违章建筑拆除、地下排水改造、城区道路建设、公共厕所覆盖、城市绿地扩容等民心工程，城市建设更加规范有序，文明城市创建迈出坚实步伐。严把安置房建设及质量关、配套设施品质关，群众回迁率达到 85%

以上。加快推进乡村振兴战略，出台关于推进乡村振兴战略的实施意见，加快推进公共服务设施向农村延伸，新增两座污水处理厂，72个农村生活污水治理项目加快推进；启动农村“厕所革命”，建成26座乡镇公厕；全面完成农村安全饮水巩固提升工程，基本实现全县居民集中供水全覆盖；全面开展人居环境整治，实现农村垃圾日产日清。建成一批国家和省市级卫生村镇，文明村镇建设蓬勃开展，美丽乡村试点有序推进。

（二）现代产业体系加快培育，产业结构不断优化。工业转型升级步伐加快。在建工业项目36个，亿元以上项目10个，规模以上工业增加值增速28.3%，高于全市21.5个百分点，位居全市第一位。产业集聚效应持续加强，汽车产业集聚区完成总产值300亿元，从业人员达到2.5万人，生产整车11万辆，获批国家新型工业化产业示范基地。官渡医药产业园引进远策生物制药等项目4个，集聚产业项目11个。实体经济引领作用越发有力，郑州日产、比克、国能等企业龙头带动作用持续增强。现代服务业活力迸发。在建服务业项目40个，完成年度投资48.8亿元。全域旅游“吃住行游购娱”产业链条进一步完善，中华复兴之路、建业·华谊兄弟电影小镇等项目加快建设，方特假日酒店开业迎宾。全域旅游发展多点开花，成功创建河南省旅游标准化示范县，全年接待游客1260万人次。总部经济、金融服务、现代商贸、电子商务等业态方兴未艾，现代服务业发展进入快车道。都市生态农业提质增效。都市生态农业规模化、现代化、产业化、品牌化发展持续加快，全县流转土地面积6.3万亩，培育农业合作社22家，新发展都市生态农业2.34万亩，特色农产品种植面积达到37.6万亩，培育“三品一标”农产品28个。农产品物流体系覆盖面不断拓宽，河南万邦农产品年交易量突破2000万吨、交易额突破1000亿元。休闲农业加快发展，创建全国休闲农业与乡村旅游星级园区2家，全省休闲农业现场会在中牟县召开。

（三）开放创新双驱动战略深入实施，发展动力和活力不断显现。开放方面，制定出台扶持重点产业发展的“中产七条”，建立建设国际化法治化便利化营商环境联席会议制度，积极打造一流营商环境。坚持走出去招商，2018年引进项目60个，协议资金900亿元。主动融入“一带一路”建设，积极推进“郑欧班列”的重要节点工程、国家一级物流基地占杨铁路物流项目。创新方面，积极抢抓“郑开双创走廊建设”重大机遇，依托区位优势，围绕大数据产业发展融合、科创走廊开发建设、大运河保护、传承及文化创意产业发展编制完成《中牟县“一路（科学大道）一河（郑汴运河）”概念性总体规划及核心区城市设计》。创新创业载体平台建设取得阶段性成效，国家级科技企业孵化器苏大天宫、郑州凯雪院士工作站、辅仁药业集团与国家纳米科学中心合作的创新纳米药物联合实验研发平台、河南省数字技术产业应用研究院等载体平台落户中牟县。引进创新创业高层次人才50人，入选“智汇郑州·1125聚才计划”人才（团队）项目4个；认定高新技术企业和科技型企业数量分别达到27家和92家。

（四）生态保护和建设力度持续加大，生态环境不断好转。树牢“绿水青山就是金山银山”的发展理念，以更大的力度推进环境治理和生态建设，在抓好大气污染防治的同时，统筹推进水污染、土壤污染综合治理，“河湖长制”得到有效落实，县域水体水质明显改善。大力实施国土绿化提速行动，加快构建森林、湿地、流域、农田、城市五大生态系统，实施重大生态项目32个，贾鲁河综合整治工程效果全面显现，牟山湿地公园开园迎宾，中牟休闲旅游再添新景点；堤里小清河、丈八沟等治理工程快速推进，雁鸣湖万亩湿地、黄河湿地鸟类栖息地保护区等生态项目加快建设，全县新增绿化面积4170亩，新增水域面积5000亩。

（五）坚持把全面深化改革贯穿始终，体制机制创新实现新的突破。坚持把改革作为创优势、补短板的关键一招，贯穿各项工作的全过程。“放管服”改革扎实推进，865项审批服务事项实现“只进一扇门”“最多跑一次”，占全县940项审批服务事项的92%，84项政务服务事项实行容缺受理、13项证明事项清理取消，新开办企业办结时限压缩至2个工作日，全县营商环境大幅改善、群众办事效率大幅提升。农业农村改革持续深化，农村农业发展活力进一步增强。稳步推进机构改革，严格落实市委、市政府批准的《中牟县机构改革方案》，明确改革原则目标、方法步骤和纪律要求，全县上下思想认识统一、改革工作有序推进，涉改单位近期将挂牌履职。

（六）民生事业协调发展，群众生活质量得到新改善。2018年财政民生支出80.4亿元，较2017年增长24.2%，占全县一般公共预算支出的74.5%，重点民生实事全面完成。坚持教育优先发展战略，投资7.5亿元，新建续建中小学11所，其中6所学校实现招生；实施“一长执两校、两优下基层”，城乡教育均衡发展加快推进，“择校热”问题得到有效缓解。医疗卫生事业加快发展，省中医一附院新院区、郑大三附院新院区和县中医院新院区、县人民医院二期等医疗卫生建设工程稳步推进；综合医改持续深化，大数据医疗经验获央视报道。文化惠民工程深入实施，文化馆、图书馆、博物馆、农耕文化博物馆、非遗文化展示馆“五馆”全部免费开放；基层综合性文化服务中心建设加快推进；深入开展“双优双带”“送戏下乡”“戏曲进校园”等群众文化活动，不断丰富人民群众精神文化生活；成功举办雁鸣湖金秋笔会、雁鸣湖金秋诗歌朗诵会，毕淑敏等国内文艺名家应邀出席，中牟的影响力、美誉度持续提升，获评河南省文化先进县。全民慈善广泛开展，募捐数额连续四年位居全市第一。持续扩大社会就业，新增城镇就业3176人、农村劳动力转移就业13108人。

## 三、加强民主法治建设，巩固和发展民主团结、安全和谐的良好局面

（一）支持人大及其常委会充分发挥国家权力机关作用。强化人大常委会党组在人大工作中的政治领导责任，高质量召开县人大工作座谈会，支持县乡人大规范化建设。支持县人大及其常委会依法行使监督、决定、任免等职权，听取和审议专项工作报告16项，专题询问1次，检查6部法律实施情况，视察15项重点工作开展情况，依法任免地方国家机关工作人员15人次，审查和批准2018年政府投资项目计划、预算调整等重大事项。支持和保障人大代表依法开展工作，对代表提出的170件议案建议及时交办督办。

（二）支持和保障人民政协积极履行政治协商、民主监督、参政议政职能。全面贯彻落实中央和省市委关于加强新时代人民政协党的建设工作的实施意见精神，加强对政协工作的领导，县委常委会定期听取政协党组工作汇报，支持政协围绕推动经济高质量发展、重大决策部署、社会民生问题开展视察调研、协商议政、民主监督等各种履职活动。县委常委会专题研究县政协调研报告，并将相关意见建议交办落实，实现了调研成果的转化。建立县委县政府主要领导阅批督办重点提案制度，推进提案办理落实。健全政协履职反馈机制，加强委员培训管理和政协基层组织建设，提升了履职实效。

（三）巩固发展最广泛的爱国统一战线。深入开展“五新五型”统战队伍建设活动，分级打造“一地一品、一地一特”统战品牌，进一步加强基层统战工作。引导新阶层人士积极参与脱贫攻坚、乡村振兴等重点工作，投资560余万元，开展送戏送文化下乡和各类志愿服务活动。全面贯彻落实新修订的《宗教事务条例》，扎实推进依法规范农村基督教事务专项行动，开展党员干部政策法规培训269场次，按照规定做好宗教场所管理工作，宗教工作规范化管理成效显著。

党管武装工作坚强有力，基层民兵“常态化备勤”训练开展扎实有效，获评“郑州市国防后备力量先进单位”。退役军人事务管理局挂牌成立，深化双拥共建活动，巩固发展了军政军民团结的良好关系。制定下发群团改革总体方案和工会、团委、妇联专项改革方案，群团组织的桥梁纽带作用得到充分发挥。

（四）深入推进依法治县。持续加强全面依法治县工作的统筹协调，认真落实党政主要负责人履行推进法治建设第一责任人职责。深入开展普法宣传教育，组织“法律六进”、举办法治讲座等活动，持续强化“一乡一场、一乡一廊、一村一栏”普法载体，人民群众法治观念明显增强。自觉把党内法规制度建设作为全面从严治党的重要组成部分，强力推进党委法规制度建设。深入推进法治政府建设，执法更加严格规范、公正文明。

（五）深化平安中牟建设。贯彻落实总体国家安全观，持续深入开展反渗透、反颠覆、反间谍、反暴恐、反邪教斗争，切实维护国家政治安全。始终保持严打高压态势，深入推进“雪亮工程”，集中整治社会治安重点地区，全县各类刑事、治安案（事）件发案量与2017年同比下降28%；深入开展扫黑除恶专项斗争，有效提升了群众安全感和满意度。学习推广“枫桥经验”，健全社会矛盾纠纷排查化解机制，深入推进社会稳定风险评估，全县信访总量同比实现批次、人次“双下降”，连续三年获得省、市赴京违法上访“零”登记县（市）区，作为郑州市唯一一个县（市）区被省委、省政府评为“2014年以来全省信访工作先进单位”，获评全省、全市维稳工作先进县。

## 四、全面推进党的建设高质量，巩固和发展良好政治生态

（一）突出主业主责，推进管党治党责任落细落实。细化实化县委履行全面从严治党主体责任清单和乡村党组织书记抓党建“三个清单”，实施党建责任履职情况月督查通报、全县晾晒、销号整改制度，引导各级树牢“抓好党建是最大政绩、推动发展是第一要务”的理念。坚持领导干部党建联系点、书记党建约谈、党建责任追究等制度，对村（社区）“两委”换届中把关不严的3名党委书记进行诫勉谈话，督促各级各部门强化责任意识、推进党建责任落小落细落实。

（二）突出守正创新，全面加强宣传思想工作。严格落实意识形态责任制，建立意识形态联席会议制度，出台《党委（党组）意识形态工作责任制考核指标》，常规性开展意识形态工作责任制专项督查，深入开展网络空间专项治理，严格讲座、报告会等阵地管理，意识形态领域总体态势持续向好。强化理论武装工作，在抓好各级理论中心组学习的同时，组织开展集中培训，通过领导干部大讲堂、北京大学领导干部综合能力提升培训班、“不忘初心、牢记使命”等培训班轮训党员干部2万余名。开展“党的创新理论万场宣讲进基层”“红色文艺轻骑兵”下基层系列演出活动，实现了理论宣讲与群众需求“无缝”对接。深入开展中国特色

社会主义和中国梦宣传教育，组织开展“缅怀革命先烈，弘扬光荣传统”等群众性主题宣传教育活动，推动社会主义核心价值观融入百姓生活、化为百姓行为。实施公民道德建设工程，持续开展感动人物、道德榜样等典型选树活动，涌现出了杜西有、王绍军、张桂荣等一批“中牟好人”。

（三）突出“三基”建设，提高基层党建质量。坚持“强基础、补短板、增亮点、创品牌”的工作思路，聚焦基层组织、基础工作、基本能力，大力实施“支部建设提升年”，以“逐支部观摩”“支部建设十条”为抓手，对全县 294 个村（社区）逐一观摩验收，着力提升基层组织建设整体水平。以抓项目理念抓基层党建工作，确定党建项目 99 个，探索出了中牟“红管家”积分化管理、“机关党建群”等创新做法。投资 3100 余万元新改扩建村级活动场所 92 个，设立村室常态化规范提升专项资金 500 万元，全县村室面积平均达到 450 平方米。深化县乡两级抓村机制，建立县级领导干部软弱涣散村、贫困村分包联络联系点 42 个，选派县直及驻县单位软弱涣散整顿工作队、帮扶工作组 29 个，完成 52 个驻村第一书记轮换工作，全面推动软弱涣散和后进村、贫困村集中整顿转化，抓党建促乡村振兴、脱贫攻坚不断深入。坚持“先整顿后换届”和“换届后质量评估”，换届前对 14 个落后、软弱、涣散党支部进行整顿提升，换届后调整撤换 17 名不合格、不胜任的村干部，坚持加强换届后续管理，实现新当选干部培训提升全覆盖，进一步巩固换届成果。换届质量后评估做法全省推广。坚持基层党建引领基层社会治理，全面推广官渡镇党建引领创新基层社会治理模式，进一步完善基层社会治理机制。创新新型农村社区“332”（三委三区两覆盖）治理模式，建立“机关党建群”，推广非公有制企业和社会组织党建“一二六”工作法，“两个覆盖”不断扩大。在郑州市庆祝中国共产党成立 97 周年大会上，中牟县作为全市党建工作先进单位受到表彰。

（四）突出严抓严管，锲而不舍推进党风廉政建设和反腐败斗争。坚持标本兼治，持之以恒正风肃纪，保持高压惩治态势，持续推进以案促改，一体推进“不敢腐、不能腐、不想腐”机制，促进政治生态不断净化、持续优化。从严抓责任。坚持县委常委会听取党风廉政建设汇报制度，分析形势，研究问题，制定政策；县委班子成员带头落实“一岗双责”，坚持分管工作与党风廉政建设同部署、同落实，党委主体责任进一步压实。从严抓教育。坚持用身边事教育身边人，出台《关于推进以案促改制度化常态化的实施意见》，把廉政教育纳入各级中心组学习内容，县委常委班子带头开展典型案例学习 3 期；组织全县各单位对照违反中央八项规定精神、脱贫攻坚、扫黑除恶等五个方面违纪违法典型案件，集中开展以案促改，用身边事教育身边人，坚决防止同类问题在同一领域、同一部门接连发生。从严抓监督。有效构建“四个全覆盖”权力监督格局。完成县监察委领导班子组建、挂牌，18 个派驻纪检监察组组长、81 名派驻机构工作人员全部到位，14 个乡（镇、街道）监察专员办公室挂牌成立，建立 294 人的村级廉情监督员队伍，实现了监察监督到“神经末梢”的全覆盖。牢牢把握政治巡察定位，聚焦全面从严治党，不断强化利剑作用，全年开展三轮常规巡察，涉及单位 20 个，启动涉及 32 个村（社区）巡察的试点工作，反馈各类问题 723 个。从严抓执纪。全县纪检监察系统初核各类问题线索 376 件，立案 159 件，党纪政务处分 220 人。开展落实中央八项规定精神“回头看”专项活动，查处违反中央八项规定精神案件 8 件，党纪政务处分 17 人。突出抓早抓小，运用执纪监督“四种形态”处理 501 人次，“四种形态”占比分别为 61.7%、26.9%、10.8%、0.6%。开展脱贫攻坚干部作风问题专项监督，排查问题线索 8 件，党纪政务处分 2 人。查处涉黑涉恶腐败和保护伞问题 14 件，党政纪处分 4 人，立案审查 10 人。办理各类环保问题线索 40 件，追责 28 人。

# 中原区2018年经济社会发展报告

中共中原区委　中原区人民政府

2018年，是贯彻落实党的十九大精神的开局之年，是改革开放40周年，也是中原区实现转型发展的关键之年。中原区积极站位中原发展新阶段，围绕“四重点一稳定一保证”工作总格局，着力实施片区开发、组团发展、项目带动，经济社会事业取得长足进步，“四个中原”建设步伐不断加快，以郑州中央文化区（CCD）为引领的国家中心城市产城融合示范区建设取得显著成效。2018年，全区生产总值完成470.7亿元，同比增长9.7%，其中，第三产业增加值完成340.8亿元，增长9%；规模以上工业增加值增长5%；固定资产投资增长14.6%；社会消费品零售总额增长9%；一般公共预算收入完成30.1亿元，增长13%；城乡居民人均可支配收入增长8.4%。2018年中国中小城市科学发展指数研究成果报告发布，中原区荣获投资潜力、科技创新、新型城镇化质量三个百强区称号，为郑州建设国家中心城市、实现中原更加出彩做出了应有贡献。

坚持和加强党的领导，努力在把方向、管大局、保落实上下功夫，中原区统筹推进了以下八个方面的工作。

## 一、聚焦理论学习，领导班子自身建设和干部素质得到改进

坚持用习近平新时代中国特色社会主义思想和党的十九大精神武装

头脑，进一步坚定“四个自信”，增强“四个意识”，自觉做到“两个维护”。区委常委会始终把抓好中心组学习作为提高干部理论水平的重中之重，确立了“一把手”抓学习的领导责任制。全年共开展中心组学习（扩大）会议12次，其中4次专题学习习近平总书记系列重要讲话精神和党的十九大精神，引导广大党员干部在学思践悟、融会贯通中坚定理想信念，提高政治站位，增强引领发展、推动改革、维护稳定的能力和本领。

## 二、聚焦功能完善，城市承载能力明显提升

深入贯彻落实“以人为本”的城市发展理念，以“百城提质”为抓手，中原区将工作重心转移到“建管并重、提升品质、扩大成效”的新阶段上来，城市功能日益完善，承载能力明显提升。

基础设施建设突飞猛进。谋划道路建设项目58个，总投资达28.76亿元，已基本完工21条。市政重点工程征迁力度、垃圾清运力度加大，有力保障了四环快速化、轨道交通等工程建设。

城市精细化管理水平显著提升。以“路长制”为载体的城市管理体系初步构建，“一长主责、四长协同、6+N联动、路城共治”的“146”城市精细化管理模式日趋成熟，全区313条路段实现“路长制”全覆盖。10条大修、中修道路全部竣工通车，公厕、公共停车泊位建设取得阶段性成效。农贸市场标准大幅提升，违法建设势头得到全面遏制。人居环境、城市秩序、文明程度、形态风貌持续改善。城市精细化管理工作在全市综合考评中，位居区（开发区）组第一名。

老旧片区建设提质成效明显。基础设施建设和公共服务供给力度加大，墙面脱落、路面下沉、私搭乱建占用公共空间、安全隐患层出不穷等一系列难题得到妥善解决，水电气暖、电梯加装等群众生活需求得到满足，小区环境逐步改善。

## 三、聚焦产业项目，经济高质量发展后劲十足

将“六片两园”作为当前产业发展、项目建设的核心载体，打响“高质量高效率项目建设攻坚战”，规划设计、拆迁清零、土地供应、项目审批和招商运营等五项工作统筹推进，同步实施。

须水河片区。须水镇总体规划修编顺利推进，《项目用地规划方案》《产业落位计划》编制完成；须水河上游绿地拆迁清表1830亩，开挖土方500余万立方米；马庄、白寨遗址生态文化公园、须水河滨水景观提升和水源工程开工建设；首批土地顺利摘牌。

“四个中心”周边片区。中央文化区北部片区（一期）控规已批复，九曲莲湖周边区域、东九州坊产业策划方案编制完成；汽配大世界拆除等一批制约项目推进的老大难问题得到有效解决；市轨道交通第二调度中心、万豪商务综合体等项目加快推进；中央文化区“四个中心”基本完工，市政务服务中心建成投用。

贾鲁河片区。一期商业规划已确定，二期产业布局、规划方案正修改完善；以产业核心区拆迁清零为重点，拆除各类附属物近40万平方米；南水北调运动公园已开工，首批安置房正在建设。

二砂文化创意园片区。城市设计、控规调整方案通过市政府审批，搬迁清租全部完成，项目起步区已开工，招商工作同步推进。郑煤机（芝麻街1958）双创园项目，产业定位、城市设计基本完成；首开区改造工程已启动，中国电子工程设计院河南分院等10余家企业签订入园协议。郑州纺织工业遗址博物馆项目，可研报告已批复，主体开始修复。

纺织服装片区。围绕总部经济、电子商务等八大业态编制了概念性规划方案；国际著名设计师集成馆、国内知名设计师集成馆投入运营，设计师大厦众创空间运行良好，电子商务大厦和企业总部大厦内装、招商同步启动；锦艺国际轻纺城三期建成投用。

家居片区。一期全面复工，新开工面积19.6万平方米，在建31万平方米；国际建材MALL开业运营，新开业面积26万平方米，累计开

业面积 62 万平方米；二期产业策划、控规调整方案编制完成。

科研设计园。中机六院高科技信息产业园（一期）开始内部装修，中原环保产业研究院项目正在办理土地供应手续，上海市政交通设计研究院等 10 余家甲级资质以上设计院或区域总部已落户。

环保产业园。环保产业发展三年规划编制基本完成，园区概念性规划正在编制；同济大学中原环保产业研究院投入运营，绿色污水处理厂等 5 个课题研究已启动，污染控制与资源化利用研究实验室投入使用；引进河南天辰环保等 10 家行业引领型企业，全区新注册节能环保类企业近百家。

现代产业体系加快培育。奥体城游乐中心、中晟名车汇等项目建设步伐不断加快，河南大中原汽车物流港发展势头迅猛，入驻企业 30 余家。中原特色商业区连续 3 年获评“河南省三星级服务业两区”，中央文化区（CCD）成功列入“省级现代服务业专业园区”。围绕“4＋1”主导产业定位，重点推进项目 166 个，累计完成投资 492.63 亿元；28 个省、市重点项目完成投资 394.6 亿元；计划开工的 149 个项目全部实质性开工，产业支撑更加坚实，中原区实现高质量发展的动力更加充足。

## 四、聚焦开放创新，招商引资硕果累累

紧盯“4＋1”产业发展体系，开展产业链招商、以商招商、精准招商、片区式招商，引进了一批强链、补链型项目，推动招商引资从引企业向育产业、补链条转变，确保了一批龙头型、基地型、中心性项目签约落地。2018 年累计引进域外（市外境内）资金 195.5 亿元，实际吸收境外资金 2.19 亿美元，外贸进出口额 17.29 亿元，新签约项目额 281 亿元，新引进沃尔玛（河南）百货有限公司等总部企业 15 家。

创新创业活力迸发。坚持“要素＋创新”双驱动，全年新增省、市级科技型企业 98 家，达到 171 家；新认定高新技术企业 18 家，达到 32 家；工程技术研究中心达到 36 个；重点实验室达到 16 个；院士工作站达到 7 个。14 个创新创业载体建成运营，入驻企业和团队 400 余家。

开展“项目+推介”“项目+育才”“项目+招才”等系列活动。13名人才通过郑州市首批高层次人才认定，200余名专家、高层次人才进入郑州市专家库，武强院士及其团队、同济大学赵建夫教授团队、中国矿业大学（北京）孙继平教授等高端人才被陆续引进。

营商环境持续优化。全面推进“一网通办”前提下的“最多跑一次”改革，432项“三级十同”审批事项清单全部录入河南政务服务网，全区29个部门412项行政审批事项全部进驻大厅。大力推进商事制度、“多证合一、一照一码”登记制度改革，新增企业6435家、个体6882户。开展定期走访企业、送政策上门等活动，帮助中石化华北石油工程有限公司、郑州鸿贝科技股份有限公司等8家公司申报郑州市专项资金达192.69万元。

## 五、聚焦民生改善，群众幸福指数不断提高

安置房建设加快推进。29个安置地块开工，22240人回迁，11059套安置房完成网签，超额完成市定目标任务。

公共服务水平不断提高。加大教育事业倾斜力度，全年教育事业投入达7.26亿元，新建中小学3所、续建6所，投入使用5所，新增学位7650个，招聘教师397人，“择校热”“入学难”问题得到较大缓解。做好国家义务教育发展基本均衡县创建工作，顺利通过市、省两级验收评估。建立覆盖城乡“六位一体”的新型公共卫生服务体系，全面落实国家13项公共卫生服务，基本覆盖居民生命全周期。

文化事业和文化产业协调发展。文化惠民工程扎实推进，举办各类文化艺术惠民活动850余场，群众精神生活更加丰富。

社会保障体系更加完善。新增城镇就业再就业19896人，救助城乡低保家庭1259户1613人，基本建成公租房533套，分配3928套。制订切实有效的帮扶措施和工作方案，推动卢氏县朱阳关镇、狮子坪乡脱贫工作取得实效。

社会大局和谐稳定。深入开展扫黑除恶专项斗争，立案侦办涉黑涉

恶犯罪集团案件18起，批捕88人，黑恶势力违法犯罪问题得到有效遏制，群众安全感、政法机关执法满意度大幅提升。信访严峻形势得到有效扭转，同比下降94%，到市赴省进京集访同比下降52%，实现了全国两会期间赴京“四零”目标，保障了中央巡视组驻豫期间的社会大局稳定。稳步推进综治、巡防、消防等工作，全区未发生影响较大的事件。

## 六、聚焦绿色发展，生态环境持续改善

围绕打赢蓝天、碧水、净土保卫战，制定出台三年行动计划，坚持“治标”“治本”双管齐下，持续开展秋冬季大气污染防治攻坚“四大一严”、集中式饮用水水源地整治等专项行动，河长制全面落实，建成区黑臭水体基本消除，土壤质量大幅改观，较好完成了中央环保督察“回头看”等国家、省、市各项督查检查工作。2018年，全区PM10、PM2.5累计浓度均完成市定年度目标。

生态水系建设加快推进。西流湖整治提升、须水河综合治理和秀水河、九曲莲湖等生态水系工程快速推进，牛口峪引黄、石佛沉砂池至郑州西区生态供水等水源工程进展顺利，“两纵两横六湖一库”生态水系格局正在加速构建。

园林绿化取得重大进展。积极扩增绿地面积，完善绿地生态系统。整治提升公园、游园23个，市定45座公园、游园已基本建成，庙沟遗址生态文化公园等10处建成开放；新增绿地面积196万平方米，超额完成市定年度目标。

## 七、聚焦同心协力，民主政治建设稳步推进

加强全区民主政治建设，始终坚持民主集中制。不断加强区委常委会自身建设，保证决策科学民主、执行规范有序。

严格组织生活制度，坚持和完善“三会一课”、民主生活会、组织生活会、谈心谈话、民主评议党员等制度，用好批评和自我批评武器，增

强党的组织生活活力。加强党内监督，畅通党员参与讨论党内事务的途径，拓宽党员表达意见的渠道，营造党内民主讨论的政治氛围。

支持人大及其常委会依法履行职权。支持人大及其常委会依法决策重大事项、行使人事任免权、监督权，推进决策科学化、民主化。保证人大代表依法履职，加大议案建议办理力度，对代表提出的2件议案143件建议及时交办督办，办结率100%。

支持和保障人民政协积极履行政治协商、民主监督和参政议政职能。加强提案办理协商，提高提案办理实效，全年共收到提案228件，立案210件，办结率100%。

加强宣传思想工作，充分发挥主流舆论引导作用。把意识形态工作纳入党委重要议事日程，多次召开意识形态联席会，制定《意识形态任务清单制度》等十项意识形态工作责任制推进制度。积极开展“党的创新理论万场宣讲进基层”“百姓宣讲直通车”等系列活动，推动党的理论深入人心、落地生根。逐步建立健全舆情信息工作网络，牢牢掌握意识形态工作主动权。

巩固和发展最广泛的爱国统一战线。统战、民族、宗教工作得到新的加强，各民主党派、无党派人士在推动全区发展中发挥了积极作用。切实保持和增强群团工作的政治性、先进性、群众性，圆满完成团区委和区妇联换届工作，全力支持工青妇等群团组织依法依章履职。

全面推进依法治区。推进治理体系和治理能力现代化，正式启动区委法律顾问制度，区委法律顾问、法律专家库、法律咨询机构已聘任到位并开展工作。同时把党的领导贯穿依法治区全过程、各方面，着力建设法治政府，着力促进科学立法、严格执法、公正司法、全民守法。

## 八、聚焦政治建设，全面从严治党纵深推进

以政治建设为统领，全面推动党的建设高质量发展，全力凝聚党员干部干事创业、改革攻坚的精气神，永葆忠诚干净担当的政治本色，坚决维护习近平总书记党中央的核心、全党的核心地位，坚决维护党中央

权威和集中统一领导，持续巩固发展风清气正的政治生态。

*党员干部教育管理创新开展。*开展“万名党员进党校”“党组织书记大轮训”活动，培训党组织书记7期共946人，参训党员3.58万人次。建立“两审两备五查”机制、“8+N”模式，“三会一课”制度落实更加有效。在党员队伍中广泛开展“我是共产党员，请看我”“亮身份、争先锋、作表率”等活动，采取分值化管理模式，强化党员争先创优意识，党员的先锋模范作用得到较好发挥。坚持德才兼备、以德为先的用人标准，选人用人导向更加鲜明。

*基层党建根基更加坚实。*46个村、95个社区顺利完成“两委”换届，567名大学生进入基层党务工作者队伍。开展基层党组织分类升级活动，评定一类党组织61个、二类党组织167个、三类党组织148个。大力开展“支部建设提升年”，深入实施城市基层党建“立体工程”、非公企业和社会组织党建“321工程”、非公党建“雁阵工程”等，党的领导持续加强，党建阵地逐步拓展。

*执纪问责力度逐步加大。*监察体制改革试点工作取得实质进展，新设立派驻纪检监察组18个，完成10个区直单位、2个街道和41个村（居）共3轮巡察，发现问题446个，有效发挥了巡察利剑作用。突出抓早抓小，运用监督执纪“四种形态”处理206人次，其中第一、二种形态占比分别为75%、16%。坚持力度不减、节奏不变，紧盯重点人、重点事和重点问题，全区纪检监察机关立案审查32件、处分42人，进一步强化不敢腐的震慑。

# 二七区2018年经济社会发展报告

中共二七区委　二七区人民政府



2018年，二七区面对复杂严峻的外部环境、转型升级的内在压力和艰巨繁重的发展任务，在市委、市政府的坚强领导下，我们坚持“四重点一稳定一保证”的工作格局，强化目标导向、问题导向和“创优势、增实力、补短板、能抓住”的工作方针，坚定不移实施项目带动、项目化推进，围绕建设现代化国际化生态化新城区的目标，“三个二七”呈现高质量发展，“项目推进落实、新型城镇化建设、现代产业体系构建、改革开放创新、生态环境建设、社会民生改善”六项工作稳步推进，圆满完成了年度各项目标任务。经济社会发展呈现出“稳、进、好”的态势，高质量发展迈出坚定步伐。

## 一、综合实力大幅提升，经济高质量发展迈上新台阶

2018年，全区地区生产总值完成658.8亿元，同比增长10.1%，高于全市GDP增速2个百分点，总量五区第二，增速五区第一；一般公共预算收入完成32亿元，占年初预算103.9%，同比增长9.1%，总量五区第二；社会消费品零售总额完成499.3亿元，同比增长9.6%，总量五区第二，增速五区第一；固定资产投资同比增长14.6%，增速五区第三；规模以上工业增加值同比增长7.3%，增速五区第一；城镇居民、农村居

民人均可支配收入均增长8%。我区连续3年荣获“郑州市综合考核工作优秀单位”，揽获全国“综合实力、投资潜力、创新创业、绿色发展”四个百强区，二七展示出蓬勃强劲的发展势头，牢牢确立了在郑州国家中心城市建设征程中的领先地位。

## 二、项目建设成效凸显，产业项目带动力显著增强

深入开展“项目建设全力攻坚年”行动，深化“三定四推五落实”推进机制，梳理了165个亿元以上重大项目，总投资3269亿元，全年完成投资492亿元，52个新建项目开工建设，锦绣商务中心、泰德城等30个项目竣工投产。21个省市重点项目完成投资292.2亿元，超额完成年度投资任务，项目开工率和联审联批事项完成率均实现100%，综合考评、开工率、投资进度均位于市内五区第一名。66个重大产业项目完成投资165.2亿元，建业足球小镇、华侨城、普乐天地等项目开工建设，中物科技园、中央商务区等项目快速推进，新大方年产70万立方混凝土预制构件项目、兰德关照先生商业综合体等项目已竣工投产运营。

## 三、新型城镇化建设稳步推进，城市品质大幅提升

一是规划、土地、资金等要素支撑作用明显。二七区城乡总体规划方案已获市规委会审查通过，侯寨总体规划方案修编获批，马寨总体规划方案已委托规划院进行修编。土地运作科学有序，完成土地上报2075.5亩，收储征收3509.4亩，供应7398.5亩。全年筹措各类资金82.2亿元，资金保障能力持续提升。高品质、高质量推进安置房建设，南岗刘二期、贾砦等12个项目全部按计划开工建设，开工面积200万平方米；侯寨滨河花园一期、荆胡等8个项目200万平方米顺利回迁，完成回迁群众26397人，累计完成网签10641套。

二是“城区品质提升工程”深入实施。纳入全省百城提质项目库

的 93 个项目，完成投资 150 亿元，精心打造了以绿云小区、淮南街 18 号院、连心胡同等为重点的老旧片区提质示范区。用足用活中央棚户区专项债发行政策，成功申报河南省棚户区改造专项债券 17.55 亿元，申报规模位居全省建成区第一，节约利息成本 3.2 亿元，为新型城镇化建设提供了充足的资金保障。深入推进城市精细化管理、城区道路交通秩序综合整治，投入资金 1.2 亿元，招聘 1000 名城市管理员、调剂 600 名城市管理工作人员，下沉“九类人员”4112 人，实现了管理责任全覆盖。对康复中街、桃源路等 20 条道路实施大中修整治，完成康复前街、政通路等 16 条道路架空线缆入地，归拢整治凌乱架空线 50 公里；大力实施道路清洁机械化“一吸、三冲、一洗扫”作业，覆盖率达 100%。推进生活垃圾分类处置，投放“四分类”设备 6000 多个，生活垃圾分类覆盖率达 30%以上。持续巩固全国文明城市、国家卫生城市创建成果，营造了“安全、整洁、有序、文明”的城市环境。开展河医周边、二七广场周边、城乡接合部等重点区域综合整治。

三是城乡功能承载能力大幅提升。用“工匠”精神建设城市，用“绣花”功夫管理城市。南水北调生态文化公园等 45 个公园游园建成开放，以“河长制”推进“四河两库一渠”生态水系建设进展顺利，以 40 条道路建设为带动的水电气暖等基础配套相继建成，以“路长制”为载体的城市精细化机制扎实推进，创新了智慧城管、智慧停车、深度清洁等模式，叫响了“让生活更美好”的城市品牌，进入郑州市城市管理“第一档”，形成了“森林环抱、碧水环绕、生活便利、整洁有序”的“田园二七”风光。积极配合市政重点工程建设，全力做好轨道交通控制性节点工程、四环快速路征迁工作和棚户区改造拆迁清零，累计完成征迁 149 万平方米。基础设施进一步完善，望桥路、长江西路等 40 条市政道路和杨红线等 6 条农村道路建成通车，自来水 1 号加压泵站、大学南路热力隔压换热站建成投用，侯寨水厂、芦河变电站主体完工并完成设备安装。全面实施“厕所革命”，新建、改建公厕 230 座，其中 120 座已建成投用。建成停车场 22 处，新增停车泊位 8085 个，功能承载能力显著增强。

## 四、现代产业体系不断完善，高质量发展支撑作用明显

依托四大产业园区和重点片区，统筹推进主导产业升级、传统产业转型、新兴产业培育。

一是现代商贸业快速发展。“商贸旺地”龙头地位进一步确立，绿地双塔等一批重大商贸项目加速推进，万荣商务中心、关照先生等一批新型消费项目建成投用，二七万达、华润万象城、德化无限城等优势消费中心加速集聚，全年社会消费品零售总额完成499.3亿元。

二是制造业与智能科技高质量发展。围绕大数据、军民融合、智能制造等战略性产业，加快制造业转型升级，谋划推进的军民融合创新创业产业园、跨境电商产业园等7个“园中园”总投资180亿元的产业园项目进展顺利，郑州帝益肥生态科技产业园等14个重大产业项目加速推进，顶益食品三条生产线、花花牛乳制品加工二期等4个项目建成投产，郑州顶益、名扬窗饰、新大方、帝益肥等8家企业被评为省市“专精特新”中小企业。马寨产业集聚区新晋升为河南省“二星级”产业集聚区，连年被评为郑州市“两快”产业集聚区。

三是文旅康养产业发展势头强劲。中欧健康产业城、万科医疗养老产业园等一批近千亿元的大型文旅康养项目落户我区，百年德化历史文化片区在郑州市四大历史文化片区中率先实现实质开工，二七华侨城已开工建设，建业足球小镇实现当年开工当年开园，十一期间接待游客达20万人次。樱桃沟景区美丽乡村建设走在全市前列，“中原樱桃之乡、创意徒步天堂”的品牌逐步打响。

四是电子商务、楼宇（总部）经济等新兴产业蓬勃发展。河南网商园、中国中部电商港等示范电商园区辐射效应不断增强，全年电子商务销售额突破100亿元，跨境电商交易额约12亿元。全区83栋商务楼宇入驻企业3882家，2018年全口径税收完成16.38亿元，区级税收完成

5.84 亿元。

## 五、改革开放创新驱动发展，经济活力持续迸发

一是全面深化改革激发动力。持续深化“放管服”改革，创新服务方式，全面推进“一口受理”、实现“最多跑一次”，深化“互联网＋政务服务”，推进智慧大厅建设，在全市率先开展“掌上办事”“同区通办”、24 小时自助服务，先后两次代表郑州市迎接了国务院“放管服”调研督导。全面推进“五减一优”“容缺受理”“一口受理、集成服务”，为群众办事提供“只进一扇门”“最多跑一次”的一站式服务，除有特殊要求的事项外，实现审批服务事项进驻综合性实体政务大厅率达到 100％，审批服务事项“一窗”分类受理率达到 70％以上。引入 OSM 工作模式，实现为民服务标准化、规范化。持续推进“一网通办”，实现政务服务网“真联、真通、真办”，让办事像“网购”一样方便快捷。深入推进供给侧结构性改革，全面落实“三去一降一补”措施，经济活力持续迸发。

二是对外开放成绩丰硕。坚持靶向招商、精准招商，全年新签约万科医疗养老产业园、中欧健康产业城等 17 个重大产业项目，签约额 1305.7 亿元。持续扩大对外经贸交流，全年域外境内资金完成 237 亿元，外贸进出口完成 9 亿元，实际利用外资完成 2.15 亿美元，各项指标均位于全市前列。

三是创新创业活力增强。瑞光文化创意产业园等创新创业载体活力强劲，新增绿地创客、航海科创等 4 家众创空间，“U 创港”入驻 89 家创新企业、42 个创业团队，位于全市综合体前列。市级以上重点科技研发平台达到 86 家，科技型企业 190 家，高新技术企业 47 家，万人发明专利拥有量突破每万人 13 件，成功进入河南省知识产权强县工程试点县区。招才引智工作取得积极成效，1500 套青年人才公寓已开工，我区 4 名领军人才入选“智汇郑州 · 1125 聚才计划”。

## 六、污染防治和生态建设统筹推进，天蓝地绿水清美丽二七呈现

推进大气污染防治深化细化常态化，实施更加严格、精准的防治措施，全年优良天数 165 天，PM10 平均浓度为 104 微克/立方米，PM2.5 平均浓度为 61 微克/立方米，全区空气质量明显改善；持续深化水污染防治行动，对全垌村等 14 个规划保留村生活污水开展治理，建成 100 个污水处理终端，全面消除了黑臭水体，全区整体水质达到Ⅲ类标准。全面加强“四河两库一渠”生态水系建设，完成尖岗水库水源地保护区优化调整；凤湖生态休闲区、西南水系连通工程纳入全市重点项目，规划设计工作已初步完成；贾鲁河综合治理工程二七段、南水北调中线防洪影响处理工程贾砦至管城区界段已完工。国土绿化提速行动成效初显，纳入全市生态建设项目库的 28 个重大生态项目，完成投资 28 亿元，树木园改造提升等 11 个项目开工建设，长江西路等生态廊道建设有序推进，南水北调生态文化公园等 3 个项目建成开放，连续 3 年在郑州市生态建设综合考核中位列城区组第一。实施园林提升工程，建成 5 个综合性公园、40 个街景游园，被评为“第十一届中国（郑州）国际园林博览会先进集体”。

## 七、社会民生福祉持续改善，群众幸福感显著提升

持续加大民生领域财政支持，全年民生支出累计完成 28.6 亿元，占一般公共预算支出的 72.2%。

一是社会保障体系更加健全。全面落实对低保、困难救助、高龄补贴、双拥优抚等各项基础保障政策，累计发放各类补贴补助 8042 万元，受益 23078 人。实现城镇新增就业 21175 人，城镇登记失业率稳定在 4% 以内。住房市场体系和住房保障体系不断完善，分配公租房 4295 套，成立全市首个房屋租赁服务站，完成登记备案 25707 户。积极落实医疗卫

生体制改革，推行分级诊疗，全面取消药品加成，15 家社区卫生服务中心与辖区三级甲等医院实施双向转诊，在全市率先开展家庭医生个性化签约试点，家庭医生签约服务群众 36.5 万人，有效解决了“看病难、看病贵”等问题。建成各类社区养老日间照料中心 56 个，养老保障体系进一步健全。

二是民生服务体系更加完善。加快多彩教育“品质化、信息化、国际化”发展，引进河南省实验小学、郑州沪华国庆学校等一批品牌名校，连续 8 年荣获“郑州市教育工作督导评估先进单位”，被教育部表彰为河南省首批、郑州市首家“全国中小学校责任督学挂牌督导创新区”，工作经验面向全国推广。鑫苑小学等 18 所中小学幼儿园建成投用，新增 2 万余个优质学位。新建 5 个图书分馆，全年开展公益演出、公益培训、公益文化活动 700 余场，建成各类社区养老综合服务中心 37 家、社区日间照料中心 14 个。“温暖二七”持续推进，荣获第八届中国公益节“2018 年度公益项目奖”、全国改革开放 40 年慈善行业“政策推动者”荣誉称号，作为全国唯一的城区代表受邀参加中国善城大会暨第五届中国城市公益慈善指数发布会，就“温暖二七”作发言交流。

三是社会大局更加安全稳定。围绕提升公众安全感满意度，健全信访稳定工作机制，完善立体化治安防控体系和多元化矛盾纠纷化解机制，严守社会稳定、安全生产、食品药品安全监管底线，群众安全感连年攀升。防范和化解金融风险、政府债务风险取得积极成效，稳妥化解 5.06 亿元隐性债务。煤矿安全监管实现全市“七连冠”。大力实施“大巡防”“连心桥”等平安守护“十大举措”，深入推进“扫黑除恶”专项斗争，平安法治建设再上新台阶，被评为“全省综治和平安建设优秀单位”“郑州市维护稳定工作先进区”。

## 八、坚持不懈转作风、提效能，政府自身展示新形象

深入贯彻习近平新时代中国特色社会主义思想和治国理政新理念，真正内化于心、外化于行，作为政府应对重大挑战、抵御重大风险、克

服重大阻力、化解重大矛盾的政治保证。积极推进依法行政，备案审查规范性文件159件，办复行政复议案件392起，完善政府职能体系和科学民主依法决策机制，实现政府工作法治化、规范化。自觉接受区人大及其常委会法律监督、区政协民主监督和社会舆论监督，办理人大代表议案建议148件，政协委员提案146件，实现办复率、见面率、满意率“三个100%”。全面推进政府信息公开，主动公开政府信息17703条，办理依申请公开信息258件，办复率100%。畅通政务媒体互动渠道，连续4年被评为“郑州市网络问政先进单位”。加大重点领域审计监督，完成各类审计项目248个，核减节约资金3.34亿元，提高了财政资金使用效益。深入推进政府系统廉政建设和反腐败斗争，认真落实中央八项规定精神，驰而不息纠正“四风”，查处违反中央八项规定精神案件3起，查处黑恶势力“保护伞”问题19人，环保领域追责问责78人，营造了为民务实清廉的政务环境。

# 金水区2018年经济社会发展报告

中共金水区委　金水区人民政府

2018年，是贯彻落实党的十九大精神的开局之年，是改革开放40周年，也是金水领跑中部城区发展的突破之年。2018年，区委常委会高举习近平新时代中国特色社会主义思想伟大旗帜，深入贯彻党的十九大和十九届二中、三中全会精神，把工作重心统一到中央决策和省委、市委部署上来，把发展方向引领到以党的建设高质量推动经济社会发展高质量上来，把思维和工作方式转变到践行新发展理念上来，紧紧围绕"实现两个率先、领跑中部城区发展"奋斗目标，坚持"四重点一稳定一保证"工作总格局，团结带领全区上下凝心聚力、真抓实干，经济社会持续健康发展，党的建设全面加强，领跑中部城区发展决定性态势全面形成。

金水区坚持思想政治引领，用习近平新时代中国特色社会主义思想和党的十九大精神领航导向，领跑发展的思想根基更加坚实。从区委常委会做起，坚持用习近平新时代中国特色社会主义思想和党的十九大精神武装头脑、指导实践，坚持第一时间学习贯彻习近平总书记重要讲话、指示、批示精神和中央重大决策，时时处处努力向以习近平同志为核心的党中央对标看齐。区委常委模范带头，主动加强自学、以会代训领学、走进党校讲学、深入基层践学，带动广大干部群众推动学习贯彻往深里走、往实里走、往心里走。全年召开22次区委常委会专题研究落实中央和省委、市委重大决策部署，组织中心组集体学习8次，举办“名家讲坛”3场，开展“党的创新理论进基层”宣讲176场，实施“万名党员进党校充电计划”，对全区直管党员进行全员轮训，基本实现了习近平新时代中国特色社会主义思想党员教育培训全覆盖，为领跑发展强化了思想引领，凝聚了共识合力。

金水区坚守政治责任担当，以敬畏之心和永远在路上的毅力抓好巡视整改，领跑发展的内生动力全面激发。作为十九大之后全市首个接受省委直接巡视的城区，金水区把服务省委巡视和抓好巡视整改，作为践行“四个意识”、落实“两个责任”的重要体现，作为推动全面从严治党向纵深发展的重要契机。区委常委会先后召开2次动员会、16次常委会、34次专题会，深入研究部署巡视整改工作；成立区委整改落实工作领导小组及10个专项小组，制定“1＋10＋2”系统整改方案，开展45项攻坚整治行动，制定完善94项制度机制，着力在真抓实改、彻查彻改上下功夫；同时提高政治站位，将中央和省委巡视、中央环保督察“回头看”、扫黑除恶专项斗争督导等反馈意见整改统筹起来、一并推进，彻底解决了一批影响发展、积弊已久的突出问题。截至年底，131项整改任务办结108项，点人点事具体问题全部整改，整改率达81%，巡视整改工作受到省委巡视办、省委第一巡视组的高度评价。通过巡视整改，广大党员干部的政治觉悟、政治担当、政治能力进一步提升，持之以恒推进全面从严治党、以党的建设高质量推动经济社会发展高质量，成为各级党组织的思想共识和行动遵循。全区上下风气更正、氛围更好、人心更齐、干劲更足、动力更强，迸发出领跑发展的磅礴力量。

金水区坚劲保持战略定力，坚决落实中央决策和省市委各项部署，领跑发展的实践体系更加清晰。金水区坚持把中央及省市委的决策部署与金水实际相结合，将领跑中部城区发展和建设社会主义现代化强区有机衔接，坚持一张蓝图绘到底、保持定力不换频，按照“三个阶段、三步走”目标体系，坚定不移、主题鲜明地提出2018年要“全面形成领跑中部城区发展的决定性态势”，对“深化全面从严治党，以党的建设高质量推动经济社会发展高质量”进行了整体部署，持续坚持“项目化推进、台账式管理”的工作方法，持续深化“党委加强领导、政府充分履职、人大政协共同参与的责任明晰、工作有序、运转高效”的工作机制，进一步完善了领跑发展的实践体系，确保金水各项事业沿着正确方向不断前进。

金水区坚实筑牢基层基础，全面加强基层组织队伍建设，领跑发展的组织保证更加有力。金水区把“两委”换届作为利长远、打基础的奠基性工程抓紧抓实，先后两次召开动员会安排部署，实行区级领导包村责任制，组织纪检、政法部门派驻工作组蹲点指导，结合“扫黑除恶”专项斗争，以“零容忍”“有报必查”“露头就打”的坚决态度，严厉打击拉票贿选等违纪违法行为，营造了风清气正的换届环境，圆满完成了“两委”换届工作，班子配备充分体现了组织意图。换届纪律之严前所未有，换届风气之正前所未有，班子配备之强前所未有，农村换届之彻底前所未有，为领跑发展奠定了坚实的组织基础。

金水区坚定聚焦奋斗目标，真抓实干、务实重干，领跑发展的决定性态势全面形成。经济总量在千亿规模的基础上一年一个台阶，达到1378.8亿元，增长9.5%，重回中部城区首位；财政总收入完成248.5亿元、增长10.8%，位居中部城区第一；地方财政一般公共预算收入完成61.4亿元，增长10.7%，税收占比达到95%；服务业增加值达到1223亿元，位居中部城区第二，主要指标全部进入中部城区前三。在2018年11月发布的《2018年中国百强区发展白皮书》中，金水区作为全省唯一上榜的城区，综合实力排名第25位，位居中部城区第一。

在抓好大事要事的同时，区委常委会坚持把握全局、聚焦中心、统筹推进各项工作。

## 一、坚定不移贯彻新发展理念，以新举措推动经济社会转型升级

2018年，金水区自觉践行新发展理念，坚持项目化推进、台账式管理，扩总量、激存量、提质量，以点带面、带动全局，推动经济发展实

现新突破。

新型城镇化建设提质增效，基础支撑更加坚实。聚焦“以建为主、提升品质、扩大成效”的阶段任务，走好以人为核心的新型城镇化道路。规划的65个安置房项目全部开工建设，新建成安置房293万平方米，网签安置房7072套，累计回迁11.7万人，整体回迁率达到80%。以陈砦、庙李、柳林等22个项目控规获批为标志，安置区控规全部通过市联审联批。全年土地供应量同比增长3倍，完成土地挂牌2300亩，创历史新高。强力推进市政设施建设，丽水路等69条道路开工建设，50条道路背街完成修复整治，铁路沿线等“五项整治”工作强力推进，市政重点工程新增征迁任务圆满完成。

现代产业体系协同发展，质量效益稳步提升。金融、商贸和高技术服务等主导产业支撑作用更加坚实，现代服务业增加值突破900亿元，对经济增长的贡献率达到74%。新兴产业加速崛起，省市两级信息安全产业示范基地正式挂牌，主营业务收入突破50亿元；共享生态科技产业城O2O孵化器和仓展中心运营在即，全区签约共享应用企业48家。河南科技园区主营业务收入连续3年保持10%以上增长，金水科教园区（郑州金水高新技术产业开发区）正式纳入《中国开发区审核公告目录》（2018年版），国家知识产权创意产业试点园区成功入选世界知识产权组织技术与创新支持中心，中国（郑州）快速维权中心成为全国唯一一家外观设计专利审查免检单位。

开放创新双驱动跨步推进，发展活力持续释放。自贸区进入实质性开发建设阶段，金水“一带一路”经贸产业园挂牌运营，与德国帕西姆空港产业园建立战略合作，注册企业累计突破200家、注册资本超37亿元。自创区引领作用逐步显现，累计吸引院士工作站40家、国家级技术研究中心（重点实验室）4家、国家级孵化器（众创空间）12家、“智汇郑州·1125”人才团队59个。专利申请量突破14000件，被评为省知识产权强县工程示范区。“金典六策”奖补资金兑付1.8亿元，惠及企业近2000家，“新三板”挂牌企业新增5家、累计达到31家，总数稳居全省县（市）区首位。

生态环境治理不断加强，环境状况明显改善。牢固树立“绿水青山就是金山银山”的发展理念，以中央环保督察“回头看”反馈问题整改为契机，强力推进环境治理和生态建设。深化大气污染防治攻坚，狠抓建筑工地扬尘、“散乱污”企业整治等专项治理，PM2.5、PM10、臭氧等六项污染物年均浓度全部下降，优良天数同比增加11天，空气质量持续好转。强力推进国家生态园林城市创建，新建公园游园45个，新增绿地168万平方米，更多绿色走进群众生活。加快生态水系建设，索须河故道、石沟河分段治理初见成效，全区黑臭水体基本消除，贾鲁湖基本建成、杲村湖主体完工、贾鲁河两岸绿化景观初具形象，成为城区一道靓丽的风景线。

重点领域改革多点发力，发展动力不断增强。把改革作为破解难题、增强动力、改善民生的关键一招，贯穿各项工作全过程。稳步推进机构改革，召开区委十一届七次全会专题部署，明确了改革的原则目标、方法步骤和纪律要求，全区上下思想认识统一、改革工作有序推进，涉改单位近期将集中挂牌履职。深化纪检监察体制改革，向区一级党和国家机关派驻纪检监察组，在各街道设立派出监察专员办公室，实现监察职能向基层延伸。

探索推进以“路长制”为载体的城市精细化管理，创新实施“一模式四体系”工作法和“1＋2＋N”工作模式，经验做法在全市推广。大力实施“放管服”改革，区级588项“三级十同”事项全部实现“一网通办”。区工会、团区委、区妇联、区科协换届稳步推进。农村集体产权制度改革有序实施。

## 二、牢固树立以人民为中心的发展思想，以新成效推进民生福祉更加普惠

2018年，区委常委会始终把群众的期盼作为工作的着力点和落脚点，顺应民意、改善民生、保障民安，人民群众的幸福感、获得感更加强烈。社会事业协调并进，群众生活得更加顺心。把财力最大限度

地向民生领域倾斜，民生领域支出占比达到73.5%，新增就业3.2万人、新建保障房6535套，累计发放各类补贴救助金5489万元，社会保障更加有力；新投用中小学5所、普惠性幼儿园12所，新增学位9545个，教育资源配置更加科学，被国务院教育督导委员会认定为全国义务教育发展基本均衡区；搭建全区远程医疗会诊网络，标准化改造4家社区卫生服务中心，建成家庭医生签约数据化服务中心，医疗服务能力持续提升。服务设施日趋完善，群众生活得更加舒心。市民公共文化服务活动中心主体封顶，党群服务中心新开工2个、基本建成4个、投入使用5个，便民服务体系日趋完善。深入实施百城提质工程，对纬二路26号院等52个老旧小区进行改造，新增公共停车泊位10142个，环卫中转站、垃圾转运站、公厕等一大批市政设施加快建设，城区承载能力持续提升。社会大局安全稳定，群众生活得更加安心。严格落实安全生产工作“党政同责”“一岗双责”，完善信息化立体化社会治安防控体系，抓好非法集资风险化解，妥善处理信访突出问题，全力开展扫黑除恶专项斗争，累计侦办涉黑涉恶案件14件、刑拘444人，精准有效打击了一批黑恶势力，辖区群众安全感和满意度持续提升。落实党管武装政治责任，深入开展双拥共建，军民融合深入发展。

## 三、强力推进新时代民主法治建设，以新机制巩固团结奋进的良好局面

2018年，区委常委会把发展社会主义民主法治作为推动各项事业发展的重要保障，坚持党的领导、人民当家做主、依法治区有机统一，更好地凝聚共识、共推发展、促进和谐。

全力支持人大及其常委会充分发挥国家权力机关作用。区委常委会定期听取区人大全面工作汇报，对加强新形势下人大工作进行安排部署。区人大及其常委会充分发挥监督、讨论决定重大事项、人事任免等职能作用，紧紧围绕助推金水领跑中部城区发展履职尽责。全年听取和审议

"一府两院"专项工作报告19项，审查批准民生领域重点项目42项，任免地方国家机关工作人员65人次，针对"十三五"规划实施、《大气污染防治法》执行等工作开展视察、执法检查95次，推动了重点工作的有效开展。

充分保障人民政协积极履行政治协商、民主监督和参政议政职能。贯彻落实中央和省委关于加强新时代政协党建工作的意见，将政协党建工作纳入党委工作总体布局、一体谋划。定期就重大决策向民主党派和无党派人士通报情况、听取意见。区政协及其常委会认真履行政治协商、民主监督和参政议政职能，围绕重大项目建设、环境污染防治、城市精细化管理等重点工作开展专题协商2次，组织视察调研34次，办复提案116件，为区委科学决策提供了强有力的智力支撑。

扎实做好统战和民族宗教工作。加强与工商联、各人民团体及各界人士的联系和协作，定期就重大问题向民主党派、工商联和无党派人士通报情况、征求意见，在民主党派和无党派人士、新社会阶层人士、民族宗教界人士、非公有制经济人士中有针对性地开展主题教育活动，凝心聚力推动改革发展稳定。贯彻实施《宗教事务条例》，开展宗教工作专项规范整治，宗教工作法制化、规范化水平有效提升。

全面深入推进依法治区。构建"大普法"工作格局，制定出台党政主要负责人履行法治建设第一责任人职责规定，创新普法模式，推动"七五"普法深入顺利开展。全面完成公共法律服务实体平台建设，积极推进社区矫正延伸用警试点工作，村（社区）法律顾问覆盖率达100%，打通了公共法律服务"最后一公里"。

## 四、不断加大全面从严治党力度，以新作为营造风清气正的政治生态

2018年，区委常委会始终把抓好党建作为"最大政绩"，抓主业、担主责、唱主角，切实加强对党建工作的领导和组织推进，着力提升党建科学化水平，不断巩固发展全区风清气正、心齐气顺、干事创业的良

好政治生态。

突出主业主责，全面落实管党治党责任。坚持把党的建设与经济发展相统筹，把党的建设与经济工作按同等权重纳入综合绩效考核，引导各级树牢“抓好党建是最大政绩、推进发展是第一要务”的理念。坚持党建各项工作“一盘棋”，进一步充实完善全面从严治党责任清单、问题清单、整改清单，突出问题整改、层层传导压力，建立街道党工委书记抓基层党建工作实绩档案，开展“三级联述联评联考”，创新党建督导考评方式，构建了以上率下、上下联动的党建责任体系，使党委管党建、书记抓党建的责任落细落实、落地生根。

突出守正创新，全面加强宣传思想工作。深入开展中国特色社会主义和中国梦宣传教育，大力弘扬社会主义核心价值观，精心策划“将改革进行到底”“媒体看金水”等宣传活动，讲好金水故事，强化舆论引导。挂牌成立区级融媒体中心、新时代文明实践中心、学雷锋志愿服务中心，稳步推进街道（社区）学雷锋“文明使者”志愿服务站建设，筑牢思想宣传主阵地。落实意识形态工作责任制，建立健全意识形态工作责任制考核体系和联席会议制度，完善舆情研判、评估、预警、调处等工作机制，深入开展网络空间专项规范整治，意识形态领域总体态势持续向好。

突出敬业担当，全面加强干部队伍建设。把公道正派贯穿选人用人全过程，按照事业为重、人岗相适的原则，提拔重用了一批德才兼备、敬业担当的干部，选优配强各级领导班子，让想干事、会干事的干部有机会、有舞台，让长期扎根一线的干部有希望、有出路，在全区树立了重基层、重实干、重实绩的用人导向。制定出台“规范干部选任管理监督意见”、防止“带病提拔”实施办法和“干部选拔任用工作程序”等一系列制度，严把干部选任关口。开展干部人事档案再审核和干部学历学位清查专项行动，启动干部档案数字化建设工作，严格执行领导干部个人有关事项报告制度，实现从严监督管理干部常态化。

突出“三基建设”，全面提升基层党建质量。以“支部建设提升年”为契机，常态化开展逐村（社区）观摩，着力推进“分类定级、晋位升级”，4 个软弱涣散及后进村、23 个后进党支部全部晋位升级。深入实施硬件提标工程，21 个不达标社区全部达到 500 平方米以上。全区推行“党建工作代表大会”和“居民代表大会”两项制度，推广“星级楼组”创建和党建“智库”体系两项机制，探索创新党建引领下的社会治理新模式。全面落实“一二六”工作法，培育非公党建“三基地”5 个，新成立“两新”党组织 39 家，有效激发了“两新”党建活力。严格落实“双推双评三全程”制度，建立失联党员持续查找机制，推行农村无职党员“一编三定”，党员管理水平有效提升。

突出严抓严管，坚定不移正风肃纪反腐。从严抓责任，制定出台《关于强化领导班子成员党风廉政建设“一岗双责”的实施办法》，加强对落实情况的监督检查，严肃问责管党治党宽松软问题。从严抓监督，开展作风建设、财经纪律专项整治，完善《“五个不直接分管”暂行规定》《财务内部控制办法》等一系列防控措施，扎实制度笼子。健全巡察工作责任制和成效评价机制，推进巡察工作向行政村和社区延伸，对全区 90 个党组织开展了政治巡察，发现问题 592 个，移交问题线索 30 个，立案 6 起，给予党纪政务处分 7 人，组织处理 13 人，充分发挥了巡察利剑作用。从严抓执纪，组织开展落实中央八项规定精神“回头看”专项活动，查处案件 12 件，处理 18 人；突出抓早抓小，运用执纪监督“四种形态”处理 418 人次，第一、二种形态分别占比 74.6%、17.9%；坚持力度不减、节奏不变，持之以恒惩治腐败，全年共立案 97 件，给予党纪政务处分 106 人，涉嫌违法犯罪移交司法机关 10 人；查实涉黑涉恶腐败案件 4 件，查办“保护伞”5 人，追究工作不力责任 5 人，终止党员权利 2 人，进一步强化了不敢腐的震慑。

2018 年，区委常委会以更高的标准严格要求，为全区做出表率、树好标杆。带头严肃党内政治生活，坚持过好双重组织生活，认真落实“三会一课”制度，坚持民主集中制原则，既充分发扬民主，又善于集中统一，严格按程序办事、按规矩办事，各位常委相互配合、相互支持，形成了分工协作、团结干事的良好氛围。带头改进作风，始终坚持以人民为中心，坚持群众路线，带头深入基层、深入一线调查研究，从严落实中央八项规定及其实施细则精神，自觉抵制“四风”，倡树新风正气。带头廉洁自律，严格落实党风廉政建设责任制，严格遵守廉洁自律各项规定，注重家风家教，从严教育约束亲属和身边工作人员，坚决反对特权思想和特权现象，自觉接受各方监督。

# 管城回族区2018年经济社会发展报告

管城回族区人民政府

2018年，是贯彻落实党的十九大精神的开局之年，是改革开放40周年，是全区上下深入践行“一四四”发展体系，提速转型、务实发展的关键一年。一年来，区委常委会坚持以习近平新时代中国特色社会主义思想为指导，认真贯彻党的十九大和十九届二中、三中全会精神，深入落实省委、市委各项工作部署，坚持以党的建设高质量推动经济发展高质量，积极融入国家中心城市建设大局，团结带领广大干群不驰空想、不骛虚声，凝心聚力、奋发作为，经济社会发展亮点频出、捷报频传，全区各项事业均取得新进步、展现新作为。

## 一、紧跟社会发展，攻坚克难工作呈现新亮点

（一）突出政治引领，党的建设勇攀新高度。坚持以习近平新时代中国特色社会主义思想和党的十九大精神武装头脑、指导实践，以“两学一做”学习教育常态化、制度化为抓手，开展区委中心组学习12次，组织各级干部培训3700余人次，扎实推进“万名党员进党校，商都精神铸忠诚”等专题教育活动，广大党员干部践行“四个意识”、坚定“两个维护”的政治自觉、思想自觉和行动自觉空前增强。严肃党内政治生活，坚持“兰考标准”，认真召开年度民主生活会和专题民主生活会，扎实开

展基层党（工）委书记抓党建述职评议，有效确保了党建责任和中央、省、市各项决策部署在管城的贯彻落实。2018 年 7 月荣获“全市党建工作先进县（市）区”称号。

（二）强化政治担当，巡视整改凝聚新合力。把落实中央、省委巡视整改作为践行“四个意识”、坚定“两个维护”的实际行动，作为推动全面从严治党向纵深发展的重要举措，从严、从紧、从实抓好巡视“后半篇文章”。先后召开 4 次区委常委会、3 次全区动员会、42 次专项小组会研究推动整改工作。坚持挂图作战、对账销号，并将整改落实情况，列为纪检监察机关和组织部门日常监督的重要内容，确保整改任务“条条有行动、事事有回音、件件有着落”。全年开展专项督查 38 次，完成中央及省委巡视反馈整改任务 81 项，整改率达 82%。中央八项规定精神及实施细则“回头看”等 37 项专项治理，均取得阶段性成效。巡视整改成果正持续转化为建强队伍、改进作风、推动发展的强大动力。

（三）把握大局大势，区域发展绘就新蓝图。准确把握管城在全省、全市发展大局中的责任使命，紧密结合全区现阶段发展特征和比较优势，在实践中不断调整、持续深化管城的发展路径和实践体系。经过多方讨论和反复研究，确定了“以商都历史文化区建设为统揽的全域城镇化”总目标，及“商都文化核心区、高端商贸创新区、新型城镇化示范区、民族团结模范区”四个发展定位，明晰了“文化立区、产业兴区、基础强区、生态靓区”的战略路径。围绕“一四四”发展体系，出台了全面推进党的建设高质量和经济发展高质量的实施意见等一系列配套政策。“一四四”发展体系的确立，使广大干群举头有旗帜、奋进有目标、心中有奔头，汇聚了推动管城赶超跨越的磅礴力量。

（四）聚焦龙头引领，文化建设擂响新战鼓。牢牢把握商都历史文化区征迁建设的龙头引领，以“功成必定有我”的担当和百折不挠的韧劲，年内圆满完成征迁攻坚、招大引强和破土动工的战略目标。六大片区 6200 余户 85 万平征迁任务基本实现清零；城市设计方案和概念性规划方案通过规委会审议，夕阳楼、书院街等三个片区控制性详细规划获批，总投资超 240 亿元的 16 个项目恢弘起势，整体工作持续走在全市“四大文化片区”前列，市委、市政府主要领导多次通报嘉奖。复兴商都荣耀，打造国家中心城市会客厅的梦想，正在不懈努力中一步步成为现实。

（五）奋力争先夺冠，重点工作赢得新荣誉。在急难险重工作面前，果敢担当，奋发作为，建立了科学高效的决策机制和顺畅的工作执行机制，确保了省市重点工作的有效落实。迅速响应市委市政府市场外迁工作部署，统筹调度、迎难而上，南曹、十八里河、金岱园区以及 150 余名抽调的精兵强将奔赴一线，不畏严寒、风餐露宿，连续奋战 43 个昼夜，提前完成 13 家市场、3519 户外迁任务；积极投身国土绿化提速行动，领导小组运转高效、决策有方，乡（镇、办）局委通力协作、落实有力，迅速掀起了国土绿化热潮。面对艰难繁重的征迁建设任务，同志们拿出“革命者要在困难面前逞英雄”的气魄担当，历尽艰辛、排除万难，打响了铁路拆违“第一枪”，并率先完成市定拆违任务，王新伟市长高度肯定，签批通报表扬，“商都精神”“管城速度”全市叫响。

（六）坚持稳中求进，发展质量实现新提升。在宏观经济下行压力、环保压力、去产能力度持续加大的情况下，全区地区生产总值预计完成 380 亿元，同比增长 8%，领先全省 0.5 个百分点；全区一般公共预算收入完成 28.6 亿元，同比增长 7.8%，收入质量高达 93%；社会消费品零售总额增长 9%，固定资产投资增长 15%，分别高于全省、全市 7 个和 5 个百分点，其他各项经济指标均保持了平稳较快增长势头；三产比重调整为 0.1∶19.7∶80.2，经济形态由生产型向服务消费型加速转变，城乡居民收入与经济同步增长，经济发展质量和效益持续提升，获评“全市产业发展工作优秀单位”称号。

（七）补齐发展短板，三大攻坚取得新成效。面对城建基础差、在建工地多等诸多不利因素，大力推进发展方式转变、作业模式革新，大气污染防治实现制度化、常态化管控。在发展势头不减、投资规模不降的情况下，全年 PM10 累计浓度同比下降 18.7%，全市 9 个站点排名第一；PM2.5 浓度同比下降 6.1%；优良天数超出去年 14 天，空气综合指数 9 个站点排名第二，经济发展与污染治理实现了双统筹、双促进。深化与卢氏县双槐树乡结对扶贫工作，在当地组织集中轮训 1080 人，开展健康义诊、教育帮扶等系列活动，为当地群众切实解决了一批生产生活中的实际困难。扎实推进重大风险防范攻坚，政府债务风险总体可控，一批非法集资案件、问题楼盘、问题企业得到有效处置，社会大局和谐稳定。

## 二、贯彻新发展理念，推动经济社会高质量发展

今年以来，面对复杂的外部环境和繁重的改革发展任务，坚持以新发展理念为引领，牢牢把握稳中求进总基调，突出奋发有为总要求，坚持项目化带动、项目化推进，统筹稳增长、促改革、调结构、惠民生、防风险各项工作，奋力开创管城经济社会高质量发展新征程。

（一）新型城镇化加速推进。突出“以建为主、建管并重、提升品质、扩大成效”的阶段任务，坚持走好以人为核心的新型城镇化之路。一是抓安置回迁提速。坚持以人为本、安置为先，总面积 1165 万平方米的 33 个安置房项目全面开工，回迁交付 511 万平方米，超额完成市定 1 万套网签及 2000 套人才公寓建设任务。二是抓承载能力提升。坚持将基础路网建设作为提升区域承载能力的重要抓手，连续三年开展“交通道路建设年”活动，南部新区“八纵八横”路网运行顺畅，56 条新（续）建道路加快推进，四环快速化道路主体及配套管线全线进场，“域内畅通、域外联通”的城区交通体系加速成型。三是抓城市建管提质。落实百城提质工作部署，深化以“路长制”为主抓手的城市精细化管理工作。深入实施“整街坊靓化”工程，131 个老旧楼院旧貌换新颜；加快“智慧城市”建设，建成智慧化停车位 126 个，全年新增停车泊位 12580 个，“停车难”问题得到适当缓解；新建改造公厕 80 座，大中修各类道路 67 条，人居环境持续改善，城市品质持续提升。

（二）重点项目建设如火如荼。围绕“破解融资难题、做活土地文章、保障环境容量、做优承接平台”等环节，加强要素统筹，优化资源配置，完善激励机制，形成了项目建设滚动发展的良好格局。全年报批土地 5084.7 亩，批回 3228 亩，完成土地征收 3568.3 亩，新增建设用地土地收储 3213 亩；谋划重大项目 220 个、总投资 2928.5 亿元，年度计

划投资580.2亿元，实际完成677.7亿元，占年度计划的116.8%；纳入市政府考核的24项省市重点建设项目，完成投资336.4亿元，占年度计划的131.7%，均超额完成年度目标，项目审批率、开工率提前实现“两个100%”，经济发展基础支撑更加坚实，后劲持续增强。

（三）现代产业体系日益完善。出台扶持产业发展“1+3”专项工作方案，持续推动结构调整和产业优化，形成了产业集聚、产城互动、竞相发展的良好态势。现代物流业集群发展，以传化公路港、中储物流园等龙头项目为依托，整合物流企业4000余家，引领现代物流业走上规范化、智能化集群发展道路。高端商贸业持续壮大，以大观国贸为代表的服饰产业汇聚实力商家近万户，商都文化特色商业区跻身“省十强特色商业区”，黄金珠宝年交易额超300亿元，占全市销量的70%以上，高端商贸业“四主四副”发展格局初步成型，以宇通和福耀玻璃为代表的先进制造业发展平稳。总部经济势头强劲，全区商务楼宇达66座，入驻企业4800多家，成为区级税收的有力支撑；郑州宇通、河南一建等4家企业成功入围郑州市首批21家总部型企业，占全市总量的五分之一。电商规模稳步攀升，全区新增电子商务企业16家，金岱园区汇聚省级电子商务企业44家，总数达65家，全年电子商务交易额破200亿元，跨境电商交易额超4.5亿美元。文化创意旅游业蓄势崛起，商都历史文化区进入实质性建设阶段，河南文化大厦小皇后大剧院正式开业，国香茶城代表河南参加亚洲茶叶大会，少林·开元盛世文化产业园等项目加快建设，文化创意旅游业成为管城未来可期的经济增长极。

（四）开放创新工作成效显著。以“五职”招商责任制为抓手，抢抓商都历史文化区建设重大契机，围绕文化旅游、高端商贸等主导产业，加大招商引资力度。商都历史文化区成功招引江苏一德、南京德基、河南建业、成都锦里4家名企签约入驻，总投资超120亿元；全年新签约“曹操出行”河南运营总部等产业项目21个，签约总额273.5亿元。出台科技研发补助及加快推进创新创业载体建设实施办法等一系列政策文件，全年培育创新领军团队3个、领军人才6名，申报“智汇郑州1125聚才计划”项目7个，中国珠宝创新空间、省珠宝设计研究院等科技综合服务平台加速建设，全区高新技术产业总产值达 340 亿元，创历史新高，科技创新正加速转化为推动经济发展的重要动力。

（五）生态文明建设扎实推进。深入贯彻习近平生态文明思想，树牢“绿水青山就是金山银山”的发展理念，坚持“大生态、大环保、大格局、大统筹”，扎实推进环境治理和生态建设。在抓好大气污染防治的同时，统筹开展国土绿化提速行动和“四水同治”工程。全年新增绿地面积 230 万平方米，建成各级公园游园 16 个，建成区绿化覆盖率达 40%，人均公共绿地面积 11 平方米；区、乡（镇、办）、村（社区）三级河长责任体系全面建立，清理河道 33.7 公里，治理排污口 22 处，“四河两库”水质基本稳定，一幅“天蓝、地绿、水清”的生态画卷正在管城徐徐展开。

（六）深化改革成效持续释放。深入推进“互联网＋政务服务”及“最多跑一次”改革，全区 35 家单位 2084 项审批服务事项，全部实现一网通办；深化以“智慧城市”为带动的社会治理创新，全面打破“信息孤岛”，推进数据资源共享互认；积极推行企业登记电子化管理，企业设立、变更、注销、备案等所有登记业务，均实现网上办理，真正做到了“让信息多跑路，让群众少跑腿”，营商环境显著改善、企业活力有效激发。全区新入库“四上”企业 71 家，新增市场主体 20354 户，同比增长 33.8%；新增注册资本 542.29 亿元，同比增长 67.9%；新申请专利 1780 件，新增商标 2655 件，全区总商标数达到 16752 件，市场主体活力充分释放、发展信心持续增强。

（七）群众生活水平不断提高。坚持以人民为中心的发展理念，把群众对美好生活的向往作为工作的出发点和落脚点。全年民生领域支出达 25.8 亿元，超过一般公共预算支出比重的 70%，同比增长 41%。中心城区棚户区改造扎实推进，7.2 万名群众住进了宽敞明亮、配套完善的新楼房；续建、新建中小学校幼儿园 20 所，升级改造中小学 31 所，招聘教师 279 名，大班额、入学难问题得到进一步缓解；公立医院综合改革不断深化，药品采购“两票制”顺利实施，基层医疗卫生服务能力全面提升；81 个综合性文化服务中心完成提升改造，获评河南省文化先进区；全年新增城镇就业 16504 人，再就业培训 1986 人，城镇“零就业家庭”动态为零；社会保障体系进一步完善，医疗养老保险应保尽保。辖区群众的获得感、幸福感大幅提升。

## 三、聚焦主责主业，全面提升党建工作质量

牢固树立抓好党建是最大政绩的理念，抓住巡视整改这一重要契机，推动党建工作质量全面提升，不断巩固和发展风清气正、干事创业的良好政治生态。

一是扛稳抓牢管党治党主体责任。坚持把党的建设与经济发展相统筹，把党建工作与经济工作一并纳入综合绩效考核，引导各级树牢“抓好党建是最大政绩、推动发展是第一要务”的理念。坚持党建工作“一盘棋”，进一步充实完善了全面从严治党责任清单、问题清单、整改清单，突出问题整改、压力传导，创新党建述职评议、党建观摩、考核督导方式，督促各级各部门强化责任意识、推进党建责任落小、落细、落实。

二是牢牢把握意识形态工作主动权。一是责任落实有力。把意识形态工作纳入全面从严治党责任清单、纳入中心组学习必学内容、纳入巡察事项，召开区委常委会 20 次、联席会 4 次，研究意识形态领域工作，推动意识形态责任制层层落实。二是阵地管理有力。成立区级新时代文明实践中心、学雷锋志愿服务中心、融媒体中心，打通宣传、教育、服务群众“最后一公里”；组织各类意识形态宣讲活动 300 余场次，举办“庆祝改革开放 40 周年文艺汇演”等系列活动，不断壮大主流舆论阵地；完善《网络平台管理办法》，组织“净网 2018”网络安全专项检查，牢牢占领意识形态“主战场”，持续向上向好的整体态势。三是正面引导有力。围绕“三大攻坚战”、商都历史文化区建设等中心工作，利用各种宣传媒介，开展多层次、宽领域、全方位的宣传报道，在市级以上新闻媒体发稿 10000 余篇，为区域发展凝聚了强大正能量。

三是全面加强干部队伍建设。一是选优配强“两委”班子。以村（社区）“两委”换届为契机，把党性强、能力棒的优秀党员选到村（社

区）党组织书记岗位。全区116个村（社区）“两委”换届全部圆满完成，产生“两委”成员991名，实现了新老班子顺利交接、平稳过渡。二是扎实做好培训教育。按照“分类分级，精简高效”的原则，在苏州大学、湖南大学、井冈山干部学院等高校、基地举办党务干部、历练干部、党政正职培训班29期47批、3700余人次，党员干部的党性修养和工作作风显著提升。三是强化干部历练培养。选派103名年轻干部参与国土增绿、大气污染防治、信访稳定、商都历史文化区建设等急难险重工作一线历练，打造了一支担当尽责、敢拼会赢的干部队伍。

*四是织密建强基层组织体系。*一是提升支部建设水平。树立大抓支部的鲜明导向，以贯彻落实《党支部工作条例》《农村基层组织工作条例》为抓手，开展逐村（社区）观摩、逐支部评定，制作发放支部党务工具箱，全面推进支部标准化、规范化建设。二是构筑全领域党建格局。在机关，围绕“服务中心，建设队伍”这一主线，严格规范党内组织生活，抓好分级分类教育培训，推动机关党建“走在前、做表率”，区直机关工委荣获郑州市“先进基层党组织”“机关党的工作先进集体”荣誉称号；在社区，建立“党建资源清单”和“服务群众需求清单”，新建、改扩建党建服务中心35个，社区党组织阵地和服务能力实现双提升；在农村，将考评机制引入“逐村（社区）观摩”，2个软弱涣散村和1个后进村党组织顺利转化；在非公和社会组织领域，通过建立党建指导站、选派党建指导员等方式，覆盖非公企业和社会组织1947家，覆盖率高达92%。三是创新党员教育模式。开展“日学月测”“送党课到基层”“千名专家联系万名群众”等活动，参学党员群众达5万人次，微信平台点击量累计突破12万次，党员接受教育的自觉性主动性显著增强。

*五是锲而不舍推进党风廉政建设和反腐败斗争。*一是保持反腐高压态势。受理检举控告类信访举报302件次，处置问题线索295件次，立案67件112人，党纪政务处分108人，移送司法机关8人，保持了惩治腐败的高压态势。二是持之以恒正风肃纪。发现和查处违反中央八项规定精神问题案件8件17人，通报2期9起典型案例，不断释放越往后盯得越紧、执纪越严的强烈信号。三是扎实推进监察全覆盖。圆满完成监

察体制改革试点任务，16 个派驻纪检监察组全部到位，11 个乡、街道监察专员办公室统一挂牌成立；对 28 个单位开展巡察，发现违反“六项纪律”问题 76 个、“三大问题”107 个，向被巡察单位提出意见建议 92 条，移交问题线索 36 件，有效发挥巡察利剑作用。四是切实抓好以案促改。制定《关于推进以案促改制度化常态化的实施意见》，以违纪违法案件为镜鉴，查找风险漏洞，健全防范制度，引导党员干部筑牢拒腐防变思想防线，持续净化政治生态。

# 惠济区2018年经济社会发展报告

中共惠济区委　惠济区人民政府

2018年，在市委、市政府的坚强领导下，惠济区以习近平新时代中国特色社会主义思想为指引，以党的十九大精神和习近平总书记视察指导河南和郑州时的重要讲话精神为统领，紧紧依靠全区人民，抢抓郑州国家中心城市建设的发展机遇，按照“四重点一稳定一保证”工作总格局，坚持“稳中求进”总基调、突出“奋发有为”总要求，全力加快以古荥大运河文化区为龙头的四个片区建设，着力构建现代产业体系，统筹推进稳增长、调结构、促改革、惠民生、防风险等各项工作，经济社会持续平稳健康发展。

*综合实力在拼搏奋进中迈上新台阶。*全面贯彻新发展理念，聚焦发展第一要务，综合施策，精准发力，全区生产总值完成171.31亿元，同比增长9.5%，增速高出全市1.4个百分点；固定资产投资增长18.6%，增速连续两年居全市第一；地方财政一般公共预算收入完成21.03亿元，税收占比达82.3%，高出全市7.7个百分点；规模以上工业增加值增长4.3%，高出市定目标2.3个百分点，高质量发展实现良好开端。

*产业品质在务实创新中实现新提升。*把准发展趋势，瞄准重大项目，助推产业升级，古荥大运河文化区建设迈出实质步伐；千亿级产值的精准医疗健康产业园项目一期（河南细胞治疗中心）加快建设、二期正式签约；中原地区首家宜家家居商场主体完工，国际联号酒店——天地丽

笙酒店建成开业，高质量发展的产业基础更加夯实。

生态治理在克难攻坚中取得新成效。实施铁腕治理，整改取缔“散乱污”企业253家；强力推进水污染治理，“三河一渠七沟”黑臭水体基本消除；全面开展黄河滩区生态环境综合整治，拆除违法建设80余万平方米，清运垃圾46万立方米；清理整治大棚房16处、129亩，农地非农化现象得到有效遏制。实施全域绿化，完成营造林2200亩，新增绿地126万平方米，获评“郑州林业生态市建设工作先进集体”，生态优势更加巩固。

民生福祉在共建共享中得到新发展。坚持以人民为中心，着力保障和改善民生，全年民生支出15.7亿元，较2017年增长10.7%，占全区一般公共预算支出的70.2%。开工安置房260万平方米，竣工230万平方米，11个村回迁群众4.6万人，完成安置房网签1.1万套，回迁人数、网签量居市内五区首位。新增教学班234个、学位10740个，“两免一补”受惠学生7万人次。全国健康促进区创建工作通过验收，民生保障更加有力。



## 一、持续发展特色产业，质量效益同步提高

把握发展战略机遇，顺应产业发展潮流，超前谋划，科学布局，独具特色的现代产业体系加速构建。

产业发展路径更加明晰。引入国内顶级策划团队，高标准编制完成《惠济区全域旅游总体规划及城市发展研究》《惠济区荥泽古城及周边水系策划及概念规划》，研究出台《关于推进产业升级促进经济高质量发展的实施意见》及相关配套文件，产业发展定位更高、路径更准。

产业发展平台建设实现突破。古荥大运河文化区内村庄征迁有序推进，道路等基础设施加快建设；惠济新区连续五年获评郑州市“两强两快”组团新区；郑州北部商业中心城市设计和规划方案加快完善；河南惠济经开区通过国家发改委等六部委审核认可，再次列入《中国开发区审核公告目录》；郑州农业高新区获评郑州市唯一的省级农业科技园区，

带动示范作用进一步增强。

产业发展质量再上台阶。三次产业结构优化调整为2.2∶38.4∶59.4，服务业增加值突破百亿元，一产比重首次降至3%以下；主导产业完成增加值81.5亿元，较2017年增长5.9%；工业投资增长59.4%，建筑业总产值增长73.6%，培育建筑业特级资质企业1家，十亿级建筑企业5家，新增速冻食品、建筑业2个产值超百亿元的产业集群。

## 二、持续提升生态优势，“金字招牌”更加亮丽

坚持经济发展与环境保护双统筹双促进双融合，坚持问题导向，狠抓污染源头治理。

空气质量持续改善。建成智慧管控平台，实现空气质量监测全天候全区域全覆盖；散煤治理扎实开展，道路清洁实行“以克论净”，建筑工地严格“三员”管理和“8个100%”标准，重型车辆等污染源得到有效管控，PM10年均浓度同比下降4.5%。

水域环境明显好转。全面落实河长制，综合整治河渠明沟30公里，清理淤泥17万吨，封堵排污口150处，整改污水私排雨水管涵180处。金洼干沟黑臭水体治理通过国家验收，贾鲁河综合治理工程截污、岸坡绿化，索须河生态提升工程基本完工，河清水美目标初步实现。

土壤污染整治有效开展。核实疑似污染地块4宗，排查重点行业企业5家，土壤污染防治和修复工作稳步推进。

园林绿化建设提质增效。高标准编制全域生态景观绿化设计方案，建成公园、游园33个；交通路网沿线生态环境提质提升加快实施，完成绿化范围及扩片区域拆迁约36万平方米，西三环北延生态廊道绿化全部完成，4条生态廊道建设扎实推进，绿化率居全市首位。

## 三、持续建设品质城区，承载能力大幅提升

紧扣“以建为主、提升品质、扩大成效”的阶段任务，强化统筹协

调，实行“建”“管”并重，配套设施更加完善，城区功能品质大为改观。

综合交通体系加快构筑。着眼贯通南北、连接东西，谋划建设市政道路205条，新开工99条，建成50条，新增通车里程60公里；长度近30公里的四环线及大河路快速化工程全线进场施工；地铁2号线二期主体完工，3号线一期、4号线推进顺利，深度融入主城区步伐全面加快。

文明城市创建和百城建设提质工程深入实施。扎实做好以绿荫城、以水润城、以文化城、以业兴城“四篇文章”，惠济区文明城市创建工作受到市委、市政府表彰。高标准启动2个老旧示范片区改造提升；全区电力线路路径获批，谋划建设输变电站11座；京水东路、迎宾东路综合管廊工程基本完工。完成土地供应42宗、2277亩。

城市精细化管理三年行动全面启动。压实责任、严格奖惩，实施“七个一工作法”，全面推行“路长制”，城区道路交通秩序综合治理、城乡接合部环境综合整治扎实开展，在全市率先完成建筑物屋顶标识招牌整治；建成停车泊位1.8万个，超额完成市定任务；新建公厕115座、垃圾中转站3座，生活垃圾分类处理覆盖率达到30%；整修支路背街小巷3条，建成公交场站2个，城市环境更加安全、整洁、有序。

## 四、持续激发潜力动能，改革开放创新活力迸发

认真落实重要领域改革，持续强化开放创新，释放出强大发展动力活力。

深化改革多点突破。“放管服”改革深入推进，落实“最多跑一次改革”事项587项，29家单位、413项服务事项进驻区政务服务大厅，审批服务事项进驻率、“一窗”通办率达到市定目标。新办企业审批服务时限压缩至3个工作日，取消不必要证明127项，市场主体增长22.65%，国际化法治化便利化营商环境加快构建。“双随机一公开”和“失信联合惩戒”机制全面实施，市场经营秩序持续优化。49个行政村完成农村集体产权制度改革，农村土地承包经营权确权登记颁证工作圆满收官。区

级机构改革稳步推进，城市执法体制改革、医药卫生体制改革持续深化。

招商引资成效显著。深度对接国内外行业领军企业，新引进投资超百亿元项目 2 个，新签约项目 30 个，吸收外资 1.7 亿美元，超额完成市定任务。

创新驱动加快实施。深入落实“智汇郑州”人才政策，引入高层次紧缺人才 111 名。28 家电子商务企业通过省级认定，高新技术企业、省级科技型中小企业分别达到 6 家、26 家，重点企业、高校“双创”工作有力推进。

## 五、持续增进民生福祉，人民群众得到更多实惠

践行以人民为中心的发展思想，坚持在发展中补齐民生短板。

教育文化体育事业蓬勃发展。23 个教育项目加快实施，4 个建成投用，3 个主体竣工，10 个开工建设；公开引进、招聘优秀教师 245 名，新增幼儿园 8 所，郑北一中等名校实现招生，义务教育阶段起始年级超大班额现象全面消除，教育基础更加牢固，教育资源更加优质。发放助学金 165.6 万元，惠及学生 2000 余人次。新建、改造综合性文化服务中心 24 个，举办文化惠民活动 700 余场次；第二届郑州炎黄国际马拉松赛成功举办，全民健身新风尚深入人心。

医疗卫生水平显著提升。城市公立医院综合改革稳步推进，多项运行指标位居全市前列。区公共卫生服务中心项目加快推进，区域内医共体建设成效显著，免费“两癌”筛查等公共卫生服务项目全面落实，家庭医生履约人数达到 16.3 万人次。

保障体系更加健全。新增城镇就业 2819 人、农村劳动力转移就业 353 人，超额完成市定任务，“零就业家庭”动态为零。拓宽善款募集渠道，救助困难群众 5253 人次。省、市、区人才公寓加快建设，公共租赁住房实现“应保尽保”。

社会秩序和谐稳定。“七五”普法持续推进，84 个公共法律服务平台健康运行，法律援助实现“应援尽援”。村（社区）“两委”换届工作

圆满完成。安全生产形势持续稳定，信访形势实现“三下降、一好转”。食药安全监管工作持续加强，食品安全信息化建设管理经验在省、市推广。依法加强民族宗教事务管理，宗教领域热点难点问题得到有效治理。深入开展扫黑除恶专项斗争，刑事拘留 166 人、治安拘留 96 人，辖区群众的安全感、满意度不断提升。

# 上街区2018年经济社会发展报告

中共上街区委　上街区人民政府



2018年，是贯彻落实党的十九大精神的开局之年，是改革开放40周年，是全区上下抢抓机遇、全力实施“135”发展推进体系的关键一年。一年来，上街区坚持以习近平新时代中国特色社会主义思想为指导，紧紧围绕郑州国家中心城市建设，按照“四重点一稳定一保证”工作总格局，统筹推进“五位一体”总体布局，协调推进“四个全面”战略布局，围绕打造“和谐美丽、智慧低碳、创新求实、开放包容”的现代化城区，团结带领全区上下，凝心聚力、真抓实干，促进上街经济社会持续健康发展，党的建设全面加强，各项工作都取得了新的成效。全年地区生产总值增长8.2%、增速高于全市平均水平，一般公共预算收入增长15.9%、增速全市十二县区第一，其中税收占比85.7%，高出全市11.1个百分点，规模以上工业增加值增长12.5%、增速全市十二县区第二，固定资产投资增长10.9%，社会消费品零售总额增长7.8%，居民人均可支配收入增长8%。

## 一、坚持深入学习贯彻习近平新时代中国特色社会主义思想和党的十九大精神

以“两学一做”学习教育常态化制度化建设为抓手，以各级理论中

心组学习为重点，把习近平新时代中国特色社会主义思想和党的十九大精神作为核心内容，深入开展“大学习、大研讨、大培训”。区委理论中心组集中学习12次，区委常委带头加强自学，主动深入基层宣讲、加强交流互学、严格考核督学，推动各级在“学懂弄通做实”上下功夫。开展“万名党员进党校”“支部书记大轮训”等活动，基本实现习近平新时代中国特色社会主义思想党员培训全覆盖。深入推进党的创新理论进企业、进农村、进机关、进校园、进社区、进网站，在各界广泛开展主题教育活动，强化思想引领，凝聚共识合力。

## 二、坚持政治统领，把树牢“四个意识”、坚定“两个维护”贯穿始终、落到实处

一是强化政治自觉。坚持用习近平新时代中国特色社会主义思想和党的十九大精神统一思想、武装头脑、指导实践。坚持把中央、省委两级巡视，以及对环境保护、扫黑除恶、宗教治理、脱贫攻坚等工作的督察督导，作为提高政治觉悟、严格政治要求的重大契机，高标准抓好整改工作，让党员干部从中接受教育、受到警醒、增强敬畏，更加坚定自觉推动中央决策、省市委部署的贯彻落实。认真汲取秦岭北麓违建别墅问题教训，扎实开展习近平总书记指示批示贯彻落实情况“回头看”工作，引导党员干部把政治要求落实到业务工作之中，不断增强践行“四个意识”“两个维护”的政治自觉、思想自觉和行动自觉。

二是严格规矩制度执行。出台《中共上街区委关于坚决维护党中央集中统一领导的规定》，坚持党中央提倡的坚决响应、党中央决定的坚决执行、党中央禁止的坚决不做，求实求效贯彻落实中央决策、省市委部署，并及时向市委报告上街的决策情况、落实情况和工作中出现的问题。认真落实《中国共产党地方委员会工作条例》和《中国共产党党组工作条例》，发挥领导核心作用，坚持“党委加强领导、政府充分履职、人大政协共同参与”的工作推进机制，定期听取区人大常委会、区政府、区政协、区法院、区检察院党组工作汇报，支持其依法依章程履行职责，

充分调动各方面积极性，统一意志、团结一心、步调一致推进工作。严肃党内政治生活，提高各级领导班子自我净化、自我提高的能力。严明党的政治纪律和政治规矩，积极涵养党内政治文化，深入开展“帮圈文化”治理，坚决防止“七个有之”，切实做到“五个必须”，强化对违反政治纪律和政治规矩的严抓严管，努力呵护上街的政治生态。

三是结合实际抓好贯彻落实。准确把握上街在全省全市发展大局中的责任使命，把习近平总书记提出的“四个着力”、打好“四张牌”、县域治理“三起来”、乡镇工作“三结合”，与贯彻中央各项决策精神、落实省市委工作部署贯通起来，紧密结合上街区实际，先后召开区委十届五次六次七次全会等一系列会议，出台《关于加快制造业高质量发展的若干意见》《加快建设国际化法治化便利化营商环境的实施意见》《上街区支持创新创业暂行办法》等文件，大力实施转型发展、创新驱动、生态建设“三大工程”，突出抓好通航试验区、国际陆港、生态新城、五云山休闲康养片区和方顶驿文化旅游片区等五大重点项目，保持了正确的发展方向。

## 三、突出重点工作，推动经济社会高质量发展取得新成效

一是产业转型升级实现新突破。结构调整提速增效。三次产业比例由2017年的0.2∶58.5∶41.3调整为0.2∶51.6∶48.2，其中三产占比提高6.9个百分点，创历史新高。开放招商取得重大突破。重新修订招商引资考核办法，实施县处级领导、局委、镇办捆绑招商，新签约项目41个，总金额278亿元，其中亿元以上项目35个，5亿元以上项目15个，引进省外资金59.5亿元、市外资金74.4亿元，实际利用外资9418万美元。引进的项目，无论是数量还是质量都有了显著提升，特别是成功引进总投资90亿元的奥克斯项目，其中投资50亿元的奥克斯800万套智能家用空调生产基地，是建区以来投资规模最大的制造业项目，为上街转型发展迈出坚实步伐，具有里程碑式的意义。中铝郑州企业稳步

发展。实现销售收入 68.51 亿元，利润总额 4.1 亿元，创 2008 年以来最高盈利。中铝矿业有限公司被郑州市政府认定为总部企业，郑州长城智能产业园引进企业 8 家。制造业发展基础不断巩固。出台加快制造业高质量发展政策体系，工业投资增长 25.5%，新增规上企业 17 家，扭转了近年来下滑态势。产业集聚区提质增效，引进红星盾构等 4 个项目，沃德新材料等 20 个项目投产见效。华祥耐材、华力电缆等传统制造业企业加快提档升级，郑蝶阀门等 9 家企业入选 2018 年郑州市优秀企业家领航计划。现代服务业发展态势良好。新增人寿财险等保险机构 5 家，以平安产险、人保财险为龙头的保险业增长势头强劲，全年贡献税收近 2 亿元，保险业集聚效应初显。现代物流业发展有力推进，成功引进普洛斯产业园、亿建联等现代物流项目。长城科工贸等 4 家企业被评为郑州市电子商务示范企业。嘉晟商业街被评为郑州市特色商业街区。企业闲置资产盘活成效显著。盘活闲置厂房和楼宇 76.5 万平方米，签约项目 131 个，总投资 27.8 亿元，青岛国恩等 74 个项目竣工投产。科技创新取得可喜进步。全年财政科技支出 3621 万元，增长 83.06%，创历年之最。引进上海复创中原科创产业园、中关村 e 谷（郑州）众创空间等项目，填补了上街区在创新载体平台建设方面的空白，中关村 e 谷（郑州）众创空间建成投用，入驻企业 26 家。新增国家级、省级科技型中小企业 46 家。中铝郑州研究院负责起草的 7 项国家标准发布实施。中力泵阀等 7 家企业通过高新技术企业认定，铝都阀门等 5 家企业在中原股权交易中心挂牌。引进各类技能人才 412 人。

二是“一区一港一城两片区”五大重点项目开创新局面。郑州国家通航产业综合示范区建设全面提速。示范区三年行动计划和产业规划编制完成，通航产业专项支持政策在全省率先出台，国家通航产业综合示范区建设研讨会在上街区召开，河南省通航协会在示范区成立。2018 郑州航展成功举办，“晚霞音乐飞行秀”在国内航展首次亮相，吸引央视等主流媒体竞相报道，郑州航展已成为上街和郑州的一张靓丽名片。上街机场综合服务中心主体完工、三期改造工程竣工，成为目前国内条件最好的通用机场。正商通航商务中心等 6 个项目签约落地；啸鹰获得 91 部通航经营和运行许可证，三和自转旋翼机取得生产许可证、新签订单250架，“海王一号”地效翼船成功完成淡水和海水试飞实验，通航制造实现质的突破；永翔、华美等运营企业完成农林作业530万亩，通用航空各类作业飞行近6000小时。郑州国际陆港第二节点成绩可圈可点。中国（郑州）有色金属国际物流港产业园成功获批省级现代服务业专业园区，并在今年省政府工作报告中强调支持发展；《郑州铁路枢纽总图规划（2016—2030年）》明确，上街为郑州铁路货运系统“1＋2＋N”三级物流节点网络中的二级物流基地，标志着陆港项目正式纳入中国铁路总公司和省政府重点项目“大盘子”，上街铁路物流基地建设写入今年市政府工作报告；上期所铝期货交割库扩容至5万吨、规模为全省最大，商品汽车中转能力年16.2万辆，集装箱多式联运中心吞吐能力年100万吨，郑新班列开行150班，铁路货运量710万吨，主营业务收入达10亿元；云和数据等4个项目签约落地。上街生态新城取得突破。奥克斯项目签约入驻，各项前期工作全面开展，一期土地完成挂牌出让，地面附属物清理、文物勘探等工作基本完成，道路建设、高压线入地、赤泥管道迁改、土地平整等工作加紧实施。五云山休闲康养片区功能不断完善。引进台湾彰基医院医疗服务体系和台湾廻乡有机农场，签约北京市海淀外国语实验学校、河南少年先锋学校；完成中线道路、小夫牧场等景观升级。方顶驿文化旅游片区建设全面实施。古村修复和古村示范区主体完工，方顶湖完成东区景观改造升级，片区工程完成投资4亿元。

三是城市建设管理取得新进展。基础设施加快建设。百城建设提质工程积极推进，实施项目55个。地铁10号线、汝南路立交桥、中心路西延等加快推进，昆仑路南延、新安路中段大修等竣工通车，新建街等4条背街小巷完成改造；完成城市双修、老旧片区示范区规划设计，晨光小区等7个老旧小区改造完工；铺设各类管网60公里，新建改造换热站22座，新增供暖面积130万平方米；建成两个立体停车场，新增停车泊位604个；区级便民服务中心主体工程完成70%，体育场等6个应急避难场所改造完成，新建改造公厕20座；第二污水处理厂污泥无害化处置设施建成投用，第三污水处理厂完成项目前期论证。管理水平进一步提升。完成环卫体制改革，公开招标两家专业保洁公司实施全域保洁，投资2560万元新增环卫作业车辆62台，城区机械化清扫率100%；深入开展全城清洁行动，清理生活垃圾2000余立方米，拆除楼顶违规广告牌309处，新增省级、市级卫生单位20个。上街区被评为全市“双迎攻坚”先进单位，荣获全市城乡管理综合考评第三名。生态建设持续提质。完成生态建设、生态水系总体规划和城市绿地系统、海绵城市专项规划编制，实施生态项目20个，完成投资11.2亿元，新增绿地面积42万平方米，人均公园绿地面积达15.2平方米，“300米见绿、500米见园”初步实现，上街区荣获全市园林绿化工作银杯。陇海铁路沿线违建全部拆除、绿化工程大头落地，昆仑路沿线南段绿化任务基本完成；寨沟等6个公园游园建成，雁山路等12条道路绿化带改造建设完成；占地9000余亩的郊野公园成功纳入郑州市郊野公园专项规划，即将开工建设。河（湖）长制全面落实，完成枯河及西支排洪沟黑臭水体整治，五云湖水系建成，“两河六湖”持续提档升级，全区水域面积达3500余亩。土地收储和供应成效明显。全年收储土地2035亩；盘活闲置土地1260亩，供应土地1505亩，出让土地965亩，较去年分别提高86%、25.94%和47.14%。

四是环境污染防治攻坚战取得新胜利。坚持主要领导挂帅，全员上阵、全力以赴，完善县处级领导带队夜查、各单位24小时督导检查等工作机制，建成生态环境综合指挥中心，聘请第三方专家团队开展精准治污，强化“六控”措施落实。铸造、刚玉、微粉、耐材四大行业提标治理有序实施；灰渣库治理取得显著进展，13家加油站双层罐改造在全市率先完成，311家工业企业安装喷淋雾森降尘装置，108家工业企业安装微型监测站，空气质量持续改善，PM10、PM2.5年均浓度同比分别下降6.14%、3.23%，均完成市定目标，在郑州市八区县排名中，分别由2017年的第七位升至第五位、第六位升至第三位，特别是在周边地区空气质量整体较差的情况下取得如此成绩来之不易。探索的“一密闭六到位”工业企业监管经验受到省生态环境厅肯定，并在上街区召开现场会向全省推广。水污染和土壤污染防治稳步推进。

五是民生社会事业得到新进步。全年财政民生支出16.69亿元，增长 13.7%，占全区一般公共预算支出比重 71%。精准脱贫攻坚战持续深化。脱贫户“N+2”巩固提升计划深入实施，落实各项扶持资金 183.2 万元，投资 626 万元的石嘴书画产业培训中心项目建成投用，冯沟村核桃深加工产业发展项目竣工投产，实现除政策兜底外全部脱贫。卢氏县木桐乡结对帮扶深入开展。安置房手续办理推进有力。全区 13 个安置小区完成“四证”办理 11 个，办理率 85%，超额完成市定目标；全年安置房网签 1384 套，完成目标的 115%，位居全市前列。创业就业扎实推进。新增城镇就业 2774 人，发放创业担保贷款 1540 万元，完成各类职业技能培训 974 人次。社会保障扩面提质。拨付低保、优抚、帮扶等资金 1283 万元，发放残疾人补贴 484 万元、救助资金 85 万元、高龄津贴 312 万元，累计保障 4.5 万人次，福泽园建成投用，12349 智慧养老服务深入开展，公共租赁住房实现应保尽保。教卫文事业繁荣发展。国家级航空科创研学基地落户上街，编制完成《上街区中小学幼儿园布局规划》，区幼儿园综合楼项目主体完工，实验初中教学楼和实验高中食堂建成投用；高考成绩再创历史新高，一本上线人数较去年增长 28.1%。拨付基本公共卫生、公立医院改革等各项补助 1205 万元；分级诊疗、家庭医生签约服务和医联体建设全面推进；十五人民医院项目加快建设，天佑医院正式运营，16 个社区卫生服务站提档升级，锦江南路社区卫生服务站建成投用；全省规范化卫生监督机构创建工作现场会在上街区召开。举办建区 60 周年摄影展、第二届文化艺术节等活动近 500 场，上街文化艺术小镇被确定为郑州市文化产业示范基地，新华书店文化综合体项目主体完工，新建 31 个图书馆分馆、30 个文化馆分馆，提升改造 54 个基层综合性文化服务中心，区图书馆再次被评为国家一级馆，全市基层综合性文化服务中心建设和全市图书馆文化馆总分馆制建设观摩会在上街区召开。历史遗留问题得到有效解决。按照“尊重历史、面对现实、依法依规、统筹兼顾”的原则，汽车站改制、金屏社区三村改造、魏岗安置区建设、二十四街坊改造等遗留问题基本解决到位，出台《关于处理国有建设用地上不动产登记相关问题的意见》，84 个小区 5111 户居民不动产登记问题得到解决。社会大局保持和谐稳定。治安防控体系持续完善，扫黑除恶专项斗争深入开展，上街区连续十年被评为全省综治和平安建设优秀县（市）区；集中整治信访突出问题，荣获全省赴京上访专项治理先进县（市）区；完善政府债务管理机制，稳步推进防范处置非法集资、化解金融风险等专项行动；安全生产、食品药品、信访稳定、社会治理等工作进一步加强，社会大局安定和谐。

## 四、加强民主法治建设，巩固和发展民主团结、安全和谐的良好局面

上街区始终把发展社会主义民主法治作为推动各项事业发展的重要保障，坚持党的领导、人民当家做主、依法治区有机统一，更好地凝聚共识、共推发展、促进和谐。区委支持人大及其常委会充分发挥国家权力机关作用。区人大及其常委会依法行使监督、决定、任免等职权，紧紧围绕区委中心工作履职尽责，结合“135”发展推进体系、“三大攻坚战”等，积极开展调研、询问、评议等活动，全年听取审议“一府一委两院”等专项工作报告9次，依法任免地方国家机关工作人员13人，开展视察、调研、执法检查24次，督促办结建议84件，满意率达到100%，促进了相关工作的有效开展。支持和保障人民政协积极履行政治协商、民主监督和参政议政职能。区政协及其常委会主动服务全区工作大局，引导广大政协委员积极参政议政、建言献策，聚焦生态建设、城市建管、医疗卫生、财税收支等热点难点问题，开展调研视察、学习考察等活动31次，撰写高质量调研报告7篇，提交提案119件，较好地发挥了职能作用。巩固和发展最广泛的爱国统一战线。密切与工商联、各人民团体及各界人士的联系和协作，定期就重大问题向民主党派、工商联和无党派人士通报情况、征求意见，在民主党派和无党派人士、新社会阶层人士、民族宗教界人士、非公有制经济人士中有针对性地开展主题教育活动，完成4个民主党派换届工作，凝心聚力推动改革发展稳定。依法加强宗教事务管理，进一步整治宗教场所、规范宗教活动，促进宗教与社会主义社会相适应。认真落实党管武装制度。国

防动员、兵员征集、双拥共建、军民融合等方面取得了新的进步，促进了经济建设与国防建设协调发展。深入推进依法治区。围绕严格执法、公正司法、全民守法，加强对依法治区工作的统筹协调。法治政府建设扎实推进，司法体制改革不断深化，普法宣传、法治创建活动广泛开展，全社会法治观念不断增强。深化平安上街建设。进一步完善社会矛盾纠纷排查化解和安全防范体制机制，压实信访稳定责任，扎实开展疑难信访案件攻坚月等活动，县处级领导公开接访群众 34 批 249 人，推动了一批信访疑难案件有效解决。持续开展平安建设“细胞工程”创建活动，平安镇办达标率 100%，平安社区（村）达标率始终动态保持在 90%以上。

## 五、全面推进党的建设高质量，巩固和发展良好政治生态

一是抓牢主责主业，推进管党治党责任落细落实。坚持把党的建设与经济发展相统筹，把党建工作与经济工作按同等权重纳入综合绩效考核，引导各级树牢“抓好党建是最大政绩、推动发展是第一要务”的理念。坚持党建工作“一盘棋”，进一步充实完善了全面从严治党责任清单、问题清单、整改清单，突出问题整改、压力传导，创新党建述职评议、党建观摩、考核督导方式，坚持领导干部党建联系点、书记党建约谈、党建责任追究等制度。

二是突出守正创新，全面加强宣传思想工作。围绕“举旗帜、聚民心、育新人、兴文化、展形象”，强化理论武装，加强舆论引导，讲好上街故事。在抓好各级理论中心组学习的同时，累计举办科级以上领导干部培训班 6 期、中青年干部和村组（社区）干部培训班 5 期，持续开展书记讲党课、名家系列讲座等活动，累计培训教育 1.5 万余人次，全面提升了党员干部的思想素质和理论水平。深入开展中国特色社会主义和中国梦宣传教育，大力弘扬社会主义核心价值观，举办“党的创新理论万场宣讲进基层”活动 200 余场。发挥主流舆论引导作用，围

绕宣传党的路线方针政策、展示改革发展成果、推动国家中心城市建设等，大力开展网上网下宣传活动，在国内主流媒体刊登报道 3000 多篇，为加快转型发展营造了良好舆论氛围。严格落实意识形态责任制，建立完善意识形态联席会议制度，出台意识形态工作责任制目标考核评价体系，探索“网络意识形态 1617”工作模式，深入开展网络空间专项治理，严格各类讲座、报告、论坛报备审核制度，意识形态领域总体态势持续向好。

三是注重德才兼备，努力建设高素质干部队伍。坚持树立正确用人导向，公道正派用干部、海纳百川聚人才，让想干事会干事的干部有机会、有舞台，让每个层面的干部都有希望、有干劲。认真落实好干部标准，突出政治标准，突出敬业负责担当，把公道正派作为干部工作的核心理念贯穿选人用人全过程，坚持事业为重、人岗相适，尊重干部成长规律，选优配强各级领导班子。注重在经济社会发展一线发现干部、考察干部，倡树了重实干、重实绩的鲜明用人导向。切实加强干部监督管理，实施违规兼职、干部档案再审等 9 个整改专项行动，认真清理区管干部在企业、社团违规兼任职务等情况，全面核查干部档案和个人报告事项，促进从严监督管理常态化。积极推行职务与职级并行制度，努力让更多的干部受益，有效激发了广大干部干事创业的积极性。

四是坚持固本强基，建强基层党建战斗堡垒。以提升组织力为重点，以标准化建设为特色，大力实施基层党建“百千万”工程，推动各领域基层党组织全面进步、全面过硬。创新开展城市基层党建。积极探索党建标准化规范化建设，从政治功能、服务功能、组织设置、制度保障等 4 个方面制定了社区党建上街标准，吸引了省内外党建考察团 46 批近 2000 人次来区交流。主导起草的《双报到》和《党员积分管理》两项标准，在全市社区党建评审会上通过了专家评审，作为郑州市地方标准发布。全面提升农村基层党建。圆满完成村“两委”换届工作，选优配强带头人，支部书记较上届平均年龄下降 9 岁（平均 50 岁），高中以上学历提高 22%（占比 78%）。紧盯贫困村、软弱涣散村、重点村，深入开展精准扶贫、软弱涣散村党组织整顿、扫黑除恶、宗教问题综合整治等专项活动，促进了农村基层党组织凝聚力和群众满意度的不断提升。培育壮大“两新”组织党建。以新社会组织、互联网企业等为重点，持续深化“两新”组织“双覆盖”，选派党建指导员 60 名，成立“两新”组织党建指导站 14 个，实现了应建尽建。

# 郑州市2018年发展和改革工作报告

郑州市发展和改革委员会

2018年，面对错综复杂的宏观形势和艰巨繁重的改革发展任务，全市上下高举习近平新时代中国特色社会主义思想伟大旗帜，全面贯彻党的十九大精神和习近平总书记视察指导河南、郑州时的重要讲话精神，把握稳中求进总基调、突出奋发有为总要求，坚持新发展理念，扎实推动高质量发展，以国家中心城市建设为统揽，以供给侧结构性改革为主线，统筹推进“四个着力”，持续打好“四张牌”，有效应对各种困难风险挑战，砥砺奋进，拼搏赶超，全市经济运行总体平稳、稳中有进，实现了地区生产总值破万亿、常住人口破千万、人均生产总值破10万的“三大标志性突破”。初步统计，全市实现生产总值10143.3亿元，增长8.1%，三次产业结构比为1.4∶43.9∶54.7。规模以上工业增加值增长6.8%，固定资产投资增长10.9%，地方财政一般公共预算收入增长9%，社会消费品零售总额增长9.7%，进出口总额增长2.2%，实际吸收外资增长4%，居民人均可支配收入增长8.3%，单位生产总值能耗降低7%。

一年来，在市委、市政府的正确领导下，全市发展改革系统围绕“参谋部、规划部、协调部”职能，勇于担当、主动作为，站位全局谋发展，履职尽责抓落实，为国家中心城市高质量建设和经济社会平稳健康发展做出了应有贡献。

## 一、加快推进国家中心城市建设，战略地位持续提升

紧盯国家中心城市高质量建设总目标，站位全局抓谋划，立足部门抓落实，多措并举推进全市战略地位持续提升。

一是谋划推进更加深入。全面贯彻落实《郑州建设国家中心城市行动纲要（2017—2035 年）》，围绕“以党的建设高质量推动经济发展高质量”，研究制定关于深入推进产业转型升级的实施意见等系列文件，进一步丰富完善国家中心城市建设政策体系。建立郑州国家中心城市建设重大项目库，发布实施重大项目 3489 个，总投资近 4.5 万亿元。设立国家中心城市产业发展基金，启动运营资金规模达 1000 亿元。

二是发展支撑持续增强。在全市发改系统的积极对接、大力推动下，《郑州大都市区空间规划（2018—2035 年）》《郑新融合发展战略规划》获省委、省政府研究通过，开港产业带等 6 个专项规划加快报审，郑焦 6 个专项合作协议签订实施，“1＋4”大都市区在规划、交通、产业等领域加速融合。中国社科院郑州研究院发布了“E 贸易时代跨境电子贸易规则研究”等系列研究成果，为国家中心城市建设提供有力的智力支持。“十三五”规划实施情况中期评估顺利完成。

三是社会预期不断向好。中央在关于建立更加有效的区域协调发展新机制的意见中，明确提出以郑州为中心，引领中原城市群发展，带动相关板块融合发展。中国社科院发布“国家中心城市指数”报告，我市在金融、交通、贸易等 7 项城市功能排名中列为潜在的国家重要中心。《国家物流枢纽布局和建设规划》将郑州列入陆港型、空港型、生产服务型、商贸物流型等国家物流枢纽承载城市名单。我市在全国金融中心城市和最佳商业城市排名中均位列第 12 位。

## 二、扎实开展运行监测调度，经济保持平稳增长态势

认真履行经济综合协调部门职能，强化运行监测分析，协调政策统

筹保障，促进经济在稳定运行的基础上向高质量发展。

一是积极开展科学谋划和适时调控。围绕经济社会高质量发展，科学制定《2018年全市经济社会发展工作建议》《郑州市2018年国民经济和社会发展计划》；坚持经济运行监测分析制度，会同市直有关部门围绕重点区域和热点问题，研究提出20余篇分析报告和工作建议，为应对经济下行压力、中美贸易摩擦等提供决策参考。

二是着力抓项目扩投资。通过广泛动员、强化培训，深入开展市本级政府投资项目的谋划推进工作，264个项目、843.7亿元的年度计划顺利实施。2018年，列入省市重点项目938个，总投资2万亿元以上，其中省重点项目610个，总投资1.5万亿元，分别占全省的56%和50.8%。通过集中开工、工作督导、项目服务等举措，全年省市重点项目开工率、投资完成率均超年度计划目标，我市在全省重点项目考评中排名全省第一。谋划实施市级重大产业项目128个和县区级重大产业项目466个，全年完成投资1226亿元。

三是进一步强化要素保障。持续发挥产业发展基金和重大专项资金的撬动作用，探索推动7家企业赴境外发行债券，着力保障资金需求；针对重点行业、重点园区、骨干企业，着力强化煤电油气运等运行保障。围绕稳定民间投资，重点实施放宽市场准入、提升融资服务、强化产权保护等六大专项行动，郑东新区智慧岛“四岛合一”项目建设模式入选河南省民间投资典型案例，我市PPP模式推广工作获国务院办公厅通报表彰。

四是充分发挥目标导向作用。紧盯全市全年目标，制定实施了《郑州市2018年经济社会发展目标工作方案》，督考结合、多措并举，推动各项目标任务顺利完成。围绕贯彻落实中央和省关于推动高质量发展的政策精神，研究提出关于制定全市高质量发展政策体系、考核评价办法等意见建议，推进全市完善高质量发展工作体系。

## 三、坚持补短板强弱项，攻坚成效持续显现

始终把“三大攻坚战”作为政治任务盯紧抓牢，注重完善举措、协

调配合，确保发改系统承担的各项任务落地见效。

一是防范化解重大风险攻坚战扎实推进。组织对55家创业投资企业、115家股权投资企业逐一进行排查，完善信用信息、加强宣传教育，扎实做好企业集资风险排查化解工作。同时，积极推进防范化解互联网金融风险、债务风险、房地产业风险等工作。

二是污染防治攻坚战取得阶段性成果。坚持源头治理，扎实推进“双替代”、区域清洁采暖、煤炭消费减量等有关工作，积极落实高耗能行业差别化电价，全年“双替代”完成17.1万户，区域清洁采暖项目完工16个、实现供暖面积352.1万平方米，全社会煤炭消费总量削减约270万吨，有力推动大气污染治理呈现“七降一增”良好态势。同时，积极推动水环境质量改善和土壤污染治理。

三是持续深化精准脱贫攻坚战。深入推进“N＋2”精准扶贫，积极落实“1＋4”工作推进机制，制定实施产业扶贫政策。结对帮扶贫困县工作深入开展，22项重点工作和197个帮扶项目顺利启动。加快推进黄河滩区居民迁建工程，2016年迁建工程已启动搬迁，2017年安置区主体工程已经完工。

## 四、加快培育现代产业体系，产业竞争力不断提高

积极发挥产业发展统筹协调作用，着力优化产业布局、增强产业竞争力，促进经济发展提质增效。

一是产业转型攻坚深入推进。深入落实“1＋5＋1”政策体系，围绕12个重点攻坚行业，推进236个转型攻坚项目全年完成投资1000亿元，我市在全省考评中名列第一。围绕加快发展新兴产业，牵头制定了《关于进一步明确区域功能定位和调整主导产业布局的通知》，全市经济结构战略性调整走向深入。

二是加快先进制造业高质量发展。深入贯彻落实先进制造业高质量发展“1＋N”政策体系，推动全市工业主导产业增加值增长7.8％，工业投资增长11.8％，高技术产业增加值增长12.4％，技改投资增长35％

以上。积极推进去产能、降成本，对八大高耗能行业开展全面摸底清查，保持打击取缔“地条钢”高压态势；严格落实减税降费政策，全年为企业减负超120亿元；加快老工业基地和资源型城市转型发展。

三是现代服务业提质增效。物流业、金融业、商贸业、文化创意旅游业等支柱产业快速发展，其中物流业、金融业增加值分别达到787.7亿元、1145.8亿元；电子商务、信息服务等新兴产业保持良好发展势头，EWTO核心功能集聚区启动建设，全球跨境电子商务大会成功举办，跨境电子商务交易额完成86.4亿美元，增长25.1%。全年第三产业增加值完成5545.5亿元，增长8.3%。

四是农业发展基础更加夯实。农产品产量保持稳定，农产品质量安全水平保持高位。农业产业结构不断优化，一、二、三产融合发展水平不断提升，农业经济综合能力持续增强。全年第一产业增加值完成147.1亿元，增长2.1%。

五是产业发展载体建设稳步推进。郑东新区中央商务区荣获“中国最具活力中央商务区”，中牟汽车产业集聚区成为国家级新型工业化产业示范基地，郑州国际物流园区晋升为国家级示范物流园区。

## 五、深入推进新型城镇化建设，城乡发展更加协调

准确把握“以建为主、提升品质、扩大成效”阶段任务，加快各项建设提速提质，推进城市功能体系完善，促进城乡区域协调发展。

一是畅通郑州建设持续深化。《第三期轨道交通规划（2019—2024年）》获得国家发改委待批；中心城区轨道交通加密成网，2号线二期、3号线一期、4号线等在建线路有序推进，5号线实现空载试运行，运行线路总里程达到134公里；机场至郑州南站城际铁路二期加快推进。

二是公共设施进一步完善。清洁取暖、综合管廊、海绵城市等示范试点工作有序推进，新增“海绵城市”面积23.5平方公里，新建改造配水管网97.3公里、燃气管网112公里。新建公共停车泊位5.2万个，建

设新能源汽车充（换）电站 157 座、充电桩 7380 个。

三是百城建设提质工程深入实施。持续深化以水润城、以绿荫城、以文化城、以业兴城“四篇文章”，制定实施全市“以业兴城”“公共服务治差”工作方案，生态环境治污、交通秩序治堵、市容卫生治脏、公共服务治差城市“四治”成效明显。

四是乡村振兴战略加快推进。《郑州市乡村振兴战略规划（2018—2022 年）》通过市政府常务会议审议，乡村振兴“1＋1＋N”规划体系初步构建，27 个美丽乡村加快建设，1037 个基层综合性文化服务中心、148 个乡镇公厕建设改造项目建成投用。



## 六、牢固树立绿色发展理念，生态文明建设扎实推进

按照“大生态、大环保、大格局、大统筹”工作理念，以生态项目为支撑，全面推进森林、湿地、流域、农田、城市五大生态系统建设。

一是生态林业建设进展顺利。国土绿化提速行动强力推进，新造林 11.5 万亩，完成森林抚育 7.8 万亩。新建和提升生态廊道 244.4 公里，连通生态廊道 528 公里。10 个万亩以上森林公园建设加快推进，龙子湖湿地公园和高铁公园建成投用，郑州市森林公园建成开园。

二是生态水系建设提速增效。积极落实河（湖）长制工作机制，贾鲁河综合治理“蓝线”工程主体基本完工，宽阔水面景观初步形成。牛口峪引黄、环城生态水系、石佛沉砂池至郑州西区生态供水等三大水源工程主体建成，河湖水系生态治理成效逐步显现。雁鸣湖万亩湿地等一批千亩以上湿地公园规划建设，城市水生态环境质量不断提升。

三是园林绿化工作稳步推进。市区新增绿地 1356 万平方米，建成各类公园、微公园、小游园 411 个，荥阳京襄城、中牟牟山等 5 个郊野公园开工建设，26 处生态遗址公园、贾鲁河综合治理工程西流湖段、青少年公园等项目进展顺利。第十一届中国（郑州）国际园林博览会圆满闭幕。

## 七、持续深化改革开放创新，发展新动能加速集聚

以庆祝改革开放 40 周年为契机，把更多精力聚焦到重点难点问题上，推动一系列改革开放创新举措落地见效。

一是重点领域改革持续深化。审批效率不断提高，修订完善《郑州市政府投资项目委托咨询评估暂行管理办法》，制定出台《郑州市简化和规范投资项目审批流程实施方案》，探索建立“321”工作机制。营商环境不断优化，国际化法治化便利化营商环境加快建设，“只进一扇门”“最多跑一次”基本实现，市场准入负面清单制度在全市范围试行。公共资源交易实现在线监管全覆盖，五大项目“应进必进”，公共资源配置效益和效率显著提升，市本级完成公共资源交易项目 3969 宗，交易金额 1830.3 亿元。社会信用体系建设步伐加快，守信联合激励和失信联合惩戒成效明显，荣获国家信用建设“守信激励创新奖”。公车制度改革扎实推进，启动实施企事业单位公车制度改革。公立医院按病种收付费等公用事业和公共服务价格改革成效显著。

二是开放水平持续提升。枢纽能级不断增强，《郑州国际航空货运枢纽战略规划（2018—2035 年）》《郑州铁路枢纽总图规划（2016—2030 年）》相继获批。机场三期工程开工建设，郑济、郑万、郑合高铁和郑州南站等工程加快推进，“米字形”高铁网加速成形。航空港实验区建设深入推进，电子信息产业产值突破 3000 亿元，外贸进出口总额突破 500 亿美元；郑州—卢森堡“空中丝绸之路”加快建设，机场货邮、客运吞吐量分别位列全国机场第 7 位、第 12 位。自贸区建设步伐加快，出台实施《中国（河南）自由贸易试验区郑州片区产业发展规划》，新增注册企业 4 万家，占河南自贸区的 80.6%。中欧区域政策合作案例地区建设成效明显，组织举办欧洲铁路交通联盟 2018 年度大会暨亚欧互联互通产业合作论坛，成功承办第 13 次中欧区域政策合作研讨会，与法国尼斯、意大利罗马等欧洲城市和机构签署合作协议 11 项，我市国际影响力进一步提升。

三是创新能力显著增强。大众创业万众创新深入实施，“2018全国大众创业万众创新活动周河南省分会场”活动和“创响中国”活动在郑举办，全国双创示范基地、省级区域双创示范基地建设高质量推进。《2018年郑开双创走廊郑州段建设实施方案》《科学大道科学谷2018年建设方案》印发实施，郑开科创走廊建设扎实推进。龙子湖智慧岛加快建设，落户企业突破200家。高新区大数据产业园核心区初具规模，赛微云计算产业园等一批重大项目相继建成。

## 八、切实增进民生福祉，社会事业不断进步

始终坚持以人民为中心的发展思想，紧紧围绕群众普遍关心的突出问题，推动一批惠民举措落地见效。

一是谋划实施重点民生实事。谋划2018年市级重点民生实事，围绕就业安居保障、医疗卫生服务、教体事业发展、生态环境改善、畅通郑州建设等10个领域，重点推进35个项目，全年投入资金126.7亿元。

二是保障教育事业优先发展。新建、改扩建中小学38所，投用20所，新增中小学学位5.9万个；41所幼儿园开工建设，超额完成年度任务。

三是不断提高医疗卫生保障水平。家庭医生签约服务全面实施，各公立医疗机构药品采购“两票制”达到98%以上，乡、村两级医疗机构和城市社区卫生服务机构标准化建设全面开启。

四是加快推进保障性安居工程建设。安置房建设、网签成效显著，全年回迁群众30万人。公共租赁住房基本建成6091套，向社会分配19664套。全市首批2.5万套青年人才公寓全部开工建设。

五是切实做好物价稳定工作。持续强化价格信息服务，不断提升价格监管和价格服务水平，依法规范市场价格行为，全年查处市场价格违法行为211件，处理价格咨询举报12951件，价格总水平保持基本稳定，全年居民消费价格上涨2.4%。同时，就业和社会保障持续加强，文化繁荣发展，人民群众幸福感不断增强。

# 郑州市2018年教育工作报告

郑州市教育局



2018年，在市委、市政府领导下，全市教育系统深入学习贯彻党的十九大和全国教育大会精神，牢固树立以人民为中心的发展思想，坚持以高质量的党建工作为引领，积极在国家中心城市建设中找定位，紧紧围绕办好人民满意教育的总目标，扩资源、优配置、建机制、提质量、谋发展、促公平，努力破解影响教育发展的突出障碍，解决人民群众反映强烈的突出问题，教育工作保持了良好的发展态势。

## 一、郑州教育发展新概况

截至2018年年底，全市共有各级各类教育学校3257所，在校生350.07万人，教职工23.14万人。其中：

（1）在郑高等院校61所，在校生126.05万人（含郑州地方高校23所，在校生32.24万人），教职工6.72万人。

全市各级各类中初等教育学校1545所，在校生184.25万人。包括普通高（完）中126所，在校生196541人；普通初中342所，在校生402241人；中等职业学校（含省属中专学校）123所，在校生324536人（全日制在校生313519人）；小学940所，在校生917414人；特殊教育学校13所，在校生1642人；工读学校1所，在校生120人。全市各级各类中初等教育学校有教职工 112297 人，其中专任教师 99803 人。幼儿园 1651 所，在园幼儿 397683 人，教职工 51900 人，其中专任教师 27651 人。

（2）郑州市内九区（包含城市、县镇、农村学校）小学 420 所（不含市直学校），9136 个班，在校生 467296 人，平均班额 51.15 人。初中 132 所（不含市直学校），2553 个班，在校生 124956 人，平均班额 48.94 人。高（完）中 13 所（不含市直学校），327 个班，在校生 16309 人，平均班额 49.87 人。

（3）郑州市教育局局属学校共有 59 所，在校生 11.48 万人，教职工编制 9301 人（实有在编教师 8450 人，临聘教师 1209 人）。其中：各级各类中初等教育学校 57 所，在校生 11.4 万人。包括普通高（完）中 27 所，在校生 4.7 万人；普通初中 18 所，在校生 4.0 万人；中等职业学校 9 所，在校生 2.3 万人；小学 1 所，在校生 2929 人；特殊教育学校 1 所，在校生 423 人，工读学校 1 所，在校生 120 人。局属幼儿园 2 所，在园幼儿 1279 人。

## 二、郑州教育发展新变化

（一）*教育发展环境持续向好。*

一是优先发展地位持续巩固。市委、市政府高度重视教育，市领导高度关心教育，多次听取教育工作汇报，对郑州教育改革发展提出明确要求。王新伟市长专题调研教育工作时指出，要坚定地把教育摆在优先发展的战略位置，各级政府对教育工作要坚持“四个优先”：在组织领导上优先统筹，在发展规划上优先安排，在财政投入上优先保障，在资源配置上优先满足；要坚持问题导向，成立相应专班，解决教育重点难点问题，高位谋划和推进我市教育发展。市人大、市政协针对教育热点难点问题，多次组织专题调研、督查督办。各县（市）区党委政府也高度重视发展教育事业，全社会关心教育、支持教育、参与教育的氛围更加浓厚。

二是党的全面建设持续加强。全市教育系统坚持以习近平新时代中国特色社会主义思想为指导，坚决贯彻落实中央省委市委重大决策部署，坚持用党的创新理论武装头脑，“四个自信”更加坚定，“四个意识”持续增强，“两个维护”坚决落实。全面落实党风廉政建设主体责任，进一步理顺纪检监察管理体制，健全防控制度体系，积极推进两级巡视问题整改，从严落实八项规定和实施细则精神，扎实开展专项整治，不断加大重点领域和关键环节的监督执纪。探索实践党建工作“五促进”，用党建促进工作作风转变、用党建促进领导班子建设、用党建促进办学行为规范、用党建促进师德师风建设、用党建促进质量全面提升，积极开创教育工作新局面。

三是安全稳定环境得到保证。局党组将意识形态、校园安全和信访稳定工作纳入党建工作责任制，作为年度重点工作落实。成立意识形态工作联席会议，制定工作规则，全力做好中央、省委意识形态工作责任制巡视整改，不断加强网络意识形态工作，积极稳妥引导处置舆情。持续完善安全工作责任体系，扎实开展安全教育，成功举办第23个全国中小学生安全教育日主题宣传活动启动仪式，及时开展校园安全检查和专项治理活动。持续完善信访工作机制，强化风险防范和源头治理，突出特殊时期和重点利益群体，扎实开展隐患排查和矛盾化解工作，教育发展环境持续向好，市教育局连续三年被评为市平安建设先进单位。

（二）立德树人任务有效落实。

一是培养核心素养。坚定不移把立德树人作为教育的根本任务，紧紧围绕“培养什么人、怎样培养人、为谁培养人”这一根本问题，牢固树立育人理念，坚持核心素养导向，全力实施素质教育，稳步推进教育教学和课程改革，持续提升教学质量，精心构筑育人环境。

二是发挥阵地作用。充分发挥校园德育阵地作用，广泛开展文明校园创建和“文明班级、文明教师、文明学生、文明宿舍”评选活动。我市被省教育厅表彰省级文明班级2个、文明宿舍1个、文明教师8名、文明学生10名。

三是宣传先进典型。大力推选和宣传表彰先进典型，推荐并被最终确定为省级中小学德育工作先进集体11个、先进个人19人，推荐省级三好学生119名、优秀学生干部60名。郑州中学李子昂同学被评为2018年河南“最美孝心少年”候选人。

四是丰富主题活动。深入开展“我为两会写微议案”“优秀童谣征集传唱”、郑州市“新时代好少年”“青少年爱国主义第二课堂行动”“童心向党”“清明祭英烈”“国庆期间集中升挂国旗”“书香校园”等活动，爱党爱国爱社会主义教育浸润校园。

五是强化队伍建设。继续加强班主任队伍建设，遴选推荐河南省优秀班主任18名，评选推荐省级名班主任工作室主持人9名，8所学校被命名为省级名班主任工作室，我市被命名为河南省班主任工作实验区。不断拓展德育工作平台，充分发挥关工委和离退休老同志作用，密织“三位一体”教育网络，努力帮助我市广大青少年“扣好人生第一粒扣子”。

（三）教育资源配置持续优化。

一是教育民生实事超额完成。市政府首次把全市幼儿园建设项目、连续9年把市区中小学建设项目列入“十大民生实事”，强力推进落实。全年市区共新建改扩建中小学校38所，往年建设项目投入使用22所，新建改扩建幼儿园41所，均超额完成市政府明确的任务目标。

二是高中段学校建设顺利。积极推动高中段学校建设工作，郑州四中高中部新校区、郑开学校新校区、郑州四十七中高中部东校区、郑州一中航空港校区等4所学校全部开工。中职学校布局优化调整顺利，郑州市经济贸易学校、郑州市信息技术学校按期入驻职业教育园区（郑州旅游职业学院新校区），郑州市艺术工程学校、郑州市商贸管理学校搬迁至郑州旅游职业学院老校区。积极推进郑州市国防科技学校、郑州市电子信息工程学校、郑州市职业教育公共实训中心和郑州市科技工业学校迁建项目。

三是全面改薄规划稳步推进。打好全面改薄五年规划收官战，全市校舍建设开工率、竣工率、设施设备购置项目资金完成率均超过100%，位居全省前列。

四是资源扩充规划平稳实施。打好扩充城镇义务教育资源五年规划（2014—2018）收官战，截至2018年年底，已经开工建设334个项目，占总项目的99.11%。

（四）教育教学质量稳步提升。

一是学前教育发展持续加快。市政府发布实施《郑州市第三期学前教育行动计划（2017—2020年）》，认真贯彻《中共中央国务院关于学前教育深化改革规范发展的若干意见》（以下简称《意见》），积极开展学前教育发展问题考察调研，科学制定2020年前学前教育发展目标，及时召开贯彻落实《意见》动员会，对下步我市学前教育改革发展工作进行专题部署。

二是义务教育发展更加均衡。市政府印发《解决就学难消除大班额三年行动计划》，采取强力措施消除大班额。2018年秋季开学，我市义务教育阶段起始年级已经消除超大班额，非起始年级超大班额情况也有所下降。启动"新优质初中"创建和培育工程，办好家门口学校，有效解决"择校热"。推进"义务教育区域教育质量健康体检与改进提升项目"，持续提升义务教育教学质量。积极推进登封市、中原区迎接国家义务教育均衡县评定，至此，我市所有县（市）区均通过国家验收。

三是高中阶段教育多样发展。继续完善高中增值考核评价体系，积极推动高考制度与课程改革培训，持续加强教学过程监控和管理，严密组织高中多样化发展试点改革，评审公布了第二批试点学校名单。基本完成我市中职学校布局调整工作，全市82所中职学校调整合并为58所，并报省教育厅备案。继续推进中职学校特色化、品牌化建设，持续深化校企合作、产教融合，确定了第二批现代学徒制试点学校，成立了校企合作指导委员会。

四是高等教育保持良性发展。以内涵建设项目评估评审为根本，积极支持市属高校建设，推进高等教育良性发展。积极引进优质高等教育资源，市政府与北京大学经济学院合作举办的中原教学科研基地落户中牟；郑州工程技术学院与同济大学中德工程学院合作举办的郑州中德学院去年秋季开始招生；市政府与英国利兹大学、美国莱斯大学也达成了一定合作意向，正在积极推进中。

五是民办教育持续规范发展。深入学习贯彻新版《民办教育促进法》，探索民办教育“放管服”改革，进一步转变教育行政机构职能，支持社会资本举办优质民办学校。及时印发实施方案，开展校外培训机构专项治理行动。深入开展“公参民校”治理工作，不断规范民办学校办学行为，民办学校保持平稳健康发展。

（五）教育民生工作有效落实。

一是严密组织高招、中招考试录取工作。严格落实制度，进一步规范考务管理，严密组织考试录取工作。全市高招普招报名6.48万人，本科批次录取3.39万人，占比52.3%，在全省位居前列。全市中招共有8.87万名初中毕业生参加考试，其中市内9区有4.91万名，市内九区普通高中招生3.61万人，总招生数占报考毕业生人数的73.42%。

二是严密组织小升初和小学生入学。严格执行政策标准，全力保障全市学生“应入尽入”，保障符合报名条件的随迁子女入学。2018年秋季，市内9区共招收小学新生8.84万人，其中郑州户籍人数5.99万人，随迁子女2.84万人，随迁子女占比32.1%。市内9区小升初参加就近分配总人数为6.7万人，其中随迁子女人数为2.5万人，占比37.78%。

三是严密组织教育资助。严格执行资助标准，及时公开资助信息，按标准完成年度教育资助工作。全市按期发放各阶段教育资助资金约3.48亿元，资助家庭经济困难学生36.41万人次。

（六）教师队伍建设持续加强。

一是教师补充机制持续完善。制定《2018年度郑州市教育局所属中小学（幼儿园）公开招聘教师实施方案》，确定20所局属学校为人事制度改革试点学校，试行自主公开招聘，其中16所试点学校共自主公开招聘教师157名。

二是教师待遇收入持续保证。继续落实乡村教师支持计划，全面实施乡村教师激励政策，2018年全市共预算资金1.92亿元，对乡村教师进行不同标准的生活补助。积极推动市政府相关部门摸底测算，会同郑州市人社局制定了提高我市中小学教师工资收入水平工作方案。

三是师德师风建设持续加强。认真开展“不忘初心，立德树人”师德主题教育和省最美教师候选人推选、市最美教师评选活动，评选出5名“河南最美教师”候选人、10名“郑州最美教师”候选人和466名师德先进个人，对市最美教师和师德先进个人进行了表彰。深入开展向李芳同志学习活动，通过宣传报道师德模范典型和最美教师感人事迹，激发广大教师崇尚“最美”、争当“四有教师”的热情。

四是教师队伍素质持续提升。高标准完成“国培”“省培”项目，分层次精准化推进“市培”项目，持续开展教师全员继续教育，着力建立教师梯队攀升格局。启动郑州市中小学“千人教育名家”培育工程，“中原千人计划”中原教学名师、中原名师、省级名师、省级骨干教师培养成效显著。

（七）教育“放管服”改革有序推进。

按照市委市政府的统一部署，制订完善了首批市本级教育“三级十同”审批服务事项，并已开通网上审批运行；指导各县（市）区教育部门完成“三级十同”审批服务事项目录清单的梳理工作；超标准完成了审批服务事项10个子项入驻郑州市政务服务中心工作。

# 郑州市 2018 年科技工作报告

郑州市科学技术局

2018 年，全市科技工作认真贯彻落实全国、全省科技工作会议精神，围绕“四重点一稳定一保证”工作总格局，深入实施创新驱动发展战略，坚持以支撑国家中心城市建设为统揽，以建设郑州国家自主创新示范区为引领，加快培育引进创新引领型企业、平台、人才和机构（“四个一批”），不断壮大创新主体，加快汇聚创新资源，着力强化科技服务，持续优化创新创业环境，大幅提升自主创新能力，各项创新指标取得显著提升。

## 一、科技创新综合实力显著增强

全年专利申请量达到 7.01 件，同比增长 38.8%；专利授权量达到 3.16 万件，同比增长 48.6%；万人发明专利拥有量达到 13 件，同比增长 20%。新认定公示高新技术企业 671 家，有效高新技术企业达到 1332 家，占全省总数的 39.8%，比去年增长 55.5%；新培育科技型企业 1041 家，科技型企业达到 4283 家，比去年增长 32.1%。“智汇郑州 · 1125 聚才计划”引育创新创业高层次人才 236 人，其中顶尖人才团队 7 个。全年共签订技术合同 4349 份，增长 15.1%；技术合同成交金额达 82.4 亿元，增长 136.8%。全社会研发投入占 GDP 的比重达到 1.83%，同比增长16.8%。共获得2018年度国家科技奖励8项，其中中铁装备公司研发的异形全断面掘进机获二等奖，填补了国内外技术空白；盾构及掘进技术实验室被科技部评为全省唯一优秀国家重点实验室。

## 二、自主创新示范区建设稳步推进

（一）“一区四园多点”发展格局初步形成。经省政府常务会议研究通过，郑州片区确定了“一区四园多点”的整体框架，即：以高新区为核心区，以航空港区、郑东新区、经开区、金水区为辐射园区，以核心区和辐射园区之外的41个高校、科研院所和有国家级创新平台的重点企业为辐射单元。核心区高新区引领作用日益增强，部分关键指标进入全国高新区第一方阵；航空港区、郑东新区、经开区、金水区四个辐射园区亮点纷呈，示范引领作用日益凸显。2018年自创核心区高新区万人发明专利拥有量达到117.8件，比上年增长12.2%；自创区（含辐射区）汇集了全市76.5%的高新技术企业、69%的新型研发平台。

（二）核心区高新区体制机制改革取得重大突破。实施管理体制与人事薪酬制度改革，职能部门由36个合并压减到10个，实现全员聘任；出台《郑州高新技术产业开发区暂行规定》，为高新区扩权赋能；出台《关于高新技术产业开发区新型产业用地试点的实施意见》，在全省率先推出新型产业用地（M0）试点，首次试行工业用地兼容商业用地新政策。

（三）重点项目引领作用突出。中铁工程装备集团、安图生物、宇通客车和信大捷安等单位承担的5个专项、共13个课题，已列入河南省首批创新引领型产业集群专项，共获得省级科技财政支持8550万元，带动研发总投资近8亿元，年新增销售收入40亿元。

## 三、引进培育“四个一批”成效明显

（一）创新引领型企业不断发展壮大。推荐申报省级科技创新龙头企业15家，科技小巨人（培育）企业90家。推荐申报高新技术企业700家，获批669家，全市有效高新技术企业达到1332家；新培育科技型企业1041家，累计培育科技型企业4283家；共有1818家企业通过国家科技型中小企业登记入库，占全省总数的39.9%，位居全省首位。郑州宇通“高可靠高环境适应性燃料电池客车整车开发及示范”项目、中铁集团“超大直径岩石隧道掘进机关键技术研究及应用”项目，契合国家创新发展战略，获省创新引领专项首批立项支持。全市高新技术企业2018年实现营业收入2994.45亿元，利润218.24亿元，减免税28.74亿元。

（二）创新引领型平台建设步伐加快。新建各级各类研发中心325个，其中，省级工程技术研究中心124个，省级重点实验室15个，市级工程技术研究中心98个，市级重点实验室52个，市级企业技术中心36个，全市累计建设各级各类研发中心2717个。

（三）创新引领型人才汇聚效应逐步显现。2018年第三批“智汇郑州·1125聚才计划”新入选人才236人，项目88项，其中：两院院士领衔的顶尖人才团队7项，创新创业领军团队19项，创新领军人才31项，创业领军人才6项，创新紧缺人才15项，创业紧缺人才10项，给予奖励资金共1.75亿元。“聚才计划”累计入选项目323个，引进海内外高层次创新创业人才771人，其中两院院士23人，高层次专家74人，长江学者7人。刘嘉麒院士团队的“玄武岩纤维池窑化技术研发及产业化”项目，在纤维强度、单台产量等多项指标居世界前列；赵伊君院士团队的“高功率光纤激光器军民融合研究与应用”项目，打破了国外在高功率光纤激光器（大于4.5千瓦）领域的技术垄断；国家“千人计划”专家成家杨教授团队的“面向污水深度处理的菌藻耦合节能型膜生物反应器开发”项目，具备国际领先的低成本污水深度处理技术。

（四）创新引领型机构平台加快集聚。积极与国内知名院所和高校对接，重点与浙江大学、同济大学、北京航空航天大学、吉林大学、华东理工大学、中国地质大学、中科院计算所、中科院电工所走访调研，积极引进其来郑落户。中国科学院计算所郑州分所（大数据研究院）落户郑东新区，与浙江大学就共建研究院达成共识。积极推动我市与北京大学、北京航空航天大学等知名院校合作共建新型研发机构。全市已引进培育研发机构17家，获省科技厅备案13家，河南省重大新型研发机构4家。引进和建设新型研发机构实现质量数量双提升，浙江大学中原研究院，是浙大在全国布局的唯一一家综合性的研发机构，是原985高校在豫建立综合性研发机构的重大突破；中国科学院计算所郑州分所落地郑东新区智慧岛，为河南大数据产业发展增添新引擎；郑州计量先进技术研究院落地高新区，计划三到五年内在大气污染减排方面打造出“郑州模式”；中科院过程所郑州分所已发展到170人，被省人民政府命名为河南省重大新型研发机构，逐步发挥出巨大带动和示范作用。

## 四、科技创新服务能力不断提升

（一）各类创新服务平台作用发挥明显。国家专利审协河南中心已开展社会服务项目30余项，培训知识产权人才3千余人次；国家技术转移中心项目累计完成投资额为3.59亿；河南郑州国家农业科技园区顺利通过科技部验收；河南省中国科学院科技成果转移转化中心、河南省技术产权交易所在促进科技成果转化和技术交易方面发挥了突出作用。积极吸引“高端技术转移服务机构”集聚，浙江大学、上海交通大学、西安交通大学等在我市建立技术转移中心，新建科技公共服务平台6家，新建郑州市技术转移服务机构3家，新增技术交易机构126家，全年国家网技术合同认定登记4157项，技术合同成交额82.3亿元，比去年增长136.8%。实施“开放共享服务绩效评价制度”，提升大型科研仪器使用效能，共享使用数量达到5536台（套）。

（二）知识产权战略深入实施。加快推进国家知识产权强市创建市、知识产权运营服务试点城市、知识产权服务业集聚发展示范区、专利导航产业实验区、国家知识产权创意产业试点园区建设，深入开展知识产权宣传活动、执法维权“护航”专项行动，不断加强知识产权创造、运用、保护、管理和服务。

（三）科技金融结合日趋紧密。推进“郑科贷”业务，设立5000万元的科技贷款风险补偿准备金，遴选8家合作银行，缓解科技型中小企业融资难问题。实施科技金融资助项目108项，补助资金1184.96万元，缓解科技型企业融资贵的问题。推动政策性担保机构建设，出资5000万元参股郑州市中小企业担保有限公司，专项为科技型企业贷款融资提供担保服务。

（四）民生科技不断发展。组织实施惠民计划项目20项，加大对全市人口健康、公共安全等先进适宜技术的推广应用支持力度，让更多的科技创新成果走进基层，惠及百姓。深入推进科技扶贫工作，开展科技特派员助力脱贫攻坚活动，组织成立6个科技特派员服务队，选派75名市、县科技特派员。编印科技创新政策汇编，深入开展科技型中小企业“双提升”暨高新技术企业“中原行”、研发投入、科技金融、技术合同登记等科技政策宣讲及业务培训活动，成功举办郑州市科技活动周、科技下乡等活动。



## 五、推进科技计划管理改革

进一步完善科技计划管理体系，大力推动科技计划管理改革，充分发挥科技支撑引领作用，推动经济高质量发展，实现简政放权、优化服务。

（一）改革科技项目申报方式。成功开发“郑州市科技业务管理系统”，进一步提升“互联网＋政务服务和科技计划管理”水平，完成科技计划和科技活动的全流程信息化管理，实现了“数据多跑路，企业少跑腿”的申报方式。总结“郑州市协同创新重大专项（郑州大学）”经验，适时推广我市协同创新重大专项模式，拉动研发投入，加强产学研合作，促进高等院校科技成果在我市转化。

（二）强化创新驱动发展战略研究和顶层设计。资金使用通盘考虑我市各类科技投入和各类科技资源配置，2018年重点围绕科技型企业和高新技术企业培育、研发投入补助、重大科技创新专项、创新创业载体建设、科技服务奖补、技术转移、科技金融、惠民计划、国际科技合作等实施六大类别 17 个专项计划，全年共评审研究各类科技项目资金 89337.38 万元，比 2017 年科技项目资金增长 80%。完成 9 批市级科技计划项目经费拨付，支持项目 1899 项，下达经费 39008 万元。争取省级以上项目 602 项，资金 32165.71 万元。

（三）改革涉企财政科技经费使用方式。建立适应创新规律的科研项目和资金管理机制，引导各类创新主体将创新资源更多投入到研发活动，鼓励企业按照国家战略和市场需求先行投入开展研发，逐步由原来的竞争性、点对点的支持转变为以奖代补、后补助支持，支持范围由竞争性的择优选拔向满足基本条件的普惠制转变。2018 年，我市采取后补助方式的科技经费占总费用的 94.3%。

（四）改革科技计划项目评审方式。总结科技评审采取政府购买服务的工作经验，逐步推行并实现科技行政管理部门与科技计划项目评审脱离，采取政府购买服务的方式，逐步将项目评审、过程管理和验收等事项交由规范的第三方专业机构负责。

## 六、创新创业环境持续优化

（一）创新创业氛围日益浓厚。成功举办“郑创汇国际创新创业大赛”“第七届中国创新创业大赛河南赛区比赛”“首届世界传感器大会”“双 12 双创日暨第四届中国创客领袖大会”“强网杯”等大赛活动，其中“郑创汇”国际创新创业大赛共举办 5 期月赛和 2017 年度总决赛，共有海内外 1300 多个创新创业项目报名参赛，线上传播量超过 120 万人次，品牌效应显现，大赛中脱颖而出的“一步用车”“UU 跑腿”等项目，业务已拓展到全国近百个城市。

（二）创新创业载体形成较大规模。2018 年，全市新认定（组建）省级孵化器 10 家，占全省 50%；新备案省级众创空间 10 家，占全省的 43.5%；新备案省级专业化众创空间 2 家，占全省的 40%。截至 2018 年年底，全市已建成各类创新创业载体 248 家，总面积突破 850 万平方米，在孵企业团队超过 10000 家，其中，政府主导的 20 个创新创业综合体基本建成，总面积585万平方米，入驻企业接近4000家，引进高层次领军人才565名、人才团队813个，培育新三板上市企业28家，拟上市企业32家。

（三）创新创业孵化体系基本构建。全市形成了以创新创业综合体为带动，科技企业孵化器、众创空间为支撑的三级孵化体系。河南省大学科技园在美国硅谷成立办事处。中美国际创业港科技企业孵化器在硅谷建立异地孵化器，实现双边同步孵化。2018年首都科技发展战略研究院中国城市创孵指数排名，郑州位列第13位。

# 郑州市2018年工业发展报告

郑州市工业和信息化局

2018年，面对严峻复杂的经济形势，全市工信系统在市委、市政府的正确领导下，以习近平新时代中国特色社会主义思想和党的十九大精神为指导，深入贯彻落实上级各项决策部署，服从服务全市“四重点一稳定一保证”工作总格局，以供给侧结构性改革为主线，大力实施“制造强市”战略，着力推进“三个转变”，制造业高质量发展迈出了新步伐，各项工作取得了明显成效。

经济运行稳中有进。2018年，全市规模以上工业企业增加值同比增长6.8%，增速高于全国平均水平0.6个百分点。全市规上工业企业利润总额增长6.1%，全市规上工业企业主营业务收入增长4.8%，工业企业效益稳步提升。为全市生产总值突破万亿元做出了积极贡献。

国家战略落地生根。成功获批郑洛新“中国制造2025”试点示范城市群、全国消费品工业“三品”战略示范城市、国家服务型制造示范城市等国家级示范城市。其中，在国家级服务型制造示范城市中，郑州是全国首批、长江以北唯一入选的城市，并在全国服务型制造大会上推广了郑州经验和模式。郑州制造在全国战略地位显著提升。

招商引资顺利推进。全年签约亿元以上工业项目97个，签约总额达到1960亿元。工业投资同比增长11.8%，其中，制造业投资增长8.8%，增速比上年提高18.9个百分点，投资结构大幅优化。

创新发展取得新突破。全市高新技术产业增加值增长 10.0%，高于全市工业增速 3.2 个百分点。企业创新能力不断提升，新增 2 家成为国家级技术创新示范企业，2 家制造业单项冠军。成功创建 3 家河南省制造业创新中心，占全省的 60%。

融合发展成效明显。宇通客车、领秀梦舒雅服饰等 22 家企业获评服务型制造、制造业与互联网融合等国家级试点示范，新天科技、汉威科技等 59 家企业（项目、平台）入选省级示范企业（平台、项目），新型制造模式大量涌现。

绿色发展加快推进。绿色制造体系构建成果突出，新增 8 家国家级绿色示范工厂，3 家省级绿色示范工厂。工业能耗大幅下降，万元工业增加值能耗同比下降 15%，超额完成年度目标任务。冬季大气污染治理成效明显，为郑州市蓝天工程做出突出贡献。

主要做法如下。

## 一、强化运行监测，工业经济实现平稳增长

坚持把稳增长作为工业经济发展的首要任务。

一是完善运行监测机制。发挥全市工信系统信息服务平台作用，坚持工业“周问询、旬报告、月分析、季总结”监测制度，突出抓好 66 户龙头企业、200 户重点企业运行数据监测分析，掌握企业生产经营情况及县区工业运行态势，进行综合预判分析，对可能出现的苗头性、趋势性问题提前预警。

二是强化运行调度调节。坚持每月召开工业经济运行分析会，分析研判全市工业经济运行态势，研究解决存在的困难和问题，全年组织召开全市工业经济运行分析会 10 次，其他市级层面工业运行调度（推进）会 8 次。针对 5 月份出现的增速下滑、中美贸易摩擦加剧、工业下行压力不断加大等严峻形势，适时启动荥阳、新密、登封、新郑四个稳增长专案，细化工作举措，化解被动局面，扭转了增速过快下滑的态势，为全年增长 6.8%奠定了良好基础。

三是强化生产要素保障。建立健全企业生产要素监测和应急调度工作机制，协调解决企业在电力、天然气、用煤、运输等方面存在的问题和困难。建立重点保障企业名录库，与供电、天然气供应、煤炭生产、公路铁路运输等单位建立联动机制，全方位保障重点企业生产需求，累计为重点工业企业办理各类入市通行证 9100 余张，有效保障了企业运力需求。

四是加强运行督导考核。建立了市工信委班子成员分包县（市）区和县（市）区分包联系重点工业企业的“双联系”制度，每月对县（市）区经济运行、项目建设、研发投入、安全生产等重点工作进行督导，压实工作责任。会同市发改委等相关部门，加强对县（市）区主要工业指标的考核和重点工作推进督办，确保市委、市政府各项决策部署落到实处。

## 二、加快转型升级，产业结构调整成效显著

坚持一手抓传统产业改造升级，一手抓新兴产业培育，加快制造业向高端、智能、绿色、服务方向转型升级。工业结构持续优化，高载能产业占比下降到 40%以下，战略性新兴产业占比提升到 20%以上。中牟汽车产业集聚区成功创建国家新型工业化产业示范基地。

一是加强规划引领。制定实施了电子信息、汽车及零部件、新型材料、装备制造、烟草等 5 个重点产业转型升级行动计划，研究出台信息安全、智能传感器、动力电池、盾构装备、数控机床等 5 个新兴产业培育专案，明确了产业转型升级的重点和方向。

二是大力推进“三大改造”。制定出台了工业绿色化改造、智能化改造和企业技术改造实施方案，有序推进三大改造。加快企业技术改造。2018 年，全市工业企业技术改造投资增长 35.4%，制造业投资占工业投资的比重达到 79.5%，680 家规上工业企业完成了技术改造，25 个产品获得河南省 2018 年首台（套）重大技术装备产品认定。坚持智能化改造。大力开展以“机器换人、生产换线”为主的智能化改造，全市累计

推广智能机器人 2524 台、数控机床 1447 台；建成省级智能工厂（车间）40 家，市级 53 家；中机六院成为国家级智能制造解决方案供应商，10 企业入选河南省智能制造系统解决方案供应商，占全省的 50%；对 200 家企业开展智能化改造诊断服务。智能化改造累计投资 112.8 亿元。推进绿色化改造。着力构建绿色制造体系，拥有国家级绿色工厂 21 家、省级 6 家，好想你食品入选国家绿色制造系统集成项目，中机六院等 3 家企业进入省级绿色制造体系建设第三方机构名单，中航电动汽车 2 家企业进入节能技术装备及国家能效之星 2018 产品目录，龙翔电气、华威耐材、华润电力等 13 家企业被评选为 2018 年度节水型企业。2018 年，全市万元工业增加值能耗下降 14.8%。

三是强化企业培育。大力培育战略性企业，支持百高百强企业发展，着力推进中小企业上规模。建立“小升规”重点培育企业库，全年新增规模以上企业超过 200 家。两家企业首超百亿、1 家企业首超 200 亿企业，全市超百亿企业达到 13 家。

四是加快落后产能淘汰整合。坚持工业污染治理与工业稳增长双统筹，双促进。深入排查全市水泥、电解铝行业产能情况，积极化解钢铁过剩产能。推动企业搬迁改造，加快三环内、大围合区域工业企业外迁，至 2018 年底 59 户规模以上工业企业完成外迁（停产）。启动危化品搬迁改造和重污染企业搬迁工作，推进区域性行业整合。严格落实错峰生产和错峰运输，深入开展环保夜查，为全市大气污染防治工作做出了重大贡献，被市政府表彰为先进单位。

## 三、培育主导产业，现代产业体系加快构建

全市七大工业主导产业增加值增长 7.6%，对全市工业增长的贡献率达到 93.9%，初步形成电子信息、汽车及装备制造两个 5000 亿级产业集群。

一是汽车及装备制造产业。2018 年，全市汽车及装备制造业规模以上工业增加值增长 5.5%，工业销售产值增长 6.5%。全市实际整车产量

64 万辆，增长 33%，其中，新能源汽车产量 3.92 万辆，增长 12.9%；改装汽车 1.18 万辆，增长 58.4%；城市轨道车辆 120 辆，增长 233.3%。宇通稳居全球最大客车生产企业，产品批量出口欧美等国外市场，全球市场占有率达到 15%。中铁装备自主研发国内最大直径 15.8 米泥水平衡盾构机，总产量和市场占有率保持国内第一。郑煤机高端液压支架国内市场占有率超过 60%。

二是电子信息工业。2018 年，全市电子信息工业规模以上工业增加值增长 12.5%，工业销售产值增长 9.0%。拥有富士康、中兴、酷派、天语等手机整机生产企业 66 家，手机产量 1.98 亿部，是全球最大的苹果手机生产基地。依托信大捷安、山谷网安、金惠计算机等企业，形成了特色突出的信息安全产业链，河南省信息安全产业基地挂牌。中原物联网体验中心建成启动，形成了完整的物联网产业链。

三是新材料产业。2018 年，新材料产业规模以上工业增加值增长 19.6%，工业销售产值增长 12.3%。郑州地区耐火材料产量占全国近 50%，占全省产量约 70%，为全国耐材主要产地之一。超硬材料产业规模及技术水平位于国内领先地位，人造金刚石国内市场占有率接近 20%，立方氮化硼国内市场占有率达到 80%。

四是生物及医药产业。2018 年，全市生物及医药产业规模工业增加值增长 12.8%。临空生物医药园建设有序推进，新增签约国内知名企业（项目）23 个。郑州市是全国重要的小容量注射剂生产基地，润弘、遂成分别年产水针剂 4 亿支、10 亿支。安图生物体外诊断系列产品规模居全国前列。太龙药业双黄连口服液、双金连合剂等产品全国驰名。

五是铝及铝精深加工产业。2018 年，全市规模以上铝工业企业 127 家，规模以上工业增加值同比增长 12.9%，工业销售产值增长 15.5%。氧化铝产量 218.9 万吨、电解铝 42.3 万吨、铝材 404.8 万吨，分别占全省的 19%、16%和 47%。目前已形成从氧化铝、电解铝、铝板带箔等传统产品，到汽车高铁用铝、电力电子用铝、铝材家具建材等完整的铝精深加工产业链。

六是现代食品制造业。郑州市是全国最大的速冻食品生产、研发基地和物流中心，三全、思念在国内速冻食品市场占有率分别超过30%、20%，好想你枣制品销量全国第一，阳光油脂成为我国中西部地区最大的食用油脂和植物蛋白生产加工企业，河南中烟是我国长江以北最大的卷烟生产基地。

七是家居和品牌服装制造业。全市品牌服装以时尚女装、中老年女装、个性电商女装等产品为主，是全国最大的女裤生产基地，女裤年产量占全国产量50%以上。现代家居以板式家具、定制家具为主，大信橱柜已成为我国家具行业大规模个性化定制的龙头企业。

## 四、促进融合发展，新业态新模式持续涌现

加快工业化与信息化、制造业与互联网、制造业与服务业、军民融合发展，新业态新模式不断涌现。

一是加快制造业与互联网融合。制定实施《郑州市工业互联网发展规划（2018—2025年）》《郑州市智能制造和工业互联网发展三年行动计划（2018—2020年）》和《郑州市建设网络强市实施方案》。开展两化融合管理体系贯标对标，河南永安水泥、郑州比克电池、中国石化河南石油分公司成为国家两化融合管理体系贯标试点企业，新增贯标企业5家，221家企业启动贯标工作，661家企业开展两化融合管理体系贯标工作，两化融合贯标、对标数量均居全省首位。汉威科技、宇通客车等20多个企业（项目）入选国家“双创”平台试点示范、智能制造综合标准化与新模式应用、制造业与互联网融合发展试点示范、物联网集成创新与融合应用、工业强基工程等国家级试点示范。新天科技、郑州金惠计算机等30多个企业（项目）入选省制造业与互联网融合发展试点示范、省级特色电子商务平台、省级优秀电子商务平台等省级试点示范。成功举办了智能制造和工业互联网对接大会，发布了全市首批12家“企业上云”云平台服务商推荐名单和19家培育名单。大力实施“百千企业上云”计划，推动全市4693家企业上云。

二是推进制造业与生产性服务业融合。制定实施服务型制造实施方

案，全市制造业企业对服务化转型的认知和重视程度不断提升，骨干企业加速向制造服务化、产品服务化转型。成功创建了国家级服务型制造示范城市，并在全国服务型制造大会上推广了郑州经验和模式。宇通客车的“面向运企机务管理的 Vehicle＋车联网综合服务平台”、领秀梦舒雅服饰的“以渠道营销为载体的女裤定制化服务项目”等 22 家企业（平台、项目）成为国家级服务型制造、制造业“双创”试点示范，河南恒纯农业科技、黛玛诗时尚服装等 59 家企业（项目、平台）入选省级试点示范，带动更多企业从生产型向“生产＋服务”型转变。

三是推进军民融合。成功创建巩义市省级军民融合产业基地，协调推进河南郑州军民融合产业创新基地（荥阳）、郑州军民融合创新创业科技园（马寨产业集聚区）等军民融合园区建设，强化国防科技关键核心“卡脖子”技术攻关，军民融合发展水平不断提升。

## 五、推进招商引资，产业发展后劲不断增强

坚持把制造业招商引资作为“一号工程”，着力推进重点项目建设。

一是强化工业招商引资。制定 2018 年工业主导产业招商工作方案，明确招商引资重点。积极利用第十二届中国（河南）国际投资贸易洽谈会、2018 年中国（郑州）承接产业转移系列活动、2018 两岸智能装备制造郑州论坛等平台，加强意向投资项目对接洽谈，成功引进上汽年产 100 万台发动机、华锐光电显示、奥克斯集团空调等一大批制造业项目，制造业招商总额突破 1960 亿元。成功举办 2018 首届世界传感器大会、首届 Real World 国际（郑州）网络安全大赛，扩大了郑州制造影响力，提升了招商引资新优势。

二是加快重点项目建设。坚持“项目带动、项目化推进”，优化项目审批流程，持续强投资。郑州市工业项目管理监测服务系统建成投入运行，项目监测服务水平显著提升。中铁智能装备产业园、华锐光电等 206 个项目开工建设，合晶一期、裕展精密等 211 个项目竣工投产。全市工业投资增长 11.8%，分别高出全国、全省 5.3、9.8 个百分点，扭转了近

年来持续下滑态势。投资结构显著优化，制造业投资占工业投资比重达到 79.5%，战略性新兴产业投资增长 26.4%，其中高端装备制造、新一代信息技术投资分别增长 380.5%、734.7%。

## 六、实施创新驱动，制造业创新能力明显提升

坚持把创新作为引领产业发展的第一动力，着力构建技术创新体系。成功创建了全国消费品工业“三品”战略示范城市，在成都举办的全国消费品工业“三品”战略座谈会上交流了郑州的做法。

一是加快创新平台建设。加快制造业创新中心建设，成功创建 3 家省级制造业创新中心，占全省的 60%，两个单位入选第二批省级培育单位，新增工业新型成像技术创新中心等 9 家市级培育单位。汉威科技、新天科技 2 家企业被评为国家级技术创新示范企业，郑钻、恒星 2 家企业成为国家级制造业单项冠军示范企业，国家级技术创新和制造业单项冠军示范企业达到 9 家。目前已累计建成市级以上研发中心 2318 个，其中，国家级 40 个、省级 737 个。

二是高技术产业快速增长。旭飞光电“光电显示用高均匀超净面玻璃基板关键技术与设备”项目获国家科技进步一等奖，中铁装备“异形全断面隧道掘进机设计制作关键技术及应用”项目获国家科学技术进步二等奖。2018 年，高技术产业完成增加值增长 12.4%，高于全市工业平均增速 5.6 个百分点，拉动全市工业增长 3.5 个百分点。

三是积极推进质量品牌建设。大力实施制造业“三品”专项行动，积极开展对标达标活动，新开普等 3 家企业成为国家质量标杆，中铁工程装备获得第二届中国质量奖提名奖。大力实施商标品牌战略，拥有中国驰名商标 56 件、省著名商标 586 件，好想你枣业获得商标金奖“商标运用奖”。

四是加快创新人才引进培育。严格落实《郑州市重点产业人才支撑计划实施细则》和《郑州市优秀企业家领航计划实施细则》等政策，开展重点产业急需紧缺人才申报及评审工作，全年引进重点产业急需人才

1570人。

## 七、加强政策保障，引导企业稳进发展

立足主导产业特点和新兴产业培育需求，完善政策保障机制。

一是完善政策体系。制定出台了郑州市建设中国制造强市若干政策补充意见，重点产业人才支撑计划和优秀企业家领航计划等实施细则，推动出台了加快制造业高质量发展“1＋N”政策，形成了以《郑州市关于加快制造业高质量发展的若干意见》为总领，包括《郑州市加快工业投资促进制造业高质量发展的若干政策》《郑州市加快重点工业企业培育的若干政策》《郑州市制造业招商引资考核办法》《关于拓展发展空间保障工业用地需求若干措施》《关于推进审批服务便利化支持制造业发展若干措施》的政策体系。

二是强化政策宣传和落实。举办了市、县两级制造强市政策宣讲活动近40场次，基本做到全市规上工业企业全覆盖。同时，利用广播、电视、网站、微信等媒体广泛宣传各类惠企政策，依托郑州日报《新时代新作为新篇章》《庆祝改革开放40年》《贯彻省委十届六次全会暨省委工作会议和市委十一届七次全会暨市委工作会议精神》等专栏，宣传我市工业信息化发展新成效、新举措，营造制造业高质量发展的浓厚氛围。认真落实国家、省、市支持先进制造业发展和转型发展攻坚相关政策，全年落实国家、省、市三级资金94亿元，有力促进了全市工业经济平稳健康发展。

## 八、优化营商环境，营造良好发展氛围

坚持以服务企业、让企业满意作为工作标准，积极营造“服务优、政策优、企业家与人才待遇优、亲与清型政商关系”的“三优一亲”营商环境。强化企业服务，发挥郑州市企业服务平台作用，2018年，各级共受理企业反馈各类问题857个，协调解决1074个，问题解决率98%以

上，位居全省前列。深化“四项对接”，组织开展四项对接活动 188 场，其中，组织产销对接活动 45 场，签订产销协议 560 个，协议金额约为 11 亿元；开展银企对接 35 场，帮助 300 家企业争取银行授信 90 亿元；组织企业参与省、市各类用工对接 70 场，帮助重点企业达成用工意向近 1 万人；开展产学研对接 38 场，推进企业与高校、科研院所等单位的合作。创新企业服务方式，开展企业家接待日活动，2018 年开展活动 80 次，接待企业家 400 余人，受理企业家提出的问题、申请和建议 500 余项。依托智汇郑州人才工程，实施优秀企业家领航计划，成功举办郑州市优秀企业家深圳大学创新发展研修班、重点企业家大连理工大学新思路新发展专题研修班、中小微企业综合素质提升班等大中小企业家培训活动，参训高管人员 2000 余人次。在全市范围内大力弘扬企业家精神，宣传先进典型，营造了企业家干事创业的良好氛围。

# 郑州市2018年民政工作报告

郑州市民政局

2018年，郑州市民政局紧紧围绕郑州建设国家中心城市大局，认真践行“民政爱民、民政为民”工作理念，全面贯彻落实国家、省、市关于民政工作的部署要求，充分发挥民政在落实民生保障中的职能作用，全市民政事业发展取得了新成效。

## 一、社会救助工作

（一）*有效开展助力脱贫攻坚工作*。结合我市贫困线标准确定了2018年农村低保提标标准，低保兜底保障能力进一步增强。联合财政、扶贫办等部门下发《郑州市脱贫攻坚三年行动中切实做好救助兜底保障工作方案》，再次明确了民政行业承担的工作职责。为进一步统一思想认识、总结交流经验、助力脱贫攻坚，11月22日，在中牟县组织召开了全市兜底保障脱贫现场会。目前，全市农村低保兜底保障建档立卡贫困对象4904人，全年支出低保资金1652万元。我局驻登封市白坪乡煤窑沟村工作队谋划的十件实事项目基本落实，累计投入资金158500元，村容村貌焕然一新，产业发展稳步推进，全村整体建设发展势头良好，截至2018年9月底，煤窑沟村61户建档立卡贫困户共250人全部实现脱贫。

（二）有序推进社会救助工作。一是城乡低保方面，与市财政局联合印发了《关于提高城乡低保标准和特困人员供养标准的通知》，全市农村低保标准由每人每月 380 元提高至 430 元，城市低保标准由 600 元提高至 630 元。截至 12 月底，全市共有城乡低保对象 24881 户、43203 人，其中农村低保对象 17056 户、32246 人，城市低保对象 7825 户、10957 人。全年共发放城乡低保资金 1.85 亿元，其中农村低保资金 1.086 亿元，城市低保资金 0.7678 亿元。二是特困人员供养方面，提高供养标准，2018 年 7 月 1 日开始，城市特困人员供养基本生活标准调整为每人每年不低于 11340 元；郑州市内各区农村特困供养人员，根据人均耕地面积情况（0.3 亩），基本生活标准按照城市特困人员供养标准 100%、70%核定；五县（市）农村特困人员供养基本生活标准每人每年不低于 7740 元。实施农村特困人员供养服务机构提升改造工程，截至 12 月底，14 个新建项目全部开工，29 所综合提升改造项目全部完工，我局承担的市十大民生实事基本完成。截至 12 月底，全市共有城乡特困供养对象 10294 人，其中集中供养 2475 人、分散供养 7819 人，全年发放特困供养资金 9284 万元。三是医疗、临时救助方面，配合市人社局做好困难对象大病补充保险参保工作，统计汇总了全市特困人员救助供养对象、城乡低保对象相关信息数据，确保符合条件的困难对象参加大病补充医疗保险。督促各县（市）区制定出台临时救助实施细则，细化救助措施，并根据对象困难程度、支出金额等因素分类分档进行精准救助。全市全年医疗救助 18012 人次，支出 4037 万元；临时救助困难群众 9016 人次，发放救助金 902 万元。

（三）不断提升信息核对工作。联合市国土资源局等部门，做好社会救助家庭不动产登记信息和家庭收入情况核对认定工作，明确信息查询方式、查询内容、查询程序和查询时间，完善了社会救助家庭经济状核对机制，促进了社会救助对象的精准认定。全年全市核对低保申请家庭 40696 户 71042 人，查出问题并退出低保 1076 户 2702 人，检出率为 2.64%；核对低收入申请家庭 2866 户 6881 人，查出问题并退出低收入 130 户 353 人，检出率为 4.53%；核对公租房申请家庭 23829 户 38227 人，查出与所报收入不符人数为4771人，检出率为12.48%。

## 二、为老服务工作

（一）进一步健全政策法规。研究制定上报出台了《郑州市人民政府关于印发加快建设郑州健康养老产业实施方案（2018—2020年）的通知》《郑州市人民政府办公厅关于印发全面放开养老服务市场提升养老服务质量的实施意见》《郑州市人民政府办公厅关于印发郑州市居家和社区养老服务改革试点实施方案的通知》《郑州市财政局、发改委、民政局、老龄办关于印发郑州市政府购买养老服务暂行办法的通知》《郑州市民政局、财政局关于印发郑州市资助民办养老机构实施办法的通知》《郑州市民政局、财政局关于印发郑州市城乡养老照料设施建设资助和运营管理暂行办法的通知》《郑州市老龄办等9部门关于印发郑州市关于加强农村留守老人关爱服务工作实施方案的通知》《郑州市老龄办等13部门关于印发郑州市开展人口老龄化国情市情教育实施方案的通知》等文件，明确了我市养老服务体系建设的目标任务，完善了政策措施，规范了为老服务相关事项，为推动我市老龄工作开展提供了政策支撑。

（二）全面提升养老机构服务质量。委托郑州市规划院初步完成《郑州市养老设施布局专项规划（2018—2035）》编制工作，为养老事业发展提供了科学指南。开展养老机构服务质量建设专项行动工作，进行安全隐患排查，组织开展“119消防宣传月”宣传活动，对存在安全隐患的部分养老机构进行约谈，并下发了《整改通知书》。抽查了专项资金使用情况，确保补贴资金专账管理、规范使用。组织召开了老龄工作培训会，提升了养老机构管理人员能力水平。完善居家和社区养老护服务制度，完成了购买居家和社区养老护服务承接主体招标工作。

（三）积极推进养老服务体系建设。以开展居家和社区养老服务改革试点城市为契机，大力推进养老照料设施建设，出台了《郑州市城乡养老照料设施建设资助和运营管理暂行办法》，明确了养老照料中心的建设补贴标准，面积200平方米及以上补贴10万元，面积每增加100平方米增加补贴5万元，最高不超过100万元，争取、下拨中央和省级奖补扶持资金3000多万元，2018年全市新建成并投入使用日间照料中心70家。严格落实养老机构建设运营补贴和养老护理员补贴制度，发放补贴资金655.6万元，全市新增养老机构3家，全年新增养、托老床位2500多张。

（四）全面开展老年福利关爱工作。高龄津贴发放及年审工作有序推进，按照有关规定，采取微信、视频等信息化方式对享受高龄津贴的老年人进行年审，推进全市高龄津贴有序发放，全年共为我市81000名老年人发放高龄津贴9636.59万元。开展“营造敬老爱老社会氛围、纪念改革开放40周年”主题敬老月活动。重阳节前夕，开展慰问百岁老人大走访活动，为百岁老人送上慰问金和慰问品，并开展文体娱乐、健康咨询、义演义诊、志愿者服务等敬老爱老助老系列活动。结合养老服务领域涉嫌非法集资的主要特点，印发“涉及养老机构领域非法集资防范注意事项公告”，多种形式开展老年人防诈骗宣传教育活动。



## 三、防灾减灾救灾工作

（一）认真组织核灾救灾工作。2018年我市先后发生2次风雹灾害、1次洪涝灾害，造成我市中牟县、荥阳市、登封市、新密市、惠济区、郑东新区的25个乡镇受灾，全市受灾人口21453人，农作物受灾面积1392.9865公顷，受损房屋42户87间，直接经济损失807.94万元。及时完成2017年度防灾减灾评估工作，救助去冬今春受灾困难群众14685人，下拨救灾资金431万元，下发棉被4060条、毛毯560条、大衣560件。圆满完成今冬明春受灾困难群众排查摸底工作，经初步统计，需救助受灾群众6126人，其中需口粮救助人口5574人、衣被救助人口2620人、取暖救助人口891人，需其他生活救助人口352人，共需资金277.36万元。

（二）加强防灾减灾体系建设。指导各县（市）区组织开展“5·12”防灾减灾宣传活动；配合省减灾委、省民政厅在郑东新区如意湖办事处如意湖广场开展了防灾减灾综合演练；参与溃坝后堵决口、水上救援、紧急转移安置等黄河防汛演练。开展一系列宣传活动，让广大群众进一步了解和掌握防灾减灾知识，提升家庭和邻里自救互救能力。按照“横向到边、纵向到底、全面覆盖”的要求，着力提高灾害信息员报灾理论及实操能力，先后组织3期技能培训，共培训灾害信息员、救灾科长、民政所长、社区负责人704人次；组织85名乡（镇）级灾害信息员参加民政厅举办的灾害信息员培训。扎实开展汛前准备工作，将灾害应急救助责任分解到人，督促各县区对应急队伍、物资、装备、技术等方面的准备情况进行自查，严格落实情况通报和汛期值班制度，灾害预警、预报和应急处置能力进一步提高。

（三）完成防灾减灾示范社区争创工作。完成对19个新创建“综合减灾示范社区”的检查验收、公示，并在申报系统上完成审核上报，8个社区获得“全国综合减灾示范社区”，15个社区获得“河南省减灾示范社区”。



## 四、社会福利和慈善事业促进工作

（一）严格落实残疾人两项补贴制度。联合市财政局、市残联印发《关于进一步规范残疾人两项补贴发放工作的通知》，进一步规范了我市残疾人两项补贴发放工作。联合市残联下发《关于对残疾人两项补贴制度落实情况进行督查的通知》，采取“六查”形式对15个县（市）区残疾人两项补贴工作进行督查，确保补贴发放及时。截至12月20日，我市15个县（市）区按照文件要求全部实现按月足额发放，全年共为12246名困难残疾人发放生活补贴资金1819.363万元，为40059名重度残疾人发放护理补贴资金4576.82万元，共计6396.183万元。

（二）强化社会福利机构建设。市第八人民医院西区新建医院项目累计完成投资7240万元，完成计划投资的144.8%。市残疾儿童康复中心新建项目总用地面积约30亩，总建筑面积约18570平方米，总投资估算约9022万元，现已完成了项目选址工作，设计方案招标工作正在进行中。

（三）加强精神障碍患者社区康复试点建设。为进一步发展我市精神障碍社区康复服务工作，根据《河南省民政厅 河南省财政厅 河南省卫生和计划生育委员会 河南省残疾人联合会关于加快精神障碍社区康复服务发展的实施意见》，我局依托市第八人民医院开展严重精神障碍社区康复试点建设工作，目前已建成四个康复试点（二七区一个、中原区一个、惠济区两个），康复设备配备完善，组织社工到四个社区康复试点开展初期的康复工作，并已开始对社区选定的康复人员进行初步精神康复工作。

（四）全面发展慈善事业。慈善信托备案变更 1 家，新增项目 3 家。组织开展“慈善敬老·夏日送清凉”活动，共筹集善款 36.36 万元，为全市 16 个县（市）区、开发区集中供养的 3030 名特困老人每人量身定做一套夏装。成功举办“郑州慈善日”系列活动，活动当天募集善款 2.78 亿元。慈善超市和社会捐助站点建设稳步推进，全市共新建慈善超市 20 家。郑州慈善总会 2018 年募集善款 8977 万元，支出 8297 万元，惠及困难群众近 50 万人次。承办了 2 期“中国慈善联合会人才培养基地”培训班，共培训慈善会、基金会、社会服务机构等社会组织的负责人和业务骨干 300 余人。由郑州慈善总会实施的“传递温暖 呵护夕阳”——大学生担任养老护理员慈善项目和二七区慈善总会实施的“温暖二七”全民公益慈善项目成功入围第十届“中华慈善奖”候选名单。

（五）全力做好福彩发行。利用郑州晚报、郑州日报、户外大屏、公交候车厅、长途汽车站、郑州福彩微信公众号等媒体开展福彩信息活动宣传，开展各类票种促销活动，积极开展开展公益资助活动，提升了福彩公益形象。全年销售福利彩票 17.58 亿元（含港区 6832 万元），同比增长 2.53％，圆满完成了省民政厅下达的 17.5 亿元的任务指标。

## 五、双拥优抚安置工作

组织开展慰问优抚对象活动，共慰问各类优抚对象 3.18 万人次，发放慰问金 323 万元，发放大米、面粉、食用油等慰问品价值 826 余万元，发放新春年画、慰问信 32800 余张，发送节日祝福短信 28000 余条。积极走访慰问郑州驻军，共赠送慰问金530万元，慰问品价值286余万元。组织退役军人和其他优抚对象信息采集工作，目前已完成25万余人次。完成全市义务兵家庭优待金发放工作，全市为7621人发放资金2547万元。有序开展退役士兵接收安置工作，稳步推进退役士兵权益保障与信访稳定工作。认真落实军休干部“两个待遇”，积极组织开展文体活动，军休干部服务管理质量稳步提升。

## 六、城乡基层社会治理工作

（一）圆满完成全市村（社区）“两委”换届选举工作。按照省委、省政府的统一部署，在市委、市政府高度重视和县乡两级党委、政府的精心组织、强力推进下，全市207个乡（镇、办）的2263个村、804个城市社区全部完成了村（社区）党组织、村民委员会、居民委员会换届选举任务，选出村“两委”成员15082人，其中村党组织委员8976人，村党组织书记2251人，村委会成员8414人，村主任2226人；选出社区“两委”成员7720人，其中社区党组织书记804人，居委会主任790人。村“两委”中妇女干部3340人，占比22.15%，实现了每村都有1名以上女干部的目标。我市换届工作亮点经验和在换届中建立的“后评估”机制等创新做法得到省换届办的充分肯定，《中国社区报》在头版两次进行了大篇幅报道。

（二）开展村（社区）“两委”干部集中培训。村（社区）“两委”换届结束后，市委组织部牵头、民政局配合对全市新当选的近5400名村（社区）党组织书记和村（居）委会主任进行了为期2个月的集中轮训。培训共分6个类别13期次，在市委党校和新郑市同时进行，采取两测、两谈、两观摩的形式，把知识测试、座谈交流、实地观摩贯穿培训全过程始终，切实达到以考促学、以学促知、以知促行的目的。

（三）基层自治体系逐步建立。根据市委办公厅、市政府办公厅印发的《关于进一步深化城乡社区协商的实施意见》，指导各县（市）区依据《意见》精神，及时指导辖区村（居）建立健全了城乡居民协商工作机制。结合村（居）“两委”换届契机，全面组织《村规民约》修订工作。村（居）“两委”换届后，及时发放了基层群众性自治组织特别法人统一社会信用代码证书，集中时间、集中力量对村（居）赋码信息数据进行核对完善，村（居）赋码及校核工作已全部完成。

（四）社区建设进一步加强。积极开展老旧小区社区治理工作，按照市委、市政府工作部署，及时研究制订了实施方案，扎实推进社区整治，老旧小区环境、秩序得到明显改善。根据省厅通知要求，积极开展规范化社区建设，我市上报的中原区阳光新城社区等80个社区，经过省厅实地验收，全部通过，通过率100%。2018年全国基层政权和社区治理工作会议期间，民政部、各省（直辖市、自治区）民政厅（局）领导约100余名与会人员实地考察了郑东新区普惠社区、管城回族区区级社区服务中心、管城回族区西大街街道办事处党群服务中心3个示范观摩点，对管城回族区社区服务的“三三共筑”模式给予了高度肯定。

（五）社工工作稳步推进。研究出台了《推动全市民办社会工作服务机构孵化基地的指导意见》，联合市财政局、市人社局印发了《关于推进全市社会工作督导人才队伍建设的意见》，联合市财政局出台《郑州市政府购买社会工作服务资金管理暂行办法》，打牢了社工工作政策基础。依托我市社工孵化基地开展社工专业培训，全年共开展专业培训、分享沙龙、参访交流、公益体验、考前培训、项目大赛等各类活动70场，服务3500余人次，媒体报道60次，先后接待民政部基层政权会议代表、省民政厅领导、市委组织部等各级学习考察人员等58次，接待1000余人，孵化成效明显。积极推动各县（市）区、相关单位开展政府购买社工服务，全市累计投入4004余万元，其中，市级政府投入资金620余万元购买了12个社工岗位和19个社工项目。组织社会工作督导培养对象选拔培养，共选拔督导培养对象100名，其中24名社工通过考核并入选郑州市社会工作督导人才库；举办工程师考前培训、志愿服务培训、医务社会工作培训等多个培训班，累计培训学员640名，全市社会工作人才队伍专业化水平进一步提高。承办全市公务员大讲堂活动，组织开展“百名基层民政干部看社工活动”，进一步加深了民政干部对社会工作的理解和认识。为吸引更多居民参与志愿服务活动，通过“郑州社会工作”微信公众号、《中国民政》《中国社会工作》、郑州日报、郑州晚报等媒体开展宣传，全市支持社会工作发展氛围进一步浓厚。

（六）社会组织管理服务进一步规范。严格遵守行政审批“两集中、两公开和五单一网”制度，全市共办理社会组织行政审批 489 项（其中市本级 163 项），合法率 100%。全面开展社会组织年检，截至 12 月底，全市社会组织登记总量达 4169 家，年检通知率 100%，年检率 93%。加强社会组织综合监管，依法约谈未按时换届的社会团体 75 家，并下达警告处罚通知书；对 89 家未按时参加年度检查的社会组织下达整改通知，已列入异常名录 26 家；开展“两随机一公开”专项抽查，抽查社会组织 526 家，抽查率 13%。积极开展社会组织培训，共举办各类工作培训 50 多场次，参训 6500 余人次。持续开展好社会组织便民服务活动，组织召开社会组织负责人座谈会，先后组织社会组织“3·15”诚信宣传服务、便民服务团进社区活动、便民服务暨公益捐赠活动 12 次；组织盐城商会定点儿童福利院爱心捐赠 1 次；市家装商会赴卢氏县官道镇扶贫捐赠 1 次。累计参与社会组织近 200 家，现场服务群众近 3000 人，捐赠各类物资及现金近 30 万元。

## 七、专项社会事务工作

（一）稳步开展区划和地名管理工作。全力推进地名普查工作，截至 12 月底，共采集 11 大类 58 个子类的 4.2 万条地名信息，较好完成了地名普查阶段性工作。严格命名备案程序，多方协调沟通，以群众需求为出发点有序推进地名管理工作，全年全市完成道路命名 246 条。进一步完善城镇住宅区和建筑物备案程序，全年全市共完成城镇住宅区和建筑物备案 277 个。先后完成了市、县两级界线联合检查，界线纠纷隐患排查，市、县两级界桩更换，平安边界创建等工作，完成市级界线 34 颗界桩和县级界线 50 颗界桩的更换工作。

（二）有序开展婚姻登记、殡葬管理工作。严格婚姻登记员资格审查，并组织全市婚姻登记员培训，提升业务技能，进一步推进婚姻登记规范化、信息化。全市全年共办理婚姻登记 15.16 万对，其中结婚 7.85 万对，离婚 4.48 万对，补领婚姻证件 2.83 万对，办理涉港、澳、台婚姻登记 40 对。组织开展郑州市第四届“人文共祭 爱传万家”清明共祭活动，共祭活动共有 26 个家庭，100 多人参加了集体共祭活动。树葬活动开展 11 年以来，共有 958 个家庭与市殡葬协会签订了树葬协议，7500 多人次参加了活动，1218 具骨灰回归自然，2018 年共有 90 个家庭参加，117 具骨灰埋在常青树下。同时，积极探索草坪葬、花坛葬等节地生态安葬方式。积极推进惠民殡葬，2018 年，全市火化遗体 31746 具（包括巩义市），火化率 53.14%，全市惠民资金投入 2413.0730 万元，惠及人 29234 人。

（三）持续做好流浪乞讨人员救助管理工作。严格落实“八位一体、五级联动”救助管理长效工作机制，开通“郑州市流浪乞讨人员救助”微信公众号，救助管理工作“街面发现难、救治难、安置难”问题得到有效解决。截至 12 月底，全市共救助流浪乞讨人员 9283 人，救治流浪乞讨急（危）重症病人、有明显特征的精神障碍人员和传染病人 773 人，共出动人员 13.06 万人次，出动车辆 4.29 万车次，发放衣物 3918 件。

（四）扎实做好孤弃儿保障工作。进一步提高我市孤儿救助标准，城镇、农村社会散居孤儿每人每月分别提高至 1280、1000 元，机构内儿童保障标准为每人每月 1860 元。开展孤弃儿童养育情况大排查，目前全市共有孤弃儿童 1087 名，其中社会散居孤儿 305 名，机构内儿童 782 名，全年共发放孤儿救助专项资金 624.63 万元。采取委托第三方机构评估的模式，对收养家庭进行综合评估，有效地保护了被收养儿童的合法权益，全年共办理收养登记 36 例。

（五）深入开展农村留守儿童关爱保护工作。筹资 25 万元通过政府购买社工服务方式在登封市白坪乡开展农村留守儿童关爱保护服务活动，先后多次联合多部门对农村留守儿童关爱保护工作展开督查，确保农村留守儿童关爱保护工作顺利推进。部署开展“一对一”“一帮一”防溺亡专项治理工作。启动开展全国农村留守儿童关爱保护和困境儿童示范保障创建活动。截至12月底，全市共排查出农村留守儿童1345人，困境儿童5801人（其中孤弃儿童1087人），对排查出的缺少有效监护的农村留守儿童，由乡镇人民政府（街道办事处）、村（居）民委员会督促指导其家长选择经评估具有监护能力的受委托监护人，并签订《留守儿童委托监护责任确认书》。

# 郑州市2018年司法行政工作报告

郑州市司法局

2018年，在市委、市政府和省司法厅、市委政法委的坚强领导下，全市司法行政系统深入学习贯彻习近平新时代中国特色社会主义思想和党的十九大精神，紧紧围绕“四重点一稳定一保证”工作总格局，认真履职尽责，树牢“四个意识”，坚定“四个自信”，做到“两个维护”，勇于担当作为，全力服务保障郑州国家中心城市建设，取得了明显的工作成效。

## 一、突出改革创新，法治政府建设取得新成效

*一是扎实推进法治政府基础建设。*全市各级各部门提高工作站位，深入贯彻《法治政府建设实施纲要（2015—2020年）》和省、市实施方案，认真落实《郑州市2018年推进依法行政建设法治政府工作要点》。进一步健全考核制度，充分发挥考核评价对法治政府建设的重要推动作用。严格落实市政府常务会议学法制度，市本级组织常务会议学法4次。在复旦大学、贵州大学举办领导干部、法制人员培训班，着力提高政府工作人员法治思维和依法行政能力。全力支持“放管服”改革，组织开展证明事项清理，取消市本级设定证明事项19项，县（市）区设定证明事项33项，切实做到没有法律法规规定的证明事项一律取消。

二是不断提升政府立法质量。圆满完成年度立法任务，提请市人大常委会审议通过《郑州市文明行为促进条例》，修订《郑州市政府投资项目管理条例》，对《郑州市大气污染防治条例》等10件地方性法规进行打包修改，提请市政府制定《郑州高新技术产业开发区暂行规定》等7部政府规章。坚持立改废释并举，组织对我市现行有效的地方性法规和政府规章进行集中清理，开展知识产权保护、排除限制竞争、军民融合发展等领域政府规章专项清理。充分发挥市政府立法咨询委员会参谋助手作用，组织专家论证会10余次。坚持开门立法，认真听取市政府立法基层联系点意见建议。

三是深入推进服务型行政执法工作。按照“回头看、强调研、补短板”工作要求，将工作着力点放在分析实情、找准短板、夯实基础、强质提效上，对全市已确认的76个服务型行政执法示范点再培育再提升。

四是全面落实行政执法责任制。落实重大行政处罚备案审查制度，做好具体行政行为目录备案和行政执法情况统计工作。基本完成我市地方性法规、政府规章涉及行政处罚自由裁量标准制定工作。完善郑州市依法行政督导平台。组织起草我市推行行政执法公示、执法全过程记录和重大执法决定法制审核“三项制度”。依法办理行政执法证件2486个。

五是加强规范性文件监督管理。强化合法性审查，共审核市政府及办公厅制定的规范性文件741件，提出法制审核意见268条，为市委、市政府依法决策、科学决策提供法治保障。审查备案文件575件，向省司法厅和市人大常委会报送备案文件75件。开展规范性文件清理，完成涉及著名商标、公平竞争、自贸区建设等7项规范性文件专项清理，维护法制统一和政令畅通。

六是认真做好行政应诉工作。依法履行应诉职责，全市各级行政机关共应诉案件4551件，较去年同比增长12.8%。其中，办理以市政府为被告的行政应诉案件220件，办理以市政府为被申请人的行政复议案件117件。完善诉前分流、诉中指导、诉后监督工作机制，建立典型案例定期通报制度，全年发布典型案例30件。办理市政府涉法事务738件。完成市政府法律顾问选聘工作，组建政府法治智库。

七是强化行政复议化解行政争议的主渠道作用。全市受理审理行政复议案件 1953 件，审结 2029 件（含上年结转案件）。其中，市本级受理行政复议案件 712 件，转办 243 件，审理 469 件，审结 421 件，办理行政复议决定引发的行政诉讼案件 292 件。充分运用调解、和解方式，化解行政争议，调解结案率达到 20％。

## 二、突出规范执法，刑罚执行工作取得新成效。

一是全面加强狱所安全管理。认真贯彻治本安全观，不断强化安全稳定措施，先后 8 次组织应急处突演练，4 次召开安全形势研判会，确保管理制度执行到位，安全隐患整治到位，各狱所顺利实现“四无”“六无”目标。

二是切实提高改造矫治工作实效。督促狱所严格落实“三课”教育制度，规范执行“5＋1＋1”制度，积极推进司法行政戒毒“四区五中心”基本模式建设，狱所教育改造和教育矫治实效性不断提升。

三是扎实开展社区矫正工作。突出衔接接收、监督管理、教育矫正、适应性帮扶等四个关键环节，引导帮助社区服刑人员早日回归社会。全市社区服刑人员重新犯罪率低于全国平均数。积极开展社区矫正延伸用警试点工作，司法行政干警参与点验社区服刑人员。为我市全面铺开刑罚执行一体化建设奠定了基础。四是认真做好刑满释放人员安置帮教工作。全市接收刑满释放人员安置帮教率达到 98％，重点帮教人员接送率达到 100％，重新犯罪率控制在 1％以内，无脱管、漏管现象。

## 三、突出平台建设，公共法律服务取得新成效

一是着力推进全市公共法律服务实体平台建设。积极推动全市公共法律服务实体平台建设纳入市政府“十件民生实事”，提请市政府印发《郑州市公共法律服务平台建设实施方案》，基本建成覆盖市、县（市）区、乡（镇）、村（社区）四级公共法律服务实体平台，实现了村（社

区）法律顾问全覆盖。不断完善工作流程，规范各项制度，着力发挥四级平台服务群众作用。

二是律师服务业发展迅速。全市律师事务所达到430家，执业律师达到6513名。全市律师共办理各类案件78291件，提供法律援助8916件，参与公益事业和社会活动11216件，参与化解涉法涉诉信访案件951起。积极推进律师服务党委政府重大决策，建成由40名涉外律师为成员的郑州市涉外律师人才库，为自贸区建设提供法律支持。推动落实刑事辩护全覆盖，组建郑州市刑事辩护律师库。大力加强律师协会建设，完成市律师协会的换届工作。做好全市律师行业党的建设工作，全力推进律师行业党的组织和党的工作全覆盖。

三是全力做好公证、司法鉴定和法律职业资格考试工作。公证改革取得了阶段性成果，城区公证处优化整合为绿城、中州、商都三家公证处，同时开展了大豫、华夏两家合作制公证处试点。全市共办理各类公证144651件，公证业务收费6200万，实现了业务量和业务收费双提升。切实提高司法鉴定质量和公信力，全年共办理司法鉴定案件4428件。周密安排首次国家统一法律职业资格考试郑州考区考务工作，实现“零失误”的目标。

四是持续提升法律援助工作水平。加大法律援助案件办理力度，全市共办理法律援助案件17401件，较去年同比增长16.8%。积极推进认罪认罚和审判阶段律师辩护全覆盖两项试点工作，全市适用普通程序审理的刑事案件辩护率达78.4%。

## 四、突出公益服务，保障和改善民生取得新成效

一是人民调解工作扎实有效。充分运用“枫桥经验”，组织开展“贯彻十九大精神、调解纠纷促和谐”大排查大调解活动。组织人民调解员参与村（社区）两委换届工作，有效化解矛盾纠纷。规范和加强人民调解组织、队伍、业务、制度和经费保障，市级财政对专职人民调解员生活补贴预算下拨3299.9万元。全市共受理调解案件62206件，调成

60845 件，调成率达到 97.8%。

二是切实减轻人民群众维权成本。依法指派法律援助律师办理涉农民工法律援助案件 4776 件，为农民工挽回损失或取得利益 3416 万元。充分利用 12348 热线电话和法律援助值班站点提供免费法律咨询服务，接待群众来电来访法律咨询 111846 人次。依法办理司法鉴定援助业务 77 件，减免鉴定费用 2.63 万元。坚持对困难群众减免公证收费，对 5000 元以下的小额财产继承实行免费办理。组织开展市级以上劳动模范和先进工作者免费办理公证公益服务活动，营造了尊重模范、服务先进的良好氛围。

三是做好“三级十同”审批服务事项梳理工作。根据《河南省司法行政系统“三级十同”审批服务事项通用目录》，市司法局完成审批服务事项编制、录入工作，涉及主项 12 个，子项 34 个。

四是积极推进公证信息化建设。加强公证机构软硬件配置力度，实现与民政、不动产等相关部门信息共享，推进使用法信公证云办理公证案件，实现公证便民。

## 五、突出宪法宣传，普法依法治理取得新成效

一是高度重视宪法学习宣传和贯彻实施工作。大力弘扬宪法精神，维护宪法权威，组织开展“12·4”国家宪法日暨首个“宪法宣传周”系列活动、全市中小学校“学宪法、讲宪法”主题演讲比赛和网上学宪法活动、“我与宪法”优秀微视频征集活动等，全方位推动宪法学习宣传教育，营造了尊崇宪法、学习宪法、遵守宪法、维护宪法、运用宪法的浓厚氛围。认真做好迎接全省宪法学习宣传实施专项督察暨“七五”普法中期检查工作，推动宪法学习宣传和“七五”普法深入开展。

二是抓住“关键少数”，推动领导干部做尊法学法守法用法的模范。积极推进“谁执法谁普法、谁服务谁普法”和“党政负责人履行推进法治建设第一责任”制度落实。全市各级各部门举办党委（党组）中心组学宪法 350 余次、举办宪法知识讲座 1200 余场次、组织国家工作人员宪

法宣誓 80 余场次，组织了全市国家工作人员宪法知识考试。

三是加强法治文化建设。命名郑州花园口法治文化基地、登封市“青少年法治教育实践基地”、管城区“未成年人普法教育中心”为全市首批法治教育基地。集中力量打造以宪法主题公园、法治文化广场为代表的法治文化阵地，组织开展群众性法治文化活动，为建设国家中心城市营造良好法治氛围。

四是全面深化法治创建。加强乡村和社区治理体系建设，全市共有 72 个村（社区）被评为全国、省、市“民主法治示范村（社区）”。

## 六、突出线索排查，扫黑除恶专项斗争取得新成效

各狱所深入开展“交揭查”专项活动，收集上报案件线索 160 余条，查证落实恶性杀人案件线索 1 条，受到省委政法委和省司法厅的高度肯定。在市司法局网站、微信公众号、政务微博等开辟专栏，设计、印制扫黑除恶宣传资料 10 万余份，积极营造专项斗争高压态势。河南电视台法制频道以“郑州市司法局助力扫黑除恶取得更大成效”进行了报道。

# 郑州市2018年人力资源和社会保障工作报告

郑州市人力资源和社会保障局

2018年，全市各级人社部门以习近平新时代中国特色社会主义思想为指导，深入贯彻党的十九大精神，认真落实市委、市政府决策部署，紧扣社会主要矛盾变化，坚持以人民为中心的发展思想，坚持“民生为本、人才优先”工作主线，按照高质量发展要求，转作风、提效率、树形象，抓重点、强落实、创特色，全力促进就业创业，深化社会保障改革，大力实施人才强市战略，稳步推进人事制度改革，完善工资收入分配制度，构建和谐稳定劳动关系，优化公共服务体系，坚定不移推进全面从严治党，不断提升人力资源和社会保障工作的质量和效益，着力为建设人民满意幸福国家中心城市贡献力量。

## 一、全力抓好就业创业工作，全市就业形势稳中向好

全年全市新增城镇就业12.59万人，其中失业人员再就业2.46万人、帮助就业困难人员实现就业0.77万人，城镇“零就业家庭”动态为零。城镇登记失业率2.51%。接收高校毕业生6.34万人，实现就业5.77万人，就业率91%。新增农村劳动力转移就业6.12万人，我市被

推荐为“全国农民工市民化工作突出典型城市”表彰对象。

加大创业扶持力度。一次性创业（开业）补贴由8000元提高到10000元，首次创办企业或从事个体经营正常营业由六个月缩短为三个月。扩大创业培训师资队伍，积极组织参加创业培训师资培训和网创师资培训。新认定2家定点创业培训机构，全市定点培训机构达到6家。持续推进综合性创业孵化平台建设，支持高校建设大学生创业孵化平台，充分发挥平台孵化作用。成立了由56名专家组成的郑州市大众创业导师服务团，为不同需求的创业者提供开业指导、企业诊断、企业管理、营销管理、创业融资等服务。开展各类创业服务活动104场，服务1.5万人次。发放创业担保贷款8.72亿元，扶持2109人自主创业，带动就业19831人。全市孵化园区（平台）达到42家，全年入孵企业2866户，带动就业42154人。新认定4个市级农民工返乡创业示范园，新增农民工返乡创业10444人。在全省率先成立70人的大众创业导师团，完成创业培训3.87万人、返乡农民工创业培训6218人。积极参加全省、全国创业创新大赛。在省赛中，2个项目获得创业组和创新组第一名；4个项目入围国赛；在国赛中，1项获得全国二等奖，3个项目获“中国创翼之星”荣誉称号。

持续做好高校毕业生就业工作。做好“智慧郑州”青年人才补贴发放工作。对来我市就业创业的高校毕业生，每月给予500到1500元不等的青年人才生活补贴。审核发放10批次青年人才生活补贴4640.1万元，享受补贴11474人，有力地支持了郑州国家中心城市建设。适时开展“民营企业招聘周”“产业集聚区企业与高校毕业生岗位对接洽谈”等专项活动，为毕业生和企业牵线搭桥。提高见习补贴标准，政府补贴每人月补贴由200元逐步提高到1000元，对留用率超过50%的企业，政府每人月补贴1500元。扩大见习基地规模，新认定了46家规模大，效益好，岗位技术含量高的企业作为毕业生见习基地，见习基地数量达到300多家。其中，海马汽车有限公司、郑州旭飞光电科技有限公司被人社部评为国家级就业见习示范单位。积极做好困难高校毕业生求职创业补贴申请发放工作，为3835名市属高校毕业生办理了求职创业补贴，发放补贴

575.25万元。组织开展了“三支一扶”、河南省政府购岗计划等基层项目。组织高校毕业生0.93万人参加了职业技能培训。

加强就业援助，确保困难人员及时实现就业。开展“促进供需匹配助力企业发展”主题招聘活动，把去产能下岗职工作为主要服务对象之一，积极开展“送培训、送政策、送指导”进企业活动。做好政策延续衔接，对“零就业家庭”成员或身有残疾、年龄偏大、劳动技能水平低等原因，难以通过市场渠道实现就业的就业困难人员，适当延长劳动合同或劳务协议期限。新开发947个公益性岗位专项安置就业困难人员，全市公益性岗位在岗人员达4400多人。

不断加强公共就业服务。全年使用就业专项资金2.13亿元，累计享受补贴16.13万人次。新增市级充分就业社区51家、省级充分就业社区16家。坚持线上线下相结合，为招聘双方提供快捷高效的就业服务，提供岗位23万多个，帮助4万多人实现就业。人力资源市场建设取得新进展，全市全年新增33家人力资源服务机构，为实现充分就业和优化配置人力资源，提供了优质高效的人力资源服务保障。

扎实做好就业精准扶贫。组织贫困家庭劳动力技能培训1396人，落实技能培训补贴和生活费补贴65.78万元。公益性岗位托底安置建档立卡贫困家庭劳动力612人，发放公益性岗位补贴和社会保险补贴49.3万元。到去年底，全市16～60周岁有就业能力和就业意愿的建档立卡贫困劳动力3.55万人，已转移就业3.45万人，就业率97.18%。完善技工院校贫困学生资助机制，为12216人次发放助学金1221.6万元，68984人享受免学费5808.6万元。扎实推进郑州卢氏结对帮扶工作。组织5场就业扶贫活动，1200余人达成就业意向；组织技能和实用技术等各类培训500人。

## 二、不断提高社会保障水平，群众获得感明显增强

社会保障基础不断夯实。养老保险参保705.53万人（城镇职工养老保险450.25万人，完成年度目标任务的104.89%；机关事业单位养老保

险 28.22 万人，完成年度目标任务的 104.9%；城乡居民养老保险 227.06 万人，完成年度目标任务的 101.9%）。医疗保险参保 751.9 万人（城镇职工医疗保险 204.49 万人，完成年度目标任务的 101.74%；城乡居民医疗保险 547.41 万人，完成年度目标任务的 100.1%）。失业保险参保 190.29 万人，完成年度目标任务的 100.2%。工伤保险参保 177.9 万人，完成年度目标任务的 102.3%。生育保险参保 171.01 万人，完成年度目标任务的 117.9%。全市各项社会保险基金运行安全，全部按时足额发放，社会保障能力不断增强。

制度体系不断健全。全面推进机关事业单位养老保险制度改革，全市 4355 家机关事业单位登记入库，纳入征缴拨付计划。调整完善多缴多得激励机制，增发缴费年限养老金，城乡居民基本养老保险制度进一步完善。继续阶段性降低养老、失业、工伤保险费率，全年为企业减负 15.56 亿元。完善被征地农民保障机制，全市纳入被征地农民社会保障范围 23.98 万人，累计筹集征地社保费用 59.77 亿元，支付征地社会保障资金 13.75 亿元。研究农民工集中的用人单位优先参加工伤保险办法，维护农民工工伤权益。

待遇水平不断提高。进一步提高城镇退休人员基本养老金，全市共涉及 40.56 万人。调整后全市城镇退休人员人均月增加养老金 141.3 元，人均每月养老金 3071.7 元；城乡居民基础养老金最低标准由原每人每月 160 元提高到 190 元，提高比例 18.75%，调整后我市城乡居民人均月养老金达到 239 元，为全省平均水平的 2.07 倍，惠及全市 68 万 60 岁以上参保城乡居民。进一步提高失业保险待遇，将失业金标准由 1376 元/月调整为 1520 元/月，待遇水平位居全省首位。为 1.35 万人次发放失业保险金 2.46 亿元；全年支付失业保险稳岗补贴 2 亿多元，惠及企业 3064 家、职工 18 万人，分别较 2017 年增长 29%、1014%、174%。进一步提高工伤保险待遇，工伤保险定期待遇提高 10%，总体待遇位居全省第一；为 5924 人次支付工伤保险待遇 2.34 亿元。

服务能力不断提升。累计制发社会保障卡 952 万余张，开通社会保障卡缴费、待遇领取、信息查询等 86 项应用。开展养老金防冒领清理追缴专项行动，追回养老金 1678.6 万元。开展工伤保险内部控制专项检查、社会保险基金管理风险防控，做好政策执行情况检查和纠偏工作，确保了基金安全。全市认定或视同工伤案件 6923 件，受理各项劳动能力鉴定申请 2816 人，法定时间结案（结论）率 100%，有力维护了工伤职工合法权益。

全力推进社保扶贫工作。增加 17 个门诊病种，在 2018—2020 年脱贫攻坚期内，参加城乡居民基本医疗保险的农村贫困人口发生的门诊规定病种、重特大疾病门诊病种合规医疗费用，统筹基金支付比例提高到 85%。比对建档立卡贫困人员数据，纳入养老、大病保险等保障范围，享受困难群众大病补充保险人数 139317 人（其中建档立卡农村贫困人口 83504 人），市、县两级财政补助资金 2427 万元已全部落实到位。扎实做好困难群众城乡居民养老保险代缴工作，共为 3077 名困难群众代缴城乡居民养老保险费用 60.4 万元，有力助推扶贫攻坚。



## 三、强力推进人才队伍建设，服务发展能力显著增强

承担的“智汇郑州”人才工程任务成绩斐然。青年人才储备计划稳定运行。青年人才补贴申报 18165 人（其中，硕士 7560 人，博士 572 人）。发放补贴 6408.5 万元，享受补贴 15298 人。吸引 21.4 万名大学生来郑就业创业。高层次人才认定体系初步构建。认定首批高层次人才 284 人。认定人选中，院士 13 名、“万人计划”领军人才 18 名。启动第二批认定工作。社会事业人才荟萃计划加快推进。确定 270 人纳入社会事业后备人才培养资助计划。高技能人才振兴计划成效显著。新增高技能人才 2.26 万人，完成 3 年培养 4 万名高技能人才目标的 56.5%。

“技能郑州”建设加快推进。大力实施全民技能振兴工程，规划建设全民技能振兴工程项目 130 多个，开展各类职业技能培训 45 万多人次；开展百万职工技能比武活动，140 万人参加；职业技能鉴定 38388 人。认真组织参加第 45 届世界技能大赛河南省选拔赛，我市组队参加了 42 个项目的比赛，共获得 24 个第一名，占全部项目的 51%。13 名选手进入世赛国

家集训队，占全省入围数量的54%，改变了多年来世赛郑州市无选手入选国家集训队的局面，实现了历史性突破。大力实施“名校战略”，技工院校改革发展再创新成绩。全年招生3.92万人，占全省全年招生总量的36.5%；在校生人数首次超过11万人，学生就业率达到97%以上。

人事人才体制机制改革纵深推进。与市委组织部联合出台16条具体政策，支持民营经济人才队伍建设。提请市深改委审议通过深化职称制度改革实施办法，人才评价更加科学合理。推进事业单位人事管理改革，保障和落实用人主体自主权。向县（市）区下放中小学教师中级职称评审权限；赋予高校、科研院所和公立医院高层次人才自主招聘权。探索实施事业单位岗位总量分类管理办法，创新事业单位岗位结构比例宏观调控办法，优化乡镇基层事业单位岗位管理，改革工勤技能岗位聘用制度。稳步推进机关事业单位工资制度改革，启动公立医院薪酬制度改革试点工作，调整机关事业单位人员基本工资标准，提高义务教育教师工资待遇，增加离休人员离休费。组织实施2017年统一考试录用公务员和招录人民警察工作。落实高校和公立医院用人自主权，启动全市教师公开招聘工作。开展事业单位工作人员转岗竞聘工作，全市共办理转岗单位430家，转岗人员685名。推进事业单位实施绩效工资工作和国有企业负责人薪酬制度改革。安全顺利组织各类人事考试24次，参考人数72876人。机关事业单位工考报名6040人，通过资格审查4874人。

圆满完成了中国·河南招才引智创新大会郑州市筹备和参会工作。我局作为郑州市筹备工作的牵头单位，筹备领导小组办公室的负责单位，高标准完成了参会嘉宾及人才邀约、中原人才发展高层论坛、“智汇郑州”专场活动、人才成果（项目）展示暨人才招聘会的筹备及组织实施工作，编制发布了《郑州市2018年急需紧缺人才需求指导目录（试行）》《郑州市人才发展报告（2018）》，搭建了高水平交流合作平台，打造了高层次人才（项目）引进的绿色通道。中国·河南招才引智创新发展大会郑州市共征集人才（项目）需求信息8108条；共组织241家单位参加现场招聘，现场提供岗位5669个，累计接收简历23229份，达成合作意向6024人。大会共签约项目111个，引进高层次人才293人，其中院士团队10个，万人计划专家团队6个。180余人通过事业单位人才引进“绿色通道”办理了相关手续。做好博士后平台建设工作。博士后工作站和博士后创新实践基地达到84家，引进博士后146名。开展海外高层次人才认定工作，认定38人。深入实施专业技术人才知识更新工程，14.4万人参加继续教育学习。编制发布《郑州市2018年急需紧缺人才需求指导目录（试行）》《郑州市人才发展报告（2018）》，是我省、我市第一份人才发展报告。

## 四、努力构建和谐劳动关系，社会矛盾风险有效化解

劳动关系协调工作深入推进。成立市协调劳动关系三方委员会，积极探索三方委员会办公室实体化建设，协调劳动关系三方机制作用得到积极发挥。劳动合同制度全面实施，集体协商集体合同制度稳步推进，集体合同签订率达到96%、规模以上企业劳动合同签订率达到98%。开展构建和谐劳动关系评选表彰。加强对企业劳动用工的指导和服务。持续完善企业薪酬调查和信息发布制度，发布2018年全市劳动力市场工资指导价位和部分人工成本信息，调整最低工资标准。继续做好国有企业负责人薪酬制度改革工作。

拖欠农民工工资问题得到有效遏制。进一步完善劳动保障监察“两网化”管理职能，努力探索互联网+执法工作模式，全面提高执法效能。加强欠薪治理，以市政府名义出台了“保障农民工工资支付工作考核办法”和“考核评估细则”，全面推动农民工工资欠薪治理长效机制措施的进一步落实。组织实施保障农民工工资支付工作考核，深入实施“治欠保支”行动计划，加大劳动监察执法，积极开展清理整顿人力资源市场秩序、用人单位遵守劳动用工和社会保险法律法规情况等专项执法行动，严格落实属地监管责任、“两金三制”等制度，确保农民工工资足额发放到位。全年共为2.38万名农民工追发工资2.25亿元，欠薪人数和清欠金额分别较2017年下降了57.94%、7.75%。政府应急周转金、在建工程项目工资保证金覆盖率、实名制管理覆盖率、工资专户制度覆盖率、

银行代发工资制度覆盖率、按月足额支付农民工工资比例均达到了省提出的目标要求。加强部门联动，推进综合惩戒。研究制定了《郑州市拖欠农民工工资“黑名单”管理暂行办法》（郑政办〔2018〕66号）。采取部门联动，联合监管工作机制，推动形成权责一致、规范有序、相互协调、运行高效的治理格局。在全市范围内集中开展了2018年度用人单位劳动用工书面材料审查暨诚信等级评价工作，共审验用人单位近5万户。制定《郑州市处置拖欠农民工工资突发事件应急预案》，要求各级劳动保障监察机构实行24小时值班备勤和要情报告制度，确保事件不升级、矛盾不激化、事态不扩大。

劳动人事争议调解仲裁和信访工作进一步加强。不断提高仲裁办案效能。全年全市调解仲裁机构共接待用人单位和劳动者咨询12000余次，接受案件申请7719件，立案受理4646件，处理结案4740件（含上年度结转），当期结案率99.5%，同比提高1个百分点，涉及职工1.16万人，为职工和用人单位挽回经济损失1.36亿多元。已结案件中，调解结案1805件，综合调解率66.4%（含基层调解组织调解），同比提高2个百分点。大力开展基层调解示范点建设，确立了15个乡镇（街道）作为每个县区的综合示范点。组织调解员参加培训培训班，印刷下发了《基层调解组织工作手册》，促进基层调解工作的全面化、制度化和规范化。接待群众来访3705批9577人次，其中集体来访408批2701人次，处理群众来信716封，处理率达100%，做到了件件有着落，事事有回音。受理信访案件316起，法定期限内办结率达100%。参加市政府组织的信访疑难案件协调会81次，处理上访老户无理缠访、闹访201起，参与处理突发性事件、集体上访53起，在全局系统组织开展矛盾纠纷排查调处活动12次，为服务全市经济快速发展创造了良好的发展环境。

## 五、全面做实“放管服”改革，群众满意度不断提高

抓业务“瘦身”，让群众办事“最多跑一次”。大刀阔斧进行业务“瘦身”，将121项业务压减至53项，压缩比例达56%；取消59项不必

要证明和重复材料，约占全市清理总量的32%。大力压缩办理时限、提高现场办结比例，局机关业务处室即办件达到17项，约占总事项比例的32%。积极承担全省人社系统改革试点任务，编制完成省市县三级审批服务事项通用目录。

抓“一网通办”，让群众办事“一次不用跑”。按照省厅“三级十同”审批服务事项目录，审批服务事项网上可办率达到90%，超额完成既定目标。开发设计“郑州职称APP”，变现场审核为网上审核，证书通过邮寄到家。开发“智汇郑州”人才工程信息系统，青年人才生活补贴、高层次人才认定、社会事业急需紧缺人才申报审核全程网络化。青年人才生活补贴70%通过网络完成申请。开通运行失业保险稳岗补贴线上申报系统，办理时限由原来的21天压减为13天（含5个公示日），真正实现了网上办和零跑腿。在全国率先推出支付宝补卡缴费功能，最快5个工作日就能收到社会保障卡。在全省率先开通社保卡就医一卡通及医保线上支付业务，门诊就诊流程时间缩短三分之一。

抓重点突破，打通为民服务“最后一公里”。率先在全省拓展村级社保卡服务窗口，在85个乡镇站所设立了社保卡服务窗口，在全市1952个行政村卫生室铺设社会保障卡金融服务智能终端（PDA），实现了“领取待遇不出村、居民参保登记不出村、查询信息不出村、办理部分社保卡业务不出村”。在全市91家金融网点设立社保卡经办窗口，实现了社保卡城区步行15分钟服务圈。

# 郑州市 2018 年生态环境工作报告

郑州市生态环境局

2018 年以来，在市委、市政府的坚强领导下，全市生态环境保护工作深入贯彻习近平生态文明思想，强化绿色发展理念，以国家中心城市建设为统揽，严格按照“大生态、大环保、大格局、大统筹”的要求，坚持生态环境保护与经济发展双统筹、双促进，扎实推进大气、水、土壤污染防治攻坚，环境质量得到持续改善，全市生态文明建设呈现出崭新的面貌。

## 一、生态环境保护成效显著

通过全市上下的共同努力，郑州环境整体质量得到进一步改善，因环境污染防治工作成绩突出，被评为全省 2018 年度大气和水污染防治攻坚工作双优秀单位。同时，2018 年全市经济总量跨入“万亿俱乐部”，经济发展与生态环境保护取得了“双统筹、双促进”，实现了经济高质量发展和生态环境高水平保护的协同推动。

（一）空气环境质量。2018 年，全市空气质量持续改善，PM10 平均浓度为 106 微克/立方米，比 2017 年下降 12 微克/立方米，下降 10.2%，下降率全省排名第 2；PM2.5 平均浓度为 63 微克/立方米，比 2017 年下降 3 微克/立方米，下降 4.5%，下降率全省排名第 5；综合指数 6.47，比2017年下降8.5%，下降率全省排名第4；PM10、PM2.5超额完成省定年度目标；优良天数168天，比2017年增加2天；7月、8月、9月，连续3个月空气质量达到二级标准，实现空气质量新标准实施以来的历史性突破。

（二）水环境质量。2018年，郑州市6个国省控断面较年度目标实现了水质类别的提升，国、省控断面Ⅳ类以上比例达到100%，取得了自有国家河流断面考核以来的最好成绩；顺利通过国家节水型城市建设复查和全国水生态文明城市建设试点验收。6个国控断面中5个达标，2个省控断面全部达标，达标率87.5%；城市建成区内黑臭水体全部消除。

## 二、工作机制进一步完善提升

（一）工作领导更加坚强。对环境污染防治领导小组再次进行调整，市委书记任第一组长，市长任组长，常务副市长任常务副组长兼办公室主任，领导机制和工作推进更加有力；市委常委会每季度、市政府常务会每月听取研究生态环境工作，统筹解决重点问题；围绕秋冬防攻坚目标，市政府领导轮流召开日调度会，安排部署工作；市人大对环境污染防治工作组织开展了专项审议，强化人大执法监督；市政协积极参政议政，凝聚各方力量，助力攻坚。

（二）目标责任更加明晰。2018年10月26日，召开全市生态环境保护大会，印发《关于全面加强生态环境保护坚决打好污染防治攻坚战的实施意见》和蓝天、碧水、净土保卫战三年行动计划（2018—2020年），明确生态环境保护工作中长期目标任务。全面加强党对生态环境保护的领导，严格落实“党政同责、一岗双责、失职追责”，将节能减排、环境质量等目标作为市、县经济社会发展约束性指标，将环境污染治理纳入考核评价体系，坚决做到“管行业必须管环保、管业务必须管环保、管生产经营必须管环保”，各级各部门污染治理责任进一步压实。

（三）执法手段更加严格。认真落实驻厂监管和“双随机”制度，积极开展环境监管执法交叉检查，深入推进开展三项行业专项排查、企业无组织排放管理“回头看”“散乱污”企业核查、零点夜查、打击园区企业环境违法行为等专项行动。建立大气环境信用评价制度，实施失信行为联合惩戒，对1家工业企业、23家建设、施工、渣土清运企业和52个自然人纳入环保失信“黑名单”。建立“工地警长”“路段警长”制度，生态环境、城管、公安组成联合执法督查组，对发现的重大违法行为移交公安机关，共处理行政拘留案件88起，行政拘留42起50人次。2018年，全市共查处环境违法案件1440起，处罚金额4960万元，处罚数量和罚款金额均排在全省前列；查处扬尘污染案件1833起，处罚5282万元；查处违规渣土车2002台，罚款1445万元；全市辐射安全事故零发生，危险废物无害化处置率达100%。

（四）治理措施更加精准。聘请9位国内知名专家成立专家咨询组，对重大事项提供咨询帮助。与国内高水平的高校和科研单位合作，增强治理措施的科学性。加强监测系统建设，6个县级空气监测站、55个重点乡镇空气监测站和195个微型空气质量监测站完成建设联网，重点监控企业自行监测完成率和发布率达到95%以上。认真落实《郑州市环境监测预警响应实施办法》，及时发出重点污染源超标预警、空气质量预警。强化监测站点管理，对上收事权的7个县（市）区市控空气自动监测站点进行统一管理，推行第三方运维。综合利用空气质量预测预报系统、灰霾观测站、雷达站、国控、省控、市控、乡镇、微型空气质量监测点位，8套天眼瞭望系统，130家工业企业在线监控、10套固定机动车遥感监测、1712家重点工地在线监测、5274辆渣土车在线监控，建立大气污染管控平台。围绕“日保周、周保月、月保年”，定期召开“挂图作战”调度会，增强治理的精准性。

（五）督查管控更加科学。健全三级督查机制，市环境污染督导组、市降低氮氧化物督查组、市攻坚办联合执法督查组严格做好督政、督车、督企；市直牵头委局按照职责分工做好行业督查；各县（市）区强化对工地、企业日常巡查，确保监管到位。秋冬季攻坚期间，市政府领导每日带队夜查晨查；强化零点夜查，加强夜间管控力度，有效打击了部分工地后半夜违法违规施工行为。加强管控调度，针对不同区域、不同路段、不同污染物实时变化情况，全时段、全方位调度指挥。

（六）*治污氛围更加浓厚*。成立“保卫郑州蓝”宣传报道组，深入攻坚一线，及时宣传环境污染防治攻坚工作；市环境攻坚办定期召开新闻发布会和通气会，深入开展“郑州环保世纪行”，开设大气污染防治专栏，主动接受公众监督；开展“大宣传、大培训、大整治、大督查、严追责”专项活动。出台《郑州市环境污染有奖举报暂行办法》，整合市直多部门涉及大气污染的举报电话，统一到12369环保平台；在全国率先开通了“有奖举报”微信服务号，首创以微信红包方式进行奖励，2018年共落实有奖举报1370件，发放奖金61.4万元，形成了全民参与的浓厚氛围。



## 三、污染防治重点措施扎实推进

2018年，全市各级各部门始终坚持目标导向、问题导向，紧紧围绕四大结构调整，以打好打赢蓝天、碧水、净土保卫战为抓手，强力推进各项措施落实。

（一）*大气污染防治方面*。一是产业能源结构更加优化。12台燃煤大锅炉、30台煤气发生炉完成拆改，全市10蒸吨以下燃煤小锅炉全部拆改到位。吸收外电约155亿千瓦时，完成目标任务的124%。“电代煤”“气代煤”17.1万户，新增供热面积749.1万平方米，完成热力管网改造65.3公里；新密尖山49.5兆瓦风电项目顺利投产运行；大围合区域内工业企业外迁11家；退出煤炭产能210万吨，压减水泥产能30%。三产比例调整到1.4∶43.9∶54.7。二是工业企业治理更加深入。10家汽车整车制造企业完成VOCs在线监测建设和联网；9家水泥企业完成超低排放示范工程，其中3家采用国内领先脱硝技术，受到国家大气联合攻关小组专家的高度肯定，该项工作走在全国前列；39家碳素企业完成超低排放示范工程；参照北京市标准，在全省率先完成286台天然气锅炉低氮改造。三是扬尘污染治理更加精细。严格落实工地扬尘防治责任和“八个百分之百”标准，不断强化扬尘管控。建立城乡接合部大气污染联防联控机制，依托无人机开展飞行巡检。四是机动车污染治理更加全面。大围合区域内市场外迁 38 家；新能源公交车辆达到 6273 台，占比达 98.4%；创新机动车管理模式，开创“1050+2”组合拳和“六双、三委托”郑州模式，10 套遥感设备共抓拍车辆约 1244 万辆次，人工卡口检测车辆 10 万多台次，查处超标车辆 6900 台次，巡查非道路移动机械工地、企业 5769 家，对使用油品超标的 55 家单位和 39 个工地公开约谈，全国人大栗战书委员长视察后给予高度肯定，国家媒体多次报道，多地前来学习“郑州模式”。五是重污染天气管控更加及时。实施环保、气象、专家组每天联合会商，重污染期间加密至每天两次，逐小时发布气象条件和污染情况；提前下发管控指令，及时启动管控措施，通过在线监控、用电量监控、管控平台监控、无人机巡检和现场督查，对管控情况日通报，确保管控措施落实到位，有效降低了污染强度、缩短了污染过程，日均 PM2.5 浓度下降 10%～20%，58%的天数实现了污染等级降低。

（二）水污染防治方面。一是突出重点断面治理。编制了《贾鲁河水质提升方案》《双洎河水质提升方案》《颍河水质提升方案》等，对重点流域实施基础设施建设、河道综合治理、工业企业提标治理、农业面源污染防治和做好生态补源等工作，河流水质逐渐改善。二是基础设施不断完善。完成双桥污水处理厂（20 万吨/天），开工建设陈三桥污水处理厂二期工程（15 万吨/天），市区建成区污水处理能力达到 194 万吨/天，基本实现建成区生活污水全收集全处理；完成马头岗污水处理厂提标治理工程，出水水质基本达到地表Ⅲ类水质。三是生态水系初步形成。实施贾鲁河综合治理工程，治理长度约 96 公里涉及 7 个县（市）区；开展环城循环水工程，建成后，实现市内 5 条生态河道的生态水循环利用；启动牛口峪引黄、石佛沉沙池蓄水、中水利用三环中水管网建设等工程，生态调水达到约 100 万立方米/日。四是河长制扎实推进。构建市、县、乡、村四级河长组织体系，开展河流清洁百日行动、入河排污口规范整治、非法采砂整治等活动，河湖面貌稳步提升。五是专项治理初见成效。开展饮用水源地治理专项行动，30 项问题全部提前整治到位；开展黑臭水体治理专项行动，市区建成区 4 个黑臭水体全部完成消除。六是源头治理深入开展。开展造纸、印染等行业集中整治；市控以上重点排水企业全部安装自动监控设施，实现 24 小时全监控；开展地下水污染防治，606 家地下油罐防渗改造全部完成。

（三）土壤污染防治方面。一是开展土壤状况详查。配合省生态环境厅完成全市农用地详查点位核实、土壤样品检测分析等工作，2018 年底，全面完成全市农用地土壤污染状况详查任务；按照重点行业企业用地土壤污染状况调查进度安排，2018 年年底，完成 325 家重点行业企业用地信息采集工作。二是加强源头预防。建立涉重金属企业全口径清单；严格审批涉重金属重点行业建设项目，实现重金属排放量零增长；推进工业固体废物处理处置与综合利用，2018 年综合利用率达到 78%以上；建立危险废物产生和经营单位清单，全市危废产生单位和经营单位达标率为 100%；加快城市生活垃圾处理和收运设施建设，加快推进《郑州市生活垃圾分类管理办法》制定工作；加强建筑垃圾及污泥处置，实现污水处理厂污泥“全收集、全处理”。三是推进受污染耕地治理与修复试点。选定中牟县为我市受污染耕地治理与修复试点县，编制实施方案，稳步推进治理与修复试点任务。四是强化污染地块管理。建立动态疑似污染地块名单和污染地块名录，严格管理污染地块再开发利用，2018 年获批的市级控制性详细规划项目中，未涉及疑似污染地块。五是治理责任进一步落实。在全市建立了土壤污染防治局际联席会议制度，形成了多部门协调配合、通力合作、全面推进的良好局面，确保土壤生态环境质量持续改善。

# 郑州市2018年城乡建设工作报告

郑州市城乡建设局

2018年，郑州市城乡建设委员会在市委、市政府的坚强领导下，按照市委“四重点一稳定一保证”工作总格局要求，着力在“畅通郑州”重点工程建设、建筑业转型发展、装配式建筑推广、工程质量安全标准化建设、“放管服”改革等方面下功夫、求突破，圆满完成了各项年度目标任务。全年市政重点工程建设累计完成投资205.27亿元；全市建筑业完成产值4225亿元，占全省37.2%，增速20.9%、位居全省第一，建筑业增加值708.6亿元，上拉全市GDP一个百分点，为全市GDP破万亿做出了突出贡献；全市勘察设计业完成合同金额88.2亿元，同比增长13.5%；全市纳入装配式建筑项目库500余万平方米，其中2018年开工建设约247.7万平方米，超额完成省厅下达的目标任务；全市通过施工图设计审查项目1311个，面积1862万平方米，已全部落实绿色建筑标准。完成绿色建筑评价标识项目55个，面积699.8万平方米；全年共创鲁班奖8项，其他省优、市优工程质量奖160余项，创省市级安全文明工地242项；全市完成4类重点对象存量危房改造913户。

## 一、城乡基础设施建设步伐加快

“畅通郑州”工程提质增速。市政重点工程累计完成投资约205.27

亿元。其中，四环线及大河路快速化工程桩基、墩柱、承台等下部结构基本完成，并已全线开始箱梁架设。该工程是我市有史以来投资规模最大的工程项目，工程体量大、统筹难度高、施工工艺新、完成时限紧，面对这一光荣而艰巨的任务，坚持把该工程作为最大中心工作，克难攻坚、奋力拼搏，在市委、市政府坚强有力的领导下，在各参建单位的共同努力下，确保了该工程顺利推进。另外，北三环东延（东四环以西）高架主线及部分匝道、东三环快速化工程隧道段、农业路快速化（铁路代建段）地面道路主线及部分匝道、金水路西延（西站北街至西三环）主线等工程已先后通车；全年开工建设支线路网工程 67 条、建成通车 38 条。“两纵两横两环”快速路网系统建设进入新阶段，城市路网结构更加优化，城市道路“微循环”更加畅通，城区交通状况明显改善，城市承载力持续提升，为郑州国家中心城市建设奠定了坚实的硬件基础。

房屋征收依法实施。围绕保障四环线及大河路快速化、轨道交通等市政重点工程，各个辖区征迁工作稳步推进，签订资金拨付协议 13 个，涉及被征收房屋和群众约 280 万平方米、3200 户，累计拨付征迁补偿费用约 15.6 亿元。涉及全市 27 个市政重点工程项目的征拆问题已解决 836 处，完成率 95%。

村镇建设加快推进。18 个中心镇（不含巩义市新增的 5 个中心镇）基础设施建设项目完成 135 项，完成总投资约 32 亿元。第一批培育的新郑市红枣小镇、中原创客小镇和荥阳市樱花小镇等 3 个市级特色小镇建设项目累计开工 32 项，完成投资 26.2 亿元。登封市 4 个村已被列入第五批省级传统村落名录，另外登封市 3 个村和巩义市 1 个村已通过第五批国家级传统村落名录公示。

## 二、建筑业转型升级发展取得新突破

建筑业规模和产值再创新高。坚持“管行业也要管发展”的理念，不断健全完善支持建筑企业做大做强的扶持和奖励政策，重新修订了

《郑州市人民政府关于促进建筑业持续健康发展的实施意见》，对51家业绩突出的建筑企业实施财政资金奖励3200万元。目前，建筑企业产值达到百亿元以上的8家、50亿元以上的18家、20亿元以上的41家；新增特级企业3家。全市建筑业产值达到4225亿元、占全省37.2%，增速20.9%、位居全省第一，建筑业增加值708.6亿元，上拉全市GDP一个百分点，为全市GDP破万亿做出了突出贡献，得到市委、市政府的充分肯定和高度认可，特别是在今年市委经济工作会上，市政府专门对完成产值超过50亿元的16家先进施工企业进行了表彰。

*建筑业总部经济积极推进。*注重发挥政策引领作用，代拟起草的《郑州市关于加强建筑业总部经济建设的实施意见》已提请市政府审议。通过实施"内培外引"，7家建筑企业获评郑州市总部企业，占全市总部企业数量的三分之一；近百家建筑企业从外地迁入我市。其中，金水区着力打造建筑企业集聚区，全区建筑业产值占全市三分之一；中牟县高度重视企业引进，一级总承包央企中交一工局七公司从外地迁入我市、中铁二十一局集团有限公司与我市企业联合设立了一级总承包资质"铁建中原工程有限公司"；惠济区积极发展区域性建筑业总部经济，投资8亿元规划建设了建筑业总部基地和产业园。

*装配式建筑发展稳步实施。*制定了《郑州市装配式建筑工作流程》《装配式建筑产业基地管理办法和部品部件管理办法》《郑州市装配式建筑和超低能耗建筑专项资金管理办法》等政策措施，投入140余万元开展了装配式建筑相关技术研究攻关，成功举办了技术培训和设计审图专题培训，为装配式建筑发展提供了政策、技术和人才支撑。积极推进装配式建筑产业基地建设，建成中建七局、新蒲建设集团2个国家级产业基地和中原建港建筑公司1个市级产业基地，混凝土预制构件年生产能力达到85万立方米，可以满足现阶段装配式建筑的建设需求。全市纳入装配式建筑项目库500余万平方米，其中2018年开工建设约247.7万平方米，超额完成省厅下达的目标任务。此外，新增土地出让项目200余万平方米，为加快推进装配式建筑发展奠定了基础。

## 三、建筑市场发展环境更加优化

行政审批制度改革扎实推进。按照省市“放管服”改革部署和“三级十同”“三集中、三到位”工作要求，制定了《郑州市工程建设项目审批制度改革工作方案》和“建设项目联合验收”“施工图设计文件联合审查”两个专项方案，采取合并审批事项、精简审批条件、压缩审批时限、推行告知承诺等措施，将质量监督登记、安全监督备案环节并入建筑工程施工许可，实现了“一站式”办理，将申请材料由原来的17个精简至9个。推行“一口受理”“一网通办”，将施工许可、资质审批、竣工验收备案、招标文件备案等4个事项进驻市政务服务中心，初步实现了数据共享、结果互认和部门联办，达到提速、提质、减负的目的。

依法行政水平稳步提升。去年3月份向市综合执法局移交建筑领域全部处罚权355项，并建立执法监督和行政处罚的衔接机制。制定《“双随机、一公开”工作实施细则》，进一步规范行政执法行为。开展学法普法活动，依托中山大学举办党员干部“依法行政专题培训班”，开展“送法进企业、进工地”活动。

建筑业监管更加规范有序。市政府制定出台了《郑州市建筑装修装饰管理办法》，对建筑工程装修装饰管理活动进行全面规范，填补了装修装饰市场监管空白。重新修订出台《郑州市建筑企业信用信息管理办法》，实现了对各类建筑企业的信用管理全覆盖，组织开展企业信用综合评价，共认定3A级信用企业199家，发布“红黑榜”信息6期、百余条，初步形成了建筑企业年度综合评价、重大信用信息定期发布、动态监管信息实时公开的“三位一体”信用体系。全面推广劳务用工实名制管理经验，在省建五公司施工现场召开省、市两级建设工程劳务用工实名制观摩会，全年共创劳务用工实名制标准化工地40个。

招投标监管更加有效。严厉打击围标、串标等违法行为，为企业公平参与市场竞争提供保障。修订完善非依法必须招标工程建设项目直接发包管理措施，扩大直接发包范围。更新计算机辅助评标系统，为全面推行计算机辅助评标打下基础。全年完成监管项目551项，监管的工程建设项目依法必须招投标进场交易率100%。

建筑领域保持和谐稳定。深入开展平安建设创建活动，源头预防和化解矛盾纠纷，扎实做好社会治安综合治理，妥善处理群众合理信访诉求。全力做好农民工工资治欠保支工作，共受理解决拖欠案件220起，涉及工资约1.5亿元。

## 四、工程质量安全管理更加严格高效

工程质量安全标准化建设深化提升。编印了《郑州市工程质量管理标准化交流手册》《郑州市轨道交通工程质量监督标准手册》《市政排水检查井盖及防沉降构造图集》《郑州市建设工程施工安全生产标准化管理实施指南》，使建筑工程质量安全管理更加科学化、规范化，并被省住建厅在全省予以推广。坚持项目管理与企业管理并重，先后培育了名门翠园、林湖美景、万科紫台等一批标准化示范工地，较好地发挥了示范带动作用；鼓励引导河南五建、郑州一建、泰宏建设等企业全面推行标准化管理、精细化施工的质量管理模式，有效促进了企业综合竞争力的提升。

工程质量提升行动扎实开展。严格落实质量终身责任制，着力开展工程质量常见问题防治，加快推进BIM、二维码、可视化等信息化技术应用，工程质量和监管水平稳步提升，我市7家企业承建或参建的5个项目共创鲁班奖8个，其他省优、市优工程质量奖160余项。各县（市）区、开发区创新优化监管模式，持续提升了安置房工程质量监管水平。其中，金水区的保利杓袁项目为全市安置房建设树立了标准化、精细化、科学化施工的标杆。

建设安全和文明施工监管更加严格。健全完善安全生产责任体系，狠抓建筑施工关键部位、关键节点、关键岗位的安全隐患排查整治，不断加大联合执法、联合惩戒力度，全年共创省、市级安全文明工地242项。

## 五、城乡建筑品质持续提升

设计“龙头”作用不断增强。起草《郑州市楼顶整治“平改坡”改造专项活动实施方案》，代拟出台《郑州市人民政府关于既有住宅加装电梯工作的实施意见》，组织开展农村抗震住宅优秀设计方案竞赛活动，印发《郑州市农村抗震住宅设计示范图集》，为各项工作开展奠定了坚实基础。

绿色建筑标准全面执行。全市通过施工图设计审查项目1311个，面积1862万平方米，已全部落实绿色建筑标准。完成绿色建筑评价标识项目55个，占全省总数的一半，面积699.8万平方米。

既有建筑节能改造积极推进。制定了《郑州市清洁取暖试点城市既有建筑节能改造工作方案》，坚持试点先行、示范带动，确定5个县（市）的6个村庄为第一批农房既改示范项目，其中登封市示范村完成200户、36600平方米，其他5个示范村完成25户、6400平方米；另外，城镇居住建筑既改工作中，金水区银河化纤厂家属院项目完成既改33000平方米。

超低能耗建筑加快发展。出台《关于发展超低能耗建筑的实施意见》，编制的《被动式超低能耗居住建筑节能设计导则》被上升为河南省地方标准，经市政府同意确定13个、82.4万平方米超低能耗建筑示范项目，目前已建成及在建3万余平方米。

新型墙材和散装水泥大力推广。在全省率先将新型墙体材料纳入标识管理，全市新型墙材生产比例保持96%、应用比例保持98%以上，新增“禁实”乡镇4个；推广散装水泥1488万吨、预拌混凝土1767万立方米、预拌砂浆283万吨。

# 郑州市2018年住房保障和房地产管理工作报告

郑州市住房保障和房地产管理局

2018年，全市房管系统扎实贯彻党的十九大精神和党的十九届二中、三中全会精神，积极适应新时代发展要求，紧紧围绕市委市政府中心工作，认真履行住房保障和房地产管理职责，坚持“房子是用来住的、不是用来炒的”定位，加快探索建立多主体供给、多渠道保障、租购并举的住房制度，不断加大保障性住房建设力度，精准实施房地产市场调控，大力培育和发展住房租赁市场，促进了房地产市场平稳健康发展，发挥了房地产业促进经济和服务民生的重要作用，有力助推了郑州国家中心城市建设，不断满足了全市人民群众更高的居住需求。

## 一、优化保障方式，强化后期管理，住房保障工作实现新发展

（一）保障性住房建设目标任务超额完成。2018年，全市棚改项目新开工建设2.2万套，省定年度目标任务完成率为102%；基本建成保障性住房9.4万套，占全省总量的24%，省定目标任务完成率为156%。

（二）住房保障方式持续优化。以改善城镇中低收入家庭、新就业无

房职工、来郑务工人员住房条件为主要目标，不断加大公租房分配力度，积极推进住房保障货币化。全市共分配公租房 2 万套，其中政府投资公租房分配 9000 套，发放公租房租赁补贴 409 万元。

（三）经济适用住房有关问题得到较好解决。市政府制定出台了经济适用住房差价款补缴标准，使经济适用住房通过“补差”上市交易“停摆”的问题得到较好解决；积极推动相关项目建设，加快手续办理，加大轮候供应力度，全年共轮候供应经济适用住房房源 3108 套。

（四）房改工作有序推进。市政府下发了《关于解决我市房改工作中遗留问题的通知》，妥善解决房改房超面积、超面积购房款缴纳、部分产权住房向全部产权住房过渡、批复过的单位集资建房出售、存量公有住房出售、市直管公房和自管公房租金调整等房改遗留问题。

## 二、实施精准调控，稳定住房价格，房地产市场管理取得新成效

（一）精准调控执行有力。坚持“调控目标不动摇、力度不放松”的要求，积极履行调控主体责任，根据房源供应情况，采取相应措施，实施精准调控，较好地稳定了房价，遏制了投机行为；适时发布房地产市场数据信息，对市场形势进行分析和解读，合理引导了商品住房消费。2018 年，全市完成房地产开发投资 3258 亿元，商品房投放 3513 万平方米，商品房销售 3860 万平方米，二手房交易面积 602 万平方米，商品住房去化周期处于合理区间。

（二）市场秩序有效规范。重点监测房地产开发项目备案价格，及时发现市场销售异常问题，有效预防捂盘、滞销、擅自涨价等扰乱市场行为；开展房地产市场乱象整治，对全市房地产市场进行检查，对存在的问题进行了及时处理；房地产行业信用信息的征集、发布和使用进一步规范，实现了信用信息资源共建共享，强化了社会监督，促进了行业自律。

（三）人才购房政策落实有力。全市受理非郑户籍人才购房 1.67 万件，受理青年人才首次购房补贴 598 件，发放购房补贴 3196 万元。市局

深入高校和大型企业等青年人才聚集的地方，举办人才安居保障政策大型现场宣传活动16次，协同大河报录播“大河房管面对面”4期，取得了良好的社会反响。

## 三、创新工作思路，完善制度机制，住房租赁市场培育迈出新步伐

（一）住房租赁试点配套政策不断完善。市政府出台了人才公寓建设和使用管理暂行办法、利用安置住房用作租赁住房暂行办法、国有建设用地新建租赁商品住房供应管理暂行办法、利用自有土地建设租赁住房工作暂行办法等相关政策性文件，市局印发了房屋租赁行业信用管理办法，联合市直相关部门起草了人才公寓分配管理实施细则、支持住房租赁市场发展专项资金奖补暂行办法，住房租赁政策体系框架基本形成。

（二）租赁住房供应有效增加。全市新开工青年人才公寓3.58万套，占全省总量的69%；计划利用集体建设用地开工建设租赁住房1000套；明确利用国有土地新建租赁住房9600套；下达利用自有土地建设租赁住房建设计划2个，可建设租赁住房1528套；筹集富余安置住房用作租赁住房3692套，其中步子较快的金水区首批已投入3.5亿元。

（三）机构化规模化住房租赁企业培育初见成效。在已建立的“3＋9”国有住房租赁平台体系的基础上，全年新增各类住房租赁企业3106家，万科泊寓等国内知名住房租赁企业在郑业务不断扩展，康桥康灏、悦如等本地企业快速发展。

（四）住房租赁管理机制不断创新。持续完善全市房屋租赁信息服务与监管平台功能，在全省率先实现了房屋租赁企业网上备案，率先建立了房屋租赁企业信用评级制度；二七区作为房屋租赁服务站点的试点区域，已有1个服务站点投入运行，并实现了和公安部门的联合办公。中原区率先和交通银行合作，在交行网点设立房屋服务站点，已经具备办公条件。

（五）政银合作助推租赁市场发展。市局与建设银行河南省分行、交通银行河南省分行、中国光大银行郑州分行分别举行了住房租赁战略合作签约仪式，在培育机构化、规模化住房租赁企业，支持我市住房租赁市场发展等方面达成了合作意向。

（六）公共服务支持力度持续加大。进一步完善公积金、教育、卫生健康、就业等公共服务相关配套政策，鼓励和支持住房租赁消费。2018年，全市租赁住房家庭子女入学6.9万人，累计13.3万人；申请提取公积金支付房租1.1万人次，提取金额7700万元。

## 四、强化示范引领，规范物业服务，助力城市精细化管理工作再上新台阶

（一）物业行业管理进一步加强。利用“双随机一公开”加强事中事后监管，严格落实物业管理招标投标办法，着力推进建管分离，前期物业管理招标实现全覆盖。

（二）社区物业管理水平不断提高。论证起草了“红色物业”实施意见，在物业服务企业组织建设、业主大会业主委员会建设、行业协会党委成立、沟通协调机制建立等方面融入党组织指导和监督。

（三）楼顶整治工作成效显著。对城市“第五立面”进行综合整治，制定了楼顶整治工作方案和工作导则。全市共清理整治建筑物楼顶8722栋，清理垃圾2.9万吨；绿化楼顶选址36个，绿化面积12万平方米。

（四）四是老旧小区整治提升工作试点先行。市内五区组织了老旧小区改造试点，完成了拟改造项目的前期预算编制工作。

（五）维修资金管理措施不断创新。优化维修资金业务“一口受理”，利用网银实现资金划转，开展社区现场办公，提高维修资金业务办理便捷性。全市全年归集维修资金20.37亿元，划拨使用维修资金8600万元。

（六）房屋安全管理工作更加规范。加强房屋安全管理工作机制建设，“四位一体”房屋安全管理机制基本建成；严格落实防汛制度，严密

组织房屋安全隐患排查整治，确保了城市房屋安全度汛。

## 五、优化营商环境，重塑办事流程，依法行政工作开创新局面

（一）“三网融合”深度推进。全市深化“一网通办”“最多跑一次”改革，推进房屋交易、税收、不动产登记“一窗受理”并联审核，市局联合税务、自然资源部门制定工作流程、职责及收件材料清单，为“一窗受理”顺利开展明确了依据。

（二）房管信息化建设步伐加快。完成了《电子政务建设白皮书》编制工作，上线郑州市房地产经纪行业综合服务和监管平台，推行房地产经纪服务的网上办理，实现了机构与人员管理的信息化、自动化。

（三）依法行政能力稳步提高。制定了推进依法行政建设工作要点，明确了依法行政工作主要目标任务，做到了组织健全，责任明确，措施有力；围绕住房保障和房地产管理重点工作，抓好立法起草、制度落实、管理方式创新、维护行政相对人合法权益等各项工作。

（四）行政审批服务更加高效。持续清理规范繁文缛节和不必要证明，编制服务指南和便民手册，积极与市政务办协调对接办公系统，提前入驻市政务服务中心正式开展“一窗受理”业务，做到资料一次收取、数据一次录入、信息共享互用，实施了容缺审核。

（五）便民服务措施丰富多样。持续优化绿色通道服务、错时服务、延时服务、自助查询服务；市局持续优化“流动的服务大厅”，全年到新建小区开展商品房现场面签206次，办理房屋面签8万余件。

# 郑州市 2018 年交通运输工作报告

郑州市交通运输局

2018 年是全面贯彻党的十九大精神的开局之年，是改革开放 40 周年，也是全市交通运输发展取得重大突破的一年。一年来，在市委、市政府和省交通运输厅的正确领导下，全系统上下统筹推进建设、管理、服务等各项工作，圆满完成年度目标任务，为郑州国家中心城市建设作出了积极贡献。

## 一、交通基础设施建设扎实推进

圆满完成年度项目建设任务。S323 线新密关口至登封张庄段改建工程、S236 连霍高速至 G310 段改建工程、机西高速二期等 8 个项目建成通车，G310 中牟境改建工程等 4 个项目主体完工，新增高速公路 45.1 公里，新改建国省干线公路 201 公里。G310 线郑州西南段改建工程、S312 郑州境改建工程（郑汴交界至 G107 东移段）等 12 个项目开工，新建项目里程达 187 公里。围绕服务郑州大都市区发展格局，与焦作市签订交通项目建设合作备忘录，共同推进焦平高速项目前期工作；编制《郑州市环城货运通道规划建设方案》，谋划了一批环城货运通道国省干线公路项目。全市高速公路、干线公路、农村公路通车里程分别达到 626.9 公里、1570 公里和 1.17 万公里，交通基础设施网络不断完善，服务国家中心城市建设和国家重大区域战略作用更加凸显。

## 二、“国家公交都市建设示范城市”创建成功

自 2012 年开展“公交都市”创建以来，以公共交通引领城市发展为战略导向，把“公交都市”创建与“畅通郑州”建设进行战略融合，实施“九大工程”，创建工作取得阶段性成果，城市出行结构得到改善，拥堵状况有效缓解。几年来，我市 38 个单位和部门参与创建工作，以快速公交、地铁、新能源车、路网改造、场站、信息化等为重点，累计投入 1540 余亿元，建成公交场站 35 处，常规公交专用道 305 公里，地铁运营和在建里程突破 300 公里，常规公交线网里程 1479 公里，快速公交线网里程 1045 公里，处于全国领先水平，公交日均客运量超过 330 万人次。与 2012 年创建初期相比，我市公共交通机动化出行分担率提高了近 20%，绿色公交车辆比率提高了 40%，快速公交成网率提高了 21%，一卡通使用率提高了 34%。经国家验收，授予我市“国家公交都市建设示范城市”荣誉称号，郑州公共交通进入全国第一方阵。

## 三、运输服务保障能力稳步提升

圆满完成重点时段、重要物资、重大活动的运输保障任务，运输服务水平明显提高。加快构建多式联运格局，入选国家级多式联运示范工程 3 个、省级 4 个；积极推进无车承运人试点，入选国家级无车承运人试点企业 7 家、省级 11 家；开通甩挂运输线路 43 条，运输资源得到集约配置。全年累计完成公路客运量 7266 万人次、客运周转量 94 亿人公里；完成公路货运量 2.2 亿吨、货运周转量 544 亿吨公里，同比增长 16%和 11.1%，增幅高于全国、全省平均水平。城市公交、地铁、出租车分别完成客运量 9.36 亿人次、2.9 亿人次和 1.64 亿人次，地铁单日最高客运量达到 123 万人次，在改善城市出行结构中发挥了重要作用。编制完成《郑州市城乡道路客运一体化发展规划（2018—2022）》。有序推进网约车新政落地实施，全市网约车平台企业达 17 家，网约车 1.77 万

辆，网约车与传统出租汽车加快融合发展。驾驶员培训实现计时培训服务新模式全覆盖。开展机动车维修企业备案管理，启动维修企业电子档案建设，维修企业质量监管不断加强。实施“政府买单、个人免费、社会受益”的高速公路通行政策，政府购买高速公路服务不断扩大，我市已实现市域内51%的高速公路免费，年免费车流量4500万余车次。适应国防建设和军民融合发展要求，优化国防交通服务网络，圆满完成30余次部队战备、训练、演习等交通运输保障任务。

## 四、交通运输脱贫攻坚成效突出

深入推进交通运输精准脱贫，提请市政府印发《关于加快农村公路建设2018—2020年三年行动计划的实施意见》，出台配套政策措施，加大资金支持力度。局印发了《脱贫攻坚三年行动计划（2018－2020年）》，将“四好农村路”建设与脱贫攻坚深度融合，注重典型示范引领，积极推进创建工作，登封市被命名为“四好农村路”省级示范县。2018年新改建农村公路215公里，为年度目标的165%，完成18个乡镇、30个贫困村道路升级改造；实施农村公路安防工程172公里、大中修工程275公里，农村公路列养率100%。大力推进赶集班、学生班、电话预约班等农村客运服务新模式，104个贫困村开通预约客车，保障了群众出行需求。定点帮扶的荥阳市刘河镇架子沟村脱贫成效不断巩固提升，局被表扬为“驻村帮扶先进单位”。

## 五、行业治理能力不断提升

法治交通建设不断加强，健全行政执法公示、执法全过程记录、执法决定法制审核等制度。“放管服”改革不断深化，梳理行业审批事项“三级十同”目录，对74项审批事项进行流程再造；推进“证照分离”，业务办理时间缩减至3个工作日。按期完成交通执法派驻工作，12个执法大队全部进驻各辖区（管委会），双重领导和执法下沉的成效开始显现。聚焦制约行业发展、影响行业形象的突出问题，行业精细化管理工作深入开展。信用交通建设扎实推进，运管局、执法支队探索实施信用信息共享交换、信用产品应用及信用修复机制，交通运输部调研时予以肯定。深入开展客运市场秩序整治、扫黑除恶专项斗争、超限超载治理、公路路域环境和大气污染治理等专项整治行动，查处违法违规客货运车辆 1.75 万台次，累计罚款 4286 万元，同比分别增长 104.7%和 183.5%。移交查处了一批客运市场欺行霸市、涉黑涉恶违法犯罪行为线索，行业扫黑除恶专项斗争成绩突出，运输市场秩序不断改善。在全省率先推行科技治超系统建设，建成动态监测系统 70 处，治超执法信息实现共享联动，全年共检测货运车辆 214 万台次，认定超限超载车辆 1.9 万台次，其中非现场执法系统认定 6745 台次，累计卸货 24.7 万吨，罚款 2727 万元，查处“百吨王”390 台，科技治超走在全国前列。

## 六、安全生产监管持续强化

坚守安全红线，落实监管责任，筑牢安全防线，完善了安全生产部门联动、责任落实、隐患排查治理闭环管理、应急保障等工作机制。集中开展“安全生产五大专项整治”，持续开展“平安交通百日行动”等专项行动，全年排查企业 3104 家，责令停产停业主体责任不落实企业 5 家，关闭企业 4 家；排查安全隐患 4502 个，全部限期完成整改。水上交通、交通项目建设安全继续保持良好态势。应急救援机制不断健全，以防汛、客货运输、公共交通、防暴恐、消防等为重点，开展应急演练 495 次，应急管理成效明显。平安交通建设扎实开展，严格落实信访维稳责任，依法依规化解矛盾纠纷，局系统没有发生赴京到省上访事件。

## 七、智慧绿色交通加快建设

智慧交通蓬勃发展。按期完成交通一卡通互联互通工程，“轩辕通”实现与全国互联互通。郑州交运集团“豫州行”网约车平台线下落地，郑州公交全面支持微信、支付宝和银联云闪付服务；郑州地铁商易行APP上线，在全国首创手机二维码扫码乘车。12328交通运输服务监督热线荣获“河南省交通劳动奖状”。

绿色交通深入推进。37个绿色交通城市建设试点项目基本完成，高分通过国家验收。购置新能源公交车1138台，清洁能源和新能源城市公交车达6237台，占公交车总量比重达98.4%。启动新能源纯电动出租汽车和物流配送车辆推广工作。坚决打好交通运输污染防治攻坚战，道路扬尘防控不断强化，在建项目全部落实“八个100%”，推进机动车污染控制，行业大气污染防治工作受到省、市充分肯定。

## 八、全面从严治党深入推进

坚持把政治建设摆在首位，牢固树立“四个意识”，坚定“四个自信”，做到“两个维护”。深入推进“两学一做”学习教育常态化制度化，实现局系统党员干部党的十九大精神集中培训全覆盖。针对中央巡视和省委巡视反馈意见，梳理整改问题和任务36项，制定整改措施118项，巡视整改取得长效化成果。落实全面从严治党主体责任，建立了全面从严治党制度体系和“三个清单”。认真落实意识形态责任制，牢牢把握意识形态主动权，及时研判处置舆情信息和不稳定因素。基层党组织建设坚强有力，以基层党支部建设提升年为抓手，从严落实“三会一课”等组织生活制度，局系统5个党组织被评为“市直机关基层党组织示范点”，基层党建焕发新气象。正风肃纪成效明显，大力开展贯彻中央八项规定“回头看”等专项活动，驰而不息整治“四风”。扎实推进“以案促改”，认真践行监督执纪“四种形态”，党政纪处分11人，解除劳动合同1人。行业软实力持续提升，春运、项目建设、公交都市创建、改革开放40周年等重大主题宣传活动成效良好。全国文明城市和国家卫生城市创建工作扎实推进，受到市政府通报表扬。局机关通过全国文明单位年度复审。注重培树先进典型，郑州交运集团驾驶员周可玉被评为全国“感动交通年度人物”，郑州公交“苏师傅党员志愿服务队”等志愿服务品牌初具影响力，行业发展正能量不断增强。

# 郑州市2018年城市管理工作报告

郑州市城市管理局

2018年，在市委、市政府的正确领导下，市城市管理局紧紧围绕贯彻落实城市精细化管理三年行动计划，以营造安全、整洁、有序、文明的城市环境为目标，以理念转变、职能转变、机制转变和标准提升“三转一提”为抓手，坚持高标准治“差”，全覆盖治“脏”，深层次治“乱”，强手段治“软”，各项工作取得了明显成效，为推动我市国家中心城市建设做出了积极贡献。

## 一、强力推动市政设施改造提升

一是提升城市道路管养水平。东明路快车道实现全线通车，银通路管线改迁完工，完成道路中修153条294.8万平方米，整治窨井14729座，实施支路背街改造提升71条，排查整治道路病害11806处，修复破损保通路1066处8.58万平方米，拆除、瘦身施工围挡28处，退还道路2.23万平方米，规范设置绿草皮围挡183处1.59万平方米，完成城东路熊儿河桥、航海路金水河桥等6座桥梁、24座城市雕塑加固维修和嵩山路金水河桥、高阳桥等48座桥梁、43座城市雕塑检测，彩虹桥大修按计划稳步推进。

二是提升城市照明管理水平。完成50条道路路灯改造提升，维修路灯 2.8 万余盏，整修路灯设施 4.5 万处，完成 6000 余盏 LED 光源节能改造，启动了主城区“七桥一路”亮化提升改造，在高新区翠竹街、金水区杨金路开展智慧路灯建设试点，航空港区对 36 条道路 3530 盏路灯实施智能化改造，郑东新区对多年不亮灯的龙子湖区域 8 条主路进行亮化整治，全市综合亮灯率达到 98%以上。

三是持续推进河道和黑臭水体整治。加强“两河一渠”河道清洁治理和园林景观整治，金水河、熊儿河清淤完成，市区建成区黑臭水体已全部消除；新郑市双洎河、中牟县堤里小清河已完成截污纳管，黑臭水体基本消除。

四是实施城市道路绿化带管养提升。共补植乔灌木 1403 株、绿篱地被 23868 平方米，更新时令花卉 26.8 万株，修剪绿篱 283.8 万平方米，防治病虫害绿地面积 90 余万平方米，行道树 3.5 万余株。扎实开展道路绿化景观改造提升，栽植乔灌木 2082 株、绿篱 17083 平方米、地被 20006 平方米，新装树穴篦子 14286 个，维修、更新花坛侧石 2435 米，绿化带缺株断垄、黄土裸露、侧石破损、树池篦子残缺等现象得到有效改观。

## 二、稳步推进公用设施建设

一是供水保障不断加强。全年完成供水量 4.39 亿立方米，出厂水水质合格率 100%，管网水水质合格率 99.95%，最高日供水突破 145.37 万立方米，创历史新高；侯寨水厂已完成厂区设备安装，桥南水厂、龙湖水厂开工，新建改造配水管网 102.17 公里。

二是燃气供应规模不断扩大。中心城区次高压燃气管道及配套调压站、四环高压燃气改造及配套工程、薛店至港区高压燃气管道工程加快实施，新建改造燃气管网 130 公里，新增民用户 20 万户，销售气量 11 亿立方米，同比增长 8%。

三是集中供热能力逐步提高。郑东新区热源厂“煤改气”建成投运，新增供热能力 500 万平方米；豫能热电有限公司配套主干热网工程基本贯通、新密裕中电厂百万机组“引热入郑”工程前期工作完成，“三供一业”分离及新力电力自供用户改造项目按照完工纳入集中供热，新建改建供热管网71.66公里，新增集中供热面积1600万平方米，集中供热普及率达到85%以上。

四是污水污泥处理设施建设有序推进。郑州新区污水处理厂污泥消化工程已完工正在调试运行，马头岗污水处理厂一期一级A升级改造工程已具备通水条件，南三环中水公园工程、再生水利用三环管线配套工程已完工，双桥污水处理厂配套污泥处理设施建成试运营，新增污泥处理能力600吨/日。

## 三、切实加强环境卫生管理

一是提高环卫保洁作业水平。制定了《环卫清扫保洁机械化作业标准》和《环卫清扫保洁人工清扫作业标准》，对环卫保洁作业模式进行了进一步规范，已实现机扫作业路段全覆盖、保洁时间无空档。加强洗扫一体化作业，增加洒水、喷雾、洗扫、冲刷等机械化作业频次。对各类道路清扫保洁作业经费进行了重新核算论证，将环卫保洁经费由平均6元/(年·平方米）提高到了20元/(年·平方米)。强化“以克论净”检查，坚持每两天对市区道路实施称重检查。

二是大力开展“绿化带洗澡”“防护栏擦拭”“行道树治病”活动。对移交接收的200余条道路红线内11.5万株行道树、道路花坛及立交环岛绿地共计255万平方米绿化带，125条179.11公里道路硬隔离、308条325.4公里交通护栏坚持每半月对绿化带集中清洗一次，每周对防玄板、防撞墙、交通护栏等市政设施清洗一次。

三是强化卫生死角治理。在做好城区深度保洁的基础上，将环卫保洁的触角从城区延伸到四环沿线、铁路沿线、出入市口及绕城高速出入站点匝道及桥区、道路高架环岛绿化带、物流园区等，四环沿线及41个放射线、43个出入市口，23个环线高速站点周边，90条道路高架环岛绿化带，37条道路沿线及通往乡镇办的主要道路、政府所在地村庄、集市周边存在的卫生死角和监管盲区基本消除。

四是严格扬尘污染管控。建立施工工地动态管理清单，严格执行开复工验收、“三员”管理、建筑垃圾处置核准等制度，严格落实扬尘治理“八个百分之百”要求。针对工地长期黄土裸露问题，除落实常规管控措施外，对跨年度和闲置 3 个月以上的建设工地实施种草抑尘，共完成撒播草籽作业 21000 亩。引入信用惩戒新手段，对扬尘管控措施落实不力的项目实施失信惩戒，对评分低于 60 分的 13 个建设项目和 47 家企业实施环保失信联合惩戒。通过一系列措施，有效遏制了扬尘污染的势头，全年全市 PM10 浓度均值 105 微克/立方米，较 2017 年同期下降 10 微克/立方米，同比下降 10.6%，实现了 PM10 改善幅度全省第二。郑州控尘工作受到各级领导充分肯定，省控尘向全省推广了我市建筑工地“五好十差”专项评比、扬尘污染违法行为联合失信惩戒、闲置工地种草植绿抑尘和六针防尘网苫盖等经验做法。

五是大力实施厕所革命。认真贯彻落实习近平总书记关于“厕所革命”的重要指示精神，新建市区公厕 1200 座，改造提升市区公厕 765 座，有效解决了市民群众如厕难问题。

## 四、有序推进垃圾综合处置

一是强力推动垃圾处理设施建设。东部活垃圾焚烧发电项目已完成土建工程总量的 60%、设备安装工程总量的 30%，南部垃圾焚烧项目二期、西部垃圾发电项目前期正在加快推进，侯寨垃圾填埋场封场生态修复工作全面启动，东、西两个餐厨垃圾处理厂即将建成投运。加强垃圾收运处置管理，2906 台生活垃圾二转车全部更新为新能源自装卸新型垃圾二转车，实现垃圾日产日清。

二是全面推进生活垃圾分类管理。深入贯彻习近平总书记关于普遍推进垃圾分类制度的重要指示精神，建立健全组织机构、制订完善配套政策探索构建运营体系、不断完善分类链条，9 座生活垃圾分拣中心完成选址，推进较快的中原区分拣中心已开工建设，中心城区开展生活垃圾分类的小区达到 1040 个，公共机构 434 家，覆盖群众 63.11 万户，生活垃圾分类知晓率达到85%，回收利用率达到12.5%，无害化处理率达到100%。在国家住建部第三季度考核中，郑州生活垃圾分类工作在全国46个试点城市中排名第10位。

三是强化餐厨垃圾应急收运处置管理。发放餐厨垃圾专用收集容器9000个、投入收运车辆65台，累计收运餐厨垃圾6400余吨，并统一运送至荥阳垃圾焚烧发电厂进行无害化处理。市城管执法支队和各区、开发区联合畜牧、公安、食药监等部门组建餐厨废弃物管理执法队伍，先后开展餐厨废弃物专项执法行动200余次，查扣非法收运车辆32辆。

四是多层次加强建筑垃圾处置。郑州市成功入选为全国35个建筑垃圾治理试点城市，组织开展了全市建筑垃圾大排查大整治专项行动，全市已建成消纳场21个，总容量5274.94万立方米；正在筹建的消纳场18个，预计新增总容量3089.55万立方米；二七区、管城区筹建了3个资源化利用项目，新增处置能力260万立方米，加上原有的7个资源化利用项目，年资源化处置能力达到1060万立方米。搭建了建筑渣土信息共享交易平台，通过封场绿化、工程回填、堆山造景、生态修复、资源化处置等方式，就地、就近消纳利用建筑垃圾，郑东新区、经开区、中原区通过12个堆山造景项目消纳利用弃土3210万立方米，资源化处置利用238万立方米，建筑垃圾综合利用率达到62.3%。

五是推进农村生活垃圾污水治理。推行城乡环卫保洁一体化运行机制，各县级城市持续完善“户投放、村收集、统一转运、集中处理”的农村生活垃圾收运处理机制，新密市已接受省住建厅农村垃圾治理省级达标验收，新郑市、荥阳市已提交验收申请，通过了资料审查，完成了迎检准备工作。稳妥推进农村生活污水集中处理设施建设，364个规划保留村生活污水处理设施建设基本完工。

## 五、持续开展市容环境秩序整治

一是强化占道经营、露天烧烤和餐饮服务场所油烟治理。共清理占道（突店）4.2万处次，检查餐饮服务场所3.06万家，创建占道经营达标街 647 条。

二是加大户外广告及门头牌匾治理力度。拆除全市建筑屋顶违规设置的标识招牌 6521 处，期间未发生一起不安全稳定的事件和负面新闻报道，两次受到陈润儿省长批示表扬，要求各市、县学习借鉴，省住建厅进行了转发。大力开展道路两侧户外广告整治规范工作，共拆除直饮水站 153 台，快速公交站门闸内外广告 181 座，出租车停靠站 368 座，路灯广告 4056 杆，减量拆除公交候车亭 3895 座。《户外广告设置技术规范》《户外招牌设置技术规范》在郑州大都市市区（五城）标准联盟第一次成员会上被作为郑州首个地方标准发布，为户外广告管理工作提供有力的标准支撑。

三是不断规范渣土清运管理。共查处违规车辆 1991 台，罚款 1445.91 万元，5 家未经核准的公司（黑公司）被列入“黑榜”失信名单，渣土车闯红灯、闯禁行、超速行驶、私拉乱倒、污染环境等问题得到了有效遏制。

四是扎实开展停车管理专项整治。新建公共停车泊位 52574 个，重新施划泊位 14455 个，智慧停车泊位施工 855 个。强力开展停车场管理行业大整顿，严厉打击私设停车场、私设停车泊位、超标准收费、收费不提供发票、无证收费、工作人员不履职六类违规行为，共查处私设停车场 98 处，取缔私设停车泊位 150 个，查处超标准收费或收费不提供发票人员 226 人，查处无证收费人员 76 人，治安拘留 4 人，停车场管理乱象得到有效规范。针对共享单车乱象，引入第三方公司测算市区共享单车市场配额为 38 万辆，同时采取二维码标签绑定备案的手段加强共享单车规范管理，共清理共享单车 16.4 万辆，二维码标签绑定备案 32.29 万辆，中止破损单车备案 4.5 万辆。

五是大力开展铁路沿线违建拆除。铁路沿线 804 处 84.89 万平方米违章建筑全部拆除。

六是开展城乡接合部综合整治。自去年 11 月以来，纳入综合整治的 48 个乡镇办围绕泥土道路硬化、道路两侧绿化、黄土裸露整治、建设工地撒播草籽、违法建设拆除、积存垃圾清理、村镇容貌整治等方面，积极采取措施、加大资金投入、广泛发动群众，真抓实干、攻坚克难，迅速掀起声势浩大的整治高潮，两个多月来，共硬化泥土道路 144.4 万平方米，绿化 293.5 万平方米，撒播草籽 380.5 万平方米，清理垃圾 276.3 万立方，黄土裸露苫盖 2692.8 万平方米，拆违 224.9 万平方米，城乡接合部环境面貌得到较大改变，居住和出行环境焕然一新。

## 六、不断完善城市管理体制机制

一是推动城市管理执法体制改革和城市管理权责下放。整合建设、规划、房管、城管、园林等部门执法机构，组建成立了郑州市城市管理执法支队，新增执法职能 460 项；接收道路红线内花坛花带和行道树管理养护，数字化城市管理监督平台，停车场建设管理，共享单车管理，大气扬尘管控，道路硬隔离、交通防护栏管理养护等近 10 项管理职责。同时，按照“条块结合、以块为主、属地管理，权责一致”的原则，进一步下放城市综合管理事权。目前，已有 16 项城市管理审批权和事权、财权下放完成，11 项正在有序推进。特别是停管中心人员下沉工作，政策性、程序性强，涉及面广、敏感度高，工作组一班人不等不靠，在各区、开发区和市人社、财政、编办等部门的大力支持下，坚持吃透政策、研究办法、稳步推进，停管中心原有的 116 名工作人员全部到各区、开发区停车场管理部门开展工作。

二是推进“路长制”管理模式。城区 103 个乡（镇）办所辖的 2495 条（段）责任道路全部纳入“路长制”管理考核范围，设置总路长、副总路长各 9 名，一级路长 145 名，二级路长 738 名，四环范围内“路长制”工作实现了全覆盖。并探索形成了“一长两员三会四包”的“1234”工作模式，初步破解了“多头管理、各自为战”的城市管理弊端。各区结合实际，积极创新工作思路，涌现出了一批接地气、见实效的创新做法。

三是加快智慧城管建设。组织编制了《郑州市智慧城管顶层设计规划》和《郑州市信息化项目建设管理规范》，深度谋划智慧城管一期工程，推进智慧停车、智慧环卫、智慧河道、智慧隧道、智慧污水、垃圾分类、公厕管理等应用系统建设。城市内涝监测预报预警系统硬件和软件基本建成投入试运行，全息市政和智慧城市共享基站项目完成立项审批，路灯信息化升级已经完成项目建议书初评，市区两级智慧停车软件平台已开发完成，并在二七区、管城区试运行。

四是完善舆情监测机制。依托大数据搜集平台，每天搜集各大媒体涉及城市精细化管理工作的舆情信息，建立包含局领导班子、各处室及二级机构主要负责人的舆情监测微信工作群，第一时间对各类社会舆情进行积极通报回应，有效防止了舆情发酵扩大带来的负面效应。同时，不断强化宣传引导，利用电视、广播、报纸、官方微博、微信公众号等形式发布工作动态，有力促进了重点工作推进。城管微博被评为“全国十佳政务服务案例奖”和“全国十大城管微博”。

五是建立实时督导机制。围绕城市精细化管理三年行动计划，坚持一个专案建立一个专班、一个专班搭建一个微信平台，每天报送工作进展情况，每周汇总工作进度报市主要领导；实时发布各类突发应急事件，第一时间转办相关责任单位，实现了全时段、全过程、全方位应急事件处置督导，形成了高效快捷的工作督办模式。

六是探索建立城市管理标准化管理模式。启动了《郑州市城市精细化管理白皮书》编制工作，对市政设施、公用设施、市容环卫、园林绿化、综合执法等管理标准和管理规范进行重新梳理明确。力争早日出台，为城市管理各项工作开展提供标准依据和监督依据。

# 郑州市2018年农业农村工作报告

郑州市农业农村工作委员会

2018年，郑州市农委认真贯彻落实中央、省委、市委农村工作会议精神，紧紧围绕国家中心城市建设，坚持"四重点一稳定一保证"工作总格局，大力实施乡村振兴战略，深入推进农业供给侧结构性改革，以"生态产业化、产业生态化"为抓手，强力推进生态农业建设，持续深化农业农村综合改革，加快构建现代农业产业体系，积极探索城乡融合发展新机制，促进了一、二、三产业融合发展，农业转型升级步伐加快，农业农村工作保持了稳中有进的良好态势。截至2018年年底，全市常住人口1013.6万人，其中乡村人口269.8万人，城镇化率73.4%，比上年提高1.2%；全市第一产业增加值147.1亿元，增长2.1%；农村居民人均可支配收入21652元，比上年增长8.4%，城乡居民收入比1.8∶1；全年粮食总产量157.3万吨，比上年下降1.5%；其中夏粮产量78.8万吨，下降1.5%；秋粮产量78.5万吨，增长7%。全年粮食作物播种面积324.7千公顷，比上年下降1.3%；其中夏粮播种面积165.5千公顷，增长0.1%；秋粮播种面积159.1千公顷，下降2.8%。全市主要粮食作物耕种收综合机械化水平达到82%，农作物秸秆综合利用率达92.5%；全市一、二、三产业融合发展水平在全国36个大中城市中位居前列。

（一）统筹谋划乡村振兴。站位国家区域发展战略特别是在中原城市群和“1＋4”大都市区范围内，审视、思考、优化郑州农业功能定位、空间布局和资源配置，统筹谋划郑州乡村振兴战略，制定了《中共郑州市委州市人民政府关于推进乡村振兴战略的实施意见》，确定了郑州市实施乡村振兴的目标、原则和重点任务，并按照分步推进的原则制定了《郑州市人民政府关于加快推进乡村振兴战略2018年实施方案》，谋划现代农业、基础设施、生态宜居和公共服务等四大类500余个重大项目，总投资达3602亿元。制定了全市乡村振兴1＋1＋N的规划体系，即1个全市乡村振兴战略规划和1个都市生态农业产业空间布局规划，制定了乡村人居环境整治、科技振兴、乡风文明、组织振兴、扶贫攻坚等5个专项三年行动计划，目前人居环境整治和扶贫攻坚三年行动计划已经印发，乡村振兴战略规划年底前编制完成，都市生态农业产业空间布局发展规划聘请上海交大正在编制，初步确定郑州都市生态农业“一带四区五组团”的发展格局。

（二）推进都市生态农业和绿色食品业转型升级。郑州市把都市生态农业确定为全市五大战略产业之一，把都市生态农业转型升级和绿色食品业转型升级列入郑州市12项攻坚升级领域进行推进，今年分别出台了郑州市都市生态农业升级实施意见和绿色食品业转型升级意见，今年累计投入1亿元贴息、1亿元保险补贴和5亿元担保补贴资金，重点实施生态农业建设工程、绿色标准化可追溯“菜篮子”工程、休闲农业和乡村旅游提升发展工程、绿色食品加工业提升工程等四大工程，通过周总结、月分析、季观摩等形式，实行项目台账化管理，确保重点工作按序推进。2018年重点推进的产业项目完成投资45亿元。

（三）生态农业建设加快推进。一是加快推进环城都市生态农业建设项目。在主城区2400平方公里区域重点发展苗木、花卉、林果、蔬菜、牧草等产业，逐步打造环城都市生态隔离圈。全市累计新发展环城都市生态农业建设项目12.9万亩，投资超过2亿元。二是湿地农业建设项目稳步推进。2018年，计划建设湿地农业1万亩。目前全市湿地农业建设项目稳步推进，已实施稻鱼、莲鱼综合种养0.73万亩，鱼塘湿地公园项目0.3万亩，合计1.03万亩。三是加快推进农村人居环境整治，推广

"村收集、镇转运、县（市）集中处理"的新密模式或以"户分类、村收集、乡镇集中处理"的登封模式，全面推进农村垃圾污水治理，全市 364 个规划保留村中 189 个村已完成农村生活污水集中处理设施建设。

（四）分类推进乡村建设。一是加快推进美丽乡村建设。全市美丽乡村试点项目已达到 30 个，其中 17 个项目建设任务已全部结束，其余正在稳步推进。二是推进新型农村社区整改。全市共涉及社区 136 个，截至目前，已完成整改任务社区 130 个，其余 6 个基本完成整改任务。三是打造了乡村振兴战略示范县（市），充分发挥示范带动作用，从六个县（市）中确定了新密市为郑州市乡村振兴战略示范县（市），打造乡村振兴示范载体，各县（市）分别确定一个乡镇为乡村振兴示范乡镇，全力推进产业发展、环境建设、乡风文明等各方面建设。四是着力打造城乡融合共享特色田园乡村。目前全市已通过评审项目 4 个，入库项目 17 个，正在谋划项目 28 个，计划总投资 450 亿元。

（五）推动一、二、三产业融合发展。一是强化农业生产基础设施建设。推进都市生态农业示范园建设，第二批都市生态农业示范园建设面积 6.25 万亩建设任务基本完成，第三批都市生态农业示范园建设面积 3.25 万亩，目前项目工程已进展过半；完成 2017 年国家农业综合开发土地治理建设项目 2.4 万亩，2018 年 3.2 万亩基本完成；启动了高标准"菜篮子"生产示范基地的建设项目，目前，各县（市）区基本完成实施方案的编制工作，正在进行实施方案评审。二是着力培育全产业链农业产业化集群。通过贷款贴息，促进龙头企业等生产经营主体做大做强做优，今年新培育市级农业产业化集群 1 个，全市集群总数 30 个，预计年底前全市市级以上龙头企业总数达到 270 家以上，其中国家级龙头企业 13 家，省级龙头企业 54 家，上市企业 11 家（含新三板挂牌 7 家）。三是扎实开展农产品质量安全县的创建工作。金水区被命名省级农产品质量安全县，中牟县和荥阳市被确定为省级农产品质量安全县创建试点单位；进一步加强农产品质量监管体系建设，农产品质量检测合格率稳定在 99%以上。四是提升发展休闲观光农业。积极组织郑州市休闲农业企业参与创建 2018 年全国休闲农业与乡村旅游星级示范企业工作，2018 年以来，已动员指导近40家企业参与星级示范创建，全市休闲农业新增星级企业17家，总数达到61家，预计全年接待游客3400万人次，实现营业收入40亿元，同比增长14%，郑州首届“中国农民丰收节”活动取得圆满成功。

（六）农业农村科技装备水平不断提升。一是实施信息进村入户工程，截至目前，全市1334个行政村益农信息社基本全覆盖。二是加快科研成果转化，2项科研成果申报河南省科技进步奖，1项科研成果获得河南省科技进步三等奖，1项科研成果已经通过专家评价。三是建立了设施蔬菜、葡萄（草莓）、石榴（桃）、樱桃及水产等8个都市生态农业产业技术体系，建设产业技术体系示范基地50多个，推广总面积近300万亩。四是创新基层农业技术推广，在全市范围内建成了32个区域中心站，其中，中牟县被确定为农业部基层农技推广体系改革创新试点县。

（七）稳步推进农村综合改革。一是全部完成农村土地承包经营权确权登记颁证工作，并完成了农业部数据汇交。二是农村集体产权制度改革扎实推进，确定了农村集体产权制度改革试点名单，选取了126个村（居委会）开展全市农村集体产权制度改革试点，计划2019年年底前完成全部改革任务。三是积极开展农村集体资产清产核资工作，截至目前，完成清产核资单位数11085个（乡级16个，村数量1352个，组数是9717个），完成总体比例55.6%。四是落实三权分置政策，完善承包地“三权”分置制度，出台了《关于完善农村土地所有权承包权经营权分置办法的实施意见》。五是创新金融支农新模式，通过担保、保险、基金等形式，支持乡村振兴项目。2018年农业担保项目167个，担保发生额8.5亿元，目前在保项目246户，在保余额8亿元；发展特色农业保险，2018年度全市共开展7大类31种特色农业保险产品，为郑州农业建设提供约20亿元的风险保障。

# 郑州市2018年脱贫攻坚工作报告

郑州市扶贫开发办公室

2018年是我市脱贫攻坚决战决胜之年。一年来，全市上下认真贯彻中央和省、市委打赢脱贫攻坚战的决策部署，深入实施精准扶贫精准脱贫方略，紧紧围绕全年实现除政策性兜底外存量贫困人口全部脱贫和已脱贫人口巩固提升两大目标，坚持质量、精准、激励、标准“四种导向”，狠抓责任、政策、工作“三个落实”，统筹推进“六个精准”，各级责任进一步强化，精准基础更加牢固，攻坚举措更加有力，重点工作深入推进，作风建设进一步加强，攻坚氛围更加浓厚，推动全市脱贫攻坚由取得决定性进展向夺取全面胜利转变。

## 一、年度目标完成情况

全年共脱贫1434户3800人，占省下达目标2000人的190％，剩余政策兜底贫困人口769户1785人，实现了除政策兜底外存量贫困人口全部脱贫目标，创造了独具特色的郑州“N＋2”精准扶贫模式，继续享受政策建档立卡贫困人口收入由2017年的7853.91元增加到2018年的10141.83元，增幅29.13％。

## 二、采取措施推进工作开展情况

（一）责任落实情况。深入贯彻《河南省脱贫攻坚领导小组关于改进作风狠抓落实进一步完善脱贫攻坚责任体系的意见》精神，市级层面出台了相应的意见，进一步明确了市、县、乡、村、行业部门、驻村工作队、第一书记、责任组长、督查巡查组等八个层面责任，以责任落实促政策落实、工作落实。

市级主体责任落实情况。坚持把脱贫攻坚作为检验“四个意识”，同以习近平同志为核心的党中央保持高度一致的政治任务来抓。一是加强组织领导。成立了以书记任第一组长、市长任组长的脱贫攻坚领导小组，主要领导亲自挂帅、亲自部署、亲自推动、以上率下，分管领导赴一线、察实情、具体抓、促落实；建立完善了市委常委联系县（市）区、市级领导负责分管领域脱贫攻坚工作和分包贫困村制度，以及市、县、乡、村“四级书记”抓扶贫的工作机制；市级领导牵头成立了14个落实脱贫攻坚三年行动计划专项指挥部，启动实施了市、县、乡、村“四级书记”遍访扶贫对象行动。市人大、市政协分别组织开展了脱贫攻坚专项视察和专项监督活动，带动解决了一大批难点问题。二是完善政策措施。全面贯彻落实党中央、国务院和省委、省政府脱贫攻坚决策部署，市委、市政府定期召开市委常委会和政府常务会专题研究脱贫攻坚工作，召开专题会、领导小组会进行安排部署，在2016年出台《关于深入推进精准扶贫打赢脱贫攻坚战的实施意见》的基础上，2018年又新出台了《关于打赢脱贫攻坚战三年行动实施方案》，制定并下发了年度脱贫攻坚工作要点。三是明确目标任务。下发了《关于明确2018年度脱贫攻坚目标任务的通知》，23个行业部门和7个有脱贫任务的县（市）区与市委、市政府签订脱贫攻坚目标责任书。加强上下衔接、统筹协调和督促检查，市直各部门、各县（市）区全面完成了年度脱贫攻坚目标责任。四是加大资金投入。尽管贫困人口少，但投入力度不减，2018年投入财政专项扶贫7.29亿元，其中市本级投入3.68亿元。

行业部门责任落实情况。明确了市级综合部门承担综合协调责任，制定配套政策并组织实施，抓好牵头协调和行业管理工作；市直业务主管部门运用行业资源落实本部门行业扶贫职责，制定完善行业扶贫政策，抓好政策落实和项目实施。按照责任分工，14 个重点工作专项指挥部和 19 个行业部门制定下发了三年行动计划或年度工作方案，进一步完善了行业扶贫政策，构建了“1＋14＋19”政策体系。按照“渠道不乱、用途不变、各记其功、形成合力”的原则，各行业部门加大资金和项目倾斜力度，助力脱贫攻坚。市县结合、条块结合，加强督促指导，确保每一项政策落细落地，精准落实到村到户到人。

驻村结对帮扶责任落实情况。加强驻村帮扶工作，派出驻村工作队 490 支、驻村工作队员 23475 人，实现了贫困村与有扶贫任务的非贫困村驻村工作队全覆盖、所有贫困户帮扶责任人全覆盖。坚持严管与厚爱并重，完善了驻村第一书记和驻村工作队管理办法，落实第一书记各项激励政策，按照 30 万元的标准，落实市派第一书记扶贫项目资金 1860 万元，239 名一线扶贫干部受到重用和市级以上表彰，对不能胜任的 23 名第一书记和 47 名驻村工作队员进行了调整。充分发挥定点帮扶单位发挥后盾支持作用，驻村工作队和帮扶责任人常年奋战在脱贫攻坚一线真扶贫、扶真贫，经抽查，帮扶满意度达到 99%。

（二）政策落实情况。深入贯彻河南省打赢脱贫攻坚战三年行动计划，按照省委、省政府提出的打好四场硬仗、推进四大工程、实施六大行动安排，郑州市提出了“四个持续提升”，即持续提升产业发展、就业创业、生态扶贫、金融服务水平；“四个持续深化”，即持续深化交通扶贫、水利扶贫、电网升级和网络扶贫、人居环境整治扶贫；“六个深入开展”，即深入开展健康扶贫、教育扶贫、扶贫助残、易地扶贫搬迁、危房改造清零、扶贫扶志等六个方面行动。

饮水安全保障政策落实方面，水利部门制定了安全饮水巩固提升计划，安排水利扶贫资金 617 万元，实施安全饮水巩固提升工程，受益贫困人口 6617 人，解决了全部建档立卡贫困人口饮水安全问题。

产业扶贫政策落实方面，围绕村村有特色产业、有新型合作经济组织、有集体经济收入、有创业致富带头人、户户有增收项目的“五有”目标，发改委牵头制定了产业扶贫政策落实“1+4”推进机制；市农委在贫困村扶持建设都市生态农业示范园和高标准“菜篮子”生产示范基地项目5个，面积1.1万亩，土地出租收入770万元，吸纳贫困农民就业220人；畜牧部门组织发动26家涉牧企业参与产业扶贫，带动贫困户865户；扶贫部门安排专项产业扶贫项目319个。全市181个贫困村中，有180个村发展有特色产业，175个村有新型合作经济组织，共培育致富带头629人，建设电商扶贫网点949个，评选旅游扶贫示范村11个、旅游扶贫示范户21户，消除了集体经济空白村。

就业扶贫政策落实方面，人社部门下发了《2018年郑州市人力资源社会保障系统脱贫攻坚工作方案》。围绕提高就业能力，相关行业部门积极开展就业、特色种养殖、旅游扶贫、电商扶贫等专项技能培训3.09万人次，其中完成“雨露计划”培训6453人次；建档立卡贫困劳动力2018年就业13983人，其中2017年底未脱贫家庭劳动力就业1330人，占有能力有意愿劳动力总数的93%。

易地扶贫搬迁政策落实方面，全面完成了“十三五”易地扶贫搬迁任务，规划建设搬迁社区（安置点）5个，5649人全部搬迁入住，搬迁后续产业发展措施进一步落细落实，社区配套基础设施和公共服务设施逐步完善，“5新”“5有”工作持续提升，对搬迁户的帮扶扎实开展，搬迁群众生产生活方式发生了根本性改变。国土部门组织竞得易地扶贫搬迁土地复垦A、B券，筹措资金36.6亿元，为全省贫困县退出做出了积极贡献。

农村危房改造政策落实方面，市建委联合财政、扶贫部门下发了《关于做好建档立卡贫困户等重点对象农村危房改造工作的实施方案》，深入开展农村危房改造工作“回头看”，发现一户，改造一户，全年完成了872户危房改造任务。

健康扶贫政策落实方面，制定下发了《郑州市健康扶贫工作实施意见》《郑州市农村贫困人口大病专项救治工作实施方案》《郑州市健康扶贫三年攻坚行动实施方案》等20多个政策文件，按照“三个一批”工作要求，在逐户、逐人、逐病精准核实基础上，实施精准分类救治策略。全年落实“七免一减”惠民政策，累计受益2.36万人，减免1072万元；实施大病救助44人，救治率100%；慢病签约服务1393人，签约率100%；重病兜底保障353人，救治率98.98%。

教育扶贫政策落实方面，除认真落实从学前教育到高中（含职业教育）的各类教育资助政策外，我市还对贫困家庭中考取全日制本科大学生，每生每年给予4000元补助。全年落实教育扶贫补助资金1959.72万元，受资助人数22026人。

生态扶贫政策落实方面，将生态护林员扶贫与生态公益林管护、森林资源管护、森林公园和自然保护区建设与保护、湿地生态恢复有机结合，积极推进生态郑州建设。全年安排生态护林员岗位218个。

金融扶贫政策落实方面，深入推广金融扶贫“卢氏模式”，完善金融扶贫“四个体系建设”，实现金融服务体系对贫困村、贫困户的全覆盖。推广“户贷户用”受益模式，实现“应贷尽贷”，累计向21450户发放扶贫小额贷款71283.51万元。

综合保障脱贫攻坚落实方面，人社部门为符合条件的2582人农村建档立卡未脱贫人口缴纳了城乡居民养老保险，建档立卡困难群众基本医疗保险实现全覆盖；2018年市低保标准提高到5160元/年，连续3年高于扶贫线，纳入农村低保建档立卡贫困人口7103人；实施特殊救助，兑现救助保障资金495.77万元，受益人数18993人；残联完成了518户贫困残疾人家庭无障碍改造。

（三）工作落实情况。坚持以“N＋2”精准扶贫为抓手，坚持问题导向，着力抓重点、补短板、强弱项，确保脱贫攻坚各项工作全面落实。

一是深化“N＋2”精准扶贫。进一步完善编制大纲，进一步明确脱贫计划编制标准、验收落实标准和责任划分，对所有贫困户制订完善了帮扶计划并抓好落实，户均落实脱贫措施达到14.4项，群众满意度持续稳定在99%以上，《农民日报》对我市做法进行了宣传推介。

二是完善工作推进机制。建立了以对人、对事、对时、对责、对账“五对”为主要内容的推进机制和严格的督查考核机制。“对人”就是把贫困人口识别准，“对事”就是把脱贫措施找准，“对时”就是把脱贫时间节点定准，“对责”就是把责任划准，“对账”就是把扶贫资金使用准，有效破解了“扶持谁”“怎么扶”“谁来扶”“扶什么”“怎么退”和“阳光扶贫”等问题。将 2018 年作为脱贫攻坚作风建设年，制订方案，扶贫、纪检监察、审计等多部门联合发力，加强督查、审计、监督、检查，以作风转变促脱贫攻坚。

三是夯实精准扶贫基础。深入开展精准识别“回头看”和贫困人口动态管理，共排查行政村 1891 个，排查农户 56.1 万户 242.6 万人，漏评、漏登、错退等问题逐一得到解决，动态调整后我市脱贫和未脱贫建档立卡贫困人口总数为 26180 户 96467 人，省平台监测我市数据质量指数达到 100%，实现“零差错”。

四是着力提升脱贫质量。上半年下发了《关于进一步夯实精准扶贫基础提升脱贫攻坚质量的通知》，明确 6 大类 40 项清单，在全市范围内逐一对照检查，共排查问题线索 2630 条，逐一核实整改；下半年又下发了《关于加强工作指导提升脱贫攻坚成效的通知》，以 88 个重点村为重点，对贫困发生率高、贫困人口多、信息系统录入异常、“边缘户、低保户、五保户、重病户、残疾人户”多、软弱涣散、信访问题突出、督导考核和网上负面信息多、距县城较远地理位置偏僻等 8 类重中之重村，实行星级分类管理，加强工作指导，补齐高质量脱贫短板。

五是深入开展抓党建促脱贫。完成了贫困村“两委”换届和换届“后评估”，开展软弱涣散和后进党组织排查整顿工作，贫困村基层党组织的组织力和政治引领作用不断提升，进一步夯实了抓党建促脱贫基础。

六是不断提升攻坚能力。围绕打造一批懂扶贫、会帮扶、作风硬的干部队伍，全市共开展扶贫干部培训 46 班次 9898 人，3 人获 2018 年全省脱贫攻坚奖，10 人获全省优秀第一书记称号、6 人获全省脱贫攻坚先进个人称号。

七是加强项目资金管理。按照《关于完善县级脱贫攻坚项目库建设的指导意见》及《关于规范 2019—2020 年县级脱贫攻坚项目库建设工作的意见》要求，我市分别于 11 月底及 12 月底两次对 2018—2020 年三年县级脱贫攻坚项目库进行了完善，并录入国家扶贫开发信息系统。入库2018年项目1117个、2019—2020年项目1576个。落实“两个一律”，加强资金监管，874个专项扶贫项目全部竣工，资金报账率96.6%，超过了不低于92%的目标要求，进一步提升了基础设施和公共服务设施建设水平。落实郑卢结对帮扶资金3亿元，已拨付到位1.2亿元，剩余1.8亿元已列入2019年预算，将于近期拨付。

八是广泛动员社会参与。依托“中国社会扶贫网”，全市累计注册爱心人士146236人，广泛开展物品资金对接。妇联组织实施了“巧媳妇”工程，在13个贫困村建立儿童之家。团市委组织开展“八方援”活动，公益助学项目募集资金及物资302万元，资助贫困学生1509人。总工会组织全市307名劳模、五一劳动奖获得者投身助力脱贫攻坚，受益2000余人。慈善总会深入开展“助力脱贫攻坚，创建慈善城市”系列活动，募集资金2.78亿元，集中用于健康扶贫、教育扶贫和送温暖活动。深化“百企帮百村”帮扶行动，参与企业110家，实施社会扶贫项目122个，投资1.87亿元。

九是营造攻坚氛围。采取多渠道、立体式的宣传手段，着力提升群众对扶贫政策、脱贫成效的知晓率和满意度，营造浓厚氛围。中央、省级以上媒体共宣传报道我市脱贫攻坚经验做法2105篇（条），两个微信公众号推送各类工作部署和政策信息600多篇，创作展演了豫剧《春暖乱石坡》《老栗树》，歌曲《携手同行》，电影《小石头下乡记》、微电影《希望》等脱贫题材文艺作品25部。充分发挥政策激励、典型引导、思想引导和村规民约作用，积极探索扶贫扶志新途径，建设扶贫超市202个，开展星级文明户评选等系列活动，建立脱贫攻坚光荣榜，涌现出了无臂羊倌曹建新、“最帅水果哥”牛世权、身残志坚杨淑丽等一大批自立自强的先进典型，弘扬了社会正能量，激发了贫困户内生动力。

## 三、结对帮扶贫困县工作开展情况

全省结对帮扶贫困县动员会以来，全市上下坚决贯彻落实省委、省政府的重大决策部署，带着责任，带着感情，迅速行动，周密部署，全力以赴做好结对帮扶卢氏县脱贫攻坚工作，在10月25日召开的全省结对帮扶贫困县工作交流会上，郑州、巩义、新郑等作典型发言。

（一）高度重视，迅速行动。郑州结对帮扶全省贫困发生率最高的卢氏县，是省委、省政府对郑州的信任和重托，全市上下高度重视，迅速行动，把结对帮扶作为重大政治任务来抓。一是强化责任担当。市委、市政府明确指出，做好结对帮扶卢氏县工作，是树牢“四个意识”的体现，是省会城市应有的责任担当，要举全市之力，动员各方力量，扎实推进，为全省脱贫攻坚多做贡献，多次召开市委常委会、市政府常务会、帮扶工作专题会和工作推进协调会，研究部署推动帮扶工作，主要领导亲自带队到卢氏县进行调研和深度对接。二是加强组织领导。市级成立了以市委副书记为组长，分管副市长为副组长的结对帮扶工作领导小组。领导小组下设帮扶卢氏综合协调办公室和驻卢结对帮扶工作组，负责日常工作协调和项目推进。各县（市）区、市直各部门根据市里统一安排也成立了相应机构，党政一把手负总责，切实加强对结对帮扶工作的组织领导。三是凝聚帮扶合力。建立了市委、市政府统一领导、市直部门分工负责、县（市）区分包乡镇、社会力量积极参与的“两级多元”帮扶机制，由12个县（市）区对口帮扶卢氏县18个乡（镇），市直行业部门根据分工对口做好帮扶工作，广泛动员社会力量参与，凝聚帮扶合力。四是加大资金投入。市政府常务会议研究决定3年拿出3亿元用于卢氏县帮扶项目建设，三年投入两年到位，三年项目两年完成。

（二）精心谋划，精准施策。坚持把精准的要求贯穿结对帮扶全过程，精心谋划、精准施策，在充分对接、广泛征求建议基础上，形成了《郑州市结对帮扶卢氏县工作方案》。一是精准对接。市委、市政府派出考察组赴浙江杭州、宁夏银川考察学习，借鉴外地先进经验。市委市政府、各结对县市区、市直有关部门主要领导或分管领导带队多批次对接组赴卢氏深入对接。积极与对口帮扶卢氏的省农业厅商讨帮扶方案，主动向联系卢氏县的陈润儿省长作专题汇报，争取支持。二是明确思路。根据卢氏所需与郑州所能，明确了“1346”工作思路，即瞄准卢氏县

2019年摘帽、2020年实现贫困村、贫困人口全部出列的总体目标；突出“三个着力”：着力推进卢氏产业发展，着力实施一批与贫困群众生活密切相关的民生工程，着力激发贫困群众内生动力；坚持“四个聚焦”：聚焦脱贫退出硬指标、聚焦重点人群、聚焦群众直接受益、聚焦能力提升；实施“六大帮扶工程”：产业带贫帮扶工程、健康扶贫帮扶工程、教育扶贫帮扶工程、劳务协作和人才培养帮扶工程、助残养老服务体系提升帮扶工程和公共文化服务体系完善工程。三是精准发力。对帮扶方案细化分解，明确了11大类197个帮扶项目及22项重点工作的任务清单，其中包括设立帮扶卢氏产业扶持资金项目和卢氏县妇幼保健院、横涧搬迁社区饮水工程两个重大民生工程示范帮扶项目。计划清单明确县（市）区围绕产业帮扶、市场对接、劳务协作、人员交流培训等开展帮扶工作，攻坚期内每个县（市）区至少要为卢氏县引进一个产业项目。

（三）市县联动，合力帮扶。根据《郑州市结对帮扶卢氏县工作方案》，各县市区和市直各单位以“六大帮扶工程”为抓手，强化领导，深度对接，认真制定帮扶计划，全面开展帮扶工作。围绕产业带贫帮扶，市财政出资5000万元产业发展资金，已投入“河南农兴产业发展基金”，重点支持卢氏县域内具有较强扶贫优势且有一定产业规模、经营效益显著的优质龙头企业。各县（市）区、市直相关单位也深入谋划和推进了一批产业扶贫项目。围绕健康扶贫帮扶，市卫健委确定卫生健康帮扶项目26项，其中投资1.2亿元（郑州出资8039万元）、建筑面积近3万平方米的卢氏县妇幼保健院迁建项目已于10月17日开工建设，计划2020年投入使用；45个村级标准化卫生室建设项目正在实施，20个乡镇卫生院及115个标准化村卫生室设备正在进行招标准备。同时，与卢氏县14家医疗机构签署医疗合作协议，组织开展了一系列义诊、捐赠活动。围绕教育扶贫帮扶，市教育局安排郑州市区名校与卢氏县28所中学、12个县（市）区小学与卢氏县30所小学一对一结对帮扶。围绕劳务协作和人才培养帮扶，市委组织部、市人社局、各县（市）区相继举办了一系列培训和招聘活动，提供就业岗位10000余个。围绕助残养老服务体系提升帮扶，市建委与卢氏有关方面谋划投资6500万元的横涧园区贫困户搬迁安置点思源饮水工程，于 12 月开工；市民政局为卢氏全县乡镇养老院配备一批空调、洗衣机等生活设施，价值 283 万元；市残联为残疾人配备轮椅等辅助器材 426 台套。围绕公共文化服务体系完善帮扶，市文广新局积极推进帮扶工作，涉及 14 个乡镇 69 个行政村的村级综合文化服务中心建设项目，目前已完工 7 个，主体建成 10 个，正在实施 39 个。围绕动员社会力量参与帮扶，引进牧原环保公司在卢氏从事菌棒有机肥加工，总投资 2000 万元，已基本建成。市商务局、旅游局分别围绕农产品销售和旅游扶贫开展了一系列活动。

# 郑州市2018年水利工作报告

郑州市水利局

2018年，在市委、市政府的正确领导和省水利厅的大力支持下，全市水务部门认真贯彻落实中央、省、市各项决策部署，坚持以水生态文明建设为统揽，以河长制湖长制工作推进为主线，以民生水利发展为重点，加大投入，强化管理，统筹协调，深化落实，全市治水管水兴水各项工作取得了新进展、新成效。

## 一、新时代郑州水利发展总体布局基本建立

根据《河南省人民政府关于实施四水同治加快推进新时代水利现代化的意见》，紧密围绕郑州国家中心城市建设，找准新时代全市水利发展坐标和方位，深入研究，科学谋划，组织起草了《中共郑州市委　郑州市人民政府关于坚持四水同治加快推进新时代水利现代化的实施意见》，经市委、市政府研究通过后印发实施，明确了到2020年、2025年、2035年郑州水利发展的指导思想、总体目标、基本原则、重点任务和保障措施。进一步完善了《郑州市节水行动方案》《郑州市水资源开发利用和水系连通规划》《郑州水文化遗产保护利用规划》，启动了《郑州市南水北调水资源利用专项规划》《郑州市水灾害防治专项规划》《郑州市地下水超采综合治理专项规划》编制，初步形成了郑州市四水同治总体规划体

系，深入谋划了郑州市四水同治重大建设工程，为加快推进新时代郑州水利现代化建设，支撑郑州国家中心城市更高质量、更可持续的发展奠定了坚实基础。

## 二、水生态系统建设稳步推进

编制完成《郑州国家中心城市水生态系统建设专项规划》，坚持“全域水系、循环水系”理念，按照“双统筹、双促进”的要求，持续加快推进以贾鲁河综合治理为引领的水生态重点项目建设，不断提升生态水系建设成效。

（一）水源工程建设扎实开展。牛口峪引黄工程完成投资23.5亿元，管道铺设全线完成，泵站主体工程完工，正在进行设备调试，总体形象进度完成87%。环城生态水系循环工程完成投资7.5亿元，管道铺设已完成，泵站工程主体完工。石佛沉砂池至郑州西区生态供水工程基本完工。郑州市西水东引工程引水线路初步确定，正在开展水资源论证和可研报告编制等前期工作。

（二）河湖水系综合治理成效初显。贾鲁河综合治理工程按照“安全、生态、景观、文化、幸福”的五河共建理念加快实施，河道整治工程原批复投资已完成，主体工程和配套设施基本完工；生态绿化工程完成投资20亿元，土方倒运和微地形整理已接近尾声，苗木种植和管道铺设全面展开。索须河花王桥至中州大道段生态景观提升工程基本完工，中州大道至祥云寺段主体工程建成，拦蓄水建筑物工程正在实施。

（三）生态水系运行管理持续强化。不断完善机制，优化资源配置，科学调度水源，2018年共向生态水系调引黄河水3.26亿立方米，利用南水北调汛期退水实施生态补水7500万立方米，有力保障了城区河道生态景观用水需求。以城市河流清洁行动为载体，通过巡查督察推动问题整改，提升管养能力，加强河道管护，扎实推进“水清河美”专项治理，城市水生态环境明显改善。

（四）水土保持生态建设不断加强。实施登封、新密2018年度国家水土保持重点工程，完成生态清洁小流域年度建设任务，全年治理水土流失面积42平方公里。按照水土保持监督检查全覆盖的要求，抓好市域内在建项目水土保持监督检查和水土保持补偿费征缴工作。

## 三、河长制湖长制工作向纵深发展

按照“全面、扎实、率先、有效”的工作推进思路，务实创新，深化落实，全力推动河长制湖长制工作由“见河长”转向“见行动”，以“见行动”促进“见成效”。

（一）河长制湖长制组织体系和工作机制不断健全。着力完善河长制湖长制工作政策体系，出台了《郑州市全面推行河湖（库）长制三年行动计划（2018—2020）》《郑州市全面推行河湖（库）长制主要任务责任分解方案》和8个专项方案，制定了《河湖库巡察员管理办法》。根据分级分片的原则，进一步健全湖（库）长组织体系，设立湖长335名、库长307名、湖（库）巡察员232名。按照河流分段、湖库分片的原则，探索设立市、县、乡三级河（湖、库）警长，“河长＋警长”的河湖管理机制初步形成。

（二）河长湖长管河护水责任进一步加强。编发市级河长巡河提示函，组织各级河长湖长认真开展河湖巡查，及时协调解决河湖管理保护存在的各类问题隐患。建立问题发现和督办机制，搭建举报受理平台，制定督察暗访方案，推行明察暗访常态化，针对发现问题，及时下发督办函，督促整改到位。对市级河长分管的26条河流，设置了73个县（市）区交界水质断面监测点，每月定期检测水质，动态评价河长工作。对县级河长实施差异化考核，各级河长湖长管河护水责任进一步加强。全年共开展河湖巡查24264次，签发河长令9份，督办整治各类问题1768个。

（三）河湖整治各类专项行动深入开展。以“堵污口、清污泥、治污水、净水质”专项行动为重点，落实“排查、履责、统筹、机制、督导、宣传”六到位措施，推动“河湖库清四乱、河流百日清洁行动、入河排污口规范整治、黑臭水体整治、河湖库划界确权、打击非法采砂和破坏湿地”等河湖整治各类专项行动深入开展。累计清理河道1481公里，规范整治排污口138个，取缔关停非法采砂场12处，清理非法采砂船只17艘，恢复林地122.53万平方米，河湖库管理区和保护区用地初步明确，“四乱”问题逐个销号，全市河湖水生态环境明显改善。

（四）河长制湖长制基础性工作创新推进。在深入理解水利部一河一策编制指南的基础上，制定了郑州市一河（湖、库）一策方案编制审批办法和编制导则，结合实际，务实创新，融入“四水同治”和“五河共建”理念，对全市推行河长制湖长制的111条河流、16座湖泊、141座水库分别编制了一河（湖、库）一策方案，经总河长会议研究审议，由河长签发实施，为加强全市河湖管理和保护提供了指导和依据。河长制信息平台建设稳步推进，基础软件开发完成。河长制湖长制工作宣传形式多样、广泛有效，人民群众参与河湖管理的良好氛围正在逐步形成。

## 四、防汛抗旱减灾保障有力

（一）防汛抗旱责任制全面落实。坚持防汛抗旱行政首长责任制，签订防汛抗旱承诺书。举办防汛抗旱行政首长培训班，增强防汛抗旱指挥决策能力。编制市领导分包县（市）区防汛工作督导检查提示函，就防汛要求、关键事项、薄弱环节等重点提醒，增强防汛督查的针对性和有效性，相关做法得到武国定副省长的批示肯定，并在全省推广实施。

（二）防汛隐患排查整治扎实到位。派出9个督导检查组，依托4级河长制，对全市141座水库、124条河流和山洪灾害防治区全面开展隐患排查，针对266处问题隐患，以一县（市）或一事一单形式下发通知，督办整改。着力抓好南水北调中线防洪影响处理工程建设，加快实施双洎河等5个中小河流治理项目，全面落实各项度汛措施，确保汛期安全。

（三）防汛应急保障能力持续提升。修订防汛抗旱预测预警、会商研判、应急值守、信息报送等制度规定，形成权责明确、标准明晰、管理规范、协调有序的工作机制。组建技术指导专家组，落实应急抢险队，做好防汛物资储备，精心组织开展黄河滩区迁安救护、黄河军民联合防汛抢险、水库防汛应急抢险、南水北调工程防汛抢险、山洪灾害防御5类专项演练。定期组织汛情研判，认真做好防汛值守，全市防汛抗旱减灾能力明显增强。

（四）抗旱减灾工作有序开展。积极做好各项抗旱准备，申请中央和省级特大抗旱资金155万元，下拨市本级抗旱资金200万元，用于新密等县（市）抗旱应急水源工程建设，督导荥阳市加快抗旱应急水源工程进度。及时研判旱情发展，重点抓好登封市大冶镇抗旱服务，累计送水2400余吨，有效缓解了2000余人临时饮水困难。

## 五、农村水利建设不断加强

（一）水利脱贫攻坚扎实推进。精准排查2018年拟退出建档立卡贫困人口和低收入人口，全面解决饮水不安全问题；逐户排查登封、新密和中牟3县（市）疑似饮水不安全和饮水困难贫困户，完成整改任务。同步加快推进2018年度非贫困村饮水安全巩固提升工程。安排水利扶贫切块资金617万元，加强贫困村饮水安全和节水灌溉等水利基础设施建设。

（二）农田水利基础设施持续完善。农田水利现代化示范乡镇项目加快实施，荥阳市汜水镇项目完成76%，中牟县万滩镇项目完成61%，登封市石道乡项目实施方案已批复。农田水利项目县建设继续推进，2018年度中牟县、登封市、荥阳市建设任务全部完成。高效节水灌溉成效明显，荥阳李村灌区节水配套改造项目主体建成，恢复和改善农业节水灌溉面积3万亩，中牟、新密两县（市）共完成省定高效节水灌溉建设目标3.79万亩。

（三）农业水价综合改革深入开展。制定了郑州市农业水价综合改革年度实施计划，加快推进2018年33.4万亩农业水价综合改革任务（省定20万亩、市定13.4万亩），有序开展供水计量设施安装和“三证一书”发放等工作。

## 六、水资源管理进一步完善

（一）最严格水资源管理制度全面落实。按照最严格水资源管理制度要求，扎实做好取水许可、计划用水管理、地下水压采等工作，在全省实行最严格水资源管理制度考核中被评定为优秀等级，完成全市最严格水资源管理制度考核工作。认真开展第三次全国水资源调查评价，出台《郑州市水资源综合规划（2018）》。

（二）地下水超采综合治理持续加压。在2017年已超额完成“十三五”地下水压采任务的基础上，2018年处置取水井317眼，压采地下水732万立方米，大幅超额完成压采任务。完成地下水压采技术评估，联合市城管委印发《关于规范和持续推进公共供水管网覆盖范围内自备井封井工作的通知》，制定2018—2020年封井计划，加快推动地下水资源实现采补平衡。

（三）节水型社会建设深入推进。指导推动县域节水型社会创建，登封市、新密市、新郑市和郑东新区通过达标验收。印发《郑州市节水型社会建设专项资金使用管理办法（试行）》，规范水平衡测试、非常规水利用等节水补助项目实施，抓好各类节水载体创建，命名节水型单位21个、节水型企业13个、节水型社区26个。组织“世界水日”“中国水周”“城市节水宣传周”等活动，在46所中小学开办水育课堂，广泛深入开展水法宣讲、节水宣传和水情教育，营造全民爱水节水浓厚氛围。

## 七、依法行政和水行政审批工作成效明显

（一）依法行政工作不断强化。印发《2018年推进依法行政建设工作要点》，制定领导干部学法计划，出台《郑州市水务局合同管理办法（试行）》，加快推动《郑州市贾鲁河管理办法》立法。严格落实重大案件局长办公会集体研究制度，加强行政执法责任制和服务型行政执法建设，

规范水行政处罚和指导文书，推进行政指导方式应用。全年开展执法巡查265次，受理举报162起，完成执法卷宗72卷，罚款56万元。全省水利系统法治政府建设工作现场会在郑州召开，郑州市法治水利建设和服务型水行政执法典型经验在全省推广。

（二）水行政审批工作效能突出。不断完善和规范行政审批事项办理规程，制定出台了《郑州市水务局行政审批工作现场查勘制度》和《郑州市水务局行政审批工作联席会议制度》。水行政审批服务事项和审批办工作人员全部进驻市政务服务办事大厅，积极开展文明优质服务活动，依法依规，严把关口，认真做好取水许可、入河排污口设置等水行政审批工作，全年共办理行政许可事项83件，满意率98%以上，提前办结率100%，在市行政审批工作11次月通报中，10次位居第一层次。

## 八、水利工程建设和管理严格规范

（一）水利工程建设监管严格到位。规范招标程序，加强监督管理，对开标、评标全过程履行行政监管职责，确保公平、公正、公开。加大在建水利工程质量监督力度，开展质量体系核查和质量监督检查，组织了2次集中质量巡检，以一项目一清单的方式督促推动问题整改，切实保障建设质量。大力抓好水利工程施工场地扬尘污染防治，开展督导检查75次，处理各级交办问题46件，得到市控尘办的肯定评价。

（二）水利工程运行管理日益规范。召开专题推进会，着力推动全市河湖和水利工程管理及保护范围调查测量。加快小型水利工程管理体制改革，出台深化全市小型水利工程管理体制改革实施方案。抓好水利工程维修养护项目实施，开展小水库运行管理三个责任人、三个关键环节专项督查，基本完成水利工程技术资料整编，不断提升水利工程运行管理水平。

## 九、南水北调和移民工作扎实推进

（一）工程效益持续发挥。基本完成南水北调干线征迁验收，积极协调解决干线征迁遗留问题，认真做好南水北调水源保护工作。南水北调配套工程基本完工，运管机制逐步完善，工程运行安全平稳，2018年供水5.54亿立方米，供水效益日益扩大。

（二）移民实现稳定发展。继续实施强村富民战略，积极推进丹江口库区移民安置验收，大力加强移民后扶工作，组织开展移民扶持项目质量和进度双提升活动，抓好移民后扶项目验收，促进移民收入稳步增长。加大移民避险解困督导力度，做好移民脱贫攻坚工作。开展移民矛盾问题排查化解，维护移民和谐稳定发展。

## 十、水文化建设深入开展

（一）加强协调指导。成立了郑州市水务局水文化建设工作领导小组，印发了《郑州市水务局2018年水文化建设工作方案》。

（二）突出规划支撑。对全域水文化遗产开展调查摸底和建档登记，编制了《郑州水文化遗产（初选）名录》，梳理出水文化遗产123处、190项。以“保护为主、强化利用、保用结合、彰显文明”为原则，编制了《郑州水文化遗产保护利用规划》，针对不同流域、主题和特色，规划建设水文化保护和展示平台。

（三）谋划实施水文化展示项目。高标准完成贾鲁河综合治理“文化”专项设计，并以此为示范，深入挖掘河湖历史文化内涵，积极探索将水文化元素融入水利工程规划、设计和建设，提升水利工程文化品质。完成陆浑灌区郑州段水文化展示中心项目选址和实施方案编报。依托贾峪河及常庄水库库区生态修复治理工程，科学调研论证，谋划建设郑州水生态文明博览园和水博馆。

# 郑州市2018年商务工作报告

郑州市商务局

2018年，全市商务系统围绕市委市政府中心工作，立足中部崛起和中原城市群建设，围绕中原更加出彩和郑州建设国家中心城市的发展大局，践行新发展理念，落实高质量发展要求，迎难而上、积极作为，商务运行稳中有进、稳中向好，商务高质量发展迈出了新步伐、取得了新成效，多项工作实现“河南领跑、中部超越、全国示范”，主要商务指标在全国26个重点城市排名不断攀升，进出口总值突破4100亿元，社会消费品零售总额突破4200亿元，商业经营环境显著提升（中国大陆最佳商业城市名列第12位，较上一年上升11位），全市商务事业取得较快发展。

## 一、抓开放平台建设，“五区四路”华丽出彩

2018年以来，面对错综复杂的国际国内环境，郑州市以国家中心城市建设为统揽，坚持稳中求进总基调、奋发有为总要求，一手抓谋划、一手抓实施，深度融入“一带一路”，大力推进对外开放平台建设和体制机制创新，狠抓平台载体建设，不断拓宽开放的宽度广度，以“五区四路”为引领，实现平台叠加优势新突破。

（一）“五区联动”综合发力。郑州航空港经济综合实验区立体综合

交通枢纽初步形成，现代产业体系加快构建，2018年地区生产总值突破800亿元，电子信息业产值突破3000亿元，全省占比超过70%。外贸进出口总额突破500亿美元，占全省6成以上。

中国（河南）自由贸易实验区郑州片区制度创新红利效应日益显现，256项改革创新试点任务超前完成五年计划的90%，新增注册企业4.5万家，新注册资本总额超过5300亿元。

郑洛新国家自主创新示范区郑州片区核心区创新创业生态和“四个一批”培育取得实效，科技型中小企业群体全省领先。2018年，高新技术企业认定数量增长48.4%，创历史新高。首批创新引领型产业集群占全省近1/3，省级以上研发机构231家，居全省第一。

中国（郑州）跨境电子商务综合试验区持续推进模式创新、技术创新、制度创新，服务效能快速提升，日均处理能力1000万包、通关速度500单/秒，货物集疏范围覆盖全球70%国家和地区，郑州已经成为跨境电商的产业高地和制度创新高地。

国家大数据（河南）综合实验区郑州核心区引进中科院计算所大数据研究院、海康威视中原区域总部等大数据企业158家，产业规模达201亿元，12家省级大数据双创基地、5家高新技术企业、8项大数据示范应用工程落地智慧岛。中原基金岛入驻赛领资本、中金汇融等基金企业133家，实缴资金超百亿元，管理资金规模逾2000亿元。

（二）“四路协同”成效突出。“空中丝绸之路”越飞越广。落实习近平总书记重要指示精神，加快郑州—卢森堡“空中丝绸之路”建设，构建“双枢纽、多节点、多线路、广覆盖”的发展格局。目前，郑州机场已成为全国第二个实现航空、铁路、高速公路零换乘的机场，在全球前20位货运枢纽机场中已开通15个航点，货运运力、全货机航线数量、航班量及通航城市数量均居中部第1位，全国第5位，初步形成横跨欧美亚三大经济区、覆盖全球主要经济体的国际枢纽航线网络。

“陆上丝绸之路”越跑越快。中欧班列（郑州）坚持以“一主两翼”体系为核心，拓展加密至欧洲的主体货运通道，开辟至中亚、东盟的分支货运通道，持续扩大“东联西进”覆盖辐射范围。目前中欧班列（郑州）网络遍布欧盟、俄罗斯及中亚地区 24 个国家 126 个城市，境内合作伙伴 2300 多家，境外合作伙伴 780 多家，全年开行 752 班，累计货值 32 亿美元，货重 34 万吨，主要指标保持全国前列，主要经济指标保持全国前列。在原有航空、铁路、公路、邮政、跨境电商口岸的基础上，又相继获批肉类、食品药品医疗器械、汽车整车、粮食等指定口岸，郑州成为我国功能性口岸最多的内陆城市。

“网上丝绸之路”越来越便捷。跨境电商向“买全球卖全球”目标迈进，成功举办两届“全球跨境电子商务大会”，全国首创“网购保税 1210”监管服务模式，实现首家跨境零售 O2O 现场提货，搭建跨境电商交流合作平台，启动建设 EWTO 核心功能集聚区，引导建立相关贸易制度和规则。2018 年，全市跨境电子商务交易额 86.4 亿美元，增长 25.1%。

“海上丝绸之路”对接越来越顺畅。通过铁海联运与海上丝绸之路对接，依托郑州国际陆港和郑州铁路集装箱中心站等场站、装备及信息系统，实现铁、海、公、空多种运输方式一体化发展。郑州至连云港、青岛、天津等港口的海铁联运班列已累计开行近 400 班。

## 二、抓招商引资，推进产业高质量发展

按照全市主导产业定位和“一区一主业”要求，以促进国内外 500 强和行业 20 强企业落户为目标，突出招大引强选优，强化郑州产业带动力和辐射力，招商引资工作取得良好成效。2018 年，全市新设立外商投资企业 82 家，同比增长 3.8%；利用外资与引进域外境内资金达到 2397 亿元，其中，实际吸收外资完成 42 亿美元，增长 4%；全市新签约项目 465 个，签约总额 4792.9 亿元，增长 5.4%。新开工项目 378 个，投资总额 2875.8 亿元，增长 4.8%。目前，已有 63 家境外世界 500 强企业，107 家国内 500 强企业落户郑州。

（一）围绕主导产业招商成效明显。围绕主导产业，瞄准产业链国内外 500 强、跨国公司和大型央企进行招商选商。全年全市符合主导产业

的签约项目 384 个，签约总额 4335.5 亿元，占全市签约总额的 90.5%。一方面聚焦高端客商“请进来”。认真做好来郑考察客商的接待工作，通过重点邀请，共接待日本永旺集团、泰国正大集团、中国电力建设集团、三一集团、奥山集团、叶水福集团、苏宁云商集团、杭萧钢构、汉能控股集团、亚洲国际贸易投资商会、香港贸发局等重要客商 50 余批，制定详细接待方案，有针对性地安排商务考察，做到有的放矢。对于项目质量高、投资意向明确的企业，争取市领导会见，通过高层对接推动项目进展。另一方面聚焦先进产业“走出去”。全年市领导和各县（市）区、开发区主要领导带队走访企业 261 次，先后对接了上汽、海尔、浪潮、永旺、普洛斯、华为、修正、华侨城、光明集团、美冷集团、正大集团等强企名企，有力地促进了一大批招商引资项目落地。

（二）“四力”型项目带动作用突出。2018 年全市新引进“四力”型项目 71 个，占年度目标任务的 142%，拟投资总额 1933.7 亿元，约占全市新签约项目投资额的 40.3%。其中，已投产项目（含已运营项目）2 个，投资总额 11.6 亿元，有航空港实验区中原航空飞机租赁项目和高新区朗博校准检测综合服务平台项目；在建项目 23 个，投资额 489.9 亿元，主要有经开区上汽基地二期项目、海尔创新产业园项目和高新区芯盾安全芯片膜卡项目等；合同项目 27 个，签约额 909.4 亿元，主要有新密市富士电梯产业园项目、上街区红星矿山盾构机项目和高新区武汉光电大数据光存储项目等；框架项目 19 个，签约额 522.8 亿元，主要有航空港区安博仓储服务中心项目、惠济区河南细胞治疗中心项目和上街区奥克斯年产 600 万套智能家用空调生产基地项目等。

（三）经贸活动招商取得实效。在精简大型经贸活动数量和压缩活动规模的前提下，全力推动黄帝故里拜祖大典、省投洽会、跨境电商大会、厦洽会四大经贸活动上水平，利用活动平台拓宽招商渠道、树立良好形象，成功签约一批大项目，完成了承担的各项工作任务。其中，第十二届河南投洽会邀请参会客商 1380 余名，省、市领导会见了俄罗斯符拉迪沃斯托克市政府代表团、传化集团、深圳北科生物公司和海尔集团等重要客商团组，共征集 36 个签约项目（含巩义和航空港实验区），拟投资总额 1872.88 亿元，签约项目涵盖了先进制造业和高成长服务业。

（四）完善招商引资工作顶层设计。一是出台了《郑州市人民政府关于进一步加强招商引资工作的意见》提出了按照项目带动、项目化推进工作方法，指导全市积极围绕先进制造业和高端服务业开展招商引资工作。二是出台了《郑州市招商引资绩效考核办法》，从“四力”型项目、招商引资招项目“四率”、新签约项目、新开工项目、主导产业占招商引资比重等 12 个方面进行全面考核，引导全市商务系统调整传统思路，改变固有模式，提高招商质效。三是成立了全市招商引资工作领导小组，制定了工作例会制度、观摩讲评会制度、定期外出招商制度、督查通报制度等工作机制，确保在全市范围内形成招商引资工作强大合力。

## 三、抓应对促转型，保持对外贸易稳定增长

2018 年，我市通过规划引导，狠抓项目，政策扶持等措施，促进了全市对外贸易和经济社会持续健康快速发展，对外贸易对我市经济社会发展的带动作用日益明显，郑州市对外开放度和影响力不断提升。2018 年郑州市对外贸易再创历史新高，全市外贸进出口完成 615.1 亿美元，同比增长 3.1%。其中，出口 386.0 亿美元，增长 11.7%，进口 229.1 亿美元，下降 8.6%。进出口和出口分别占全省进出口和出口总额的 76.7%和 74.0%，连续 7 年位居中部六省省会城市第一位。服务贸易额超过 51 亿美元，占全省的 61.7%。服务外包合同执行额 5.2 亿美元，增长 64.5%。

（一）积极作为，主动为企业开展服务。面对严峻的国内外经济形势，我们注重加强与海关、税务、信保等涉外部门的协调配合，通过召开政策宣讲会、走访企业、发送电子邮件等形式，向企业宣传全国外贸工作电视电话会议精神和《国务院关于促进外贸回稳向好的若干意见》等一系列国家和省、市促进外贸发展的政策，及时将海关通关便利和收费减免、出口退税便捷措施和出口信用保险优惠等外贸促进措施传达到企业。支持和协助海关等部门推广国际贸易单一窗口建设，为外贸进出

口提供便利。政策的逐步落实，降低了外贸企业经营成本，调动了企业增加进出口的积极性。

（二）组织活动，大力开拓国际市场。按照工作总体部署，共组织1000多家（次）企业分别参加了华交会、广交会、东盟博览会、亚欧博览会和首届中国国际进口博览会以及境外有关贸易展会和贸易项目对接等经贸活动，为外贸企业与国内、外知名企业和客商开展合作创造条件。同时，加大了对进出口型企业的招商力度，借助展会及省、市组织的招商活动主动承接产业转移。

（三）抓大扶强，积极培育出口龙头企业。按照抓大扶优的工作思路，我们加大对优势企业的支持力度，在政策上和资金上给予倾斜。同时深入企业调查研究，帮助解决实际问题。通过积极有效工作，我市出口大户不断涌现，带动了全市出口的全面增长。2018年全市有外贸出口业绩的企业达到2517家，同比增加408家，其中，出口超千万美元以上的114家，超亿美元以上8家。出口额在百万美元以上的主要商品有271种，其中电话机居第一位，出口283.9亿美元；铝及铝材居第二位，出口11.1亿美元；汽车和汽车底盘居第三位，出口5.7亿美元；服装居第四位，出口2.5亿美元；陶瓷产品居第五位，出口1.4亿美元。全市一般贸易出口61.4亿美元，同比增长18.9%；加工贸易出口321.0亿美元，同比增长10.4%。对一带一路国家出口63.5亿美元，增长11.9%。

（四）出台政策，大力发展服务贸易和服务外包。2018年4月，我市出台《郑州市人民政府关于促进服务贸易加快发展的实施意见》（郑政〔2018〕23号），努力把郑州建设成为国家中西部地区重要的服务贸易中心城市。成立了郑州市服务贸易与服务外包发展领导小组，主管副市长任组长，市直相关近30个单位为成员单位，负责全市服务贸易工作的宏观指导，统筹服务贸易促进、服务外包产业发展和相关政策协调与制定工作。2018年，我市继续深入推进国家服务外包示范城市建设，据商务部“服务外包业务管理和统计系统”数据反馈，2018年我市全年服务外包接包合同执行额51674.26万美元，同比增长64.48%。其中离岸接包合同执行额14563.56万美元，同比增长84.71%，在全国31个示范城市中增速居于前列。

## 四、抓“引进来走出去”，对外经贸量质齐升

既注重“引进来”，又重视“走出去”，海外投资不断增长，“走出去”步伐不断加快，2018年，全市国外经济技术合作完成营业额16.6亿美元，增长35%；境外投资额6.9亿美元，增长54%，继续保持高速增长。

（一）境外经贸合作区建设取得新进展。我市高度重视境外经贸合作区建设发展，始终把推动我市企业在境外投资设立经贸合作区作为推进我市参与“一带一路”战略，拓展国际产能合作领域和空间，推动郑州企业全面参与国际产业布局、开展国际化经营、拓宽发展空间，“抱团出海”，集群式、集聚型发展的重要举措。经过政府和企业的共同努力，我市境外经贸合作区建设取得新进展。2018年商务部对纳入境外经贸合作区统计范围的园区进行了调整，数量由2017年的99家调整为113家。郑州市纳入商务部境外经贸合作区统计范围的园区为3家，分别是：河南林德国际物流有限公司德国帕希姆中欧空港产业园、河南国基实业集团有限公司塞拉利昂国基工贸园区、河南豫矿开源矿业有限公司坦桑尼亚环维多利亚湖资源综合利用产业园。积极开展省级境外经济贸易合作区申报工作，河南林德国际物流有限公司申报的重点支持类商贸物流型园区德国帕西姆机场境外经济贸易合作园区；河南国基实业集团有限公司申报的重点支持类加工制造型园区塞拉利昂国基工贸园区、重点关注类商贸物流型园区坦桑尼亚国际商贸物流园、重点关注类农业产业型园区刚果金科技产业园2家企业4个园区完成向省里申报工作。

（二）我市企业海外并购步伐加快。我市企业抓住机遇，谋划全球战略布局，加大海外投资并购力度，不断闯出新路子，创出新业绩，涌现了郑煤机、智度科技、河南航投、河南迈胜、河南联储等一批重大海外投资并购项目。郑州圣吉机电设备有限公司及控股股东郑州煤矿机械集团股份有限公司联合崇德基金投资73743万美元收购德国索恩格汽车部

件有限公司，该公司拥有100多年的电机研制历史，拥有完善的产品组合，涵盖乘用车和商用车用起动机、发电机、起停电机和48V轻混能量回收系统（BRM），2017年营业收入17.36亿欧元，在全球有9个生产基地和研发中心，并在12个国家有销售代表处，占据全球市场17%的份额，位居行业前三名，员工8000多人，拥有完善的研发平台和近千项专利技术。2017年底交割完成后，公司经营管理稳步提升，2018年前三季度，公司实现营业收入191.37亿元，其中汽车零部件板块实现营业收入133.74亿元，占总体营业收入的70%；其中SEG营业收入104.65亿元，为公司贡献的收入比例已超过50%。

（三）对外承包工程营业额实现快速增长。我市对外承包工程企业在全球经济不稳定因素增加、一些国家或地区安全形势恶化以及市场竞争进一步加剧的严峻形势下，充分利用各种渠道和有利条件，积极参与国际市场竞争，大力开拓国际承包工程市场，实现了对外承包工程营业额的快速增长。特别是龙头企业的带动作用进一步增强，我市营业额排名前三的中铁七局集团有限公司、中石化华北石油工程有限公司、中建七局集团有限公司2018完成营业额12.8亿美元，占全市的77.5%。

## 五、抓扩大消费，商贸业持续提升

商贸流通业与市民生活息息相关，多年来我市大力开展消费促进工作，商贸业持续平稳增长，繁荣稳定，在扩大就业、增加税收方面贡献巨大。2018年，我市拥有国家级、省级、市级特色商业街区2条、4条、15条，省级品牌消费集聚区10个，“中华老字号”3个，“河南老字号”9个，9家企业获得省级“百强餐饮企业”称号。2018年，全市社会消费品零售总额4268.1亿元，增长9.7%，高出全国平均水平0.7个百分点。新业态快速发展，2018年，我市电子商务交易额7100亿元，同比增长18.3%，跨境电商交易额86.4亿美元，同比增长25.1%。

（一）着力打造各类消费平台。一是实施商圈引领示范。积极引导各大商圈特色化、差异化发展，着力打造集购物、旅游、文化、会展、餐饮、商务、娱乐、休闲等功能为一体的综合性城市多维空间，不断提高重点商圈影响力和辐射力。目前，我市已形成上规模并具有一定影响力和辐射力的商圈10个，新的城市商圈格局初步形成。二是开展特色商业街示范创建。指导各县（市）区按照特色街区建设规范，完善设施建设，优化经营业态，完善服务功能，不断提升特色商业街的档次和影响力。截至目前，我市国家级、省级特色商业街区分别达到2条、4条。三是培育品牌消费集聚区和老字号。组织河南省品牌消费集聚区认定工作，促进传统商业设施升级，发挥品牌设施对品牌商品、品牌服务的集聚力和带动力。目前我市获得认定的省级品牌消费集聚区已达到13个。

（二）着力激发重点行业消费活力。一是积极促进家政服务业提质扩容。开展家政服务品牌机构创建，引导家政服务企业管理水平、服务质量整体提升，促进行业规范化管理，助推企业做大做强。目前，我市拥有各类家政服务机构5700余家，以家政服务为主营业务的企业2904家。2018年郑州家政年营业收入39.79亿元，吸纳从业人员19.6万人。2018年，8家单位被认定为“河南省重点家政服务品牌机构”。扎实推进“百城万村”家政扶贫工作，全年共举办家政扶贫培训126期，培训人数7347人，实现就业2806人。二是扩大餐饮消费。鼓励餐饮企业向产业化、标准化、品牌化方向发展，我市已形成投资主体多元化、经营业态多样化、经营方式连锁化、品牌建设特色化、市场需求大众化的发展新格局。目前全市餐饮企业数量达到4.3万多家，基本实现餐饮类别全覆盖。2018年，全市餐饮业收入达到717.7亿元，增长13%，约占全省的四分之一。三是扩大品质消费。鼓励引导企业探索商业模式转型，加快线上线下融合发展，实现特色化、差异化发展，加大自主经营力度，发展自有品牌、直接采购、自营购销等经营方式，促进品质消费，提升盈利能力。2018年全市新开业大型商业项目15个，新增商业体量87.9万平方米。

（三）着力加强社区便利店建设。以方便城区居民日常生活为出发点，把社区便利店建设作为我市社区商业发展的核心。连续多年持续鼓励和支持农产品经营企业、大型流通企业组织建立连锁化、公司化经营的社区便利店，进一步完善市民“15 分钟生活圈”，目前全市拥有品牌直营连锁经营的，从事生鲜销售的社区便利店 562 家。2018 年，我市新建社区便利店 48 家。所有新建社区便利店均分布在各个社区小区周边，为城市局面的日常生活提供了很大的便利。

（四）着力加快跨境电子商务发展。近年来，郑州市朝着“买全球、卖全球”目标不断迈进，实现了跨境电商领域的“三大突破”：一是监管制度新突破。以贸易便利化为导向，首创“电子商务＋行邮监管＋保税中心”通关监管模式，对跨境电子商务进口商品和电商企业实行“双分级”、差别化监管，为跨境电商发展提供了“郑州模式”。二是业务流程新突破。实现了日均处理能力 1000 万包、通关速度 500 单/秒的“郑州速度”。三是商业模式新突破。实现了跨境商品“现场下单、现场提货”，消费者足不出户便可购买全球商品，建起了市民家门口的“世界超市”。2018 年，全市跨境电子商务交易额 86.4 亿美元，增长 25.1%。位居全国综试区城市第四，中部城市第一。

（五）着力打造国际会展名城。利用现有会展资源，实现会展经济从扩大规模向提升质量效益转变。2018 年全市共举办展览 239 个，与上年持平；展览面积 281.4 万平方米，郑州国际会展中心和中原国际博览中心的展场出租率中部第一，全国领先。2018 年全市共举办展览 239 个，展览面积 281 万平方米，增长 8.9%，会展业实现经济社会效益约 340 亿元，会展业主要指标保持全国会展城市前列。会展硬件设施建设加快推进，绿地郑州会展中心规划室内展览面积 40 万平方米，一期室内展览面积 18 万平方米，分为 16 个展馆和 1 个登陆大厅，将成为辐射郑州乃至全国的国际智慧型会展城。另外，华南城会展中心、嵩山论坛永久性会址、龙湖国际会议中心、雁鸣湖国际会议会展小镇等项目规划建设进展顺利。郑州被评为全国优秀会展城市、中国会展名城、中国最具竞争力会展城市、中国最具办展幸福感城市、中国十佳品牌会展城市、中国最具品牌价值会奖目的地等称号，初步奠定了中部会展之都的地位。

（六）着力维护消费品市场秩序。一是切实做好商务领域市场秩序监管工作。围绕消费者关心的农村假冒伪劣食品、直销、单用途商业预付卡、汽车销售、家庭服务、成品油流通、商业特许经营、外商投资八大热点问题，加大商务行政执法监管力度，商务举报投诉平台作用进一步发挥。二是扎实推进重要产品追溯体系建设。重点做好规范肉菜流通追溯体系运行维护，指导督促项目集成商认真贯彻执行运维服务各项管理制度，切实做好各个追溯节点保修、回访、咨询各类服务。三是加强品牌汽车销售行业监督管理。加强对品牌汽车销售企业的日常监管，认真处理消费者关于品牌汽车买卖的纠纷投诉。采取政策宣讲、发放文件以及开具整改通知等形势，规范企业行为，督促企业“紧绷规范弦”，切实杜绝违规行为的发生，有效保护了消费者的合法权益。

# 郑州市 2018 年文化广电和旅游工作报告

郑州市文化广电和旅游局

2018 年，全市文化广电和旅游系统认真贯彻落实市委、市政府工作部署，坚持以习近平新时代中国特色社会主义思想为指导，贯彻落实党的文化方针和工作部署，务实创新，真抓实干，文化广电和旅游各项工作都取得了新成效。

## 一、成功举办 2018 中国（郑州）国际旅游城市市长论坛

5 月 27—30 日，2018 中国（郑州）国际旅游城市市长论坛在我市成功举办。

一是规格更高。共邀请到 28 个国家 94 个城市的市长、国内 37 个旅游城市市长参会。世界旅游联盟首次作为支持单位参与，78 位成员全部到会。

二是主题鲜明。论坛以“共享经济时代下的城市优质旅游”为主题。文化和旅游部副部长李金早、联合国世界旅游组织执行主任祝善忠、世界旅游联盟主席段强和亚太旅游协会首席执行官马里奥·哈迪分别发表

了演讲。联合国世界旅游组织发布了《21 世纪海上丝绸之路：旅游机遇与影响》报告。与会嘉宾围绕旅游创新、旅游共享、旅游合作等议题进行了广泛深入的研讨。

三是内容更丰富。先后举办了“中华源”河南之夜、“一带一路”旅游城市市长峰会、“旅游新业态”分论坛暨河南省投融资优选旅游项目签约活动、城市旅游对话会和“旅游文化”分论坛等活动。

四是更加聚焦郑州。在“一带一路”旅游城市市长峰会上，市委常委、常务副市长王跃华作了《深化合作、携手并进，共创优质旅游新时代》的主题发言；市委常委、副市长谷保中在峰会和城市旅游对话会上分别作了《让旅游创新开创城市发展的新时代》和《郑州旅游：共享、包容与发展》的演讲。首次在论坛举办“郑州之夜”旅游推介会。专题展览展示郑州城市形象。组织开展郑州城市风采秀演艺活动。市领导会见重要嘉宾并颁发“荣誉市民”证书。

五是加强了旅游合作。我市分别与 7 个国外旅游城市以及携程集团等 3 个机构和部门签订了《合作协议书》，并成功签约郑州复华登封国际度假区项目和郑州中牟婚庆庄园项目 2 个旅游项目，签约总金额 195 亿元；还组织了国际旅行商“中华源”精品旅游线路体验等参观考察活动。

## 二、坚持以文化惠民为重点，不断提升公共文化服务效能

公共文化设施建设步伐加快。郑州大剧院、市民活动中心、美术馆、杂技馆等重大文化设施建设项目进展顺利，艺术宫改造一期工程顺利完工，郑州图书馆新馆智能化数字图书馆二期项目、郑州数字文化馆工程已开工建设。基层综合性文化服务中心建成比例达 92.89%，如期并超额完成年度目标任务。以综合性文化服务中心为支撑的我市基层公共文化服务体系已初步形成，并呈现出服务阵地标准化、服务设施网络化、服务活动经常化、服务队伍普及化、服务管理长效化以及特色文化品牌化的良好局面。全力配合上级有关部门，协调推进郑州市“百姓文化云”

平台建设，将各层各类文化资源打包上“云”，努力形成文化资源共享、文化信息服务、文化网上消费一体化的新型文化门户，“百姓文化云”市本级和6县（市）的平台建设完成并正常运行。落实文化部、发展和改革委、财政部等五部门《关于推进县级文化馆图书馆总分馆制建设的指导意见》，在持续巩固和深化市与县（市）区“两馆”联盟馆建设成果基础上，扎实推进以县（市）区“两馆”为总馆，乡村两级综合文化服务中心为分馆的公共文化机构总分馆体系建设，图书馆总分馆制建设进展迅速，已建成分馆208个。

文化惠民力度持续增强。组织“舞台艺术进乡村、进社区”文艺演出1000场，农村公益电影放映23508场，“传统文化进校园”组织活动80场。第十五届绿城读书节成功举办，开展全民阅读“书香七进”“捐书扶贫进乡村”等活动十余项，“书香中国万里行”暨“红沙发”高端访谈活动落脚郑州，2018年开展的各项全民阅读活动直接参与或影响的市民已超过15万人次。“阅读让生活更美好——全民阅读之2019跨年朗诵会”陪同郑州市民一起跨年。10月17日，中宣部、文化和旅游部专门在我市召开了“全国戏曲进乡村”现场会，向全国推广“郑州经验”。圆满完成文化扶贫攻坚任务，全市290个贫困村综合文化服务中心建设达到“七个一”标准，广播电视信号已覆盖全市所有的行政村。与卢氏县的文化结对帮扶工作推进顺利，帮助卢氏县双槐树等74个村（其中贫困村20个，非贫困村54个）完成村级综合性文化服务中心达标建设，投资162.08万元完成全县广播电视基础设施提升任务。

文化服务能力提升。“天中讲坛”举办大型公益讲座41期，“情韵郑州”群众文化活动举办系列讲座、展览、培训达160期，受益群众10万余人次。新郑市、荥阳市、“田园二七文化志愿服务”“天中讲坛”等项目进入省级公共文化服务示范区（项目）验收阶段。

群众性文化活动丰富多彩。先后组织“出彩河南人”第四届优秀群众文艺精品展演、“少儿文化艺术节”“群星耀中原”“世界读书日”“听爷爷讲故事·非遗援助计划”等群众文化活动，不断为群众创建文化活动平台。

## 三、加快推进旅游产业转型升级

一是加强政策引导。1月24日，市政府召开了全市旅游业转型发展大会，出台了《郑州市旅游产业转型升级行动方案（2018－2020年）》《郑州市旅游产业转型升级奖励暂行办法》《郑州市旅行社奖励暂行办法》《关于加快乡村旅游转型升级的意见》《关于促进特色旅游饭店及民宿发展的若干意见》等一揽子政策文件，进一步激发了各县（市）区、旅游企业转型发展的积极性。巩义市委市政府建立了"四项重点工作（工业立市、新型城镇化建设、旅游突破、与郑州互联互通）、四项保障工作（经济发展环境综合整治、人才工作、投融资体制改革工作、综合协调工作）和全面加强党的建设、督导督查考核"为主要内容的"4＋4＋2"重点工作推进机制，将旅游业发展列入政府目标考核范围。

二是加强调研指导。市委常委、副市长谷保中带领旅游局等部门组成的旅游业转型发展联合调研小组，先后赴登封、荥阳等地调研全域旅游、旅游业转型发展等工作推进情况，加强对旅游转型发展的深度研究和一线指导。

三是加强与院校合作。6月，与郑州师范学院联合召开以"郑州建设国家中心城市——旅游发展"为主题的郑州旅游发展研讨会，邀请国内众多文化、旅游专家共话郑州旅游转型发展。会上与该院签订战略合作框架协议，将在人才培养、研究机构建设、重大项目评估、学科建设发展等方面进行深入合作。

四是加强教育培训。6月下旬，在暨南大学旅游学院举办郑州市旅游产业转型升级专题培训班，市旅游局、各县（市）区旅游局以及卢氏县旅游委、哈密市旅游局相关人员参加，主要就全域旅游、旅游业转型升级、文化旅游融合发展等重大课题开展集中学习。旅游产业转型升级十五项重点工作评比我市位列全省第一，并在河南旅游业转型发展工作推进会上作了经验介绍。

## 四、坚持以人民为中心的创作导向，支持艺术精品创作出彩出新

文艺精品创作“质”“量”双升。现代豫剧《朝阳城》、大型舞剧《精忠报国》成功首演并进入打磨提升阶段。新编历史曲剧《小小把城官》剧本立项。复排传统豫剧《风流才子》。指导新密市创排了廉政历史剧《春秋相国》、登封市创排了扶贫题材剧目《老栗树》、荥阳市创排了历史戏《楚汉风云》。戏剧、影视和小型舞台作品创作取得新成果，创作舞台剧本 7 部，创作影视剧本 3 部，创作小品 3 个，参与摄制影视作品 13 部、微电影 2 部、话剧 1 部。音乐、美术和文学创作迈上新台阶，全年新创歌曲多首，创作美术作品 20 余幅，创作文学作品多篇。文艺理论研究扎实开展，出版戏曲艺术普及教材《戏曲艺术入门》，撰写出版学术专著《河南戏曲现代戏研究》，开展课题研究 2 项，编辑出版季刊《中州艺术》4 期、作品选 1 本，组织召开研讨会、座谈会 4 次，创作理论、评论文章 30 多篇。

文艺赛事成绩喜人。在省第八届专业舞蹈大赛中有 4 部作品获得一等奖，2 部作品获得二等奖，专业组总成绩第一。《新版·白兔记》参加“天中杯”河南省第八届黄河戏剧节并荣获一等奖。组织全市文艺院团参加第七届河南省专业声乐器乐大赛“文华奖”暨第四届河南音乐“金钟奖”评选活动，我市选手获得一等奖 1 名、二等奖 8 名、三等奖 1 名，我局荣获优秀组织奖。

文艺展演精彩纷呈。组织剧目《新版·白兔记》晋京演出，获得圆满成功。组织现代豫剧《老子·儿子·弦子》和曲剧《啼笑皆非》参加由河南省文化厅举办的“改革开放 40 周年河南省优秀现实题材剧（节）目展演”活动和“庆祝改革开放四十周年——中国豫剧优秀剧目北京展演月”活动。举办各类美术展览共 32 场，举办了《颂盛世·戊戌新春剪纸艺术展》《郑州美术馆馆藏作品展之花鸟篇》《郑州美术馆馆藏作品展之山水篇》。积极参与郑州市春晚、省市委迎新团拜会、郑州市 2018 年

文化科技卫生“三下乡”集中示范活动启动仪式、2018 中国（郑州）国际旅游城市市长论坛、军民鱼水情出彩郑州人——郑州市庆祝建军 91 周年慰问演出、出彩河南——庆祝改革开放 40 周年优秀舞蹈作品展演、中国·河南招才引智创新发展会议文艺演出等活动。

## 五、旅游产业发展成效明显

2018 年全市共接待国内游客总人次为 11276.98 万，同比增长 12.3%；国内旅游收入为 1349.42 亿元，同比增长 13.1%；接待入境游客 52.74 万人次（入境过夜旅客 45.59 万人次），同比增长 4.8%；实现外汇收入 2.07 亿美元，同比增长 5.0%。2018 年旅游接待总人数 11329.72 万人次，同比增长 12.3%；旅游总收入 1363.496 亿元人民币，同比增长 14.1%。郑州旅游经济实现了持续稳定增长。全市纳入月报的旅游项目 43 个，计划投资 1200 亿元，今年实现投资 100 亿元，实现旅游招商 195 亿元。制定了旅游景区提质增效三年计划，景区管理服务效益明显增强，新密银基旅游度假区和航空港区园博园成功创建国家 4A 级景区，新郑市“好想你”红枣小镇、新密市豫西抗日纪念园两家成功创建国家 3A 级景区；新密市米村镇、中牟县雁鸣湖镇成功创建省级旅游特色生态示范镇；新郑市龙湖镇泰山村等 3 个村成功创建河南省乡村旅游特色村；中牟县雁鸣蟹岛等成功创建河南省休闲观光园区；新密岐黄小镇养生园被省旅游局、省中医药管理局评为河南省中医药健康旅游示范基地；少林寺景区、中原福塔景区、黄帝故里景区、黄河生态旅游风景区和方特欢乐世界景区被评为河南省首批研学旅游示范基地。全年共评定 9 家郑州市最具发展潜力旅游特色示范村镇（街区）、30 家乡村旅游星级经营单位；报省局认定全市 17 家旅游扶贫示范户、3 个河南省乡村旅游特色村、4 家河南省休闲观光园区。制定了新三年旅游厕所建设计划，10 月底前全部完成 2018 年建造旅游厕所 216 座计划任务，并制定了 2018 年全市旅游厕所奖补办法和标准。积极参与贾鲁河生态综合治理工程，参与郑州园博园建设和运营工作，圆满完成旅游标识牌设置、讲解员培训和会务服务保障工作，我局被评为“第十届中国（郑州）国际园林博览会筹办工作先进集体”。

## 六、坚持以交流互鉴为主题，不断提升对外文化交流水平

搭建“引进来”舞台。成功举办第三届中国（郑州）国际马戏嘉年华演出活动，演出50场，俄罗斯等9个“一带一路”沿线国家的马戏杂技表演团体参与。第六届中国（郑州）国际街舞大赛吸引12个国家、30个省市区的上万名街舞选手参赛。举办了第四届“中国·郑州国际标准舞全国公开赛暨世界巨星表演晚会”“郑州国际摄影展”等国际性、全国性文化活动。接待哈密伊州区歌舞团到郑州歌舞剧院进行参观交流。接待奥地利巴德伊舍市市长汉尼斯·海得一行4人到郑州歌舞剧院文化交流访问。参与并圆满完成戊戌年黄帝故里拜祖大典文艺部的各项活动，协调配合拜祖大典期间省委宣传部、省文化厅、省新闻出版广电局、省文联等部门主办的“老家河南”文化活动周、第四届“根亲中国”微电影大赛、“印说百家姓，同圆中国梦”——百名篆刻家优秀作品展、贵姓——全球华人姓氏文化汉字创意设计展等文化活动。

加快走出去步伐。为弘扬优秀中华文化，推动中原传统文化走出去。根据文化部“欢乐春节”工作安排，由河南省文化厅组团，郑州歌舞剧院与中岳少林禅拳文化表演团、中国嵩山少林寺武僧团合作，组成河南文化艺术团，于2018年1月26日至2月19日赴意大利、卢森堡、葡萄牙、爱尔兰和非洲塞内加尔、科特迪瓦、加蓬执行文化部2018“欢乐春节”出访演出任务。按照国家文化和旅游部安排部署，由我市承担斐济中国文化中心中文图书阅览专区援建项目，9月下旬，由局公共文化处带队，郑州图书馆专业人士随行，组成代表团远赴南半球斐济对当地的图书馆现场指导，并参与揭牌仪式，中华人民共和国驻斐济大使钱波对代表团表示欢迎。

扩大国内文化互动。组织非遗项目赴内蒙古呼伦贝尔、吉林延边举

办“春雨工程”文化志愿者边疆行活动。“大地情深”活动和文化消费试点工作引进《孔子》《梁祝》《朱鹮》等国家优秀舞台剧目演出10余场。郑州市精品剧目演出季组织郑州市精品剧目（节目）5台、引进境内外精品剧目（节目）10台，免费为群众演出30场，演出剧目（节目）涵盖了话剧、舞剧、戏曲、交响音乐会等艺术形式。整个演出季观众达52万多人次，其中在线观众47万多人次，剧场观众5万多人次。此项活动深受广大市民群众的欢迎，同时，该活动打造了我市文化新品牌，受到了省委宣传部、省文化厅等部门的高度评价。

## 七、坚持以优化发展环境为保障，促进文化产业持续快速发展

深入推进扩大文化消费试点工作。认真贯彻落实《郑州市开展引导城乡居民扩大文化消费试点工作实施方案》，截至2018年10月底，文化消费试点工作参与市民达576万人次，信息平台交易额3029万元，补贴金额1458万元，拉动文化消费1.35亿元。郑州市文化消费试点工作有效推动了居民参与公共文化活动的积极性，促进了全市文化消费和文化产业发展，实现了政府作引导、企业获收益、群众得实惠的文化消费新模式，取得了社会效益和经济效益双赢的良好局面。郑州被评为国家文化消费试点先进城市。

大力推进文化产业集聚发展。组织8家企业申报第七批“河南省文化产业示范基地”，河南一涵汴绣有限公司等4家企业被命名为“河南省文化产业示范基地”。推进天地之中文化旅游专业园区、中原科技创新文化产业园、郑州国际文化创意产业园“三大园区”建设，集中入驻486家企业。天地之中文化旅游专业园区，主要推进少林国际足球学校、登封文化创意园、登封老街坊、美丽乡村（包括雷家沟、禅心居等）、嵩山少林国际功夫小镇、世界功夫中心、绿地嵩山小镇、恒大嵩岳禅源等8个重点项目。中原科技创新文化产业园，主要推进河南石佛艺术公社文化艺术创作及产业发展基地、约克大型室外乐园——艾迪乐园项目等10

个重点项目。郑州国际文化创意产业园，主要推进华强四期探索之路、电影小镇一期、只有河南、海昌海洋公园酒店、文谷·泰迪城、冰雪世界、婚庆主题小镇等 40 个重点项目。

积极申报国家、省级文化产业扶持资金项目。2018 年成功申报省级高成长服务业专项引导资金扶持新型文化业态项目 17 个，补助资金 2014 万元。设立 2 亿元的文化产业专项资金，大力扶持文化企业发展壮大。

全力助推优秀文化产品“走出去”。组织文化企业走出去开拓市场，宣传推介我市特色文化产品，提升郑州本土文化品牌影响力，是文化产业提升发展的重要举措。2018 年先后组织我市 60 家文化企业参加首届中原文化旅游博览会、第 13 届中国（义乌）文化产品交易会、第 14 届深圳文博会、第五届成都创意设计周、第二届河洛文化大集、第二届河南省中小文化企业投融资路演暨项目对接签约等活动，参展企业与 15 家外商达成合作意向，投资额达 10 亿元。

## 八、旅游宣传营销持续发力

一是积极借势宣传。借助市长论坛平台，组织了“郑州之夜”旅游推介会；组织了郑州市旅游展示和非遗展示；在《大河报》《河南日报》和《郑州日报》上刊发论坛专刊，广泛宣传郑州旅游。借助戊戌年黄帝故里拜祖大典平台，向嘉宾宣传我市的黄帝文化、姓氏文化和根亲文化旅游产品，塑造郑州旅游人热情好客的良好形象。积极参加省旅游局组织的“老家河南·豫见江南”主题旅游推广活动和“2018 香港欢乐春节文化庙会”暨河南旅游产品及项目发布会系列活动，进一步提升郑州旅游在港澳地区的影响力。积极参与省旅游局组织的欧洲系列旅游宣传推广活动。赴英国、波兰、俄罗斯等国，宣传郑州旅游，推广少林功夫，并成功在俄罗斯莫斯科设立“中国·郑州少林功夫旅游推广中心”。

二是丰富活动宣传。积极开展旅游推广交流活动，组织我市景区赴安阳、商丘、信阳、南阳开展系列旅游推广交流活动，赴广州开展“天地之中·功夫之都”主题旅游推介活动，赴云南大理、丽江、普洱等城市开展旅游宣传推广与战略合作活动，推广郑州旅游，加强资源共享与游客互送。承办省旅游局在我市举办的“回老家过大年、文明旅游看河南”活动启动仪式，策划“70年代”春节主题庙会，吸引上百万游客到访，并被央视报道。

三是加强媒体宣传。在河南卫视《河南新闻联播》栏目投放郑州旅游形象广告。收集了冬季、春节和三月赏花等旅游信息，在《郑州日报》《郑州晚报》、郑州报业集团阅报栏等媒体平台发布；发布五一、端午旅游攻略及惠民措施，引导市民出游。加强与央视、人民日报和新华社等主流媒体的合作，利用《人民日报海外版》、与新华社合作的53个国家的500多家主流网站等媒体平台宣传郑州旅游形象，推广郑州旅游品牌。参与省旅游局央视捆绑宣传项目，在CCTV-1《新闻30分》后、《今日说法》前，CCTV-4《海峡两岸》栏目，CCTV-1《新闻联播》栏目等广告时段宣传郑州旅游。

四是深化区域联动。2018中国（郑州）国际旅游城市市长论坛期间，市旅游局分别与韩国首尔市政府观光体育局、意大利“梦幻岛”公司签订了《合作协议书》，登封市政府与云南杨丽萍文化股份有限公司签订了《合作协议书》，约定充分挖掘城市旅游潜力，共同提升城市品牌和形象。积极参加2018中国（上海）国际旅游交易会和内蒙古首届旅游博览会、2018中国旅行服务产业发展峰会暨“一带一路”城市旅游联盟旅游分享会，深化与境内外旅行商交流合作，加强与业界的交流与学习。积极参加省旅游局倡导的郑州大都市区旅游协同发展联盟，与开封、新乡、焦作、许昌四市实现深度融合，协同发展，携手并进。2018年，先后接待来自保定、赤峰、晋城、襄阳、忻州、舟山等20余个城市来郑旅游推介和来自法国、澳大利亚、深圳、西安、青海、乌鲁木齐等30多个境内外来访旅游团队，进一步深化了国内外业界合作。

## 九、旅游公共服务日益完善

一是智慧旅游建设稳步推进。全面启动智慧旅游产业运行监测与公共服务平台建设，新版官方网站、官方微信公众服务平台上线运行。积极开展全市旅游信息数据采集工作培训，完成全市行业数据共享工作任务，16 家 4A 级景区数据顺利接入到河南省旅游产业运行监测与应急指挥平台。已有 52 家旅游景区、68 家旅游饭店和 13 家乡村旅游经营单位信息和数据接入“华游”国家项目试点数据库。2018 年 9 月 19 日，在全国全域旅游信息系统（中部地区）河南省试点建设观摩会上，我市登封嵩山少林景区、中牟方特欢乐世界被评为“二钻级智慧景区”；巩义竹林长寿山景区被评为“一钻级智慧景区”。积极开展 2018 年度全国旅游信息化示范项目申报工作，选定我局官方微信、新郑智慧旅游手机客户端、登封少林景区智慧嵩山信息化平台、巩义竹林长寿山智慧景区平台、中牟方特欢乐世界方特旅游 App、中原福塔智慧旅游项目、河南旅游集团有限公司旅游信息化项目共 7 个申报项目参加全国旅游信息化示范项目的评比。

二是完成郑州市旅游局官方网站管理系统二级等级保护测评工作。高标准完成了我局官方网站信息管理系统的二级等级保护测评工作和在省公安厅、郑州市公安局的备案工作。

三是导游管理服务水平有新提升。圆满完成戊戌年黄帝故里拜祖大典、2018 中国（郑州）国际旅游城市市长论坛、第十一届中国（郑州）国际园林博览会闭幕式和第二届全球跨境电商大会等省市大型活动的政务接待讲解服务工作和全国少数民族运动会场馆视察团、国家民政局视察团、2018 全国基层政权和社区建设工作会议代表团、省委组织部“菁英学子中原行”等党政考察团和郑州人大代表调研郑州乡村旅游嘉宾的政务讲解接待和服务工作。积极开展特色导游培训，先后开展了“优秀导游进课堂”“金牌导游培养”“优秀导游互帮互助”“文明导游”服务礼仪及业务技能培训等七期特色导游培训活动，全年累计受训社会导游约 400 人。

四是旅游咨询服务更加完善。经市政府批复，和市财政局、河南中原铁道集团、郑州铁道国家旅行社分别就郑州旅游咨询服务点的租赁工作进行了认真细致的沟通，2018 年 10 月 15 日，我局在郑州东站西北出口和郑州站西南出口设立的两处旅游咨询服务点进入正常运行状态。

五是旅游信息服务更加全面。2018年1月至11月底，局官方网站更新信息2514条，向原省旅游局官方网站报送471条，向国家文化和旅游部报送信息163条，向市政府门户网站报送信息204条，向市政务服务网报送信息近300条；局官方微博（新浪、腾讯、人民网）共推送旅游政务、旅游资讯等信息972条，粉丝累计526452人；局官方微信公众服务平台共推送涉及国家政策、项目案例、行业动态、新业态发展等网络资讯830条。

六是旅游年卡影响力日渐提高。今年以来，共销售郑州旅游年卡8030张，年卡景区刷卡5.1万人次，年卡景区刷卡6万余人次。

## 十、坚持以传承创新发展为抓手，不断提高非物质文化遗产保护力度

非物质文化遗产影响力不断增强。组织国家级项目《超化吹歌》《少林功夫》《苌家拳》，省级项目《太乙拳》先后走进郑州市20余所中学。首届“文同源·心相连”郑州非物质文化遗产项目台胞台属体验夏令营在郑州文化馆开营。组织了郑州市“文化和自然遗产日”暨惠济区第三届非物质文化遗产展演活动，为群众带来了一场非遗文化盛宴。组织开展了“红红火火过大年——郑州市2019年民间文艺大赛暨狮王争霸邀请赛”等非遗展演展示活动，举办活动255场次，参与群众25.7万人次，为人民群众营造了喜庆祥和的节日氛围。

# 郑州市 2018 年卫生计生工作报告

郑州市卫生健康委员会

2018 年，郑州市卫生计生工作在市委、市政府的正确领导下，以习近平新时代中国特色社会主义思想为指导，落实新时代卫生与健康工作方针，坚持稳中求进总基调，精准对接人民群众健康需求，聚力抓重点、补短板、强弱项，稳步推进卫生事业改革发展。郑州市被国务院表彰为全国公立医院综合改革成效明显地市。

## 一、坚持公益惠民，综合医改持续深化

公立医院综合改革稳步推进。政府办医责任进一步强化，在建项目续建资金纳入政府保障。公立医院收支结构明显改善，药占比 29.61%，同比下降 4.78 个百分点；检查化验收入占比 26.39%，同比下降 0.06 个百分点；医务性收入占比 31.48%，同比提高 3.88 个百分点；百元耗材 24.35 元，同比下降 2.53 元。15 家二级以上公立医院和 10 家社会办非营利医院开展现代医院管理制度试点，完成章程制定工作。全面实施公立医院绩效考核，对综合考评成绩靠前的 3 家县级公立医院分别给予 10 万～30 万元奖励，6 家市属市管公立医院分别给予 10 万～50 万元奖励。逐步推进日间手术，2 家医院纳入全国试点，完成日间手术 7252 例。配合医保部门在 4 家医疗机构开展医保一卡通线上支付，极大方便群众

看病就医。

药品供应保障制度不断完善。全面开展药品和高值耗材联合采购、联合议价，市域药品价格同比平均下降11.20%、高值医用耗材价格同比平均下降12.91%，同比可分别节约采购费用约3.22亿元、2.28亿元；全市所有公立医疗机构推行药品采购“两票制”，药品执行比例达到98.41%（精神药品、麻醉药品、毒性药品、放射药品等特殊药品以及短缺药品除外）；持续做好45种重点监控药品监管工作，实施专项处方点评及消耗金额前20名药品备案制度，加强营养性辅助性药品监管，促进合理用药，减轻群众看病就医负担。健全市级、县（市）区级和公立医疗机构三级监测预警网络，落实零报告制度，保障了短缺药品供应。开展基层医疗机构处方点评，规范基本药物专项补助，巩固基本药物制度实施成果。

医联体建设拓展深化。全市24个医联体成员单位达1349家，覆盖省内18个省辖市，辐射6个省份；19个远程诊疗中心开展远程诊疗服务16万余例；开展双向转诊5.1万余例，其中下转近1.8万例，占比35%，同比增长13.8%。中牟县、登封市、新郑市、荥阳市通过托管、签约基层医疗机构等方式组建医共体，探索医共体内绩效考核、业务建设和人财物等统一管理模式。

家庭医生智能化签约全面开展。智能化签约覆盖所有县（市）区，依托手机客户端提供在线签约、预约、咨询、健康管理、慢病随访等服务。截至2018年年底，全市成立签约服务团队1720个，签约居民560.52万余人，其中智能化签约居民260万余人。

智慧健康工程稳步启动。编制完成《郑州市智慧健康工程项目整体设计方案》，工程进入实施阶段；推进基层医疗卫生机构管理信息系统建设，覆盖全市所有基层医疗机构；智慧公共卫生信息系统全面投入使用，实现疾病实时动态监测预警和健康危险因素实时监测；生活饮用水在线监测信息系统运行稳定，全年共采集数据210.2万条；持续开展数字化医院建设，郑州市中心医院、郑州儿童医院被授予首批“河南省A级数字化医院”称号。

## 二、坚持提质增能，医疗服务不断改善

区域医疗中心建设扎实推进。国家儿童区域医疗中心大力引平台、引人才、引技术、引管理，与北京儿童医院开展深度合作，北京儿童医院派驻执行院长并托管专业 4 个，专家定期来郑坐诊；与郑州大学联合招录培养博士后工作顺利启动；全职引进博士 10 人、柔性引进高端人才 4 人、引进国内外知名学科团队 20 个；疑难重症病种收治覆盖率达 78.08％、核心技术开展覆盖率达 76.98％，均超过国家标准（70％）。器官移植中心完成移植手术 224 例，成功率 100％，年移植手术总量居全省第二。心血管中心获批省内唯一“中国房颤中心示范基地”，独立完成心脏移植手术、已成功实施 7 例，独立完成省内首例一站式经导管主动脉瓣置换术、全程手术直播属国内第五家，“左心耳封堵术”全球跨境直播。儿童、器官移植医疗中心市域外患者就诊率达 70％以上，烧伤、肝病、心血管病、骨科等诊疗中心市域外患者就诊率达 50％以上。

人才学科建设不断加强。医疗卫生领域纳入全市“三区一领域”人才发展体制创新试点。市委人才办资助 193 名医疗卫生后备人才到国家知名医疗机构进修培养，占全市社会事业人才培养总数的 71.5％。引进高端人才 574 名，14 人被认定为郑州市首批高层次人才，8 人分别被省卫生健康委确定为行业经济管理领军人才和会计领军人才；新增享受国务院、省、市政府津贴专家 12 人，省、市学术技术带头人 22 人。选派 57 名管理和技术人才到国（境）外知名医疗机构研修学习交流、36 名临床医学重点（培育）学科后备带头人到北京大学 8 个附属医院进行为期一年的导师制培养。学科建设影响力逐年增强。中国医学科学院医学信息研究所发布的中国医院科技影响力前 100 名排行榜上，5 家医院医学学科榜上有名。2018 年，全市获批省医学科技攻关项目 292 项，同比增长 520％。新增 1 个省级院士工作站、1 家省级工程研究中心、8 个市级重点实验室；获河南省医学科技进步奖 36 项、省科技厅科技进步奖 8 项，创历年新高。获郑州市科技惠民项目 7 项，占全市社发领域 58.3％。新

增1家国家级住院医师专科培训基地，2家“3+2”助理全科医师规范化培训基地。

对外交流合作更加深入。郑州市多家医院分别与国内外知名医疗机构建立合作关系。目前，市属医院与国内50余家知名医学院校和医疗机构开展合作项目93项，引进和开展新技术133项。解决了人事代理人员无法出国（境）学习培训难题，拓宽了人才输出培养范围。圆满完成援赞比亚第21批医疗队组建任务，被评为河南省援外医疗工作先进集体。

服务质量持续改善。扎实开展“提升医疗质量　改善医疗服务”深化年活动，设立“医务社工部门”、设置“健康教育显示屏”、聘请“行风监督员”，开展“健康食堂”“卫生厕所”“暖心热水”专项行动，统一规范卫生间、饮水、淋浴等设施设备，市属医疗机构10家独立设置医务社工部门，7家独立设置清真食堂，群众就医舒适度明显提升。新建成儿科、临床检验、病案、临床药学等7个市级质控中心，医疗质量控制体系逐步完善。建立胸痛中心、卒中中心8个，打造快速救治平台。围绕“三合理一规范”、涉医领域主体责任、懒政怠政和落实“九不准”等，开展纠正医疗服务和医药购销领域不正之风专项治理，在省卫生计生行风建设工作汇报会上作经验介绍，10家医疗机构被国家卫生健康委医政医管局和《健康报》报社联合授予“2018年度改善医疗服务示范医院”。

妇幼健康服务体系日趋完善。建设危重孕产妇救治中心17家、新生儿救治中心18家，实现县区全覆盖；在全市范围内推广使用母子健康手册；推进公共场所母婴设施建设，把母婴室配备建设纳入《郑州市文明行为促进条例》，全市已配置场所269处。郑州市妇幼保健院被授予国家级母婴安全优质服务示范单位、河南省孕产期保健标准化专科单位，成为郑州市首家开展“试管婴儿”技术的市级医院。

基层服务能力逐步提升。全面落实“369”基层卫生人才工程，招聘特招毕业生、特岗全科医生等160人，完成全科医生转岗培训181人；住院医师、中西医结合等6大类基层人才培养项目培训800余人；组织137名基层骨干到三级医疗机构学习进修；启动实施社区卫生服务中心建设五年规划，完成新建、改造和迁建社区卫生服务中心 21 家；4 家医院 8 个专科通过 2020—2021 年河南省县级临床重点专科初审，2 家医院通过省级考核验收；完成全市 34 个县级医院临床重点专科中期评估；3 家医院通过二级甲等医院评审。

基础设施建设进展顺利。立项市属医疗卫生重点项目 20 个，其中在建项目 9 个，前期项目 11 个，累计完成投资 20.36 亿元。郑州市第十人民医院迁建项目竣工投用，郑州市第七人民医院心血管病房楼项目开工建设，郑州市第一人民医院外科病房楼装修改造项目和郑州市第七人民医院病房楼及门诊医技楼改造项目正式立项。全面完成百城建设提质工程工作目标，受到郑州市百城建设提质工程工作领导小组通报表彰。郑州市卫生健康委被市政府评为 2018 年重点项目建设先进集体。

## 三、坚持防治结合，健康管理拓展完善

健康管理体系逐步建立。依托各级疾控机构、综合医院、基层医疗机构，建立健康管理指导中心、健康管理服务中心、健康管理办公室“三级健康管理网络”。成立郑州市健康管理指导中心，确定金水、管城、新郑、中牟和郑州市中心医院、郑州人民医院为首批试点。目前，成立县（市）区健康管理指导中心 10 个，健康管理服务中心 14 个，健康管理办公室 49 个。郑州人民医院成立健康医学中心，打造包含慢病防治、健康体检、家庭医生服务、特需服务、健康教育在内的多元化健康平台，获批“全国健康管理示范基地”，累计服务群众 10 万余人次；郑州市中心医院成立健康管理服务中心，依托慢病信息化管理系统，成立高血压、糖尿病、冠心病、脑卒中等慢病多学科管理团队，为群众提供一体化疾病防治服务。

健康教育和健康促进扎实开展。组织卫生健康大讲堂 3500 余场，推广全民健康生活方式，普及慢性病、多发病防治知识，受众 45 万余人次。深入开展健康促进示范县（市）区、健康促进医院创建工作，新郑市、惠济区顺利通过国家评审，开展“健康中原行”等健康普及系列活

动，荣获“首届河南省健康科普能力大赛”优秀组织奖。

基本公卫服务持续规范。以“五个一”为抓手（一本《应知应会》、一套宣传海报、一部宣传片、一段公益广告、一本合格证书），深入开展“基本公卫基层行”活动。制定《郑州市基层医疗卫生机构服务项目量化标准指导意见（试行）》，在全市推广基本公卫服务项目“当量法”绩效考核模式。开展国家基层高血压防治管理指南线下培训，线上线下累计培训1.3万余人次，基层高血压防治管理能力得到提升。2018年底，全市建立居民电子健康档案811.4万余份，0～6岁儿童管理率91.37%（国家标准不小于80%）；高血压患者规范管理率87.46%、糖尿病患者规范管理率82.79%（国家标准不小于60%）；严重精神障碍患者规范管理率82.11%（国家标准不小于75%）。

健康老龄化工作积极推进。制定《郑州市健康老龄化规划（2018—2020年）》《加快建设郑州健康养老产业实施方案（2018—2020年）》，加强老年健康服务能力建设，受到国家卫生健康委“十三五”健康老龄化中期评估组高度评价。建成4所老年病医院和护理院，23家二级以上综合医院开设老年病科。139家养老机构中设置医疗机构的有25家，与医疗机构签订医疗服务合作协议的有114家，实现了养老机构医疗卫生服务全覆盖。郑州市第九人民医院获全国首批“老年友善医院”“老年医疗照护培训基地”“国家老年疾病临床医学研究中心协同网络基地单位”。老年福利政策有效落实，在全省率先实现80岁以上老年人高龄津贴全覆盖。

## 四、坚持关口前移，健康保障不断加强

重大疾病防控有力有效。加强预防接种门诊规范化管理，推进免疫规划示范区建设，荥阳市、中牟县通过河南省免疫规划示范区考核验收，所有县（市）区全部配备疫苗冷链设备。稳妥处置长春长生疫苗事件，积极开展疫苗续种补种工作，受到国家卫生健康委、中国疾控中心督导组的充分肯定。落实传染病预警监测及疫情审核分析制度，实时动态监测，未发生重大疫情。完善艾滋病防治三级监测网络体系，实施艾滋病

高危人群网格化服务管理，艾滋病医防结合一体化纵深推进；加强碘缺乏病、地方性氟中毒和布病动态监测，地方病得到有效防控。坚持做好职业健康体检；扎实开展职业健康执法年活动，重点行业领域专项治理工作深入推进；宣传贯彻《职业病防治法》，认真做好职业病防治工作及其危害因素监测。明确部门分工，强化县（市）区监管责任，严重精神障碍患者管理逐步规范。加强全市基层疾控人员队伍素质培训，组织开展疾控岗位练兵比武活动，在河南省第五届疾控岗位练兵和大比武中，职业卫生和精神卫生均获得团体第一。

卫生应急综合保障任务完成圆满。有效处置公共卫生事件 2 起，处置 3 人以上突发事件 916 起、救治 3296 人；圆满完成马拉松、拜祖大典、省八届民运会等 72 次重大活动医疗卫生保障任务。开发郑州院前急救信息共享平台，实现 3 秒接听、40 秒派车、平均 8 分半到场，院前院内无缝衔接。

计划生育转型发展。持续深化生育登记服务管理改革，生育登记服务下沉到社区，方便群众就近办理；落实部门信息共享机制，强化人口出生监测分析，及时掌握人口出生动态。市卫生健康委先后在全国计划生育工作座谈会和全国人口监测分析研讨培训会上作交流发言。全面落实计划生育家庭扶助保障政策；“新家庭计划一家庭发展能力建设”项目成效明显，建设儿童之家 34 个，开展主题宣教活动 1085 场（次）；流动人口服务管理水平大幅提升，郑州市及管城区、惠济区、郑东新区、航空港区、中牟县和新郑市 6 个县（市）区被国家卫生健康委评为流动人口卫生计生动态监测调查优秀单位，二七区、金水区被评为全国流动人口基本公卫均等化示范县（市）区，惠济区兴盛花木城流动人口计生协会被确定为全国流动人口协会示范点。

综合监管力度持续加大。规范公立医院法制监督机构设置和职能任务，全面提升医疗机构法治工作水平，受到国家卫生健康委调研组的高度评价。对 93 家市管医疗机构执业资质、人员资格、医疗废物、传染病防治等进行综合检查，促进和规范医疗机构依法执业；实施“双随机一公开”，完成国抽任务 2152 家，在全省率先开展市抽工作，抽查 792 家；

整顿和规范卫生健康领域服务秩序，对793家违法违规单位依法进行处罚，查处取缔“黑诊所”57家；开展社会信用体系建设，将医疗机构纳入信用管理范围，探索开展“信易批”“信易监督”模式；食源性疾病监测哨点向基层延伸，实现全覆盖；将“三小”门店纳入城市精细化管理，开展专项整治，提升卫生管理水平。深入推进“一网通办”前提下“最多跑一次”“放管服”改革，办理法定时间压缩超过三分之一，全面推行医师、护士、医疗机构电子化注册工作。

免费健康项目超额完成。持续开展出生缺陷产前筛查、新生儿疾病筛查、妇女“两癌”和HPV检测、大肠癌高危评估筛查与行为干预、白内障免费复明手术等免费健康项目，均超额完成任务，96万余人次受益。

## 五、坚持中西并重，中医药事业传承发展

基础建设持续完善。完成9家基层医疗卫生机构中医综合服务区（中医馆）项目建设。中医馆建设工作在全省作经验交流发言。

中医药服务水平不断提升。成立中药、骨伤等5个市级质控中心；荥阳市通过全国基层中医药工作先进单位复审；郑州市第一人民医院、郑州人民医院和郑州市第九人民医院3家医院跻身全国综合（专科）医院中医药工作示范单位；荥阳市中医院、中牟县中医院通过二级中医医院等级评审；郑州市骨科医院颈肩腰腿痛科等4个河南省第四批重点中医专科通过省中管局验收；组织申报2019年度国家级中医药继续教育项目19项，遴选推荐2019年全国中医药特色技术传承人才培训项目3个，荣获河南省中医药科技成果奖12项，获批2018年度河南省中医药科学研究专项课题立项22项；建立市级名中医工作室10个，带徒56人。

人才队伍建设得到加强。持续开展基层中医药人才培养三年行动计划，举办培训班6期，培训210人；组织郑州市第十五届职工技术运动会中医药技术竞赛；参加全省中医药技能大赛，获一等奖5个、二等奖6个。

中医药文化逐步深入人心。积极开展中医药文化“三进”活动，联合市教育局在3个县区6所学校试点开展中医药文化进校园，组织开展“中医药健康你我他”“中医中药中国行”“中医名医名家走基层”等活动，举办《郑州中医名家讲堂》4期，线下线上受众达14万余人。

## 六、坚持精准施策，扶贫攻坚落地见效

健康扶贫统筹推进。出台《健康扶贫三年攻坚行动实施方案》，实施健康扶贫工作规范化标准化制度化建设。持续实施“七免一减”健康扶贫措施。全市建档立卡贫困人口共2.36万人，累计减免金额1072万元；组织全市二、三级公立医疗机构对口帮扶贫困村，专家开展上门义诊200余场次，发放“健康大礼包”10.7万余份、价值423.2万元。实现了“三个100%、两个90%”：贫困人口100%参加城乡居民基本医疗保险，每个贫困村100%拥有一个标准化村卫生室，家庭医生签约服务100%覆盖所有贫困人口，医疗费用报销比例和县域内就诊率均在90%以上。大病集中救治127人，救治率100%。

对口帮扶卢氏县工作成效初显。确定卫生健康帮扶项目9类26项（占全市帮扶项目总数66项的39.4%），帮扶资金1.197亿元（占全市帮扶资金的39.7%）；累计开展医务人员培训14批次1200余人次；8家市属单位与卢氏县14家医疗机构建立医疗合作关系。郑州市健康扶贫工作受到河南省卫生健康委通报表彰并授予健康扶贫突出贡献奖，被市委、市政府授予“2017年度全市脱贫攻坚先进单位”。

## 七、坚持城乡统筹，爱国卫生整体推进

城乡环境明显改善。采取日常督导与专项检查相结合、明察和暗访相结合的方式，评比出卫生城市管理工作“红旗单位”160个，“黑旗单位”40个，爱国卫生杯金杯单位5个，银杯单位10个，铜杯单位20个，先进单位40个；每周组织各级公共单位、专业队伍、物业公司、沿街商

户、居民群众开展义务清洁活动。新郑、登封、荥阳3个市和雁鸣湖镇等11个乡镇通过国家卫生城市（乡镇）复审。

*健康城市建设取得成效。*出台《郑州市建设健康城市三年规划（2018—2020年）》《郑州市健康城市建设评价指标管理办法》《郑州市健康单位评审与管理办法》等文件，形成了健康乡镇、健康单位、健康村、健康家庭的评选“一二三四”建设机制；全年评选出“健康单位”54个、“健康家庭”110个，确定了25个省市级健康乡镇试点单位。

*病媒生物防制治理积极开展。*坚持环境治理为主、药物消杀为辅，积极开展环境卫生治理，投入资金600余万元，防制设施覆盖率达到95%以上；组织对建成区病媒生物密度控制水平进行评价指导，全市城区病媒生物密度控制水平均达到C级以上，17个办事处达到B级标准。

# 郑州市2018年国有资产管理工作报告

郑州市国有资产管理委员会

截至2018年年底，全市38家市管企业资产总额达到8900亿元，同比增长11.7%；净资产总额2015.6亿元，同比增长10.2%，资产规模不断壮大，各项指标均创历史最优。全年市管企业共实现营业总收入494.6亿元，完成利润总额60.0亿元，上缴税金24.5亿元，完成固定资产投资额356.5亿元。

## 一、全面打响国企改革攻坚战

年初，市政府将“僵尸企业”处置、剥离企业办社会职能、13家市管工业企业改制退出、市属企业改革列为今年我市国企改革四大“攻坚战”。我委全力以赴，积极推进，相继成立“三供一业”分离移交、市管工业企业退出改制、“僵尸企业”处置和市直部门监管的市属企业改革等4个专项督导组，印发了专项工作方案和工作督导推进方案，各项国企改革工作扎实推进，并取得积极成效。在今年10月23日召开的全省深化国企改革工作会议上，我市国企改革攻坚得到省政府肯定，被省政府通报表彰为全省3家“突出贡献单位”之一。

一是持续完善“1+N”政策体系。为确保国企改革依法开展、规范推进，在已经出台的涉及企业法人治理结构、分类推进市管企业改革、企业负责人薪酬制度改革、国有资产交易监管、剥离企业办社会职能等方面共16个国企改革配套政策文件的基础上，2018年又印发了《关于加快推进市属国有企业改革的意见》和《郑州市市属国有企业职工家属区“三供一业”分离移交补助资金管理办法》，国企改革配套政策体系基本形成。

二是打赢“僵尸企业”处置“总攻战”。2017年9月以来，我市打响以“僵尸企业”处置为“牛鼻子”的国企改革“总攻战”。按照全省深化国企改革总体部署，咬定“僵尸企业”处置这块“硬骨头”，紧盯目标，细化举措，强化督导，狠抓落实，全力推进国有“僵尸企业”处置工作。“僵尸企业”共30家，其中市级企业8家，县（市）区级企业22家。截至2018年9月底，我市在处置完成省定任务30家的基础上，另外新增完成4家“僵尸企业”处置，总处置户数达到34家，按时超额完成省定任务。其中市级8家企业的处置方式为：破产清算5家，清算注销1家，整体划转1家，盘活脱困1家；县（市）区级22家企业处置方式为：破产清算9家，清算注销8家，兼并重组2家，盘活脱困2家，转换性质（划归自收自支事业单位）1家；新增完成的4家“僵尸企业”处置方式为：清算注销3家，破产清算1家。共处置资产总额341608.13万元，已处置债务总额528631.86万元，安置职工3133人。

三是打好加快剥离企业办社会职能。制定《郑州市市属国有企业职工家属区“三供一业”分离移交补助资金管理办法》；印发《2018年推进剥离国有企业办社会职能工作实施方案》，成立了郑州市“三供一业”分离移交专项督导组。2018年新增的8家在郑省企已有4家完成“三供一业”分离移交任务，余下4家正在快速推进。50家驻郑央企7.6万余户和20家市属企业2.9万余户职工的剥离改造移交工作也一直在抓紧有序推进，驻郑央企物业管理已完成移交和签订协议的达到94%，其余分离移交项目均已签订正式协议，完成维修改造82%。市属企业已完成分离移交总任务量的88%。目前50家驻郑央企“三供一业”已签正式协议达94%，已启动维修改造82%，已完成分离移交44%；2018年新增的8家在郑省企已有4家“三供一业”分离移交任务全面完成，余下4家的相关工作正在快速推进。20家市属企业正在进行维修改造补助资金的拨付工作，分离移交总任务量已完成接近88%。

四是分类推进市管企业改革。按照一企一策、分类实施、分类推进的原则对45家市管企业进行了改革工作安排，提出了具体的改制形式。13家市管工业企业改革是我市分类推进国企改革的重中之重。根据企业实际，按照一企一策思路，制定了战略重组、改制退出、依法破产、清算注销四种改制路径。经过近两年来的工作推进，13家市管工业企业改制退出已实现大头落地，其中完成划转和注销2家，已完成或正在加快推进重组3家，已完成工商注销备案3家，进入破产程序3家，进行改制退出和出资企业股权退出工作2家。其中白鸽磨料磨具有限公司与中国机械工业集团有限公司的重组已实现接管。欧丽集团已完成进场公示交易、审核产权转让合同、清查核实改制后剥离相关资产等工作。督促省投资集团加快支付职工安置各项费用，绝大多数职工得到了妥善安置，中原制药厂的移交工作基本完成。兰博尔公司所持索凌电气股权转让问题，市政府批示同意公用集团不再划入兰博尔公司所持索凌电气股权，据此调整兰博尔改制审计评估报告，加快推进进场转让。开普集团、中牟造纸厂和郑州拖拉机厂破产清算组正在进行资产处置等工作。郑州投资控股有限公司所持郑州勘察机械有限公司100%国有股权按照非公开协议转让的方式转让给河南省国有资产控股运营集团有限公司事宜，经市政府同意后，委托审计评估中介机构进行了财务审计和资产评估，正在进行评估备案。郑州油脂化学集团有限责任公司已完成清算注销工商备案，正围绕建设文化创意产业园总体方案，积极寻求战略合作伙伴，通过多种形式做大做强。白鸽集团已完成华融、信达和东方资产管理股份公司股权协议转让给河南国创公司的工商变更登记。河南嵩岳集团解散注销清算已完成工商注销登记，郑州电缆集团清算组正在进行债务处置、税务清理等工作。郑州电气装备总厂所属郑州变压器厂和郑州电器厂职工分流审计已出具正式报告，职工妥善安置。就中航机电停止划转金阳电气股权问题已向市政府报告说明情况，下一步将协调金阳电气继续寻找战略重组方，加快推进产权制度改革，同时做好金阳电气新厂区搬迁建设和生产等工作。

此外，32 家市管非工业企业各项改革工作也在有序推进。其中郑州公用事业投资发展集团有限公司通过资源整合，明晰产权，实现对中原环保集中持股，逐步推进整体上市；郑州第二面粉厂改制后的新公司郑州第二面粉厂有限公司整体产权无偿划转至郑州粮油食品集团投资有限公司，做大做强我市粮食产业；中原环保股份有限公司成功入选国务院国有企业改革领导小组办公室遴选的“双百企业”，将在企业综合改革方面得到优先支持和发展；郑州银行 9 月成功回归 A 股，成为全国首家 A＋H 股上市城商行。

五是推进市直部门监管的市属企业改革。印发了《关于加快推进市属国有企业改革的意见》，明确市直部门监管的资产质量较好、具有发展潜力的市属企业，移交统一集中监管或重组整合进入相关市管国有企业，实现市直部门与所办企业脱钩，解决多头管理问题，其他资不抵债、生产经营难以为继的劣势企业和“僵尸企业”要限期实现退出改制或出清。印发了《2018 年推进市属企业改革工作实施方案》，将市属企业改革的目标、方式、步骤及时间等做了明确要求。通过召开现场会、提供政策及工作支持等形式，督导、配合有关部门推进工作开展，已有部分市直部门工作取得比较明显进展。其中：市房管局成立专门工作机构，在对所属 15 家企业全面排查摸底基础上，按照要求制定了工作方案，逐户提出了国有产权划转、重组的工作思路，并就组建郑州房产测绘集团公司工作向市政府提交了请示，有关企业产权界定、3 家企业清算注销工作已基本结束，产权划转涉及的审计评估工作正在进行。市司法局、市场发展局成立了专门工作领导机构，积极开展企业清查、制订方案等工作，方案已上报市企改办。市工信委所属郑州二砂实业公司、白鸽房地产开发公司的改革工作也已启动并正在推进。市民政局所属军转站设立的 6 家企业国有产权退出工作已制订改制预案并经职工大会审议通过，正按规定上报改制立项。市建委、规划局、公路管理局，市人防办几家主管部门所属企业的改革工作正在进行对接，主管部门正在进行安排。

六是建立完善企业法人治理结构。我们主要开展了两方面工作。加快企业公司制改制。我市42家市管企业中，已有36家完成了公司制改制，建立了现代企业制度，形成了“三会一层”法人治理结构。结合我市市管企业实际，2018年继续推进13家市管工业企业外的其他市管企业的公司制改制收尾工作。其中郑州第二面粉厂公司制改制已经完成，改制后的新公司郑州第二面粉厂有限公司已完成工商登记注册。郑州市热力总公司已经完成公司制改制审计评估、评估结果备案和公司制改革方案批复等工作，正在进行新公司注册。郑州市保安服务公司及下属企业公司制改制初步完成审计评估，组织专家对审计评估结果进行了评审，正在修改报告。盐业公司公司制改制已完成审计评估工作，并对资产评估结果进行了备案。公交公司公司制改制审计评估工作正在进行。不断完善制度建设。我委在各市管企业开展了“三会一层”建设情况调研工作，进一步了解各市管企业领导班子及党组织人员配备情况、董事会、监事会、经理层人员组成、职工总数、中层干部配备情况等，对各市管企业在法人治理结构上存在的问题及难点进行梳理汇总，为下一步推进完善企业法人治理结构工作奠定基础。对2016年7月以来开展的规范清理党政领导干部在企业兼职（任职）的工作进行了排查、梳理、汇总，对已有兼职行为进行了清理。正在起草市管企业董事、监事相关制度。

*七是发展混合所有制经济。*郑州市42家市管企业和137家三级以上子企业中，混合所有制企业户数为85家（其中市管本级混合所有制企业6家，三级以上混合所有制子企业79家），占市管企业各级企业总户数的47.5%。根据市政府印发的《关于郑州市市管企业企业发展混合所有制经济的实施意见》，我市市管企业发展混合所有制经济坚持实事求是，一企一策，总体思路是试点先行、典型引路。不搞全覆盖，不设时间表，成熟一个推进一个。成立了混改工作领导小组，制定了市管企业发展混合所有制经济试点工作方案。有关试点企业混改正在进行引进战略投资者等工作。

*八是妥善处理改制遗留问题。*下发《关于郑州市粮油运输贸易有限公司尽快上缴产权转让净价款的通知》，要求郑州市粮油运输贸易有限公司按照文件要求将调整后的产权转让净价款上缴市财政，土地出让金按

照市国土部门核定的数额据实缴纳。对市纪委驻国资委监察组转办的《河南省巡视办关于反映农机公司国有资产流失情况》进行核实并出具相关情况说明。继续配合市纪委驻国资委监察组做好原郑州市蔬菜公司漏瞒报资产核查上缴保全工作，向金水区法院出具《关于原郑州市蔬菜公司漏瞒报资产的情况说明》，配合金水区检察院对蔬菜公司相关资产进行审计，督促蔬菜公司尽快上缴保全相关资产。协调解决轨道交通建设涉及二轻公司、化学制药厂和郑州第一钢厂等单位名下房屋征收补偿有关问题，以及热力公司和电缆集团之间债务问题。

## 二、全面提升国资监管水平

今年以来，我委持续改革和创新监管方式，实施分类监管、分类定责、分类考核、分类发展，国资监管体系进一步完善，监管水平不断提升。

一是指导市管企业编制三年滚动规划。制定下发了《关于开展市管企业2018—2020年发展战略和规划编制工作的通知》，引导企业优先保证对我市国家中心城市建设具有重要意义的重大投资项目投入，加快实施对产业结构、产品结构优化升级具有重要影响的投资项目，大力推进对拓展企业发展空间具有重要作用的投资项目，充分发挥战略规划引领作用，推动市管企业做强做优做大，对22家市管企业上报的三年滚动规划进行了审核备案。

二是加强市管企业财务动态监测。要求县区国资监管机构对监管企业全口径全级次报送数据，严格落实各单位每月8号前完成合并数据上报的时效要求，并对汇总、初审的数据及时复查，重点关注资产规模较大的企业的数据质量，确保数据真实、准确、完整。充分挖掘财务数据信息价值，增加对资产负债率的分析内容，发挥财务动态监测体系的预警作用。

三是圆满完成市管企业年度考核。联合市委组织部印发了《关于开展市管企业2017年度考核工作的通知》，下发了《市管企业2017年度考核工作方案》，组成5个考核组，严格按照程序，围绕党的建设、规范管理、经营业绩和平安建设等方面，完成了对42家市管企业2017年度考核工作。根据考核结果，对污水净化等14家目标管理先进单位进行了表彰。

四是改进产权管理方式。指导所监管企业制定本企业国有资产交易办法，完成33户企业交易办法的审核备案。印发《关于开展市管企业国有资产交易、担保融资、防风险等工作检查的通知》，要求企业对产权管理工作进行自查并上报自查报告，完成对地产集团、污水净化公司等14家企业产权管理工作的现场检查。对盐业公司等16项国有资产评估项目予以备案，净资产评估备案总额50642.26万元。完成污水净化公司和地产集团等企业下属子公司产权登记23家，及时掌握企业产股权及相关信息变动情况。

五是加强重大投资事项监管。组织了“1+4”市管企业投资管理制度培训会，下发了《关于2018年度投资监管工作有关事项的通知》《关于开展市管企业投资管理相关工作检查的通知》，对市管企业投资工作作出具体安排，采取报送自查报告、现场检查和集中座谈相结合的方式，对市管企业落实1+4投资监管制度情况进行了检查督促，促进了投资监管工作的依法合规。经我委或市政府同意，批准了轨道公司、自来水公司等6家企业的7件投资事项涉及资金24.63亿元。对轨道公司成立郑州地铁集团有限公司、自来水公司增加注册资本、中原制药厂延长经营期限等事宜进行了审核。

六是进一步规范市管企业薪酬管理。按时完成2016年度企业负责人年薪备案及信息公开披露。对公交公司、自来水公司等企业负责人2016年度以前任期责任风险金进行了清算兑付。开展了市管企业现行工资分配管控机制调查统计工作，完成了对郑州市市场发展投资有限公司、郑州市轨道交通有限公司2018年度工资总额预算的审核。对实施负责人薪酬制度改革的17户市管企业主要负责人2017年度年薪收入进行专项审计，结合年度考核结果进行审核测算，初步确定了2017年度市管企业负责人年薪收入。

七是做好国有资本经营预算工作。根据市管企业中国有独资企业2017年度净利润预计完成数、文件规定的利润上缴比例和国有控股、参股企业2018年度利润分配预计数、国有股股权比例等，认真进行分析测算，编报完成了市管企业2018年度国有资本经营预算建议草案，2018年度市管企业国有资本经营预算收入为15091.78万元。因郑州银行A股上市、暂不分红，依程序向市财政局申请调整2018年度市管企业国有资本经营预算。协调相关部门，积极推进市管企业国有资本经营预算收支工作。

八是持续强化外部监督。突出重点、扎实有序开展日常监督。对市管企业按重点、常规和一般等三类，实行分类监督。采取定期参加企业的董（监）事会、党政联席会等研究重大事项的会议、查看财务报表、重大事项表、年度审计报告等多种形式，努力将监督工作范围覆盖企业经营全过程。围绕国资监管和企业重大问题或重要情况，适时进行集中检查或专项检查。全面排查、掌握了市管企业存续和新设立投资项目立项、运作和结算的综合情况，统一组织对监督企业投资事项开展了专项检查。加强内外监事会协调联动，形成监督合力。注重调查研究，建立外派和内设监事会信息交流机制，以监事会日常工作台账形式，按季度和年度汇总监事会日常监督的综合情况。针对日常监督和专项检查发现的问题，及时向企业发送提醒函、建议函和通报，向市国资委上报专报。

九是强化依法治企。印发《郑州市国资系统2018年法治宣传教育和依法治理工作要点》《郑州市国资委2018年度机关领导干部学法计划》《郑州市国资委关于调整法治宣传教育和依法治理工作领导小组的通知》；起草了《郑州市国资委企业招标采购管理办法》《关于禁止郑州市市管企业违规关联交易的若干规定》；组织市管企业法务人员40余人次参加国务院国资委设在省国资委分会场的法制讲堂三期。

## 三、全力服务国家中心城市建设

贯彻落实市委、市政府关于建设国家中心城市的决策部署，紧紧围绕年度目标任务，统筹谋划，做强做优做大国有企业，为我市建设国家中心城市勇担使命，主动作为。

一是做好国资系统对外合作工作。制订《2018 年市国资委对外开放工作专项方案》，要求市管企业结合企业兼并重组，加强与央企、省企的战略合作；结合发展混合所有制经济，推进重点领域对外合作；结合转型发展，促进新兴产业合作，努力开创对外经济合作工作新局面。按照第十二届投洽会组委会要求，接待台商卓世杰先生考察二砂文创园项目，并就园区文化创意产业布局、特色小镇合作建设等内容开展座谈交流，达成了建设共识。按照政府办公厅《关于做好首届中国国际进口博览会郑州市组团暨招商工作方案》要求，积极与市商务局沟通，组织市管企业认真筛选项目，并及时上报了粮油集团、交建投、会展中心等 3 家参会企业资料。

二是拓宽企业融资渠道。批复同意郑州控股公司定向发行 20 亿元的企业债务融资工具，地产集团发行共计约 100 亿元的理财直接融资工具、中期票据和债权融资计划和境外美元债，城建集团发行共计约 73 亿元的公司债券、理财直接融资工具、债券融资计划等债券，公共住宅发行 13 亿元的企业债券。批复同意地产集团为黄河两岸公司和都市开发公司提供贷款担保 42.4 亿元，批复同意公用集团发行金额不超过 10 亿元、期限不超过 5 年的公司债券，金额不超过 30 亿元、期限不超过 5 年的公司债券，金额不超过 30 亿元、期限不超过 5 年的定向债务融资工具。通过综合运用各种债券的优势，降低企业财务成本，全方位解决企业融资难题，支持国家中心城市建设。

三是防范化解企业债务风险。制订了《关于打好防范化解企业重大债务风险攻坚战的工作方案》和《关于做好防范化解企业重大债务风险有关工作的通知》，要求市管企业聚焦重点环节和关键领域，主动作为、健全机制、加强组织、落实责任。指导市管企业填写并及时反馈《市管企业债务及融资情况调查表》，及时掌握企业的债务及融资情况和民营企业合作情况。以企业财务快报系统数据为基础，对重点企业、重点财务指标逐月进行分析，及时发现风险苗头、分析问题并提醒企业加强防控。

要求企业严格控制资产负债率，建立健全风险控制机制，提升风险防控水平。

四是稳妥完成政府专项工作。完成了对4个企业主管部门、15户市属困难企业2018年度“双节”补助的审核报批发放工作，涉及困难职工3802名，补助资金380.2万元。发放困难企业“双节”慰问金60万元；完成了2018年度市属国有、集体困难企业退休人员专项补贴的受理审核、上报发放工作，涉及市属企业退休（退职）职工78637人，财政补贴4720.51万元；完成了2018年度郑州市国有企业职教幼教退休教师生活补贴审核测算工作，涉及退休教师1252人，预算资金总额985.45万元；完成了对2018年度122户市属国有破产（困难）企业退休人员基本医保统筹的联合审核报批工作；配合市老干部局对由市财政负担的我市167户市属企业和市直非全供事业单位959名离休干部2019年度医药统筹费用进行了审核认定，预算资金总额为1152万元，报请市政府批准后执行。

五是扎实做好信访稳定。积极配合市政法委，在污水净化公司高标准召开了全市平安建设经验交流会筹备工作。落实党政领导干部接访制度，加强信访事项的办理，全年接待群众来访、办理各级交办信访案均按程序有效办理，国资系统信访案件数量明显下降。

六是确保国有企业生产安全。认真履行市政府赋予的安全生产工作职责，进一步强化市管企业安全生产主体责任。指导市管企业组织开展安全生产集中宣传，职工安全教育培训，安全知识竞赛、演讲比赛，安全应急演练等活动90余场，接受安全教育和培训的干部职工超过20000人次；组织市管企业负责人现场观摩了公交公司、自来水公司等企业的应急演练活动，应急管理能力不断提升。深入重点行业领域的市管企业进行督导检查，共检查市管企业15家次。积极开展市政府赋予的安全生产综合督导工作，先后22次到经开区、中牟县督导安全生产工作，督导检查县（区）行业职能部门18个、乡镇（街道办）8个、企业32家。

# 郑州市2018年统计工作报告

郑州市统计局

2018年，郑州市统计局在市委市政府的正确领导下，在国家、省统计局的关心指导下，认真落实中央领导同志对统计工作的重要指示批示精神，围绕郑州国家中心城市建设目标，按照“四重点一稳定一保证”工作总格局，坚持以高质量统计服务高质量发展，加强GDP总量突破万亿、常住人口突破千万、人均GDP突破十万“三大突破”统计监测，为全市经济社会发展提供了有效的统计保障。

## 一、认真落实管党治党政治责任，全面从严治党不断走向深入

郑州市统计局紧紧围绕新时代全面从严治党政治要求，拧紧思想政治建设“总开关”，压实党风廉政建设责任，狠抓新时代机关党组织建设。深入学习贯彻习近平新时代中国特色社会主义思想和党的十九大精神，召开局党组理论中心组会、全体干部会、县区局长专题会对党的十八大以来习近平总书记关于统计工作的重要指示批示贯彻落实情况“回头看”，落实落细中央《关于深化统计管理体制改革提高统计数据真实性的意见》《统计违纪违法责任人处分处理建议办法》《防范和惩治统计造假、弄虚作假督察工作规定》和省委《关于深化统计管理体制改革提高

统计数据真实性的实施意见》，结合“两学一做”学习教育常态化制度化和“不忘初心、牢记使命”主题教育加强党内政治生活和党员党性教育，不折不扣完成中央、省、市巡视巡察反馈意见整改落实，自觉接受派驻纪检监察组监督指导，严格执行中央八项规定及“三重一大”事项规定，在全系统开展“以数谋私、数字腐败”全面排查和整治，与县（市）区逐级签订《政风行风建设承诺书》，针对重点风险领域完善财务内控制度，引导广大党员干部牢固树立“四个意识”，不断增强“四个自信”，坚决做到“两个维护”。

## 二、深入贯彻中央关于统计工作的重大部署，统计法治建设不断加强

聚焦工作求实、数据求真，坚持深入普法，发挥统计执法监督利剑作用，从严管数工作取得新成效。提请市委、市政府印发《关于深入学习贯彻执行深化统计管理体制改革提高统计数据真实性的实施意见的通知》，制定《郑州市统计局2018年度法治政府建设工作要点》，开展“双随机”行政执法监督检查，加大干部任前统计违法违纪行为审核，实行统计造假、弄虚作假“一票否决制”，对县（市）区统计部门内设政策法规机构、乡镇（办）统计机构设立和统计人员配备、企业诚信管理等方面提出指导意见，积极推进服务型行政执法建设工作，加强服务型统计执法示范点培育，深入实施乡镇级政府统计基础工作规范化管理，建立统计执法案例指导和案卷评查制度，分层分类进行“七五”统计普法宣传，继续推进统计法律法规知识进党校，统计法治建设有效提升数据质量。

## 三、精准实施，各项普查调查工作顺利开展

严格执行国家、省统计调查制度，高质量完成国民经济各行业、各领域40多项常规统计调查和20多项专项调查。第四次全国经济普查取

得阶段性成绩，组织召开郑州市第四次全国经济普查工作电视电话会，起草印发《郑州市人民政府关于认真做好第四次全国经济普查工作的通知》；深入学习讨论领会经济普查方案，确立了做好郑州市四经普“1122”工作总思路；8月底前，15个县（市）区、开发区政府均成立了经济普查领导小组和办公室，184个乡镇（办）均成立了经济普查组织机构；全市通过政府购买服务等方式选聘普查员10140人；将第四次经济普查所需经费列入年度财政预算，落实经费保障，优化办公条件；通过郑州市经济普查专网、微博微信公众号、发放宣传物资、手机短信、新浪“微访谈”全方位宣传经济普查，12月10日郑州市第四次全国经济普查宣传月全面启动；经过入户清查、查遗补漏、审核排重、编码改错等环节，全市共清查登记法人单位340743家、产业活动单位27367家，个体经营户498929家，其中有证314878家；与三经普相比，法人单位增长376.8%，产业活动单位增长146.7%、个体户下降0.5%，有证户增长26%；法人单位占全省的26.5%，由第三次全国经济普查占全省的八分之一提高到四分之一强，国家统计局副局长李晓超对郑州市经济普查清查阶段的工作给予充分肯定，得到河南省统计局局长王世炎、郑州市主要领导的表扬。圆满完成第三次全国农业普查收尾工作，发布《郑州市第三次全国农业普查数据公报》，编印《郑州市第三次全国农业普查文件资料汇编》和《郑州市第三次全国农业普查资料》（上下卷），做好数据深度开发应用，完成农业普查课题6项，其中获奖5项。组织完成2018年全国1‰人口变动情况抽样调查和省3%人口与城镇化抽样调查，配合省局开展人口抽样调查现场登记、PAD定位追踪系统综合试点工作，完成试点各项工作任务。扎实推进投入产出调查，印发《关于认真做好郑州市2017年全国投入产出调查工作的通知》，组织千余人加强培训，多措并举保证调查数据质量，为调查成果的运用奠定良好基础。

## 四、自我革新，统计改革步伐蹄疾步稳

“三新”统计改革创新开展，出台符合郑州实际的新产业新业态新商

业模式统计监测制度，探索建立全市电子商务、四众平台统计方法，认真做好城市商业综合体、网上零售、跨境电商、自贸区、自创区等热点统计工作，按照《河南省新产业新业态新商业模式增加值核算方法》和经济发展新动能指数编制方法，对2017年全市“三新”经济增加值总量、“三新”重点领域增加值和指数进行初步测算，逐步解决“三新”统计“进不来、抓不住、统不准”的难点问题，满足党委政府决策需要。重点领域统计方法制度改革扎实推进，在国民经济核算方面，深入研究地区生产总值统一核算、季度地区生产总值核算办法，做好《中国国民经济核算体系》新文本实施的准备工作，探索参与河南省统计局自然资源资产负债表的编制工作，继续开展非公有制经济核算工作；在工业统计方面，加强企业生产经营景气状况调查，为实现省级产能利用率分季度发布提供基础资料；在能源统计方面，加强能源供应端核算，实现能源生产与流通调查“四上”单位全覆盖；在固定资产投资统计方面，认真执行5000万元以下投资项目财务支出法统计报表制度；在劳动工资统计方面，对定期报表范围由规模以上法人单位扩大到全部法人单位提前谋划、全力跟进；在研发统计方面，开展企业研发会计科目设立情况调研核查，撰写《2018年郑州市企业研发会计科目设立情况调研报告》，测算制度变化影响程度，向有关部门反馈情况引起重视，多部门联合发文要求企业建立研发费用会计科目，积极适应国家研发统计由项目归集法改为财务支出法的变化。其他改革事项稳步进行，全面推进四下企业调查改革，实现改革工作不乱、资料不丢、数据不断、平稳交接；积极推进绿色发展统计改革，探索建立符合郑州实际的绿色发展指标体系和绿色发展统计报表制度，向市委、市政府撰写了绿色发展统计工作及考核办法专题汇报材料，联合省社情民意调查中心开展公众环境质量满意度调查，对《生态文明建设年度评价结果公报》进行深入解读。

## 五、积极主动，统计服务能力展现新作为

统计预警预判能力更加及时准确，建立市主要领导统计要情汇报机

制，围绕全面建成小康社会、国家中心城市建设、高质量发展、GDP破万亿目标，加强数据对比分析，针对全市稳中有变、变中有忧、下行压力不断加大的严峻经济形势，着力开展对重点指标、重点行业、重点领域的跟踪监测，及时反映安置房网签政策实施效果，助推市委、市政府20多项规划、方案、意见的出台落实，对全市经济运行的趋势判断受到市委市政府领导的高度重视并多次引用。统计分析能力更加深入精准，紧紧围绕市委、市政府中心工作，密切跟踪郑州市工业投资、房地产销售等重点领域阶段性特征，撰写统计分析信息247篇，20余篇专题分析获得市主要领导批示，百余篇统计信息在省市主流媒体、政府网站、报刊上刊载。统计宣传服务内容更加丰富全面，改版提升统计产品，发挥郑州市统计信息网、微博微信主阵地作用，全年公开信息4000余条，提供各类咨询服务200余件，编印《砥砺奋进四十载　阔步迈进新时代》展现改革开放40年辉煌成就，以"走进四经普"为主题成功举办"第九届中国统计开放日"，为社会各界了解郑州经济社会发展提供丰富资讯和政策建议。

## 六、扎实推进，统计保障能力显著提高

"双基"建设更加坚实可靠，全市"四上"单位入库1116家再居全省第一；完成统计内网升级改造项目；组织参加全省新任职县处级领导干部培训班，各专业采取"跨级培训、以会代训、实地教学、训考结合"等多种形式，开展基层统计人员培训近30余次，培训人数超万人次，实现基层统计工作人员培训全覆盖；建立部门联系制度，强化46个部门间数据共享。队伍建设更加坚强有力，树立正确用人导向，着力培养忠诚、干净、担当的高素质干部，多名同志荣获国家、省"第三次全国农业普查先进个人"称号；制定工作目标考核和个人年度考核方案，对工作任务完成情况进行考核排位、问责约谈，营造"积极、务实、公平、高效"的工作氛围；推进学习型机关建设，举办"统计素能提升讲坛"，邀请专家学者进机关解读经济形势、讲授"三新"统计、法律等知识，组织业务骨干走进重庆大学、南开大学研修学习，干部队伍的素质能力不断提升。

# 郑州市 2018 年园林绿化工作报告

郑州市园林局

2018 年，郑州市园林绿化系统深入学习贯彻十九大精神和习近平新时代中国特色社会主义思想，以国家中心城市建设为统揽，以国家生态园林城市创建为目标，以省会铁路沿线等交通路网绿化提升工程为抓手，按照市委“大生态、大环保、大格局、大统筹”工作要求，扎实推进各项工作，成功举办第十一届中国（郑州）国际园林博览会闭幕式，顺利通过国家生态园林城市省级初审，全年市区新建绿地 1355.77 万平方米，建成公园、微公园、游园 411 个，开工建设 3 条（段）生态廊道，超额完成民生十大实事工作任务，建成区绿地率、绿化覆盖率、人均公园绿地面积分别达到 35.84%、40.83%和 13.2 平方米。全市新创建省级园林单位、园林小区 26 个；新创建市级园林单位、园林小区 74 个。

## 一、第十一届中国（郑州）国际园林博览会闭幕

由住房和城乡建设部和河南省人民政府共同主办，中国风景园林学会、中国公园协会、河南省住房和城乡建设厅、郑州市人民政府共同承办的第十一届中国（郑州）国际园林博览会于 2017 年 9 月 29 日隆重开幕，2018 年 5 月 31 日圆满闭幕，历时 245 天，累计接待游客 268 万人次，单日最高接待 10.7 万人次，做到了精彩开幕、圆满闭幕，打造了

“勇于担当、团结协作、攻坚善战、牺牲奉献”的园博精神。园博园郑州园荣获组委会颁发的室外展园综合奖大奖、单项奖展园设计奖大奖、优质工程奖大奖、植物配置奖优秀奖、建筑小品奖大奖，郑州市园林局荣获住建部颁发的展园建设最佳单位奖，郑州市人民政府获得住建部颁发的优秀组织奖、特别成就奖和特别贡献奖，实现了一届“理念超前、科技领先、特色浓郁、影响深远”园林盛会的办会目标，得到了住建部和河南省委、省政府的充分肯定和高度评价，扩大了郑州园林在国内外的影响力，是郑州市在生态文明建设方面的具体实践。

## 二、2018“人与自然”中国·郑州国际雕塑展开幕

2016 年 12 月，郑州市政府批转启动雕塑公园三期室外雕塑建设项目，并列入 2017 年城建计划。室外雕塑建设以举办“人与自然”中国·郑州国际雕塑展的方式，面向全球征集作品，计划举办两届，征集作品 100 件左右。2017 年 6 月 10 日，雕塑公园雕塑展方案经市政府批准实施，确定“人与自然”中国·郑州国际雕塑展由郑州市人民政府与中国雕塑学会共同主办，郑州市园林局承办。截至截稿日前，共收到全球 56 个国家和地区的 1149 名艺术家的 2154 件雕塑作品，雕塑作品方案征集数量和参与艺术家数量均创造中国雕塑学会历年作品征集之最。经过专家评审、市民群众投票评选，首批选定的 47 件雕塑完成安装制作，并于 2018 年 9 月 29 日举行雕塑公园雕塑作品落成开园仪式，填补了河南省无雕塑公园的空白，提升了城市文化品位。

## 三、国家生态园林城市创建通过初审

2018 年 2 月 22 日，郑州市召开生态建设暨创建国家生态园林城市动员大会，正式启动国家生态园林城市创建工作，市园林局为创建工作领导小组办公室单位。创建工作启动后，35 家成员单位围绕生态园林城市 6 方面 93 项考核要求，制定“1＋31”工作专案，出台《领导小组办公室

工作例会制度》《公园、微公园、小游园建设标准和技术导则》《郑州市城市道路绿化规划设计建设导则》《郑州市城市绿化树种推荐名录》《郑州市创建国家生态园林城市工作督导考核办法》，建立“周例会、月通报、季评比、年考核”工作推进机制；编制完成《郑州市绿道连通提质规划》《郑州市300米见绿500米见园三年建设规划》《郑州市郊野公园专项规划（2018—2035）》，建成411个公园、微公园、小游园，实现了过去每年建设20个游园的重大突破；生活垃圾分类工作迅速推进，在全国46个试点城市排名第10位；公共交通站点500米覆盖率达到100%，获得“国家公交都市示范城市”称号；海绵城市建成面积23.5平方公里，顺利通过省级海绵城市试点中期考评；大气污染治理成效明显，2018年全市PM10、PM2.5年均浓度分别降至106微克/立方米、63微克/立方米，较三年前分别下降36.5%、34.3%，下降率居全省第1位和第2位。原不达标的公园绿地服务半径覆盖率和林荫路推广率2项否决项，正在接近国家标准，原不达标的27项扣分项，有12项指标差距大幅缩小。2018年9月，经省住建厅评审，推荐郑州市申报国家生态园林城市。

## 四、园林绿化重点项目建设扎实推进

编制完成《郑州市300米见绿500米见园三年建设规划》，持续推进贾鲁河综合治理西流湖段工程、南水北调生态文化公园、雨水公园、南环公园、名师园、青少年公园等市级公园建设，强力推进区级公园建设，建成公园、微公园、小游园411个。

园林绿化规划设计逐步完善。2018年，围绕全市创建国家生态园林城市工作，起草《郑州市创建国家生态园林城市工作方案》。完成郊野公园规划选址实地调研和基础资料分析工作，编制《郑州市郊野公园建设导则》（征求意见稿）、《郑州市郊野公园建设技术导则》（征求意见稿）、《郑州市郊野公园专项规划（2018—2035）》初步方案。编制完成《郑州市绿道连通提质规划》《郑州市300见绿500米见园三年建设规划》。

贾鲁河综合治理西流湖段工程有序推进。贾鲁河综合治理西流湖段工程位于陇海路以北、科学大道以南，分为市园林局段、中原区段和高新区段三部分，全长 9.6 公里，规划总面积 482.75 公顷（7241.25 亩），其中蓝线面积 290.05 公顷（4350.75 亩），绿线面积 192.7 公顷（2890.5 亩），项目包括蓝线扩湖疏挖工程与绿线景观建设工程。其中市园林局段位于中原西路以北、化工路以南，全长 5.6 公里，规划占地面积为 242.65 公顷（3639.75 亩），蓝线面积 155.75 公顷（2336.25 亩），绿线面积 86.90 公顷（1303.5 亩），项目总投资 19.1261 亿元，资金来源为市财政投资。2018 年 4 月 15 日，蓝线扩湖疏挖工程开工建设，到 2018 年底，项目可研报告完成审批，绿线景观初设方案通过专家评审，蓝线内土方开挖、淤泥开挖全部完成，扩湖疏挖成湖工程和主干道路基础基本完成，液压坝开工建设。全年完成建筑征收拆迁 19.88 万平方米，占总量的 59%；外运土方 168.86 万立方米，占总量 99.71%；改迁生态水管线 2547 米，占总量 84.97%。中原区段位于陇海路以北、中原路以南，全长 1.2 公里，规划总面积 11.7 公顷（175.5 亩），其中蓝线面积 7 公顷（105 亩），绿线面积 4.7 公顷（70.5 亩），2018 年完成场地整理工作，面积 6 万平方米，清运垃圾 23 万立方米，回填土 7 万立方米。高新区段位于化工路以北、科学大道以南，全长 2.8 公里，规划总面积 228.4 公顷（3426 亩），其中蓝线面积 127.3 公顷（1909.5 亩），绿线面积 101.1 公顷（1516.5 亩），2018 年完成前期准备工作。

南水北调生态文化公园工程有序开展。南水北调生态文化公园全长 61.7 公里（包含市区段 32.7 公里和航空港区段 29 公里），公园规划范围为干渠两侧防护网外各 200 米，规划绿化面积 2468 万平方米。2018 年南水北调生态文化公园新增绿化面积 320 万平方米，累计完成绿化面积 1141 万平方米。

雨水公园项目稳步推进。项目位于郑州市花园路东、鑫苑路北、畜牧路南。用地面积 13369.78 平方米，投资估算 1166 万元。项目定位海绵型公园绿地示范园。2018 年完成地质勘查、土地清表、回填土方、施工现场围挡安装等前期准备工作。

青少年公园项目前期工作顺利开展。青少年公园位于农业路以南、丰产路以北、东三街以西、天明路以东，建设用地面积174330平方米，计划投资约1.29亿元。2018年完成项目立项、可行性研究、初步设计、施工图设计、环评登记、用地规划手续等前期工作。

区级公园建设全面推进。2018年市区新建5000平方米以上公园42个。其中：中原区5个；二七区5个；金水区5个；管城回族区4个；惠济区4个；郑东新区4个；高新区5个；郑州经济开发区5个；郑州航空港区5个。

微公园、游园建设深入开展。新建微公园、游园320个。其中：中原区40个；二七区40个；金水区32个；管城回族区13个；惠济区29个；郑东新区40个；高新区40个；郑州经济开发区40个；郑州航空港区40个；上街区6个。

道路绿化迈出坚实步伐。2018年，开工建设西三环北延和107辅道两条，共栽植苗木14.1万株、地被117.7万平方米，完成绿化面积220.1万平方米。各区新建道路、支线路网绿化80条，长度114.9公里，绿化面积35.77万平方米，栽植乔木3.06万株。

单位庭院和居住区绿化美化工作水平不断提升。2018年，我市城市居民生活环境不断改善，全市新创建省级园林单位7家，新创建省级园林小区19家；新创建市级园林单位16家，新创建市级园林小区58家。

各县（市）园林绿化建设成效显著。2018年，各县市大力推进公园绿地建设，全年各县（市）新建公园、游园49个，新增绿地面积2019.74万平方米，新建生态廊道16条（段），绿道连通298.27公里，屋顶绿化面积2.49万平方米。

## 五、园林绿化管理和科研水平持续提升

精细化管理水平不断攀升。2018年，根据市委、市政府创建国家生态园林城市总体工作部署，以“增量、提质、升级”为管理标准，加快推进国家中心城市建设，深入开展国家生态园林城市创建工作，印发

《郑州市园林绿化管理大提质竞赛活动实施方案》，进一步提升园林绿化内涵品质及精细化管理水平，先后在碧沙岗、动物园、植物园、工人文化宫、人民公园、科研所、郑东新区7家单位，以“特色花展打造”“杨柳飞絮防治”“优质服务（公厕管理）”“花境打造暨志愿服务站建设”“景观文化打造”“主题公园打造暨水系景观提升”“道路、游园精细化管理”为主题，组织了7次观摩活动，有效营造了相互学习、互相借鉴、比学赶超的浓厚氛围。

在市直专业单位开展“五级五星”竞赛活动，其中，省工人文化宫、郑州市碧沙岗公园、郑州市人民公园获得优秀单位；郑州市城市园林科学研究所、经纬广场、动物园、植物园、紫荆山公园获得先进单位。在县市区及有关委局举办月季花杯竞赛活动，其中，中牟县、巩义市、郑东新区、二七区获得金杯；荥阳市、新密市、中原区、航空港经济综合实验区、高新区、管城区、上街区、金水区、市城管局获得银杯；登封市、新郑市、郑州经济开发区、惠济区、黄河生态区、市水务局、市交通委、郑州火车站地区管委会获得铜杯。

文化园林建设深入开展。举办“绿满商都　花绘郑州”17个花展活动，展示园林文化。其中，河南省工人文化宫举办了紫薇花展，碧沙岗公园举办了海棠文化节、蜡梅梅花盆景展、盆景展，人民公园举办了郁金香花展、牡丹芍药展、盆景展、金秋菊展，植物园举办了迎春花展、牡丹芍药展、月季花展、向日葵展，紫荆山公园举办了紫荆花展、蜡梅梅花盆景展、荷花展。花展期间，共计接待游客800余万人次，获得媒体和市民的广泛好评。

按照市委、市政府要求，市园林局对春节、五一、国庆期间节日氛围营造工作进行认真安排。春节期间，13个市级公园共组摆鲜花8万盆，制作园林小品50余处，开展公园广场文化活动100余场。五一期间，13个市级公园共组摆鲜花8万余盆，制作园林景点60余个，举办各项文化和花展活动20余场。国庆期间，各公园广场布置景观花坛、园林小品120余处，摆放草花近80万盆，举办节日文化活动48项100余场。

志愿服务活动再创佳绩。建立健全市园林学雷锋志愿服务组织。建成文明使者志愿服务站14座，郑州市园林绿化志愿服务支队基层组织17个，登记在册园林志愿者1889名，站点开展活动3636次，志愿服务时长19597.5小时，服务群众173595人次，市级以上新闻媒体报道216次，站点注册活跃志愿者1609人。做好学雷锋志愿服务主题公园建设，河南省工人文化宫开展以“一份引领、一份情怀、一份关爱、一份书香、一份健康”为特色的“五个一”志愿活动，打造郑州市首个学雷锋志愿服务主题公园。

园林科研及动物繁育与管养成效显著。市园林局局属单位申报2018年度课题通过市建委建设科技项目立项的分别是：人民公园《古树国槐活体支撑及复壮技术的应用研究》、植物园《几种植物生长调节剂对大叶女贞控果影响的比较研究》、碧沙岗公园《耐阴地被植物的选育和应用研究》和城市园林科学研究所《郑州地区夏季高温环境下月季栽培技术及其应用》4项课题。该4项课题已鉴定结题，其中，人民公园《古树国槐活体支撑及复壮技术的应用研究》课题，填补了国内大树复壮领域的空白。此外，郑州市动物园科研项目《河南省野生动物建设概况与发展对策研究》《基于福利条件的河南省猫科动物迁地保护模式建设》获得河南省林业厅科学技术进步二等奖。其中，《河南省野生动物建设概况与发展对策研究》项目是首次对河南省野生动物园建设发展的研究，为河南省政府管理部门针对野生动物园的建设与管理政策提供了参考依据，是河南省野生动物迁地保护事业的独创性成果。

2018年，郑州市动物园共繁殖动物25个品种147头（只），其中，繁殖Ⅰ级4种23头（只），Ⅱ级14种49头（只）；春季鸟类孵化工作取得阶段性成果，孵化各种禽类183只；引进动物Ⅰ级5种19头（只），Ⅱ级6品种42头（只），共计13种218头（只）。全年未发生动物脱笼、逃逸、伤人等重大安全事故。

## 六、依法行政工作不断深化

2018年，市园林局按照郑州市城市执法体制改革要求，对需移交的行政处罚权和行政强制权进行认真梳理，2018 年 3 月 16 日将 18 项行政处罚权和 1 项行政强制权正式移交给郑州市城市综合执法局。加强建设工程项目绿化设计方案审验，规范行政审批流程，办理各类行政许可 442 件；严格执行法制审核制度，审核行政文件 259 份、行政合同 288 份；协调法律事务 6 起，行政诉讼 2 起。严格落实行政审批制度改革。按照“最多跑一次”“放管服”改革要求，园林局承担的行政审批事项由三项压缩至一项，办结时限由原来的 20 天压缩至 3 天；组织梳理“最多跑一次”事项清单，该清单被省住建厅作为样板在全省推广执行。

## 七、对外交流展示

2018 年，市园林部门积极参加对外交流活动，展示郑州园林行业风采。其中，参加 2018 中国开封中日韩盆景交流展，碧沙岗公园获综合金奖 1 个、铜奖 2 个，单项金奖 1 个、银奖 2 个、铜奖 1 个；参加“景粹中国・九省市盆景联展”，碧沙岗公园获综合铜奖 1 个；参加上海第十六届中国梅花蜡梅展览会，绿文广场获得金奖 3 个、银奖 3 个、铜奖 1 个；参加中国（杭州）第八届菊花精品展，人民公园获展位布置优秀奖，获盆景金奖 1 个、银奖 1 个；参加第 32 届全国荷花展，紫荆山公园获得碗莲栽培技术金奖、铜奖各 1 个；参加第七届中国・鄢陵蜡梅梅花文化节插花大赛，动物园、西流湖公园获得布展金奖，绿文广场《小园梅香》获特等奖，其他作品共获金奖 10 个、银奖 12 个、铜奖 9 个；参加南阳月季展，动物园布展室内景点《丛林故事》获特等奖，碧沙岗公园、紫荆山公园、动物园、植物园共获特等奖 13 个、一等奖 18 个、二等奖 12 个、三等奖 10 个；参加河南省第四届翰园情菊花插花花艺大赛，绿文广场、园林科研所、动物园、紫荆山公园、人民公园、植物园共获一等奖 7 个、二等奖 15 个、三等奖 14 个。

# 郑州市 2018 年社会保险工作报告

郑州市社会保险中心

2018 年，全市社会保险工作坚持以“服务发展、保障民生”为主线，以标准化、信息化、专业化为重点，以“转作风、提效率、树形象”实践活动为载体，深入推进“放管服”改革，全力推进社保便民“三个专项行动”，圆满完成了年初制定的各项目标任务，事业发展成效显著，群众满意度明显提升。开展智慧社保“五个一”工程的做法得到国务院肯定，并被人社部重点推荐；以全国最高的 98.5 分高标准通过了“社会保险标准化建设先行城市”验收；在市人大组织的专项视察评议工作中，以全票满意通过人大代表的评议；多次获得省人社厅、省社保局和其他部门的奖励和表彰，郑州社保的美誉度和关注度持续提升，社会影响力不断扩大。

## 一、扩面征缴成效显著，业务指标超额完成

2018 年，全市各级社会保险经办机构在市社保中心统一领导下，克服经济结构调整、征收体制改革等重重困难，以全民参保计划为抓手，不断扩大社会保险覆盖范围，全市各项社会保险参保总人数达到 1996.63 万人次，完成总目标任务（1929.83 万人次）的 103.46%。养老保险、医疗保险、失业保险、工伤保险和生育保险分别完成年度目标的

104.84%、100.52%、100.15%、102.32%和117.94%。

2018年1—12月，全市各项社会保险基金总收入459亿元；基金征缴收入400.33亿元，完成总目标任务（273.89亿元）的146.17%。养老保险、医疗保险、失业保险、工伤保险和生育保险基金分别完成年度目标任务的148.01%、146.42%、107.61%、130.44%和164.30%。

## 二、各项待遇稳步提高，社保安民持续发力

一是连续14年调整企业退休人员基本养老金，调整后我市企业退休职工人均月养老金达到2823.75元，位居全省首位。

二是将城乡居民养老保险基础养老金调整为每人每月190元，调整后我市城乡居民人均月养老金达到239元，远高于全省平均水平（115元）。

三是调整城镇职工医疗保险待遇和城乡居民医疗保险待遇，将封顶线统一提高到55万元。

四是将失业金标准由1376元/（人·月）调整为1520元/（人·月），待遇水平位居全省首位。

五是将工伤保险定期待遇提高10%，总体待遇位居全省第一。

六是完善了退休人员社会化服务政策，明确了重大节日慰问标准和重阳、国庆双节活动等，积极开展专项培训，确保退休人员依法享受各项社会化服务。

2018年1—12月全市各项社会保险基金累计支出354.36亿元。全市享受各项社会保险待遇人数达到292.05万人次。其中城镇职工养老保险34.64万人；城乡居民养老保险69.49万人；机关事业单位养老保险8.18万人；城镇职工医疗保险住院50.9万人次、门诊规定病种12.09万人次、门诊重特大疾病2287人次；城乡居民医疗保险住院90.51万人次、门诊规定病种11.17万人次、门诊重特大疾病4253人次；发放失业保险金1.35万人次、培训失业人员4260人次、发放职业技能提升补贴2495人次；支付工伤保险待遇5924人次；支付生育保险待遇11.8万人次。

## 三、“放管服”深入推进，“三个专项行动”取得突破

高度重视“放管服”改革和审批服务便民化工作，坚持以人民为中心的发展理念，通过顶层设计定方向、创新服务拓渠道、强化监管促长效等，积极开展智慧社保“五个一”工程（一窗通办、一号咨询、一网经办、一键审核和一点管控）、厘清“三单一表”（“三级十同”对外服务事项清单、“最多跑一次”所需资料清单、“一窗通办”经办操作清单和业务经办表格）和建立标准化管理体系三个专项行动。在经办服务模式、减证便民改革、服务质量提升、服务环境优化、标准化建设、就近办理等方面实现了“六个突破”。

一是实施智慧社保“五个一”工程，实现经办模式新突破。推行“一窗通办”，通过制定经办管理细则，规范社保经办服务，将社保业务分为“对内”和“对外”两个大类，将参保群众日常办理的业务确定为“3类144项”，分别由“社保综合”“医保综合”和“社保卡综合”3类窗口承办，实现了“一窗受理、一窗办妥”。全市共设立233个服务窗口，全年共办结401万人次的社保业务，平均每月办理33.4万人次。推行“一号咨询”，开通了全市社会保险统一服务电话68064000，利用智能机器人和人工服务相结合的方式，通过电话和网络在线两种形式回答群众咨询的问题，实现群众咨询“打得通、问得清”。2018年共向群众提供各项服务7.32万人次（客服语音3.02万件次，人工在线9092件次，智能在线3.39万件次）。推行“一网经办”，面向用人单位和参保群众，分别开发了企业客户端、微信小程序“郑州社保小秘书”，结合数字认证和电子签章技术，成功打造了“网上申报-网上审核-网上办结”的服务系统。截至2018年年底，共发放企业客户端（UKEY）28225家，上线业务6类41项，覆盖全市89%以上的参保职工，网办业务共计105万笔，同类业务占比超过50%；“郑州社保小秘书”共上线2类12项业务，累计访问量61.5万人次。推行“一键审核”，建立医疗保险智能审核监控系统，利用现代信息技术对海量医保数据进行筛查分析。2018年5—

12月，通过智能审核软件共计审核单据83.98万张，审核明细2.48亿条，发现并核查问题数据37万条，发现疑似不合理费用1510万元，已核查拒付1192.9万元。推行“一点管控”，通过场景监控和业务风险管控，实现业务和经办场景风险点的全覆盖。将全市16个办事大厅、220个监控点接入智能管控中心，实现对社保经办服务的远程监控，并可通过监控及时处理突发事件、化解经办服务压力；建立社会保险稽核和审计系统，将8大类69个风险点嵌入信息系统，通过数据筛查、比对和问询等方式，对业务办理过程中的风险点实施监督、管理和控制，2018年8—12月，共筛选内控风险疑点数据34631条，核查处理数据21383条，真正实现了“减资料不减规矩”“减流程不减控制”“增权限不增权力”“增监督不增压力”。

二是在推动减证便民上实现新突破。以“方便群众、规范经办”为出发点，形成了“三级十同”对外服务事项清单、“最多跑一次”所需资料清单和“一窗通办”经办操作清单，重新规范了73项业务表格，最大程度实现所需材料最简、办理时限最短、办事环节最优、表格填写项目最少。通过厘清“三单一表”，共核减取消申报材料、证明材料236项；减少盖章、审核等繁琐环节51个；压缩业务办理时限154天；减少表单15个，优化表单项目151项、规范表单名称33个；通过优化业务流程，每月延长对外服务时间4天，全年共计延长48天。

三是在提升服务质量上实现新突破。从2017年开始，在我市社保系统开展经办质量和服务效能“双提升”活动，建立了业务经办疑难问题的收集、研究、处置和群众诉求快速响应机制。将市长电话、12333等多渠道反馈过来的问题，每天集中收集处理，每周在局长办公会上研究、分析、通报有关情况，使疑难问题得到快速解决，为民服务渠道更加畅通。2018年，全局共集中处理业务疑难问题836例，解决疑难数据问题5671例，化解群众矛盾、解决群众诉求1970件次，群众对社保工作的满意度显著提升。

四是在优化服务环境上实现新突破。确立了“1厅5区”的标准化社保办事大厅总布局。全市各社保大厅均按要求设置咨询叫号区、政策宣传区、一窗通办区、休息等候区和自助服务区等5个功能区，办事大厅便民功能更加凸显。在样板分局配齐了自助查询机、自助办理机、自助发卡机、自助制卡机等多项自助服务设备，方便办事群众根据需求自助办理社保业务。

*五是在标准化建设上实现新突破。*我市社会保险标准化工作起步较早，是国家标准委和人社部确定的“双试点”单位，2016年按照“一五三一”（一个目的、五项要求、三个层面、一个机制）要求，我们编制了共3个层面、882项标准的《郑州市社会保险工作标准》，曾获得河南省人力资源和社会保障优秀科研成果一等奖。2018年按照“放管服”改革要求，对《郑州市社会保险工作标准》进行修订，以“工作标准化、标准精细化、执行信息化、风险责任化、追究常态化”为总要求，重新编印成书。全书共1092页、70万字，包括334项业务标准，内容涉及“五险八项”的申报登记、关系转移、基金管理等。与此同时，还建成了标准化管控中心，对标准化的执行情况进行全程管理，实现了事事有标准、时时用标准的良好局面。2018年11月15日，以98.5的高分通过了人社部“社会保险标准化先行城市”的验收。

*六是在就近办理上实现新突破。*变“一点办”为“多点办”。市政务服务大厅社保专区和15个分局均可办理所有涉及用人单位和参保群众的对外服务业务（共144项）。自上而下“全城通办”。市区内所有社会保险办事大厅受理标准统一、服务统一、所需资料统一、办结时限统一，群众在任一办事大厅、办理任一社保业务，都能享受到完全一致的服务。就近办理“不出村”。在全市1952个行政村卫生室全面铺设社会保障卡金融服务智能终端（PDA），实现了“四个不出村”（领取待遇不出村、缴费不出村、查询信息不出村、办理部分业务不出村）。社保服务“一卡通”。依托门诊慢性病处方共享平台，实现定点医院和药店的互联互通和信息共享，慢病患者可线下就医或线上问诊，通过平台选择药店购药或送药上门等；在郑州市中心医院等试点医院率先实现了“就医一卡通”医保卡代替诊疗卡的功能，方便参保人员就医。

## 四、国家、省市重点工程推进有力，服务大局成效显著

一是抓困难群众社会保障工作，服务脱贫攻坚大局。为全市143506名困难群众（不含巩义）建立了大病补充保险，其中建档立卡贫困人口85713人、特困人员救助供养对象9720人、城乡最低生活保障对象45399人、困境儿童2674人，实现了符合条件人员全部纳入。2018年全市困难群众住院63312人次，基本医保及大病保险共计报销医疗费用3.15亿元，共为3077名困难群众代缴城乡居民养老保险费用60.4万元，有力地助推了脱贫攻坚工作。

二是抓异地就医即时结算工作，方便参保群众。全市共有68家定点医疗机构被纳入跨省异地就医直接结算范围，88家定点医疗机构被纳入省内异地就医直接结算范围；简化异地就医备案手续，开通电话备案等异地就医渠道，使群众不跑腿就能办理异地就医直接结算。全市共进行异地就医即时结算18970人次（职工10872人、居民8098人），报销金额1.49亿元。

三是抓降费惠企，助力经济结构调整。按照要求，将失业保险费率下调为1%，共计为企业减负约5.7亿元；阶段性降低企业养老保险费率，单位部分费率降为19%，共计为企业减负约7.2亿元；两项政策合计共为企业减负12.9亿元。加大失业保险稳岗补贴等援企惠民政策，2018年审核失业保险稳岗补贴2亿元，惠及3044家企业。

四是抓“招才引智”配套建设，为国家中心城市建设保驾护航。建立“智汇郑州”社保绿色窗口，受理来郑人才社会保险相关咨询，共为14915名引进人才办理了参保手续，确保其按规定享受相关待遇。

## 五、改革任务落实到位，体制机制不断优化

一是完成城乡居民医保制度整合改革。在时间紧、任务重的情况下，

采取班子分包、倒排工期、层层压实责任等措施，做好城乡居民医保相关工作。2018 年 1 月 1 日，在全省率先建成了全新的、覆盖城乡居民的医保信息系统，有力地保障了城乡居民的医疗保障权益。

二是完成社会保险费征收体制改革。按照中央和省市要求，积极配合税务部门做好社会保险费征收体制改革工作。采取加大业务培训、政策宣传力度，理顺业务，加强沟通等措施，确保了业务衔接有序、群众社保权益不受影响。

三是全力推动机关事业单位养老保险制度改革。全市 4355 家机关事业单位已全部登记入库，已完成 7.23 万人改革准备期内的清算、结算工作，确保了制度衔接顺畅、经办运行平稳。

四是全民参保计划稳步推进。对 41.6 万疑似未保人员逐一入户调查核实，查明原因；建立全民参保登记数据库，将未保人员信息全部登记入库，实现了市、县、乡、村四级联动、实时更新。2018 年共完成 12.35 万名漏保人员的参保登记工作，提前超额完成省定目标（63687 人），完成率 193.88%。

五是完成了国务院部署的生育保险和职工医疗保险合并实施试点改革。按照“四统一、一不变”的要求，圆满完成了国家试点工作目标，得到了人社部领导的高度肯定。

## 六、风险防控全面升级，基金运行安全平稳

一是加强社会保险基金收支运行管理。强化基金日常管理，保证账实相符，账账相符；建立三方对账机制，确保社保基金安全完整；严格执行社会保险财务制度，推动社会保险转移收支财政专户结算；加强基金统计、分析和精算工作，为制度可持续发展提供决策支持。

二是加强对定点医药机构医保服务行为的监督管理。对医保服务违规行为始终保持“零容忍”态度，开展了定点医药机构专项检查行动，通过承诺履诺、抽查自查、设置举报电话等，构建了全方位、多层次的监督管理体系，进一步筑牢了基金安全防线。2018 年共检查抽查定点医

疗机构 703 家次、定点零售药店 1066 家次，查处定点医疗机构 43 家（解除协议 1 家、暂停协议 1 家、提醒约谈 56 家次），拒付或追回医保费用 195.9 万元；查处定点药店 43 家（暂停协议 1 家、约谈 42 家）。

三是强化医保医师监督管理工作。对申请新增医保医师的定点医疗机构进行现场考核和积分管理，完成了 21224 人次的医保医师信息录入工作。

四是持续开展社会保险内控稽核和资产追偿。强化制度建设和日常管理，以“一点管控”为载体，把内控风险防范落实到各个环节，形成长效机制；认真做好资产追偿工作，全年共催缴欠费单位 1079 家，清理欠费 4.54 亿元。

五是持续做好养老保险待遇重复领取和死亡冒领清缴工作。在全市范围内集中开展养老金防冒领清理追缴专项行动，结合民政、公安部门提取数据和审计部门交办数据，对养老保险待遇发放情况进行集中核查，共排查出疑似重复领取和死亡冒领 10221 人，追缴率 99.96%，共计追回 1630.81 万元。

# 郑州市2018年工会工作报告

郑州市总工会

2018年，在市委和省总工会的正确领导下，全市各级工会深入贯彻习近平新时代中国特色社会主义思想、党的十九大精神以及习近平总书记关于工人阶级和工会工作的重要论述，紧紧围绕加快郑州国家中心城市建设，持续深化“四重点一稳定一保证”工作总格局，坚持稳中求进工作总基调、突出奋发有为总要求，务实创新，积极作为，确保了全年各项工作取得新的进展。

## 一、认真学习贯彻习近平新时代中国特色社会主义思想和党的十九大精神，着力做好新形势职工政治思想引领工作

全市各级工会以党的十九大精神为统揽，引导广大工会干部深入学习贯彻习近平新时代中国特色社会主义思想，强化“四个意识”，坚定“四个自信”，着力加强工会意识形态工作的领导权和主动权，坚决维护习近平总书记党中央的核心、全党的核心地位，坚决维护党中央权威和集中统一领导，在政治立场、政治方向、政治原则、政治道路上始终同以习近平同志为核心的党中央保持高度一致。持续深化职工大宣讲大教育活动，认真开展郑州职工“学习宣传十九大，劳模工匠带头讲”宣讲

活动，以“劳模工匠带头讲，职工群众有话说”宣讲形式，让职工群众听得懂、能领会、可落实，切实推动党的十九大精神入脑入心。全年，市总本级深入基层开展示范性宣讲活动13场，各级工会开展宣讲活动600余场。成功举办“中国梦·劳动美——学习贯彻习近平新时代中国特色社会主义思想和党的十九大精神”全市职工演讲比赛，微信活动页面点击量达10.3万次，视频点击量达7.2万次。进一步弘扬劳模精神、劳动精神、工匠精神，通过电台有声、电视有影、报纸有文、网络有载、长廊有图、公交有线等方式进行专题宣传报道，推出一批爱岗敬业、无私奉献，为全市经济社会发展做出突出贡献的先进典型。推动《郑州市文明行为促进条例》的贯彻实施，深化“文明郑州职工先行”等群众性精神文明创建活动。切实履行意识形态工作责任制，市总党组成员与劳模先进人物、创新创业领军人才等“结对子”，加强交流沟通，增进政治认同，实现正面发声。聚焦基层，服务职工，持续推动职工书屋建设，精心组织文艺演出下基层活动，使企业文化职工文化更加丰富多彩。



## 二、围绕市委巡察工作，进一步强化政治责任和政治担当，加强巡察反馈意见整改

市总党组把巡察整改与学习贯彻党的十九大精神紧密结合，与省委、市委的各项要求部署相结合，与省委巡视郑州的反馈意见相结合，始终坚持问题导向，强化责任落实，切实把巡察整改工作抓实抓紧抓好抓细。成立市总工会巡察整改工作领导小组，制定整改方案，专题部署巡察意见的整改落实工作。坚决落实巡察整改主体责任，做到旗帜鲜明、态度坚决、主动整改、带头整改、全面整改。党组书记切实履行第一责任人职责，对巡察反馈问题整改工作做到亲自过问、亲自研究、亲自部署、亲自督办。各党组成员严格按照“一岗双责”要求，对分管部门、二级机构的整改工作负具体领导责任，强化政治担当，切实带头对照检查，带头整改落实。各部门、各单位对照市委巡察反馈意见和市总党组整改落实方案，列问题清单、建整改台账、定落实措施、明确完成时限，做

到直面问题、立行立改、一改到底、改准改实改透。市总党组定期听取整改工作情况汇报，强化跟踪督办，强化执纪问责，坚决防止责任虚化、敷衍整改；坚持举一反三、标本兼治，在对巡察反馈的突出问题、重要问题进行专项治理的基础上，注重建章立制，用制度规范工作流程、堵塞漏洞，建立健全常态化长效化机制，固化整改成果，以巡视巡察整改成果推进工会工作全面上台阶。截至2018年年底，整改台账要求完成的50项整改任务中，43项具体整改任务已完成，7项整改任务正在积极推进。通过巡视巡察整改，建立完善了党组意识形态联席会议制度、市总党组履行全面从严治党主体责任清单制度、市总财务管理内控制度、基层工会资金管理制度、郑州市工会固定资产管理办法、机关因私出国（境）管理制度、机关公务车辆使用管理制度、机关考勤和请（休）假规定、党组成员联系基层党支部制度、“建会、普惠”工作推进制度、全市基层工会动态管理制度、市总机关财务管理制度等12项工作制度。



## 三、全面贯彻落实中国工会十七大、省工会十五大精神，精心筹备和成功召开郑州市工会第十四次代表大会

在市委和省总工会的正确领导下，积极做好筹备和召开郑州市工会第十四次代表大会，认真做好大会报告、大会选举、大会宣传等各项工作。12月4—6日，郑州市第十四次代表大会隆重召开，485名来自全市各行业的会员代表代表全市250多万工会会员出席大会。省委常委、市委书记马懿，省总工会党组书记、常务副主席寇武江，市领导焦豫汝、胡荃、马健、谷保中、周富强、杨福平、于东辉、牛卫国、赵新中、史占勇、吴晓君等出席大会开幕式。市委副书记、组织部部长焦豫汝，省总工会党组书记、常务副主席寇武江先后代表市委和省总工会致辞，共青团郑州市委书记张艳华代表全市各人民团体向大会致贺词。受大会邀请，市委副书记、市长王新伟在大会全体会议上向会员代表作全市经济形势报告。市政府副市长史占勇出席大会闭幕式并讲话。大会全面总结市工会第十三次代表大会以来的工会工作成就和经验，提出了新时代郑

州工会工作的总体要求、目标任务和重点工作部署，选举产生了市总工会新一届领导机构。在省工会十五大召开后，市总工会及时印发《关于学习宣传习近平总书记重要讲话精神和中国工会十七大　河南省工会十五大　郑州市工会十四大会议精神的实施方案》，明确全市各级工会要把学习好、宣传好、贯彻好习近平总书记在同全总新一届领导班子成员集体谈话时的重要讲话精神和中国工会十七大、省工会十五大、市工会十四大精神作为重要政治任务。各级工会通过党报党刊、主流新闻网站和新媒体平台向全社会大力宣传大会精神，切实用好工会传统媒体、网络媒体、“两微一端”，充分发挥文化宫、职工学校等宣传教育阵地和全市工会新媒体矩阵作用，营造了全媒体宣传声势；通过工会领导带头宣讲、代表委员示范宣讲、工会干部普遍宣讲等形式，向广大职工群众进行宣讲，使大会精神进企业、进车间、进班组、进职工头脑，把广大职工群众的思想和认识统一到党中央的决策部署和对工会工作的重要指示精神上来，把智慧和力量凝聚到贯彻落实大会确定的目标任务上来。

## 四、聚焦郑州高质量发展目标，组织动员广大职工为打赢三大攻坚战、全面加快国家中心城市建设做贡献

牢牢把握新时代工人运动主题，组织动员广大职工弘扬主人翁精神，争做新时代的奋斗者，在高质量建设郑州国家中心城市建设进程中建功立业。围绕推进新型城镇化，深入开展“当好主人翁、建功新时代”主题劳动和技能竞赛，激励广大职工学技术、练本领、强素质，比贡献、创一流、促发展。在全市重点工程，尤其是在畅通郑州工程、重点片区开发等项目建设中持续做好“五比一创”劳动竞赛活动，极大调动项目参建单位建设热情，为推动重点项目年度目标完成，工业与高技术项目投资进度加快等重大工作落实，注入活力，发挥导向示范作用；围绕培育现代产业体系，聚焦主导产业和实体经济，积极筹备举办郑州市第十五届职工技术运动会，着力提升竞赛的技术含量和参与率，在项目工种

设置、参赛职工群体上向产业结构调整企业倾斜，设置竞赛工种（项目）130项，涉及工业、交通、能源、建设、商贸、旅游、电力、教育、卫生、金融等40余个行业和领域，参与岗位练兵、竞赛选拔的职工达32万人次；围绕开放创新双驱动，充分发挥职工创新实践的主体性，以劳模和工匠人才创新工作室为引领，持续做好“郑州大工匠”培养选树工作，总结推广绝招绝技和先进操作法，开展职工创新成果评选、展示、交流活动，弘扬诚实守信、精益求精的工匠精神。积极推动就业培训、就业服务和创业培训工作，大力实施职工创新创业行动，进一步激发职工“双创”活力；围绕污染防治和生态建设，牢树“绿水青山就是金山银山”理念，坚持“大生态、大环保、大格局、大统筹”原则，持续在全市重点企业中开展“三比两降”节能减排竞赛活动，全市2413家企业，近40万名职工群众积极踊跃参赛，有效动员和激励广大职工群众在打赢打好生态保护环境治理攻坚战中当先锋、做表率。认真做好全市劳模、五一劳动奖推荐评选工作，在郑州市劳动模范评选表彰工作中，坚持受表彰人员向一线职工、专业技术人员倾斜，评选推荐342名郑州市企业劳动模范参加全市表彰；组织召开庆祝“五一”国际劳动节暨学习贯彻党的十九大精神宣讲活动，对全市38个单位、252名个人进行“五一”表彰，推荐的全国、省级37个五一劳动奖状（奖章）、工人先锋号均受到表彰，向全国和省、市级劳模发放救助金、慰问金404万元，劳模的管理服务水平不断提高。

## 五、突出维护社会稳定大局，积极构建和谐劳动关系，维护职工合法权益

制定印发《关于深入基层加强调查研究工作的意见》，对全市工会深入基层加强调查研究密切与职工群众联系进行安排部署和工作规范，进一步了解掌握职工队伍状况，为做好工会维权服务工作提供依据。推动落实工会基层调研联系点制度，市总领导班子成员、机关各部门、各产业对口确定了57个基层调研联系点，全年，市总机关、产业工会工作干

部共深入基层开展调查研究、指导工作270次、736人次。积极推动普法宣传工作，引导职工依法理性有序表达诉求。通过开展各类法律宣传活动，接待职工法律咨询服务2000余人次，开展以“尊崇宪法、学习宪法、维护宪法”和“弘扬法治精神、共建美好生活”为主题的职工网上法律知识竞赛活动，参与职工8万余人次。持续做好郑州市职工法律援助律师团队伍建设，建立工会法律援助服务机制，无偿为广大职工提供优质法律援助服务368起，服务职工群众406人次。推动完善政府、工会、企业共同参与的协商协调机制，持续深化推进劳动关系和谐企业创建活动，评选出50家全市最佳雇主单位进行表彰。扎实开展行业（区域）集体协商，注重提升协商实效，推动完善企业工资决定、正常增长和支付保障机制，全市建立企业工资集体协商制度，签订工资集体合同企业44284家。深化“公开解难题、民主促发展”主题活动和厂务公开民主管理示范单位创建活动，全面落实职工代表“十项制度”，持续提升企业民主管理规范化水平。全市各级工会围绕我市共建共治共享社会治理格局，积极做好系统平安建设和综合治理工作，加强系统“平安细胞”工程建设，充分发挥职工信访及“12351”职工维权热线平台作用，及时做好信访稳定工作。2018年，市总本级共接待调处职工群众来信、来访、来电496起，涉及职工668人次。认真落实农民工欠薪报告制度，加强农民工网络舆情动态监控，强化部门联动维权，配合政府职能部门开展农民工工资支付情况专项检查和工资支付巡查督查，做到早发现、早介入、早控制、早解决。2018年，会同有关单位责令支付农民工工资及赔偿金21170万元。积极做好职业病防治工作，深入开展安全生产隐患排查治理活动，努力保障职工劳动安全、生命健康权益。深入实施女职工关爱行动，切实维护女职工合法权益和特殊利益。

## 六、扎实做好帮扶服务工作，不断增强职工群众的获得感幸福感安全感

坚持以职工为中心的工作导向，把广大职工对美好生活的向往作

为工会组织的使命担当。按照“信息化、社会化、实名制、项目制、普惠制、广覆盖”要求，搭乘“互联网+”快车，通过工会会员卡集成更多更实惠的服务项目，以线上服务为引领，拓展集职工信访、维权帮扶、技能培训、互助保障、婚恋服务等多功能为一体的多层次、全方位、一站式服务平台。截至年底，全市各级工会共录入数据库基层工会信息 7942 家，工会会员信息录入 157.58 万人，办理工会卡 126.28 万张，洽谈优惠商家 1639 家。五元观影、购书补贴、绿色出行、技能提升奖励、返郑交通补助、生日祝福礼包等会员普惠活动持续推进，覆盖面进一步扩大。其中，开展“职工坐公交　工会来补贴”活动 10 次，引导职工绿色出行，全年累计参与工会会员 13.68 万人次。扎实做好精准脱贫攻坚，全面加强市总驻村工作队工作，提升脱贫工作质量，确保把帮扶工作做实做细，落到实处、见到实效。着力抓好困难职工解困脱困工作，按照情况精准、措施精准、程序精准、效果精准思路，积极协助党政着力解决困难职工的实际困难，大力实施劳模助力脱贫攻坚“6+1”行动（技能扶贫、产业扶贫、项目扶贫、就业扶贫、结对扶贫、智力扶贫和先进集体扶贫），充分发挥劳模先进人物的示范引领作用，全市 307 名劳模、五一劳动奖获得者活跃在脱贫攻坚一线，帮扶 2081 人。积极探索延伸服务触角、温暖户外劳动者新举措，全市建立“工会职工服务点”417 个，实现了服务点建设运营“四个到位”“三个结合”。持续开展“春送岗位、夏送清凉、金秋助学、冬送温暖”等品牌帮扶活动，“春风行动”组织专场招聘会 16 场，提供免费服务 33292 人次，成功介绍农村劳动者就业 8071 人；“金秋助学”筹集助学资金 344.4 万元，发放助学款 275.85 万元，资助 1248 名困难职工子女顺利入学，其中资助困难农民工子女 330 名；元旦春节期间，筹集慰问款物总额 1213 万元，走访困难企业 183 家，慰问困难职工、困难劳模 8582 户；提供就业技能培训 2064 人次，帮助 8928 人实现创业或就业。开展职工互助保障活动，为 897 名遭受意外伤害、患重大疾病的会员办理赔付，赔付金额共计 312.8 万元。

## 七、切实加强自身建设和推进工会改革，不断增强工会组织的吸引力凝聚力

持续扩大工会组织和工会工作有效覆盖，主动适应经济社会发展、企业组织形式和职工就业方式的新变化，以“党建与工建、组建与规范、提高与创新”为思路，按照“抓重点、补短板、强弱项”工作要求，着力推进非公企业、社会组织工会组建工作，大力加强区域（行业）工会联合会和联合基层工会建设，不断扩大对中小微企业的组织覆盖。以开展“物流货运司机入会集中行动”为牵引，大力推进货车司机、快递员、护工护理员、家政服务员、商场信息员、网约送餐员、房产中介员、保安员等群体入会，推动农民工入会工作实现新提升。截至目前，全市基层工会 32002 家，涵盖单位 44227 家，会员 2505098 人，其中新建工会组织 820 家，新发展会员 55029 人。深入开展基层工会规范化建设，着力规范基层工会选举工作，进一步完善会员（代表）大会制度，坚持不懈推动职工之家建设。创新工作模式，通过项目招聘、购买服务、聘用社会化工会工作者等形式，充实基层力量。加强工会干部教育培训，引导广大工会干部特别是领导干部增强“八个本领”。全年，市总本级共举办培训班 53 期，参加培训学员 2822 人。认真贯彻落实中央、省委、市委党的群团工作会议精神，按照市委和省总工会统一部署，坚持增“三性”、去“四化”，着力改革工会的组织体制、管理模式、运行机制和活动方式，全市工会改革稳步推进，改革成果逐步向基层延伸。全市各级工会充分利用党委政府赋予的资源和手段，通过调研督导民生实事、参与城市精细化管理督导和大气污染治理督导、开展职工志愿服务活动等渠道和形式，积极推动社会建设和社会治理创新。

## 八、全面加强工会党的建设，以党的建设高质量推动工会工作高质量

严肃党内政治生活若干准则和党内监督条例等党纪党规，切实把纪

律和规矩挺在前面，把全面从严治党要求落实到工会工作的方方面面，推动全面从严治党不断向纵深发展。牢固树立“抓好党建是最大政绩”理念，召开2018年市总工会党的工作会议暨党风廉政建设工作会议，全面谋划部署新时代工会党的建设工作。准确把握“意识形态工作是党的一项极其重要的工作”深刻内涵，调整加强市总党组意识形态工作领导小组，明确党组意识形态工作责任制考核体系主要指标责任分工方案。机关党建工作全面推进，以“党建提升年”活动为统揽，积极开展支部星级评定和党员积分化管理。健全机关党建工作责任制，按照机关党的工作要点内容，市总党组与机关支部签订党建工作目标责任书。党员教育管理全面加强，始终坚持全覆盖、常态化、重创新、求实效，学做结合，依托党组理论学习中心组学习、党支部“三会一课”等基本制度，将党员学习教育融入日常、抓在经常。切实履行全面从严治党主体责任，不断加强党的思想建设、组织建设、作风建设、反腐倡廉建设和制度建设。持续巩固作风建设成果，严格执行中央八项规定及实施细则和省委省政府、市委市政府细则精神实施办法，持续做好纠“四风”防反弹工作。

# 郑州市2018年残疾人事业工作报告

郑州市残疾人联合会



党中央、国务院历来十分关心残疾人，高度重视残疾人事业。习近平总书记指出，残疾人是一个特殊困难的群体，需要格外关心、格外关注。让广大残疾人安居乐业、衣食无忧，过上幸福美好的生活，是我们党全心全意为人民服务宗旨的重要体现，是我国社会主义制度的必然要求。习近平总书记关于残疾人事业的重要论述，为新时代中国特色残疾人事业发展指明了前进方向，提供了根本遵循，是做好残疾人工作的思想指引和行动指南。

我市有52万残疾人，持有残疾人证的有15.4万人。2018年，在市委市政府的坚强领导下，全市各级残联组织坚持以习近平新时代中国特色社会主义思想为指导，深入贯彻落实党的十九大精神，不忘初心、牢记使命，努力推动我市残疾人工作深入开展，残疾人社会保障更加有力，残疾人基本公共服务水平明显提升，我市残疾人事业迈上一个新台阶。

## 一、重要工作任务圆满完成

（一）成功召开市残联第五次代表大会。市残联按照省委组织部、省残联《关于河南省各级残疾人联合会换届工作的指导意见》要求，加强领导，制订方案，认真筹备，周密组织，于2018年12月召开市残联第五次代表大会，圆满完成市残联换届任务。省委常委、市委书记马懿出席大会开幕式，省残联党组书记、理事长王丽出席大会开幕式并讲话，市委副书记、组织部长焦豫汝作重要讲话，对做好新时代残疾人工作提出明确要求。高新区残联因不到换届时间外，各县（市）区、开发区适时召开代表大会，完成了换届工作和建立了残联组织，同时指导乡镇（街道）配齐配强残联理事长，村（社区）普遍建立残疾人协会，为残疾人工作落实到基层奠定了组织基础。

（二）民生实事全面落实。经市残联建议、争取，市政府将为有需求的残疾人免费配备辅助器具和为视力、听力、言语残疾人发放通讯消费补贴列入 2018 年度民生实事。全市共有 18926 名符合条件的残疾人申领到了每人每月 30 元的通信消费补贴，市县两级共投入资金 681 万元；全市为残疾人免费配备辅助器具 10600 件（例），其中假肢 600 例，市县两级共投入资金 1399 万元，惠及 10569 名残疾人。

（三）贫困残疾人脱贫攻坚扎实推进。坚持把精准脱贫作为一项重大政治任务，按照残疾人脱贫“两不愁、三保障、两扩面”的基本要求，科学制订方案，落实精准措施，出台了《2018 年助力贫困残疾人脱贫攻坚实施方案》《着力解决因残致贫家庭突出困难的实施方案》，积极配合将符合条件的农村贫困残疾人纳入建档立卡范围，切实抓好残疾人证办理、惠残政策措施落实、基本康复服务、家庭无障碍改造等工作，认真履行残联组织在脱贫攻坚中的专项责任。通过各方面的共同努力，2018 年全市有 4877 名农村贫困残疾人纳入建档立卡范围，4163 名农村贫困残疾人实现了脱贫。2018 年 6 月市残联、中牟县残联被市委、市政府评为脱贫攻坚“先进集体”。同时，切实做好对口帮扶卢氏县脱贫攻坚工作。

（四）实施斯达克“世界从此欢声笑语”（河南郑州）项目。市残联协调专项经费 300 万元，用于整个项目的实施。在项目推进过程中，市、县残联密切协作、周密组织，细致细心做好人员培训、信息发布、患者筛查、耳模取样、集中验配各个环节的工作，圆满完成了 2786 名听障患者适配助听器 5342 台的工作任务。整个工作受到美国捐助方、北京承接方和省济困总会、省残联以及受益人员的高度赞誉，充分展示了郑州市残联系统敢打硬仗、能打硬仗的良好精神风貌。省残联专门就此项工作给予我们发通报表扬。

## 二、残疾人救助帮扶政策全面落实

（一）困难残疾人生活补贴和重度残疾人护理补贴。配合民政、财政等部门，全面落实“两项补贴”制度。从 2018 年 1 月起，采取社会化发放形式按月发放，2018 年全年下拨市县两级资金 6120 万元，救助符合条件的残疾人 50598 人次。当前，我市的两项补贴标准在全省各省辖市中仍为最高。

（二）重度残疾人和精神、智力三级残疾人特殊生活补贴。认真落实市政府将丧失劳动能力的重度残疾人和无行为能力的智力、精神三级残疾人列为重点优扶对象，参照当地城乡低保标准给予特殊生活补贴，2018 年为全市符合条件的 43641 名残疾人发放特殊生活补贴共计 2.4 亿元。

（三）“三无”残疾人生活救助。按照每人每月 300 元的标准，2018 年为全市 947 名“三无”残疾人（无劳动能力、无固定收入、无法定抚养人或赡养人）发放生活补贴 340 万元。

（四）低保家庭精神病患者医疗救助。按照每人每年 1200 元的补贴标准，2018 年投入资金 183.15 万元，为全市 1796 名低保家庭精神病患者提供服药补贴。在此基础上，部分县（市）区还出台本地救助政策，为患者提供住院、服药等康复救助。

（五）免费办理残疾人证。继续实行残疾评定费用和残疾人证工本费用免费措施。同时，各县（市）区、开发区残联强化服务意识，加大惠残政策宣传，优化办证程序，采取上门办证、电话预约等便民方式，探索、推进“一网通办”新途径，方便办证，提高办证效率。2018 年全年投入办证资金 180 万元，新办理残疾人证 11919 件。全市持证残疾人共有 154694 人，残疾人持证率达到 29.7％。

（六）贫困残疾人家庭无障碍改造。2018 年全年投入资金 181 万元，为 632 户贫困残疾人家庭进行无障碍改造。

（七）残疾人照料、托养救助。落实残疾人机构托养、日间照料、居家托养补助措施，出台《郑州市阳光家园计划实施方案》，2018 年全年各级投入资金 370 万元，机构托养、日间照料、居家托养残疾人共计 2167 人次。

## 三、残疾人基本公共服务水平持续提升

（一）全面开展残疾人康复服务和残疾预防。2018 年全市 61505 名有康复需求的残疾人得到了康复服务，康复服务率 90.45%，其中 13042 名残疾人得到辅助器具适配服务，服务率 87.43%。继续实施 0～14 岁残疾儿童康复救助，在省拨经费基础上，2018 年市县两级财政投入康复资金 1144.7 万元，为 1227 名残疾儿童提供康复救助，其中 0～6 岁残疾儿童 661 名。联合卫生健康、财政等部门，投入市级财政资金 100 万元，按照每签约 1 名残疾人、医生再补助 10 元的标准，切实落实残疾人家庭医生签约服务工作，全市签约率达到 83.7%。在二七区举办了省会城市残疾预防日宣传活动。配合有关部门，开展出生缺陷、疾病预防、伤害预防等方面工作。做好市人大视察并报告残疾预防和残疾人康复服务工作。

（二）协助做好残疾人教育。配合教育部门对未入学适龄残疾儿童进行调查统计，通过随班就读、特殊教育学校就读、送教上门等形式，努力做好适龄残疾儿童少年的学习教育工作。对 2018 年度普通高招残疾考生进行基本情况调查，协助做好残疾考生考试、录取等服务工作。通过彩票公益金等助学项目，为 42 名贫困残疾大学生提供资助 36 万元。

（三）积极促进残疾人就业创业。开展农村残疾人实用技术培训，举办残疾人云客服、手工艺术品制作培训班。结合市场需求和残疾人特点，切实抓好经常性残疾人职业技能培训。2018 年，全市培训残疾人 6091 人，培训后 4761 名残疾人实现就业创业。加大按比例安排残疾人就业工作力度，积极推行“一网通办”，全市共计审核用人单位 64938 家，基本实现了应审尽审，按比例安排残疾人就业工作取得新的突破。加强残疾

人就业创业帮扶，推动残疾人集中就业、居家就业、社区就业、基地就业和自主创业。举办郑州市2018年度残疾人职业技能选拔赛，选拔18个项目33名选手参加省第六届残疾人职业技能竞赛，取得了全省团体第三的好成绩。

（四）持续推动残疾人文化体育。在郑州电视台新闻综合频道开播郑州新闻手语节目。在图书馆设立盲人阅览室。开展残疾人文化进家庭进社区“五个一”活动，组织各类别残疾人观看电影、参观游览、读书演讲等活动。举办郑州市第六届残疾人运动会，参加全省第七届残疾人运动会并取得25枚金牌、10枚银牌的良好成绩。组织特奥运动员及家长座谈会，推动“自强健身示范点”建设。实施康复体育关爱家庭计划，为120户重度残疾人家庭配发体育康复器材。组织开展全国助残日、国际残疾人日等活动，营造关心关爱残疾人的良好氛围。

（五）切实维护残疾人合法权益。开展宪法学习宣传活动，加强“一法一办法”等法律法规普法宣传。发挥12345市长热线作用，及时办理交办事项。重视残疾人信访工作，2018年全年共处理来电来信来访1200余人次（件）；充分发挥残疾人法律援助站作用，为500多名残疾人提供法律咨询服务，100多名残疾人得到了法律援助。为969名残疾人发放机动轮椅车燃油补贴。为1.8万名城区残疾人免费年审和办理绿城通关爱卡，并由市财政资金购买残疾人团体交通人身意外保险。

（六）残疾人动态更新工作顺利开展。认真落实残疾人动态更新工作常态化要求，切实抓好信息采集员专项培训，扎实做好调查和录入工作，移动终端App录入比例达到55%以上，圆满完成15万多名残疾人基本服务状况和需求信息数据动态更新任务。

# Ⅲ

# 调研报告

# 郑州建设国家中心城市存在的问题及对策建议

郑州市人大常委会研究室

2016 年底，国务院批复《促进中部地区崛起“十三五”规划》和《中原城市群发展规划》，明确提出支持郑州建设国家中心城市；2017 年 6 月 5 日，省委、省政府印发《河南省建设中原城市群实施方案》，提出“要把郑州国家中心城市建设作为首要突破口”。8 月 14 日，郑州市委十一届四次全会对建设国家中心城市做了全面动员部署，进一步明确了总体思路、发展定位和阶段目标，确定了十个方面的重大任务、九大支撑性工程、六大基础性工作，全面开启了郑州城市发展的新征程。

郑州市人大常委会立足人大职能，紧紧围绕建设国家中心城市这一全市中心工作谋划开展人大工作，认真组织调研组前往武汉、重庆等地学习考察，结合郑州当前发展实际，深入分析郑州建设国家中心城市的优势和短板，借鉴外地先进经验，提出意见建议，并形成调研报告，提交市委决策参考。

## 一、郑州建设国家中心城市的优势

郑州是华夏文明重要发祥地之一，是中华文明中心区，是历史上的著名商埠。作为省会城市，60多年来不断发展，赢得了国内外广泛关注和认可。近年来，郑州更是以高标准、超常规、跨越式的发展，在国家中心城市的角逐中，展露出越来越强的优势和实力。就目前来看，郑州的比较优势在中部地区甚至是全国范围内，都表现突出。

（一）优越的区位和交通条件。郑州地处中国地理中心，是全国重要的铁路、航空、高速公路、电力、邮政电信主枢纽城市，是全国普通铁路和高速铁路网中唯一的“双十字”中心城市。随着郑州至合肥、太原、济南、万州高速铁路客运专线的建设，未来将形成以郑州为中心的全国“米字形”高速铁路网。目前，郑州新郑国际机场开通国内外客货航线185条，其中货运航线34条，国际货运航线28条，郑州航空港实验区建设快速推进，以航空经济为核心，全力打造“航空＋高铁＋城际铁路＋地铁＋公路”多式联运综合交通枢纽，内陆国际航空物流枢纽地位初步确立，郑州的交通物流优势更加凸显。

（二）丰富的人力资源。郑州地处中原，人口众多，劳动力资源丰富。2016年底，全市总人口为972.4万人，比上年增长1.6%；从业人员589.9万人，比上年增长5.9%，其中城镇从业人员353.4万人，全年城镇新增就业人员14.9万人，农村劳动力转移就业9.5万人。郑州拥有强大的“吸人”能力。根据35个城市的人口流入统计数据，从2009年到2014年，郑州流入人口排名位居全国第七位、中西部第一位，是中部地区最具吸引力的城市。

（三）厚重的历史文化底蕴。郑州是全国著名的历史文化名城，是中国八大古都之一和世界历史都市联盟成员。全市拥有商城遗址、裴李岗遗址、北宋皇陵、轩辕黄帝故里、杜甫故里等历史名胜古迹8651处，其中，5A级景区1处，4A级景区7处，世界文化遗产2处，国家级重点文物保护单位74处80项，文物数量和规模居全国城市前列。

（四）雄厚的城市基础。郑州有建设国家中心城市的人口基础和产业基础。河南是人口第一大省，上亿人的庞大基数使郑州建设国家中心城市有充足的人口基础。综合预测，2050年郑州人口规模约为1550万。郑州依托雄厚的工业发展基础，实施高端制造业发展战略，汽车及装备制造业、电子信息工业等工业主导产业和航空港建设为郑州建设国家中心城市形成了稳固的产业基础。同时，国家新型城镇化规划明确将中原城市群列为国家重点培育发展的中西部地区三大跨省级城市群之一。郑州是河南省乃至中部地区承接中国东部地区产业转移、西部资源输出的枢纽和核心区域，其参与国内外竞争、促进中部崛起、辐射带动中西部地区发展的核心优势，构成了将郑州建设成为国家中心城市的区位优势和发展空间。

（五）有力的政策支持。国家高度重视、积极支持郑州发展。中原经济区、航空港经济综合实验区、“一带一路”、自主创新示范区、自贸区等国家战略的落地，在郑州形成了十分显著的多重政策叠加优势，这些政策叠加优势为郑州发挥“区域＋枢纽”的比较优势，聚集更多优质资源要素，提升中心城市地位和作用提供了难得的历史机遇。随着国家“一带一路”倡议和中部崛起新十年规划的实施，郑州的区位优势、交通优势、市场优势、资源优势、人文优势将会更加凸显。

（六）巨大的战略支撑作用。郑州地处国家“两横三纵”城市化战略格局中陆桥通道和京广通道的交会处，是全国重要的综合交通枢纽，在连接东西、贯通南北中发挥着重要作用。2014 年 5 月，习近平总书记视察郑州时指出“要把郑州建成连通境内外、辐射东中西的物流通道枢纽，为丝绸之路经济带建设多作贡献”。郑州是新亚欧大陆桥经济走廊上体量最大、经济实力最强的城市。推动郑州建设国家中心城市，可以进一步提升郑州的综合交通枢纽地位和综合服务功能，加快建成连通全球的国际物流中心，能够更好地带动区域经济社会发展，为国家战略发展大局作出贡献；可以进一步加快郑州和中原城市群的发展，带动大量人口就地城镇化，推动国家区域均衡发展。

## 二、郑州建设国家中心城市存在的短板和问题

通过实地考察调研，查阅相关资料，对比重庆、成都、武汉等其他国家中心城市以及西安、南京、杭州等区域重要城市，郑州在以下六个

方面存在着短板和问题：

（一）经济发展体量小。对照建设国家中心城市和发挥首位城市作用要求，郑州在经济总量上短板明显。目前全国超过万亿的城市已达12个，而郑州经济总量不到天津、重庆的50%，仅是武汉、成都的70%。经济总量占全省的比重仅为20%左右，居全国省会城市第22位，低于武汉（37%）、成都（36%）、西安（32%）、沈阳（25.3%）、杭州（23.4%）。

（二）产业竞争力不强。郑州工业大而不强，传统资源型产业占工业的比重仍在40%左右，大型龙头企业较少，先进制造业支撑和现代服务业主导作用还有待提高。虽然第三产业占GDP比重达到50.7%，居35个大中城市第22位、省会城市第17位，而杭州、西安均为61.2%，南京58.4%、成都53.1%、武汉52.8%。

（三）城市承载力不足。基础设施和公共服务设施建设严重滞后于城市发展，城市面积、人口和密度、市区路网密度等指标，与武汉、重庆等中西部内陆城市相比都有较大差距。

（四）科教创新基础薄弱。国家及部属重点院校和高层次科研机构较少，没有一所985院校，在校生数量和武汉不相上下，但研究生数量不足武汉的十分之一。专利申请量为2.6万件，仅为成都（7.8万件）的三分之一，不足西安（6.1万件）的二分之一。科技研发经费支出占比为1.6%，低于全国平均水平（2.1%），居全国35个大中城市第26位、省会城市第20位。

（五）国际化程度低。武汉已有5家领事馆，成都更是达到了16家，而郑州尚无一家。在郑州的全球500强企业数量（63家）只有武汉（246家）的四分之一。全市全年接待国际游客人数（47.3万）是西安的四分之一、成都的六分之一。郑州国际友好城市数量（16个）也低于武汉（24个）和成都（33个）。

（六）环境资源约束突出。城市发展空间小，约为成都（14312平方公里）一半，环境容量趋于饱和，人均水资源占有量不足全国平均水平的十分之一，空气质量在全国74个城市排名靠后，生态建设相对滞后，生态环境承载能力薄弱。

## 三、郑州加快建设国家中心城市的具体对策

实地考察调研发现，武汉、重庆等中央已明确支持建设国家中心城市的地区，当地党委政府在国家中心城市建设上思路明晰、定位精准、进展迅速，当地人大及其常委会围绕国家中心城市建设也做了大量富有成效的工作，在许多方面都需要郑州借鉴和学习。围绕郑州市委《关于加快国家中心城市建设的意见》中明确提出的郑州建设国家中心城市六个定位和三个阶段发展目标，结合当前城市发展现状和人大工作实际，提出以下意见建议。

（一）尽快编制郑州国家中心城市建设行动纲要。市委十一届四次全会出台的《关于加快国家中心城市建设的意见》，明确了郑州建设国家中心城市的大方向、大原则、大思路，为开展相关工作提供了根本遵循。对于具体建设指标、具体工程、具体项目，则由市政府编制《郑州国家中心城市建设行动纲要》进行系统详细地阐述。市人大常委会也将根据行动纲要作出关于加快国家中心城市建设的决议。建议市政府认真贯彻落实市委十一届四次全会精神，充分借鉴外地市经验做法，加快相关文件制订进程，将郑州国家中心城市建设各项决策部署落到实处。

（二）积极推动郑州争取副省级城市经济社会管理权限。目前中央已确定的国家中心城市和舆论呼声较高的国家中心城市备选城市中，只有郑州不属于副省级城市，客观上不利于郑州加快体制机制改革和经济社会创新转型进度。建议市委等有关方面积极向省委乃至中央请示，争取赋予郑州全部或部分副省级城市管理权限。一是将省级在项目审批、规划、土地、环评等方面的部分权限下放或委托郑州市行使。二是支持郑州在体制机制改革创新方面先行先试，赋予郑州与其他国家中心城市同样的自主权。三是赋予国家中心城市更大的立法空间，以满足事权所对应的立法要求。

（三）建立完善郑州加快国家中心城市建设工作机制。建议郑州市委

成立郑州国家中心城市建设领导小组，研究协调和推动解决重大问题，建立完善“省指导、市为主、省市配合联动”的郑州国家中心城市建设工作机制。一是学习武汉经验，从 2017 年开始，每年公开发布国家中心城市建设发展报告，总结谋划相关工作，优化建设规划和目标，为社会各界了解、支持和参与国家中心城市建设提供便利。二是学习武汉、重庆等城市经验，加大国家中心城市建设宣传力度，充分利用过街天桥、施工围挡、商业区 LED 显示屏等载体，通过开展国家中心城市建设大讨论活动等形式，营造浓厚宣传氛围，号召全市人民为国家中心城市建设团结奋进，贡献力量。同时，建议市委请求省委也成立建设郑州国家中心城市工作小组，站在全省高度对郑州国家中心城市建设进行统筹谋划，统一指导。

（四）加快郑州先进制造业集群发展和国际性综合交通枢纽建设。建设国家中心城市，必须明确定位，突出优势。郑州建设国家中心城市的优势主要体现在区位交通和先进制造业上。一是要积极支持郑州创建中国制造 2025 城市试点，进一步确立郑州大客车、盾构机等在国内乃至国际上的领先地位。二是要提升郑州航空枢纽能级，强化郑州铁路枢纽在全国铁路网的作用和地位。市人大及其常委会要充分发挥职能作用，运用听取专项工作报告、专题询问、专项工作评议等方式，对郑州国家自主创新示范区规划和建设、中国（河南）自贸区郑州片区建设、先进制造业发展和工业结构调整等情况进行监督，助推我市先进制造业和交通枢纽建设快速发展，提质增效。

（五）充分发挥人大及其常委会、各级人大代表职能作用，支持保障国家中心城市建设各项工作。全市各级人大及其常委会按照“围绕中心、突出重点、履职尽责、奋发有为”的要求，自觉把人大工作纳入国家中心城市建设大局中谋划推进，努力成为全面担负起宪法法律赋予的各项职责的工作机关。一是加强党对立法工作的领导，从郑州国家中心城市建设的实践和需要出发，坚持科学立法、民主立法，创新立法体制机制，探索开展创制性立法，发挥立法对国家中心城市建设的引领和推动作用。二是突出监督重点，适时组织对国家中心城市建设情况的监督，寓支持于监督之中。强化监督实效，不断完善专题询问、专项工作评议等工作机制，促进中央、省委、市委各项决策部署落到实处。三是加强重大事项决定工作，认真组织实施郑州市委关于健全人大讨论决定重大事项制度、各级政府重大决策出台前向本级人大报告的实施意见，选准国家中心城市建设中具有根本性、全局性以及群众重大关切，社会普遍关注的重大事项，适时作出决议决定，善于使党的主张通过法定程序成为人民群众的共同意志和自觉行动。四是创新代表工作，鼓励人大代表积极投身、全力支持郑州国家中心城市建设，充分发挥参与决策、监督协助、桥梁纽带和模范带头作用，打造同人民群众保持密切联系的代表机关。

# 建设智慧旅游城市　展示中原文化底蕴

郑州市政协港澳台侨和外事委员会　拜祖大典组委会办公室

加快"智慧旅游"体系建设和推动我市丰厚文化资源与旅游业融合发展，尽快形成并不断提升我市"智慧旅游＋文化"发展格局，是郑州全面贯彻落实党的十九大精神和省委、省政府相关部署，彰显文化自信，加快产业升级、强化民生改善，高质量建设国家中心城市，为实现中原更加出彩作出应有贡献的必然命题。当前，我市这方面工作有成绩，也有发展空间。现将调研的有关情况和建议报告如下。

## 一、推进智慧旅游城市建设和文化与旅游融合发展是实现让中原更加出彩的迫切需要

（一）推进智慧旅游城市建设和文化与旅游融合发展是国家和省市的明确要求。《国务院关于印发"十三五"旅游业发展规划的通知》明确提出，要大力推动旅游科技创新，打造旅游发展科技引擎，实施"互联网＋旅游"创新创业行动计划。2015 年，原国家旅游局专门下发了《关于实施"旅游＋互联网"行动计划的通知》，对旅游业各领域网络化、智能化、协同化作出明确安排，持续在全国推进智慧旅游城市和景区试点等专项工作。与此同时，国家积极推进文化与旅游融合发展工作。2017 年 1 月，中共中央办公厅、国务院办公厅印发的《关于实施中华优秀传统

文化传承发展工程的意见》中明确要求“大力发展文化旅游，充分利用历史文化资源优势，规划设计推出一批专题研学旅游线路，引导游客在文化旅游中感知中华文化”。国家新一轮的机构改革，为推动文化和旅游融合发展，将文化部、国家旅游局职责整合，组建了文化和旅游部。河南省和郑州市对智慧旅游和文化与旅游融合发展工作也多次安排部署。

（二）推进智慧旅游城市建设和文化与旅游融合发展工作是郑州建设高质量国家中心城市的迫切需要。2018 年 7 月 3 日，市委常委（扩大）会明确提出“以党的建设高质量推动国家中心城市建设高质量，为中原更加出彩做出省会应有贡献”的号召，明确提出要围绕“善政、惠民、兴业”的建设方向，加快新型智慧城市建设，提高城市发展水平。我市是旅游资源、文化资源，旅游产业、文化产业大市，是国家全域旅游示范区创建单位和智慧城市试点城市，是华夏历史文明传承创新中心。近年来，旅游经济发展强劲，增速持续保持年均 10%以上，2017 年，郑州全市接待游客突破 1 亿多人次，接待入境游客突破 50 多万人次，旅游总收入 1195 亿元。2018 年上半年，接待国内游客 5650 万人次，入境游客 26.7 万人次，实现旅游总收入约 680 亿元，增速均明显超过去年同期。在文化建设方面，我市明确提出要进一步挖掘商都文化、少林文化、嵩山文化、黄帝文化、黄河文化、革命传统文化等资源，建设“国际文化大都市和世界华人共同精神家园”。高质量建设国家中心城市，树牢以人民为中心的发展思想和新发展理念，为郑州加快实施高质量的“智慧旅游＋文化”发展提出了新的课题和迫切的要求。

## 二、郑州推进智慧旅游城市建设和文化与旅游融合发展的成效与不足

（一）智慧旅游城市建设的成效。

（1）健全组织领导，完成顶层设计。市政府成立了郑州市智慧旅游城市建设领导小组和专家咨询委员会，制定了《关于加快智慧旅游城市建设的实施意见》，审议通过了《郑州市智慧旅游城市建设总体规划

(2014—2018)》。明确提出要在2018年，建成基础设施能级跃升、公共服务动态智能、旅游管理主动响应、行业系统整合应用、旅游产业融合发展的国际先进、国内领先的智慧旅游城市。

(2) 科学谋划项目，提升平台建设。一是着手建设了“郑州智慧旅游产业运行监测与公共服务平台”项目。该项目是我市智慧旅游城市建设的基础性、枢纽型、示范性重点工程，由旅游产业运行监测系统、旅游行业管理系统、游客移动服务系统等3个综合应用系统构成，目前正在紧张施工推进，计划近期上线试运行。二是依托市政府“政务服务云平台”，着力构建“小政府、大服务”的政务服务格局。三是开通了新版郑州市旅游局官方网站，提升了旅游公共服务平台应用水平。四是积极引导景区、饭店、旅行社等单位加快对信息技术的应用，大部分企业的网站、微信、手机移动客户端投入运行，全市旅游企业信息化基础设施建设基本达标。五是建成旅游网络新媒体营销公共服务平台。市旅游局的新浪、腾讯、人民网官方微博全部开通，官方微信上线试运行，并与官方网站、官方微博的信息和数据实时联动，同时，加入中国旅游城市新媒体营销联盟，可共享国内72个重要旅游城市的宣传营销资源。

(3) 智慧旅游行业应用稳步推进。一是加快智慧景区建设。少林景区大数据监控分析系统投入运行，方特景区大数据精准营销管理系统、运营监测与应急响应智能管理平台均运行良好，黄帝故里景区智能导览和电子导游实现全覆盖，郑州园博园智慧旅游监控指挥调度中心、智慧园博综合管控和大数据分析平台运行良好。2017年，我市8家4A级景区视频和客流量数据成功接入河南省旅游产业运行监测与应急指挥平台。二是推进智慧旅游乡村建设。新郑西泰山村、二七区樱桃沟景区、惠济区绿源山水景区成功纳入“全省首批乡村旅游信息化示范村建设试点单位”。三是推进智慧旅行社建设。郑州海外国际旅行社实现OTA运营管理模式，完善营销网站、OA办公系统、呼叫中心，并与驴妈妈旅游网联合建立票务分销系统。四是推进智慧酒店建设。黄河饭店、嵩山饭店、天中大酒店等7家旅游饭店通过省旅游局“智慧酒店”验收。

(4) 旅游信息化服务水平不断提高。一是深入推进“互联网+政务服务”信息公开工作。二是加强智慧旅游工作培训。邀请专家就智慧城市、旅游大数据、目的地营销等内容进行授课，全面提升我市旅游从业人员的信息化应用水平和服务能力。

（二）问题和不足。

（1）智慧旅游体系建设速度慢，与先进地区比，差距明显。我市智慧旅游建设起步早、建设慢、牌子大、成效弱。早在2012年，我市就被国家列入国家智慧旅游试点城市之列，到2014年，我市成立智慧智慧旅游城市建设领导小组。此后虽然做了大量工作，但总体进展较慢，历时六年，游客还不能通过手机完成旅游活动，管理部门还不能通过智能化，管理和服务行业，涉旅企业还难以通过让相信跑路替代让员工跑路。相比之下，国内不少区域和城市走在了前列。我们先看一下云南。2017年8月，云南省提出打造“一部手机游云南”平台，此后，与腾讯计算机有限公司联合开发，到2018年2月底，仅用半年时间，基本功能全部实现，2018年3月1日，“一部手机游云南”上线运行，通过平台，游客在云南省域内，能够在游前、游中、游后，仅通过一部手机完成吃、住、行、游、购、娱、养等全方位智能服务，游客可以通过平台上的“景区直播”，提前了解景区的相关信息，可以查看景区天气、在线支付、刷脸游景、寻找厕所、语音导游、线上购物、一键投诉，可以分析游客食住行购等行为的特征、偏好、期望、趋势，为旅游主管部门布局和引导全域旅游提供帮助等。其构建的一键投诉服务体系，实施“一键投诉、及时响应、联动处置、实时反馈”工作模式，游客在任何时间、地点，都能实现快速投诉，投诉后，系统自动生成的投诉单会快速、准确到达责任企业，由企业快速响应，同时政府部门可进行监督，并根据事件紧急程度进行相应的升级处理。投诉者能实时在线查看投诉处理进度，24小时内获得处理结果。该平台的建设，全面助推云南旅游产业转型升级，基本形成了“游客体验自由自在，政府管理服务无处不在”的智慧、健康、便利的云南全域旅游生态。同时，规范化的导游词和景区小视频，准确向旅客介绍了云南的文化特质、风土人情。无独有偶，今年，广西桂林市“一键游桂林・i游桂林”也已上线运行，游客只要通过一部手机、一次按键，即可实现景区线上购票、刷脸扫码入园，酒店智能入住，线上预约车位，以及接驳车、找厕所、查天气等便民功能，同时也为涉旅商家解决了效率、成本等痛点问题，平台还对全市旅游管理资源进行整合，实现了政府对旅游市场全天候、全方位、全过程的监管。

（2）数据共享推进缓慢。智慧旅游城市建设涉及与公安、交通、文化、环保、工商、气象、通信运营商等部门数据共享接入工作，由于部门、行业之间的管理体制、数据标准、保密规定、参数配置等问题，导致在数据共享对接工作中面临诸多困难。区域内的应用系统分属不同景区或不同建设单位，涉及景区管理、酒店管理、电商平台、旅行社等各个领域，影响旅游资源的有效整合和旅游产业的科学管理，不利于旅游信息资源共建共享。

（3）配套设施建设滞后。一是我市智慧旅游产业运行监测与公共服务平台尚未建成，尚不能有效整合我市旅游产业信息资源，及时全面了解运行动态，为旅游资源的开发、利用提供准确的决策服务，智慧旅游产业科学管理水平和信息化应用服务能力有待增强。二是旅游信息和数据标准体系尚未建立。在推进智慧旅游城市建设的过程中，信息和数据资源是核心建设内容，但国家、省、市目前尚未建立关于旅游信息和数据采集、存储、分析以及统计的标准体系。三是智慧化硬件设施建设滞后。我市仍有部分重点景区尚未配有智能终端设备，许多设备的智能化程度还比较低，不能满足智慧旅游需要，智慧化硬件设施薄弱严重制约了我们的数据统计和整合分析。

（4）人才队伍亟需加强。信息化专业人才队伍是推进智慧旅游城市建设的智力保障，但目前由于人才引进、培养和激励机制的不健全，特别是对于信息资源管理、数据服务应用、互联网技术、网络安全等方面的人才需要，已成为制约智慧旅游发展的瓶颈。

（5）与文化建设交互融合不够。郑州智慧旅游中需链接的支撑华夏历史文明传承创新中心和国际文化大都市、世界华人共同精神家园的文化旅游项目明显不足。传统景区文化内涵提升、文化创意产品开发明显不足。自 2016 年起，我市方特主题公园景区总收入（2017 年

60724万元）都已远超少林寺景区（2017年20643万元）。郑州城市文化符号不够明显，能够展现特色内含的文化旅游项目亟待进一步开发，文化与旅游深度融合不够，文化旅游企业普遍不强。

## 三、加快我市智慧旅游城市建设的建议

（一）加强领导协调，理顺管理体制和建设机制。引进“政府主导＋企业合作＋市场化运作”模式，构建政府主导、市场运作、多方参与、协作共赢、充满活力的发展格局。要强力协调各相关部门和单位关系，打破信息孤岛，建立有效的旅游资源共享机制；要借鉴外地成功经验，积极研究与战略合作者合作的工作机制，助推我市智慧旅游城市建设；要建立我市智慧旅游城市建设规划和建设项目评审、评估机制，加强项目方案设计、科学论证和规范管理，确保智慧旅游城市建设取得社会公认的显著成效。

（二）完善顶层设计，实施终端倒逼，以重点项目建设推进智慧旅游全面实施。一是要对照“善政、惠民、兴业”建设方向，进一步完善顶层设计，确保实现智慧化的政府监督服务、企业转型增效、游客自在方便。二是要抓住游客手机终端应用（一键游郑州）这个关键，以终端倒逼，推动数据共享、体制机制创新、智慧景区建设、大数据平台建设等系统工程。进一步加快推动“郑州智慧旅游产业运行监测与公共服务平台”项目建设，加快建设全域旅游数据中心，加快智慧旅游城市建设的基础项目建设，推进旅游区域互联网和信息互动终端全覆盖，扶持、支持、加强涉游企业信息化建设，加快推进旅游区域及旅游线路的无线网络全覆盖。积极推动旅游物联网设施建设。在旅游大巴、旅游船和主要旅游景区的游客集中区域、环境敏感区域、旅游危险设施和地带，实现视频监控、人流监控、位置监控、环境监测等设施的合理布设，将旅游服务、客流疏导、安全监管纳入互联网范畴。

（三）探索业务创新，提高智慧旅游城市建设的发展动力。一是支持在线旅游创业创新。鼓励各类创新主体充分利用互联网，开展以旅游需

求为导向的在线旅游创业创新。支持旅游创新平台、创客空间、创新基地等旅游新型众创空间发展。探索建立“旅游＋互联网”创业园区，充分利用国家和省对智慧旅游试点城市的优惠政策，积极申请项目扶持经费。二是大力发展在线旅游新业态。支持企业利用互联网平台，整合私家车、闲置房产等社会资源，规范发展在线旅游租车和在线度假租赁等新业态。创新发展在线旅游购物和餐饮服务平台，积极推广“线上下单、线下购物”的在线旅游购物模式和手机餐厅服务模式，推动“旅游＋互联网”的跨界融合。三是推动投融资创新。积极推进金融机构与旅游企业的合作，探索开发新型旅游金融产品，引导社会资本进入“旅游＋互联网”领域。鼓励旅游企业和互联网企业通过战略投资等方式融合发展，给予智慧旅游建设企业相关优惠政策，构建线上与线下相结合、品牌和投资相结合的发展模式。

（四）强化引智工作和人才队伍建设，为智慧旅游城市建设提供智力保障。一是采取技术合作、智力合作方式，大力引进高校、科研院所等机构技术和智力；二是积极引进和培养相关专业人才。三是深化分配制度改革，探索建立旅游企业经营业绩与经营管理者奖励挂钩以及技术等要素参与收益分配的实施办法，积极营造尊重知识、尊重人才、尊重创造的良好氛围。

（五）建立专门联席工作机制，推进智慧旅游建设和文化建设融合发展。建议成立“智慧旅游＋文化”专项工作组，深入研究推进我市文化与智慧旅游融合发展问题，通过快速发展的智慧旅游，进一步推动文化与旅游融合发展，展示我市建设国际文化大都市的文化底蕴和风采。

# 郑州市城乡生活垃圾治理工作的调查与建议

中共郑州市委办公厅

生活垃圾主要包括居民生活垃圾、集贸与商业垃圾和公共场所垃圾等，它有别于工业废弃物、建筑垃圾和医疗垃圾。近年来，我市生活垃圾产生量大增，已对经济社会发展产生一定影响。2018 年 7 月 9—11 日市委办公厅与市城管局组成联合调研组，先后深入到管城、惠济、巩义和中牟等四个县（市）区的五个小区、七个自然村、四个垃圾中转站和市垃圾综合处理场进行实地察看，先后召开四次座谈会，深入了解我市城乡生活垃圾的治理情况。从调研情况看，我市生活垃圾的减量化、无害化、资源化处理工作推进基本顺利，城乡生活垃圾治理成效明显。但是，体制不顺、处理能力低、居民分类意识低、减量化效果差等问题很突出，严重影响持久治理效果，亟需加以解决。

## 一、主要做法

（一）完善体制，实现管理的一体化。目前，市级生活垃圾管理工作由原来的多头管理改由市城管局统一管理，县级生活垃圾管理工作由各地视实际情况而定，或由城管部门或由住建部门或由人居办统一负责。

各级生活垃圾治理部门按照“市级处理，区级收运，办事处二次转运和管理，社区、楼院、物业公司负责收集”的原则，不断推进生活垃圾收集、运输、管理一体化，实现生活垃圾全收集、全覆盖。全市垃圾中转站和垃圾处理场，统一实行生活垃圾无偿接收政策，保证了生活垃圾有地堆放。城区生活垃圾，由环卫工人集中进行收集、压实、转运、填埋和焚烧等处理；农村生活垃圾，大多通过政府购买服务、引进环卫公司的形式，实施市场化运作，集中收储和转运。各级环卫部门将生活垃圾收运工作纳入统一管理，建立完善垃圾登记、申报制度，做到人员着装、收运车辆、收集标准统一。

（二）积极探索，推行分类的制度化。一是在城市。从 2017 年 7 月起，我市开始推行生活垃圾分类工作，成立领导小组，制定《郑州市生活垃圾分类管理工作实施方案（2017—2020 年）》等文件，市财政按户均 10 元/月的标准进行奖补。截至 2018 年 6 月底，全市城市区开展生活垃圾分类的社区已达 74 个，涉及户数 15.98 万户，公共机构 358 家。二是在农村。目前，我市大部分地区尚未推行垃圾分类工作，只有极个别观念先进、觉醒较早的地方，依靠自身力量推行生活垃圾分类处理工作。例如，中牟县官渡镇在镇财力并不宽裕的情况下，两年共拿出 1540 万元投入到村容村貌整治，采取“户分类—村收集—镇分类处理”的模式推进生活垃圾分类，为每户门前统一配备一黄一绿两个分类垃圾桶，为每村招聘 2 名垃圾清运员，为全镇建设三个垃圾分拣中心（配置餐厨垃圾处理器，日产有机肥 3500 斤左右）。通过源头分类，全镇 20 个试点村的生活垃圾总体减量化达到 70%，极大地改善了村容村貌，提升了群众生活品质，群众用快板书的形式表达了心中的喜悦之情。

（三）努力规范，推动收运消的专业化。一是在收集方面。居民点生活垃圾，逐步取消三轮车转运模式，统一改为制式和型号相对统一的封闭电动二转车，定时进行垃圾收集；沿街门店生活垃圾，采取设置固定垃圾桶定点投放、定时收集的模式进行，车辆多是型号较大、具备吊装能力的吊臂车。二是在中转方面。进中转站后的垃圾，经 4～10 吨级压实后，采用密闭箱体卡车的形式外运；在中转站选址较难的个别地区，率先采取密闭卡车直运的模式，压缩了转运时间，提高了转运效率，有效避免了二次污染；充分发挥“互联网＋”的优势，全部环卫车辆安装监控设备，实现全时段全方位监管。三是在填埋方面。通过调整作业区、拉大与居民区距离、增加洒水降尘频次、及时覆盖作业区、完善雨污水分流、实行垃圾堆体膜覆盖等措施，减少垃圾渗沥液的产生和异味的扩散；严格把关进场垃圾，实行车辆刷卡进场、微机加人工双重登记，不断规范填埋管理。

（四）加快建设，实现设施布局的合理化。一是焚烧电厂建设方面。市区的东西南各建一座发电厂，解决布局不合理、处理能力不足的问题。日处理能力 1000 吨的南部垃圾焚烧发电项目一期工程已于 2017 年 11 月建成投用，2017 年 10 月东部项目已开建，南部项目二期和西部项目已完成选址工作。二是转运站建设方面。全市共投资 8.1 亿元，建设 9 座大中型中转站。目前，2 座已建成并投用，7 座基本完成初步选址，争取年底前开工建设。三是渗沥液储存设施方面。2015 年 7 月市垃圾综合处理场二期工程投入使用，日处理能力达 900 吨；2017 年下半年，启动填埋场 B 区建设。四是沼气发电方面。2014 年 3 月市垃圾综合处理场沼气发电项目一期工程建成，之后陆续增加 3 台发电机组。目前，6 台发电机组日处理沼气 8 万立方米、日发电 14.5 万千瓦时。

## 二、存在问题及原因

（一）治理体制不顺。一是机构不到位，工作推动乏力。以垃圾分类为例，市区两级成立了临时性垃圾分类工作办公室，以城管系统为主导，抽调人员临时办公，工作动力不足。北京、上海、深圳、成都等地则成立专门的垃圾分类机构，做到了专人抓专人管。二是补编不及时，工作缺少人力。部分地区为保证总体不超编目标，在环卫编制尚有空余的情况下，也没有及时进行补人。以某区为例，区市政局现有局属二级机构 3 个，总编制 481 个。而目前，在编 147 人，空编 334 个，临聘人员 3300 名。因大量人员为临聘，工资又低，队伍很不稳定。三是协同不到位，工作缺少合力。生活垃圾治理工作涉及发改、城管、环保、供销、教育、卫生、机关事务等多部门，部分行业体系在实际工作中配合不积极，甚至个别单位有私下阻挠工作开展的现象。此外，驻郑公共单位无法纳入到统一管理中，给垃圾治理造成不小影响。

（二）总体收处能力低。一是规划严重滞后。分拣中心等垃圾处理设施配套项目没有纳入到总体规划，致使选址难。由各区建设的区级分拣中心，按要求8月底建成，而目前的实际情况基本是一纸空文，落地日期难测。二是中转站建设不足。因绿化带内建设环卫设施的想法与现行法律冲突，致使我市三环沿线及以外的建成区无法建设中转站，严重影响该地区的垃圾中转。三是处理技术尚低。厨余垃圾是生活垃圾分类的关键和重点。目前，市已建成的两个餐厨垃圾处理厂均因厨余垃圾油脂含量低、技术不达标等原因，不愿接收家庭厨余垃圾，使相当多的厨余垃圾难以处理。四是处理缺口尚大。据了解，市垃圾综合处理场和市垃圾焚烧发电厂目前均处于超负荷运转状态。市规划建设的东、南、西三个垃圾焚烧发电厂进展迟缓。某县级单位只有一座垃圾转运场，没有垃圾处理厂，生活垃圾只能运至开封、兰考进行处理。入夏以来，由于垃圾产生量大增，开封又暂停接收其生活垃圾，兰考每天也只接收约350吨，致该地生活垃圾一时无法做到日产日清。

（三）垃圾分类意识弱。调研发现，管城散花小区和惠济民安北郡小区，作为全市第一批垃圾分类试点小区正处于宣传起步阶段，其他区域尚未启动。从已启动的小区看，居民垃圾分类的意识并不强，基本处于“能兑换物品、给甜头我才干”的阶段。主要原因：一是法律保障缺失。据了解，因立法未同步进行，物业公司在生活垃圾分类工作上大多不配合，部分物业公司还以分类设备档次低、破坏风水等理由到政府上访，或以各种名目收取小区开展垃圾分类的管理费，有的区还出现将垃圾分类设备故意清出小区的现象。二是缺乏多方位宣传。虽然前期在试点小区做了大量宣传发动工作，部分居民也有了垃圾分类的概念。但是，这个宣传涉及面非常窄，受众非常少，广场、商场、车站、机场等人流密集区域因管理权限问题而无法涉及。同时，各级新闻媒体上的宣传，也多是各地或运营商零散自主联系媒体，宣传没有形成常态化、全方位的格局，垃圾分类意识没能真正渗入公众的脑海中。三是精细理念尚未形成。精细生活的理念，有待国家和社会长时间的培养，通过不断地习得而养成。从这个角度看，垃圾精细分类离“成为习惯”这个要求还有不小的距离。

（四）减量化效果差。我市中心城区生活垃圾的日产量已由2012年的3800吨增加到2017年的5500吨；今夏全市生活垃圾的日产量峰值达到9000吨。这其中，除城市扩大、人口增多的原因外，还有以下原因：一是垃圾源头产生量未能有效控制。我市尚未制定相关法律法规，治理企业和政府没有坚实的法律支撑基础，更没有对居民形成强制约束力，相关单位的日常管理只能简单地以垃圾收费的方式进行。可是，由于垃圾收费又采取一二十年没有调整过的定额制度（每户每月5元），这就在制度设计层面上间接鼓励了“扔多扔少一个样”现象的出现。当然，也就无法从经济上去调动居民参与垃圾分类、进行减量化的积极性。二是通过废品收购实现减量化的效果不明显。虽然，废品收购实现了一部分废弃资源的再生利用。但是，在实际生活中，因废弃物较为便宜，居民很少卖废品，通常是“一锅烩”地扔出去。废品收购人员在捡拾时，只捡价值高的塑料瓶、纸、金属等，其他的废弃物则仍杂合到一起，直接进行转运，这样就基本没有减少垃圾的最终填埋量。三是尚有分类后又混合的现象。因运输设备不完善、后期填埋或焚烧分类不严格等原因，致一部分源头已进行分类的生活垃圾没法进行下一阶段工作。这些垃圾，或堆放在区级分拣场地，或又因城市精细管理不让积存垃圾而又混合运到垃圾填埋场或焚烧厂。

## 三、有关建议

（一）完善制度保障。一是加快推进立法。7月3日，国家发改委公布了《关于创新和完善促进绿色发展价格机制的意见》，要求健全固体废物处理收费机制，加快建立有利于促进垃圾分类的激励约束机制，提高混合垃圾收费标准。为此，建议在充分调研的基础上，深度借鉴发达国家“谁污染，谁负担”经验和上海、银川的经验，尽早制定《郑州市生活垃圾分类管理条例》，从法律上对生活垃圾的回收利用作出明确规定，健全收费机制，明确责任主体职责。二是尽快出台办法。对生活垃圾治理工作中势必会用到的《分类管理办法》《分类考核办法》《分类管理经费补贴办法》《分类设施设备设置指导标准》等操作性文件，应在坚持问题导向的前提下，深度总结经验，尽快研究出台。三是理顺机构职能。鉴于分类是一项长期性、基础性的工作，建议借此次机构改革的机遇，尽快调整和重置市县两级垃圾分类工作专门机构。同时，建立相关部门协调机制，按照职责分工，解决推进过程中的问题，形成工作合力，彻底杜绝市级层面的部门梗阻。强化村和社区生活垃圾治理体系，形成常态和机动兼备的运转机制，保证日常运转和工作突击的需求。

（二）理顺关键环节。一是全面加强宣传。广泛开展声势浩大的宣传活动，从媒体，到公共场所，再到企业、社区，全部纳入，集中半年时间进行总攻，充分宣传发达国家“垃圾是城市矿产”的理念，宣传厌氧消化回收沼气、好氧堆肥生产有机肥、进入填埋场有机物含量限制、垃圾焚烧严格环评、使用再生原料企业减税、产品包装加贴分类标签、生活垃圾焚烧企业增加补贴、焚烧厂电力优先入网等相关政策，充分宣传银川、杭州和厦门等地的经验，充分总结我市 2003 年开始的“封堵楼房垃圾道”的经验做法，以提高大家对垃圾分类的认识。二是深入推进分类。加大社区和全市公共机构生活垃圾分类推进力度，在具备条件的商业区、农贸市场等场所逐步开展垃圾分类收集，以街道为单位，开展生活垃圾分类示范片区建设，以点带面，逐步推广到全市。开展“绿色社区”“垃圾分类社区志愿者”等活动，带动全社会共同参与。在条件相似的农村，建议推广中牟县官渡镇垃圾分类的经验，减少农村生活垃圾产生量。三是专业化转运。市级应统筹垃圾分类工作，提出时间表，列出路线图，尽快完善现有运转方式，尽快建设大型湿垃圾处理站，同时指导各地建立生活垃圾分拣中心（其内布局一处湿垃圾处理站），为防止“前分后混”现象的发生创造必要条件。县（市、区）级应逐步建立起垃圾分类运输机制，采用合格的密闭运输车辆直运至焚烧发电厂或专门的垃圾处理场，除有害垃圾、可回收物外的干垃圾，县级环卫部门专业队伍应坚持好定时收集和转运机制。切实采取有效措施，补充编内人员，充实环卫管理队伍；建立工资正常增长机制，提高临聘人员、专技人员待遇，稳定日常转运队伍。

（三）加快设施规划建设。一是强化规划引领。应按照国家中心城市的标准来思考垃圾配套设施的规划和建设，尽快出台《郑州都市区环境卫生设施专项规划（2017—2035年）》，实现环卫设施建设规划先行，布置好有关设施。同时，强化规划的刚性约束，保证规划的刚性执行，避免在建成区建设这类设施时“不建有人需，建时不让建”现象的发生。二是适当放开限制。按照以人民为中心的理念，本着解决历史遗留问题的需要，应统一安排绿化带中建设垃圾中转等环卫设施这个问题，解决这些看似不起眼又很影响城市品质提升的问题。三是建设终端设施。推广使用先进的垃圾焚烧发电处理技术，逐步取消垃圾填埋处理。开工建设郑州东部垃圾焚烧发电厂项目，完成郑州南部二期、西部垃圾焚烧发电项目选址、规划、环评等前期工作。加快荥阳垃圾焚烧发电厂升级改造，在焚烧排放环保达标的前提下，合理调整垃圾焚烧厂的焚烧量，减少垃圾填埋场的填埋量，有效减少因填埋产生的渗沥液及异味污染。编制垃圾填埋场封场及生态修复方案，降低垃圾填埋产生的环境污染，减少对周边居民的生活影响。

# 郑州市实施开放带动战略的调查与研究

中共郑州市委政策研究室

扩大对外开放对培育新的经济增长点、促进产业转型升级、厚植未来发展优势具有重要意义。市委主要领导也在不同场合曾多次强调，实施开放带动战略、提升对外开放水平，是郑州加快向国家中心城市迈进、推进国际商都进程的必由之路。近期，我们对郑州实施对外开放战略情况进行了调研，形成报告如下。

## 一、郑州实施开放带动战略成绩显著

对外开放是郑州建设国家中心城市、引领中原城市群发展的重要内容，围绕郑州国家中心城市定位，郑州主动参与国际分工，加强开放载体平台建设，充分利用中原经济区、郑州航空港经济综合实验区、郑洛新国家自主创新示范区、河南自贸区等国家战略政策的叠加优势，集聚优质资源要素，巩固和提升郑州作为“一带一路”核心节点城市的地位。在对外开放门户功能方面，郑州已初步构建了与沿海相当、与国际接轨的开放体系，取得了很好的成绩。

（一）三条“丝绸之路”建设并举，国际物流不断发展。郑州积极深度融入“一带一路”建设，“空中丝绸之路”“陆上丝绸之路”“网上丝绸之路”并举，国际物流不断发展，国际影响力和国内辐射力不断增强。一是在空中。2017年郑州—卢森堡“空中丝绸之路”实现每周18班全货机满负荷运行，郑州机场旅客吞吐量2430万人次、货邮吞吐量50.3万吨。目前，郑州机场货运航线居内陆第一、货运量增速持续全国第一，密集航线为郑州飞架起通向世界的“空中丝路”；郑州航空港区已构建起航空物流产业集群，内陆国际航空物流中心的地位初步确立。二是在陆上。国际陆港功能不断拓展，中欧班列（郑州）架起了一条连通境内外、辐射东中西的“陆上丝路”。截至2018年5月，中欧班列（郑州）累计开行1219班，实现每周“去八回八”高频次运营。其中去程698班，回程521班，货值64.44亿美元，货重62.18万吨，总载货量、货物种类、合作伙伴及业务覆盖范围、往返高频次对开等综合实力，保持全国领先水平。三是在网上。2017年全省电子商务交易额达1.3万亿元，其中跨境电商1025亿元。中国（郑州）跨境电子商务综试区是全国综合性E贸易试点，发展迅速，信息化水平高，顺利实现了“境内关外、进口保税、出口退税、国际中转分拨”等先行先试政策和功能。日均处理能力超过500万包，正朝着买全球、卖全球目标迈进。

（二）自贸区跑步发展，构筑对外开放新平台。一年以来，郑州片区大胆试、大胆闯、自主改，企业发展迅猛，世界500强企业、新兴产业不断聚集，融资租赁、跨境电商、航空维修等新业态蓬勃发展。截至2018年3月底，新注册企业23622家，新增注册资本为2695亿元，新签约项目20个，签约总金额249亿元；新开工项目14个，总投资金额162亿元；18个项目竣工投用。其中，投资额亿元以上项目26个。一是制度保障。郑州市政府先后印发《中国（河南）自由贸易试验区郑州片区“一次办妥”改革实施方案》《中国（河南）自由贸易试验区郑州片区承接省级下放经济社会管理权限事项过渡期实施办法》以及《中国（河南）自由贸易试验区郑州片区事中事后监管体系建设总体方案（试行）》等一系列文件，为自贸区郑州片区跑步发展提供制度保障。二是不断改革政务服务。郑州片区全力打造自贸片区云政务平台，简化优化公共服务流程，打造审批服务“单一窗口”。加快建设“网上督查室”，全面实现对网上政务行为的在线督查、电子督办、实时监管等功能。同时打通PC端与移动端，电脑手机多个端口无缝衔接、同步运行，让数据跑腿，“一次办妥”，为企业减负提速。在多证合一的基础上，郑州片区颁发企业信息集成服务码，将企业营业执照、备案、行政许可以及信用状况、综合监管服务等信息集成加载到一个二维码上，以为每个企业单独赋码的方式实现企业服务“一码通”，并将集成服务码与企业统一社会信用代码绑定，未来将实现集成服务码与企业统一社会信用代码的一体化，使其成为企业唯一“身份证”。这一举措，在全国范围内是首创，企业信息能够随时看、随时查、随时用，减少了企业收集纸质证照产生的交通、时间成本和证照丢失风险，也解决了企业同一时间、跨多个部门办不同业务需同一证照的问题，真正降低企业办事成本，提高办事效率。三是不断优化营商环境。围绕打造国际化、市场化、法治化国际营商环境，基于企业全生命周期，郑州片区从准入、准建、准营、准退四个维度，构建评估指标体系和评估方法，启动开展营商环境评估工作。通过评估，找企业痛点，解决企业难题。截至目前，郑州片区已上报的创新案例有“原产地信用签证”“一次办妥”“多式联运一票式”“网购保税＋实体新零售”“多模式综合监管”“政银合作直通车”“空陆联运装载装备标准化”等。其中，信用签证获全国十佳创新案例；省、市工商局支持启动的“政银合作直通车”，实现在全国率先推行企业“开户一站通”、银行网点代办企业登记业务、“一站式”全流程金融综合服务等6项创新。

（三）口岸经济飞速发展。郑州拥有新郑综合保税区、出口加工区、河南保税物流中心等多个海关特殊监管区，其中新郑综合保税区进出口值跃居全国海关综合保税区第一位。郑州已成为全国拥有商品口岸最多的内陆城市，拥有航空口岸、铁路东站货运口岸两个一类口岸，河南电子口岸、肉类、水果、冰鲜水产品、食用水生动物、肉牛口岸通关运行，汽车整车进口口岸、粮食进口口岸等一批特定口岸和多式联运监管中心已获批并正加快建设。围绕服务“一带一路”建设，探索食品、农产品及水产品的快速检验检疫模式。实现了进出口货物全国范围“进口直通、出口直放”，2017 年进出口食品农产品检验检疫通关效率同比提高 63%。通关便捷化程度不断提高，越来越多的河南企业回流至郑州报关进出口，越来越多的国内企业也选择郑州报关进出口。

（四）跨境电子商务全国领先。中国（郑州）跨境电子商务综试区是全国综合性 E 贸易试点，自获批以来，充分发挥自身优势，坚持制度创新引领，营造良好环境，聚集产业要素，着力打造跨境电子商务产业链和生态链，发展迅速，信息化水平高，自主创新“网购保税＋线下提货”模式，顺利实现了“境内关外、进口保税、出口退税、国际中转分拨”等先行先试政策和功能。日均处理能力超过 500 万包，正朝着买全球、卖全球目标迈进。2017 年，跨境电子贸易走货量 7345 万包，货值 99 亿元，增长 58.8%。2018 年 1 月，郑州市政府印发《加快推进跨境电子商务发展的实施意见》，进一步加快郑州跨境电商产业发展，扶持跨境电商企业做大做强。2018 年 5 月 10 日，第二届全球跨境电子商务大会在郑州举行。

（五）国际知名度不断提升。一是“国际郑”形象宣传走向全球。郑州的城市片在纽约、伦敦、悉尼、约翰内兹堡、东京轮番播放，展示了禅宗古刹少林寺、中岳嵩山、生始祖轩辕黄帝、商都古城及和谐郑东新城、母亲河黄河，以小视角切入大主题的形式来呈现影像文字和画面，讲述郑州厚重的历史文化传承和现代的国际枢纽发展，郑州首次在“世界的窗口”展示城市魅力，吸引了全球目光。二是在全球城市中实力不断增强。在中国社会科学院（财经院）与联合国人居署共同发布《全球城市竞争力报告 2017—2018》中，郑州的“全球城市经济竞争力指数”排名进入全球 100 强，排在全球第 99 位。三是积极参与国际事务。郑州市与世界城市和地方政府联合组织（简称“UCLG”）建立工作联系，积极参与 UCLG 各项事务，与法国的斯特拉斯堡市、西班牙的巴塞罗那市、印尼的雅加达省、土耳其的伊斯坦布尔市 5 个城市成为 UCLG 交通委的联合主席城市。同时，郑州承办 UCLG2019 世界大会的申请已经被正式受理。通过宣传推介和承办活动，必将有力提升郑州市的国际知名度和影响力，为郑州打造国际化都市，提高在全球资源配置中的能力，建设国家中心城市，起到积极的推动作用。

## 二、郑州实施对外开放战略中存在的不足

利用交通枢纽的区位优势和自贸区、航空港区等政策叠加优势，郑州牢牢把握“一带一路”机遇，对外开放取得了良好的成绩，但是由于郑州开放时间较晚，外向型经济基础较弱，社会开放度不足，生产要素吸引有限，导致郑州全面开放水平较低。

（一）对外贸易开放不深。一是产业外向度不高。郑州的产业整体上在国际市场中的参与水平和影响程度较低。制造业方面，郑州存在产业配套能力不强，国内外产业分工中的地位不高，议价定价能力弱等问题；第三产业方面，郑州服务业中有相当大一部分是房地产及其相关产业，旅游、商贸、物流等对外经济方面比重不高，特色不明显。同时，郑州企业国际市场网络不健全，在国外建立自己的销售公司、制造分厂、研发机构的企业很少，对两个市场和两种资源利用不够。二是对外贸易结构有待优化。与全国对外贸易方式结构相比，郑州加工贸易占进出口总额比重较大。代工企业自主创新能力不足，产品技术含量较低，其产业仍处于全球生产价值链的低端；除此之外，初级产品、工业半成品在出口商品中占有一定比重，服装、鞋靴、纺织品、家具等制成品仍是占优势的出口产品，但与世界出口商品结构和国际市场需求的高附加值差距较大。三是口岸建设有待完善。郑州内陆口岸不仅在通达时间、运输量、物流费用上与沿海沿边口岸相比略有劣势，而且在政策方面支持力度较弱，口岸业务行政审批手续较为繁琐，税收优惠力度较小，海关监管制度创新难以突破。同时，中原经济区中周边城市的经济规模、产业结构、居民收入和城镇化率都处于较低水平，对郑州口岸发展支撑作用相对有限。在口岸衔接方面，航空、铁路、公路等运输方式之间缺乏紧密衔接和有效联通，海铁联运、公水联运、铁水联运和空地联运运作不成熟，多式联运网络尚未全面形成。

（二）资本、劳务市场开放不够。一是金融市场吸引力有待增强。郑

州金融产业基础相对薄弱，金融资源仍相对匮乏。根据国际通用标准，国际化都市外资金融机构数应超过100家，郑州不足20家。郑东新区虽然最近几年得到快速发展，但较其他先发区域来说依然差距不小。在区域金融品牌方面，由于缺乏特色金融产业定位和区域金融品牌宣传，目前影响力依然较弱。外资银行引进一直是郑州市、郑东新区金融招商工作的重中之重，但郑州外商投资企业数量少、规模小，对外资金融机构吸引力弱，外资银行引进难度大，各外资银行开行速度减缓。二是外商投资总量和增速有待提高。站位中部六省，郑州招商引资工作与武汉相比还有较大差距，2017年实际利用外资总量不及武汉一半，长沙市、南昌市、合肥市也在依托各自优势，不断加大招商引资力度，2017年实际利用外资增速最低为7.5%，最高达13%，而郑州市2017年实际利用外资增速仅为0.4%，拉动外商投资动力不足。特别是郑州缺乏外资类大项目。近年来，除了富士康集团、华润集团等在我市投资的外资项目以外，外资再无可持续进资的大项目落地。一些大项目虽有外资背景但均以内资形式注册，如锦艺房地产、华南城。三是人才引进积极性有待提高。去年11月，郑州市重磅推出“智汇郑州”人才政策，但从总体上看，引进人才的情况并不十分理想。相比西安便捷、高效、创新的落户政策(西安凭学历落户“一次都不用跑”，只需上传学历资料，户籍卡直接邮寄给本人，无自主产权住房、无法在实际居住地址落户等人员专门设立了“社区集体户”)，郑州的落户门槛不够放宽、程序比较繁琐、人才引进行为不够主动。在施行人才政策100多天后，西安吸引落户人口30万，郑州仅吸引落户人口1万余人。此外，对于青年人才关注度较高的购房和人才公寓问题，郑州人才政策未起到预期效果，截至5月7日，仅15人符合购房补贴条件通过受理，人才公寓目前则仍未开放。

（三）社会开放度不足。一是国际化程度不高。从国际化都市的硬性指标上来看，郑州常驻外国人口比例不足万分之四，远远低于国际化都市百分之五的标准。在郑全球500强企业63家，只有武汉246家的四分之一，为国际化都市标准的四分之一。从国际化城市的软环境塑造来看，郑州存在城市品质不高、城市治理相对滞后、国际公共服务设施不足、城市国际资源配套不丰、市民对外交流语言和礼仪素质有待提高等短板。二是旅游业国际市场开拓不够。近年来，郑州市的旅游收入主要来自国内，国外市场仍有很大的发展空间。接待入境旅游人数、旅游外汇与武汉相比仍有很大差距，2017 年，接待入境旅游人数约为武汉的五分之一，旅游外汇约为武汉的九分之一。究其原因，一方面是郑州对以少林、黄帝、黄河、商都四大文化为核心的历史文化古城挖掘的深度不够，缺乏对承载历史文化载体的有效塑造，城市缺乏核心旅游标志物，造成古城不古，只有说头，没有看头的局面。另一方面，郑州暂未实行外国人72 小时过境免签政策，也在一定程度上影响外国旅客来郑州商务活动和旅行的积极性。三是文化对外交流不足。郑州对外文化交流平台比较欠缺。郑州国际友好城市数量 11 个，低于武汉 22 个和成都 27 个的友好城市数量，甚至低于洛阳 12 个的国际友好城市数量。郑州领事馆片区城市设计规划刚刚起步，而成都已经设立与正在筹建且有意向设领的外国领事机构数量已经超过 16 家，武汉 5 家。同时，郑州城市品牌较为模糊，缺乏一个完整的品牌形象，而且塑造形象时缺乏清晰的主线和持续的宣传主题，严重制约了郑州对外文化交流。

## 三、郑州实施对外开放战略的对策建议

郑州对外开放战略的实施需要发挥郑州目前的交通和政策优势，补齐国际化程度不高的短板，深度融入“一带一路”倡议，构建全方位对外开放新格局，建设国际化、法制化、便利化营商环境，增强郑州要素资源吸引力和国际影响力，打造内陆对外开放高地，推动郑州向国家中心城市加速迈进。

（一）构筑高水平开放平台。一是加快自由贸易试验区建设。加快建设贯通南北、连接东西的现代立体交通体系和现代物流体系，形成与国际投资贸易通行规则相衔接的制度创新体系，营造法治化、国际化、便利化的营商环境，建设投资贸易便利、高端产业集聚、交通物流通达、监管高效便捷、辐射带动作用突出的高水平高标准自由贸易试验区，成

为服务“一带一路”建设的现代综合交通枢纽、全面改革开放试验田和内陆开放型经济示范区。二是着力提升航空港内陆开放门户功能。将航空港实验区作为自贸区同步试验区，同步推进实施自贸区相关政策，搭建利用全球资源和国际市场的高端平台，深度参与国际产业分工协作，加快电子信息、航空维修、生物医药、精密机械、高端服务等航空偏好型产业发展；持续提升开放门户功能，构建商品、服务、资本和人员往来制度高地，形成国际航空客货运枢纽和国际物流中心，建成国际航空大都市。三是持续保持跨境电商综试区创新发展优势。在跨境电子商务交易、支付、物流等环节的技术标准、业务流程等方面积极探索，打造内陆地区“贸易单一窗口”郑州模式，形成一套适应和引领全球跨境电子商务的管理制度和规则，提升参与国际规则制定的话语权。推进跨境电商海外物流体系建设，鼓励海外交易、营销、仓配平台建设，构建全球最完整的跨境电商务产业链和生态圈，建设成为全国跨境电子商务创业创新中心、服务中心和大数据中心。四是强化国际陆港功能。推动中欧班列（郑州）实现多口岸出入境、多线路开行、多目的地通达、双向集疏、均衡往返运营，强化空铁、公铁、海铁联运，提升国内货物集疏能力，建设市场化常态化运营的中欧线路领军班列，成为内陆地区连接“一带一路”国际贸易的重要门户。密切与欧洲物流集成商的合作，布局完善境外分拨点和仓储中心，融入当地物流集疏网络，积极扩展跨国邮包运输和旅游贸易通道。拓展郑州经东部沿海港口直达日韩、东南亚等国家（地区）的“五定”国际出海班列，引进欧盟、日韩等合作项目入驻建设运营，实现海港功能内移。

（二）构筑开放经济新体系。一是拓展走出去新空间。加快构建贯通全球的空中通道和东联西进的陆路通道，完善内陆口岸功能，推进与“一带一路”沿线国家通关一体化，积极参与沿线国家基础设施建设，全面提升与沿线国家互联互通水平。支持本土企业拓展境外发展空间，构建自主的全球价值链网络，逐步形成若干具有国际影响力的本土跨国公司，构建“优进优出”的发展格局。鼓励优势企业开展境外资本合作，发展跨国并购基金和跨境股权投资，促进企业跨区域、国际化发展，提升全球竞争力。二是提升引进来的能级和水平。强化立体招商，引进集聚一批具有战略性、引领性、带动性强的先进制造业、战略新兴产业、高端生产性服务业和科技服务业龙头项目和企业，在若干领域实现弯道超车。以开发区和产业聚集区为平台，找准承接产业转移新路径，推动开发区转型升级和创新发展。积极吸引跨国公司在郑设立地区总部、采购中心、结算中心等功能性机构，大力引进全球顶级商业服务公司和全球500强企业，不断提高郑州在全球价值链中的地位。三是提升经贸合作水平。深化与“一带一路”沿线重点区域合作，共建双向经贸产业合作园区、仓储物流基地和分拨中心，推动进出口贸易优进优出转型，建立集约高效、协调统一的口岸管理模式，推进事中事后监管制度，提高口岸进出口货物规模。鼓励外贸综合服务企业发展，为中小微企业提供一站式服务，加快培育出口竞争新优势，扩大沿线国家特色产品进口。培育壮大外贸主体，鼓励企业开展科技创新和商业模式创新，完善信息共享、咨询服务、投资合作促进机制等载体平台建设。推进服务外包产业发展，发展具有河南特色的文化对外贸易和中医药服务贸易。

（三）努力提升区域要素资源配置能力。一是建设国家区域性现代金融中心。把为实体经济服务作为出发点和落脚点，推进郑东新区金融集聚核心功能区提升发展，加快发展各类金融配套服务机构，强化金融对外合作机制，打造对接国际的金融功能集聚区和中西部最大的要素市场聚集地。形成多功能、多层次金融市场体系，以金融制度创新为核心任务，建立资本项目可兑换、利率市场化、金融市场开放、人民币国际化等核心领域金融改革的先行先试机制。支持金融机构建立专业化、独立性的物流金融部门，不断开展物流和供应链产品创新。推动普惠金融体系建设，加强对小微企业金融服务，鼓励发展绿色金融。二是建设区域性科技创新和转移集聚区。全面融入全球创新体系，高标准建设中原科创谷，引进和培育一批世界一流知名大学，吸引一批世界一流科研院所、跨国公司、国际科技组织在郑设立研发中心、中试基地。引入研究生院，开展联合办学。把握政企分离、科研单位转制机遇，引入科研院所。加强与“一带一路”沿线国家科研合作，共建联合实验室。支持工业骨干企业利用全球创新资源，开展技术创新、产品研发设计创新，提升企业核心竞争力，创建国家级工程（技术）研究中心、企业技术中心、重点实验室、工程实验室等创新平台。推动技术转移郑州中心跨区域交流合作，瞄准潜在重大项目机会。三是构建区域性大宗商品交易中心。充分发挥郑州商品交易所的龙头带动作用，支持法人期货公司做大做强，引导期货公司总部、专业子公司、直投类机构等到郑州开设分支机构，支持大型企业集团、民营资本利用期货市场进行风险管理。在“一带一路”沿线贸易的带动下，着重发展培育供应链金融、物流金融、航空金融、离岸金融等特色金融，将郑州建成全球重要的农产品、大宗商品和特色金融产品期货交易与定价中心，打造郑州金融业独特优势。四是打造区域性人力资源集聚区。继续加大力度实施“智汇郑州”人才计划，针对青年人才关注度高的购买住房补贴问题，适当做出调整，放宽门槛，尽快开放人才公寓。同时实施更加开放的人才政策，借鉴西安、天津等势头强劲城市的人才政策和落户效率，构建具有区域性和国际竞争力的引才引智机制，为人才营造良好的工作生活环境，让人才能够进得来、留得住、干成事。

（四）大力提升开放发展软实力。一是全力推进开放型服务政府建设。与国际接轨的政府服务水平是提升开放发展软实力的关键。强化政府服务意识，提高服务效率，加快从管理型政府到服务型政府转变。全面建立政府部门权力清单和责任清单，提升行政效率，提高行政透明度。建立宽进严管的市场准入和监管制度，从重事前审批向重事中、事后监管和提供服务转变，探索建立专业化、社会化监管评估体系。整合执法力量，推进“一支队伍管执法”。努力提高行政、旅游、金融等窗口服务的国际化水平。二是强力打造一流的法治化营商环境。优化法治环境，加快形成高标准贸易投资规则体系，营造法治化、国际化、便利化的营商环境。完善优化投资环境评价体系，建立统一、开放、竞争、有序的市场体系和监管规则。完善知识产权管理和执法体制，探索建立重点产业知识产权快速维权机制，发展国际仲裁、商事调解机制。健全诚信体系，实施守信激励和失信惩戒制度，建立对信用主体的行政、市场和社会诚信联防机制。建设国际化城市，在城市规划、建设和管理等方面与国际接轨。三是构建国际化城市环境。优化国际化人居环境。规划建设生态优美、宜居宜业的高品质公共活动空间、国际社区、城市客厅。实施教育国际化行动计划，完善涉外教育服务体系。开展医疗服务国际化行动计划，积极引进国际性医疗机构，推进国际医院试点，建立健全国际远程会诊系统、国际医疗急救体系和国际医疗服务结算体系。营造国际化人文环境。全方位营造国际化语言环境，开展国际交往礼仪普及教育活动，提高市民国际交流能力。完善国际化公共服务体系，建立符合国际通行要求的城市英语标识和外语咨询体系，加强窗口单位、公共场所的外语信息服务。四是提升文化传播力。加强与“一带一路”沿线国家和世界发达国家交流合作，强化与国际友城和国际组织交往，研究规划领事馆区建设，积极引进国际组织（机构）入郑扩大旅游合作，持续提高郑州免签中转便利化水平，实现 72～144 小时过境免签和落地签，打造符合国际游客需求的旅游线路和产品，建立健全与国际接轨的游客服务体系，构筑中原文化旅游世界级品牌。持续办好黄帝故里拜祖大典、嵩山论坛、国际少林武术节等重大活动，举办“丝绸之路文化遗产”国际合作高峰论坛，积极承办重大国际会议、重大国际赛事、国际武术赛事，建设具有世界影响力的会议之都、武术之都和赛事名城。加强与国内外大型传媒集团的合作，充分利用国际传播平台，讲好郑州故事，传播好郑州声音。

# 郑州市实施乡村振兴战略的研究与思考

中共郑州市委政策研究室

乡村振兴战略是十九大报告提出的七大战略之一，是决胜全面建成小康社会、全面建设社会主义现代化强国的一项重大战略任务，是以习近平同志为核心的党中央对“三农”工作做出的一个新的战略部署，是我党农村发展的一次重大思想突破，为新时代农业农村改革发展指明了方向。近期召开的全省农村工作会议，也对全省实施乡村振兴战略进行了战略部署。面对新时代新情况新问题，郑州必须用新的思维新的行动去谋划推动农业农村发展，实现农村全面振兴。

## 一、实施乡村振兴战略的主要内容和重大意义

（一）实施乡村振兴战略的主要内容。党的十九大明确提出了实施乡村振兴战略的总要求，即“产业兴旺、生态宜居、乡风文明、治理有效、生活富裕”。中央农村工作会进一步明确，实施乡村振兴战略的目标任务：到 2020 年，乡村振兴取得重要进展，制度框架和政策体系基本形成；到 2035 年，乡村振兴取得决定性进展，农业农村现代化基本实现；到 2050 年，乡村全面振兴，农业强、农村美、农民富全面实现。

重塑城乡关系，走城乡融合发展之路。坚持以工补农、以城带乡，把公共基础设施建设的重点放在农村，推动农村基础设施建设提档升级，优先发展农村教育事业，促进农村劳动力转移就业和农民增收，加强农村社会保障体系建设，推进健康乡村建设，持续改善农村人居环境，逐步建立健全全民覆盖、普惠共享、城乡一体的基本公共服务体系，让符合条件的农业转移人口在城市落户定居，推动新型工业化、信息化、城镇化、农业现代化同步发展，加快形成工农互促、城乡互补、全面融合、共同繁荣的新型工农城乡关系。

巩固和完善农村基本经营制度，走共同富裕之路。坚持农村土地集体所有，坚持家庭经营基础性地位，坚持稳定土地承包关系，壮大集体经济，建立符合市场经济要求的集体经济运行机制，确保集体资产保值增值，确保农民受益。

深化农业供给侧结构性改革，走质量兴农之路。坚持质量兴农、绿色兴农，实施质量兴农战略，加快推进农业由增产导向转向提质导向，夯实农业生产能力基础，确保国家粮食安全，构建农村一、二、三产业融合发展体系，积极培育新型农业经营主体，促进小农户和现代农业发展有机衔接，推进“互联网＋现代农业”加快构建现代农业产业体系、生产体系、经营体系，不断提高农业创新力、竞争力和全要素生产率，加快实现由农业大国向农业强国转变。

坚持人与自然和谐共生，走乡村绿色发展之路。以绿色发展引领生态振兴，统筹山水林田湖草系统治理，加强农村突出环境问题综合治理，建立市场化多元化生态补偿机制，增加农业生态产品和服务供给，实现百姓富、生态美的统一。

传承发展提升农耕文明，走乡村文化兴盛之路。坚持物质文明和精神文明一齐抓，弘扬和践行社会主义核心价值观，加强农村思想道德建设，传承发展提升农村优秀传统文化，加强农村公共文化建设，开展移风易俗行动，提升农民精神风貌，培育文明乡风、良好家风、淳朴民风，不断提高乡村社会文明程度。

创新乡村治理体系，走乡村善治之路。建立健全党委领导、政府负责、社会协同、公众参与、法治保障的现代乡村社会治理体制，健全自治、法治、德治相结合的乡村治理体系，加强农村基层基础工作，加强农村基层党组织建设，深化村民自治实践，严肃查处侵犯农民利益的“微腐败”，建设平安乡村，确保乡村社会充满活力、和谐有序。

打好精准脱贫攻坚战，走中国特色减贫之路。坚持精准扶贫、精准脱贫，把提高脱贫质量放在首位，注重扶贫同扶志、扶智相结合，瞄准贫困人口精准帮扶，聚焦深度贫困地区集中发力，激发贫困人口内生动力，强化脱贫攻坚责任和监督，开展扶贫领域腐败和作风问题专项治理，采取更加有力的举措、更加集中的支持、更加精细的工作，坚决打好精准脱贫这场对全面建成小康社会具有决定意义的攻坚战。

（二）实施乡村振兴战略的重大意义。大力推进乡村振兴，将其提升到战略高度、写入党章，对于加快农业农村现代化、提升亿万农民获得感幸福感，对于从根本上解决郑州“三农”问题，决胜全面建设小康社会，开启全面建设国家中心城市新征程，意义重大而深远。

实施乡村振兴战略，是从根本上解决新时代郑州“三农”问题的重要举措。农业农村农民问题是关系郑州农业农村现代化的根本问题。只有实施乡村振兴战略，才能有力促进郑州现代农业建设，加快实现农业现代化；才能进一步促进农民增收，实现农民生活富裕；才能更好地促进农村经济社会发展，实现农村和谐美丽。可以说，实施乡村振兴战略，是新时代郑州“三农”工作的总抓手，是促进农业发展、农村繁荣、农民增收的治本之策。

实施乡村振兴战略，是党中央“五位一体”总体布局在我市农村的具体落实。乡村振兴的总要求，是产业兴旺、生态宜居、乡风文明、治理有效、生活富裕，涉及产业发展、生态环境、精神文明、社会治理、农民生活等“三农”问题的方方面面，体现了经济建设、社会建设、文化建设、政治建设、生态文明建设全面提升的内在要求。这些要求之间是相互联系、相互促进的，共同构成了一个有机整体，必将加快多元一体的农业农村综合建设和全面发展过程。

实施乡村振兴战略，是新时代解决郑州市社会主要矛盾的迫切要求。

郑州市与全国一样，目前最大的发展不平衡是城乡之间发展的不平衡，最大的发展不充分是农业农村发展的不充分。可以说，“三农”问题是我市经济社会发展不平衡和不充分的主要表现。解决这个主要矛盾，迫切需要实施乡村振兴战略，坚持农业农村优先发展，加快推进农业农村现代化，缩小城乡差距，实现城乡融合。只有这样，才能促进发展更平衡、更充分，更好地满足人民日益增长的美好生活需要。

实施乡村振兴战略，是郑州决胜全面建成小康社会、开启全面建设国家中心城市新征程的必然要求。实施乡村振兴战略，是党中央着眼“两个一百年”奋斗目标导向和农业农村短腿短板的问题导向作出的重大战略安排。按照市十一次党代会、“十三五”规划和市委十一届四次全会的战略部署，从现在到 2020 年，我们要开启全面建设国家中心城市新征程，全面建成高质量、高水平小康社会，短板在农村，难点是农村贫困人口脱贫。到 2035 年，国家中心城市的地位更加突出，对中原出彩的辐射带动和全国大局的服务支撑作用充分彰显，提前五年率先基本实现社会主义现代化，短板也在农村，难点是实现农业现代化，并在此基础上实现农村现代化。实施乡村振兴战略，就是要加快补齐农业农村发展的短板，实现农业农村现代化，使农民生活更加富裕，显著缩小城乡差距。这是全面建成小康社会的“最后一公里”，是开启全面建设国家中心城市新征程的必经之路。

## 二、郑州市“三农”发展中存在的主要问题

（一）思想认识不足，重视程度不够。为确保“三农”工作“重中之重”的战略地位，从 2003 年开始中央连续 15 年下发一号文件。农村改革也已经实施近 40 年，郑州的农村工作成效非常显著，但是仍有部分领导干部对这项工作重视不够。一是部分领导干部对农村工作的重要性认识不足，认为农业比较效益较低，农村工作再怎么抓对 GDP 的贡献也是有限的，农村工作见效慢，成果不明显，没有把农业农村摆到重要位置，存在重工业轻农业、重城市轻农村的思想，工作中往往出现农业发展为

工业发展让路，农村工作分析布置和具体执行力度不够，督查力度弱，重形式不重实效，人为弱化了农村工作。二是对农民普遍关心的问题思考不够，办法不多。

（二）产业融合发展水平低，新业态发展受限。一是农业比较效益不断降低。郑州城市及周边土地成本逐步上涨，生产资料和服务费用上涨，劳动力成本大幅增加，加重了涉农企业的经营成本。二是基层招商的时候过多注重经济效益，引进来的项目没有考虑结合本地的农业特色，大多是单纯的二、三产业，新业态少，对当地农业带动性不强，一、二、三产业融合发展水平低。三是龙头企业竞争力有待提升。全市上规模、上档次、竞争力强、影响力大、品牌效应突出的龙头企业数量不多，一大部分龙头企业尚未建立专门的研发机构，技术水平不高，创新能力不强，辐射带动能力弱，产品附加值不高。四是土地利用率不高和用地紧张问题并存。一方面土地经营权流转不畅，规模经营推进较慢。另一方面农村建设用地不足，新产业新业态用地需求缺口大，很多农产品加工、田园综合体等项目无法落地。

（三）乡村治理体系不健全，基层治理能力弱。一是部分农村基层党组织软弱涣散，凝聚力战斗力不强，在农村工作中的领导核心作用发挥不到位。二是农村矛盾调解化解机制不健全，村民法治观念淡薄，部分农村治安、信访等问题突出，主要表现在城市社区信访少，而城中村和农村地区信访量较多；同时，城中村和农村地区的刑事案件占比不断上升。三是农村陈规陋习、不文明现象突出，红白事大操大办，份子钱已成为农村家庭的重压。四是农村精神文明建设存在薄弱环节，党的阵地建设和宣传教育工作有待加强。部分村开村民大会，需要给农民发钱才有人愿意参加，而一些宗教聚会场所常常人满为患。

（四）农村投入不足，发展矛盾突出。一是基础设施投入不足。道路、供水等基础设施不完善，建设标准低、缺乏统一规划，设施管护机制不健全。根据国家农村公路建设标准，路面宽度为 4.5 米，不能适应当前农村车辆增多的现实需求。二是生态环境投入不足。乡镇一级没有环保机构和人员，用于改善农村人居环境的财政专项资金少，农村垃圾处理的资金投入力度小，垃圾乱堆、乱放、乱倒现象普遍，垃圾收集、转运、处理存在困难，河道垃圾积存较多，加上农业面源污染严重，养殖场雨污分流、粪便污水无害化处理设施建设不到位，生态环境令人担忧。三是后期维护投入不足。建好的基础设施养护不及时，平时没人管，坏了没人修，更新有难度，有些地方已配备的垃圾转运车和垃圾中转站基本处于荒废状态。四是公共服务投入不足。教育、文化、养老、医疗等公共服务投入不足，导致教育、文化、卫生等公共服务设施落后、水平较低，村级农村文化服务中心覆盖率低。

（五）农村人才匮乏，乡村振兴缺少主力军。一是农村党员干部老化、弱化、宗族化问题严重，村干部待遇低、无人愿干，党员先锋模范作用难以发挥。二是乡镇党政干部任务重、压力大，工资待遇低，工作积极性不高。三是农村精英人才大量外流，现代人才“下乡”不足，农村集体经济管理队伍素质不高，专业的经营管理人才缺乏，缺乏驾驭市场经济、适应市场竞争的能力，导致集体资产增值困难。四是教育和医疗人才也都不愿意往农村去，加上现有人才还被城市的优美环境和政策所吸引而不停流失，导致农村教育和医疗水平难以提高。

## 三、郑州市实施乡村振兴战略的对策建议

（一）加强领导，统筹协调，形成乡村振兴合力。一是加强组织领导。成立郑州市乡村振兴战略工作领导小组，统筹协调全市乡村振兴工作，定期研究谋划乡村振兴相关工作，督导乡村振兴战略工作推进情况。二是制定发展规划。尽快制定《郑州市乡村振兴实施意见》与《郑州市乡村振兴战略规划》，明确工作措施和任务，明确推进时间节点，明确考核方案，有方向性、节奏性地推进郑州乡村振兴。三是完善相关配套政策。战略规划和实施意见出台后，各地各部门结合实际情况出台与之相配套的政策，完善奖励措施，制定奖补政策，创新财政支农投入机制，推动农业保险和都市生态农业基金建设制度化，形成完整的郑州市乡村振兴战略政策体系。四是搞好统筹协调。把实施乡村振兴战略，与郑州

正在推进的中心城市建设、新型城镇化建设、美丽乡村建设、都市农业建设、脱贫攻坚等工作结合起来，统筹安排，合理规划，整合方方面面的人力、物力、财力，有序推进。完善部门间联席会议制度，在全市范围内统筹考虑各项投入，避免部门分割，各自为战，力量分散，造成新的资源浪费。

（二）加快农村一、二、三产业融合发展，做优都市农业。一是建好郑州的“菜篮子”。建设高标准蔬菜生产基地，重点建设荥阳邙岭河阴石榴生产基地，新郑、二七、新密樱桃生产基地，荥阳、惠济、二七、新密葡萄生产基地，中牟草莓生产基地等。二是发挥郑州城郊优势，发展“农业+”。发展“农业+旅游”，建设一批融产业发展、文化创意、休闲旅游、养生度假于一体的、可持续发展的都市田园综合体，持续打造休闲观光农业；发展“农业+生态”，在环都市区农业生产区域，建设一批农业、文化、旅游“三位一体”的农业主题公园、郊野森林、农田湿地，构建田园都市新格局，在市内五区和三个开发区及其周边，以公园游园的建设标准全域打造体现农业特色的都市农业主题公园；发展“农业+互联网+电子商务”，依托益农信息社大力推动农业信息服务，促进新型农业经营主体与电商企业面对面对接融合，推动线上线下互动发展；发展“农业+大数据+物流”，依托郑州现代化物流优势，以“中原科创谷”为契机，充分利用大数据平台，完善农村路网建设，推动“农产品+物流”，“农村+物流”快速发展。三是健全农业社会化服务体系。以服务农业农民为根本，大力发展多元化、多层次、多类型的农业生产性服务。不断拓展服务领域，使农业生产性服务涵盖从田间到餐桌的全过程，丰富服务方式，发展公益性服务、托管式服务、订单式服务、合作式服务、综合型服务等服务模式，创新服务机制，搭建统一高效、互联互通的服务平台，加大财政税收、农村金融信贷、农业保险、人才培养支持，促进新型经营主体、普通农户、生产性服务组织的发展，使农业生产性服务业成为新的战略性产业。同时，加快推进信息进村入户工程和“种子工程”建设，发挥郑州科技、资本、人才集聚和物流中心优势，探索建立以郑州农业企业为龙头、以外阜地区为基地、以郑州为市场的跨区域产业链条，促进农业区域协同发展。

（三）深化农村改革，激活农村生产要素。一是推进土地制度改革。继续做好第二轮土地承包到期后再延长三十年及农村土地确权颁证工作。其次，按照中央和省委的要求，积极探索宅基地所有权、资格权、使用权“三权分置”，落实宅基地集体所有权，保障宅基地农户资格权，适度放活宅基地使用权。整治节约村庄建设用地指标，盘活乡村闲置建设用地，合理规划和建设公共用地、推进经营性建设用地入市和建立宅基地有偿退出机制。第三，利用好郑州集体用地建设租赁住房试点机遇，探索村镇集体经济组织自行开发运营或是通过联营、入股等方式建设运营集体租赁住房新型经营方式，拓宽集体经济组织增收渠道。二是深化农村集体产权股份合作制改革。深化农村集体产权股份合作制度改革是继农村土地制度改革后农村改革的又一项大事，目的是保障农民财产权益，壮大集体经济。要总结试点经验，做好改革推进规划，成熟一个，改革一个，稳步推进。三是加快推进农业经营制度改革。要把加快培育新型农业经营主体作为一项重大举措，继续培育专业大户、农民合作社、农业企业等新型经营主体，实现小农户和现代农业发展有机衔接。加大政策扶持力度。完善新型经营主体用地、用水、用电、运输、税收优惠、土地流转奖补用地等优惠政策。加大财政扶持力度和强化金融支持，重点培育郑州农业产业化龙头企业和民主管理好、经营规模大、经营业绩好、示范带动能力强、发展前景好的农民合作社示范社。

（四）推进环境治理，加快郑州美丽乡村建设。一是加强农村基础设施建设。要加快推动城镇基础设施向农村延伸，逐步消除郑州城乡间基础设施差异。强力推进在道路、燃气、上下水、污水垃圾处理等基础设施方面的创建工作，特别是抓好“四好农村路”创建工作，着力提升农村公路服务水平。二是抓好乡村环境整治。持续开展农村人居环境整治，推进农村畅通、净化、绿化、亮化、文化五大工程建设，从“厕所革命”之类民生小事入手，做好农村环境卫生整治，实行政府买单、公司化运营、第三方考核的方式，做好农村环境卫生工作，改善村庄整体面貌和农户生活环境。三是推进美丽乡村建设。以项目建设为抓手，加快建设一批产业支撑有力、设施配套完善、生态环境优美、个性特色鲜明、具有辐射带动能力的美丽乡村。加快特色村保护建设，在保护提升村庄历史文化遗产和自然生态风貌的基础上，进一步改善村庄生态环境，美化亮化村容村貌，高标准、高水平建设郑州 27 个美丽乡村试点项目，通过对建筑色彩、屋顶形式、标示性构件等引导，形成一些典型性元素，强化郑州文化设计，塑造具有中原文化特色、传统与现代交相辉映的乡村形象，彰显中原文化魅力。协调推进第五批中国及省级传统村落的申报工作。

（五）推进乡村文明创建，创新农村社会治理。一是深化乡村公民道德建设。尽快制定出郑州文明村镇建设的三年行动计划，在全市所有乡村全面开展制定修订村规民约行动，提升乡村治理水平和文明程度。充分发挥一约四会（村规民约、红白理事会、道德评议会、村民议事会、禁赌协会）作用，营造“好事大家传、坏事大家管、歪风大家纠”的浓厚氛围，解决好农村婚丧嫁娶、赌博、封建迷信等方面的问题。广泛开展“星级文明户”“文明集市”“文明村镇”等创评活动，以示范促文明。应特别注重“乡贤文化”的兴起，发挥社会各类人才、新乡贤等群体推进乡村道德建设中的作用。二是扩大公共文化有效供给。大力开展郑州乡村文化广场、文化大院、文化长廊、综合文化站等建设。推动郑州社区文艺队、文化志愿者等文艺骨干定期下乡演出宣传，丰富群众精神生活。组织调动当地的农民艺术家，在乡村开展形式多样的民俗活动，突出中原文明、传承中原文化。借助郑州非物质文化遗产保护和美丽乡村建设，挖掘乡村特有的文化资源，加强乡村特色文化资源的宣传和教育作用，促进农村文化工作的深入开展。三是创新乡村治理机制。发挥村民自治、德治传统，并把村民自治、德治纳入法治轨道。加强农村法治建设，推进平安乡镇、平安村庄建设，开展突出治安问题专项整治，引导广大农民群众自觉守法用法，用法律维护自身权益。创新治理体系，实现乡村治理各种措施的制度化、程序化和常规化。

（六）打赢脱贫攻坚战，提前实现全面小康目标。一是继续高标准推进扶贫工作。经过近年来的扶持，郑州完成了全部 248 个贫困村摘帽退出任务，目前剩余贫困人口不足7000人，但应绷紧脱贫攻坚这根弦，精准精细扎实推进，不轻心、不放松、不懈怠。聚焦贫困人口较多的村，聚焦以老年人、残疾人、重病患者为代表的三类特困人群，聚焦贫困群众急需解决的问题，集中力量打好扶贫攻坚战。同时，针对目前扶贫新阶段，转变工作思路。从注重全面推进帮扶向更加注重深度贫困村攻坚转变，从注重减贫进度向更加注重脱贫质量转变，从注重完成脱贫目标向更加注重增强贫困群众获得感转变，从注重找准帮扶对象向更加注重精准帮扶稳定脱贫转变，从开发式扶贫为主向开发式与保障性扶贫并重转变。二是多途径增加农民收入。增加农民收入是“三农”的核心问题，事关郑州脱贫攻坚成效，事关郑州推进现代化建设进程。首先，着力增加农民财产性收入。巩固提升产权制度改革成果，依法保护农民财产权益，利用好郑州集体用地建设租赁住房试点机遇，促进资源变资产、资金变股金、农民变股东。其次，着力增加农民转移性收入。全面落实粮食综合直补、耕地保护资金、农业机具购置补贴等强农惠农富农政策，增加农民转移性收入。再次，着力增加农民工资性收入和经营性收入。鼓励农民参与到特色小镇、美丽乡村等休闲旅游乡村建设，促进农民从新兴产业新型业态发展中充分持续长期收益。加快发展农村服务业，带动农民融入产业链各环节，分享产业链延伸增值收益。三是加大对农村双创的政策支持力度。贯彻落实中央和河南省《关于支持返乡下乡人员创业创新促进农村一、二、三产业融合发展的实施意见》，推动落实金融服务、财政税收、用地用电等“八大政策礼包”，构建全链条优惠政策体系。打造产业链条，结合产业发展规划和当地资源禀赋，培育一批农村双创园区，打造从低端到高端梯次发展的产业链条。完善公共服务，推动市县政府设立农村双创联合服务窗口，建立健全农村双创协调推进机制，开展农村双创指数分析，讲好双创故事，宣传好模式好经验，营造创业创新良好氛围。

（七）加强村级组织建设，打造农村人才队伍。一是加强农村基层组织建设，选优配强村“两委”班子。强化农村基层党组织领导核心地位，创新组织设置和活动方式，持续整顿软弱涣散村党组织。选配好村党支部书记和村主任，在村“两委”换届中，更新观念，严格标准，敢于突破常规，大胆启用优秀人才，把能否带头致富、带领群众致富作为选配村党支部书记和村主任的重要标尺，将那些素质高、能力强、群众拥护的优秀成员选为“领头雁”。进一步提高村干部补贴标准。试点探索将优秀乡村干部转为公务员制度，稳定村级干部队伍。建立健全农村干部培训机制，提高其对新时代农业特点的认识和对乡村发展规律的把握，提升村级干部水平。二是吸引人才、技术等要素更多向乡村流动。实施积极有效的人才政策，吸引外出务工经商人才返乡创业，吸引退休干部、退休教师等新乡贤返乡服务。把智创、文创、农创等引入乡村，探索农村双创基地，政策鼓励部分行业如从事软件开发的IT行业进入村庄，发展农村总部经济，探索农村双创基地。探索人才特岗招聘与培训机制，借鉴国家特岗教师计划，特设岗位与待遇，通过公开招聘或人才引进，选拔农村急需的技术、管理人才，引导和鼓励各类技术管理人才到农村去，并形成长效机制。三是加强对农业农村人才的培训。通过加大政策和资金的扶持力度，均衡教育资源，加大农村实用人才培养工作的组织领导，充分整合乡镇农技站、农职技校、农村技术学校等现有农业教育培训资源，加强与大专院校联系、对口培训合作，使更多的土专家、田秀才脱颖而出，造就一批新型职业农民。

# 激发市场主体活力　重振中小企业雄风

## ——郑州市中小企业发展调查

中共郑州市委政策研究室

改革开放以来，我市中小企业迅速成长并发展壮大，为全市经济快速发展做出了很大贡献，但目前也面临着诸多瓶颈和困境。如何解决难题，重振中小企业雄风是摆在我们面前的重要问题。

## 一、我市中小企业发展现状

近年来，我市加大中小企业的改革创新力度，扩大对外开放和招商引资，完善社会化服务体系，优化发展环境，促进中小企业快速成长，在促发展、保增长，增税收、保民生，扩就业、保稳定等方面发挥着越来越重要的作用。

（一）中小企业已成为经济发展的重要支柱。截至 2017 年年底，我市中小企业总数超过 11 万家，较 2016 年增加 1.6 万家，得益于大众创业、万众创新的高涨热情和工商注册的便利政策，仅 2016 年一年我市中小企业规模的增加量就超过 2011 年到 2016 年 5 年来增加量的总和。同时，2017 年我市中小企业完成增加值 5950 亿元，同比增长 8.8%，占 GDP 比重 65%，对 GDP 贡献率达 59.3%；中小企业累计完成税收 490 亿元，同比增长 14.5%，占我市总税收的 63%。

（二）中小企业已成为社会就业的主渠道。在就业矛盾日益突出的今天，中小企业已成为稳定和扩大就业的主渠道。截至2017年年底，全市中小企业从业人员超过200万人，占全市600多万从业人员的32%，中小企业从业人员较2012年增加近40万人，占5年来全市新增就业人口的一半以上。中小企业已成为新就业、解决大学生就业、下岗职工再就业以及进城务工等扩大就业的主渠道，对维护我市社会稳定起着重要作用。

（三）中小企业是消费品市场主体力量。2017年，我市中小企业累计完成消费品零售额2840亿元，同比增长11.5%，占全市社会消费品零售总额的70%，继续保持良好发展态势。特别是网上零售增长强劲，2017年上半年，我市限额以上企业中，通过公共网络实现的商品零售额为46.9亿元，同比增长56.2%，占限额以上消费品零售额的比重为5.3%，与第一季度相比提高了0.3个百分点，拉动全市社会消费品零售总额增长0.9个百分点。

（四）民间投资成为拉动全市固定资产投资的重要动力。2017年我市民间投资完成4954亿元，增速达到10.6%，较2016年增速提高11.3个百分点，走出了民间投资增速持续下滑的困境，呈现出探底回升、稳定增长的态势。同时，民间投资的比重持续提升，民间投资占固定资产投资的比重由2010年的62.3%提高至2017年的65.47%，较2016年高1.47个百分点。民间投资结构也不断优化，由2010年1.5∶46.5∶52调整到2017年的1.8∶22.9∶75.3，第三产业占比进一步提高。

## 二、近两年我市促进中小企业发展的主要措施

经过政策的全面实施，我市中小企业的发展环境得到切实改善，制约企业发展的各种要素得到初步解决。在积极为企业降本减负的同时，重点推进服务创新、制度创新和政策创新，打通政产学研金介等各种要素资源通道，破解供给制约，为中小企业发展壮大提供良好的营商环境。

（一）优化发展环境，减轻企业负担。一是深化商事制度改革，放宽市场准入门槛。坚持“先照后证”改革，强化落实注册资本等各项改革

及便利化政策，优化服务效能，持续提升了注册便利化水平。一年来，全市新增各类市场主体 24.61 万户、新增注册资本 7211.78 亿元，同比增长 24.71%、38.94%。二是切实为企业降本减负。我市全面贯彻落实中央“三去一降一补”精神，出台了《郑州市降成本优供给推进实体经济持续健康快速发展若干意见》，通过降低制度性交易成本、企业税费负担、企业人工成本等 7 个方面共 26 条具体措施的实施，2017 年共为全市企业降本减负近 80 亿元。同时，根据国家、省“正税清费”的有关精神，我市 2017 年累计停征（或取消）行政事业性收费 25 项，为企业及社会各界减负 1.15 亿元，取消政府性基金 2 项，为企业及社会各界减负 5 亿余元，降低收费标准 3 项，为企业及社会各界减负 1872 万元。

（二）加强融资服务，降低企业融资成本。一是开展银企对接活动。我市积极征集中小企业贷款项目，协调与中国工商银行、中国建设银行等搭建银企对接平台，帮助小微企业解决融资难题。合作以来，共为小企业发放贷款近 200 亿元，办理动产抵押登记 181 件，帮助企业融资 123.75 亿元。二是创新小微金融服务。我市陆续出台了一系列政策措施，支持金融机构开发小微企业专属产品，招商银行郑州分行推出的“千鹰展翼计划”，累计为 557 户科技型企业投放贷款 100 亿元，浦发银行郑州分行推出的“科技金融共赢联盟”，一次性与 200 多家科技型企业建立合作关系，驻郑金融机构先后推出了 80 多个科技型小微企业专属信贷产品，推动实现了银、保、企互促共赢。三是进一步拓展融资渠道。与省级中小企业公共服务示范平台河南优孵企业孵化器有限公司联合举办我市首届中小企业创新创业投融资峰会，收集企业和项目，积极联系国内外风险投资机构，为我市中小企业提供了面对面交流沟通渠道。

（三）拓宽服务渠道，促进企业项目签约。一是开展双进服务（进中小企业公共服务平台、进小微企业创业创新基地），发挥中小企业家专家服务团的帮扶作用。指导中小企业参加第三届全省中小企业与高等院校科研院所产、学、研合作对接活动；引导 44 家企业和 6 个签约项目先后参加和北京市的对接活动及全省产学研对接签约大会。二是鼓励企业参加各类行业展会。积极组织我市中小企业参加第九、第十届 APEC 中小企业技术交流暨展览会，高质量组织我市中小企业参加在广州举办的第十三、十四届中国国际中小企业博览会，参展企业数量和参展产品质量在我省参展企业中均首屈一指。2016 年 6 月，我市高规格举办中国（河南）非公有制经济发展论坛，并组织 10 个签约项目参加非公论坛，签约总金额 126.52 亿元，召开郑州产业项目推介会，集中发布项目 398 个，资金总计 2954 亿元。

（四）强化平台建设，搭建公共服务示范平台和网站。我市将推动中小企业公共服务平台建设作为促进中小微企业发展的重要抓手，积极培育、包装、提升、争创中小企业服务平台，并引导和推荐市级中小企业公共服务平台申报参评省级示范平台。目前，我市共有 64 家中小企业公共服务示范平台，其中，省级示范平台达到 29 家，市级平台 35 家。这些平台门类齐全，有培训服务类、技术服务类、信息服务类、市场开拓服务类、管理咨询服务类等，全市 64 家中小企业公共服务平台共服务中小微企业 2 万余家，累计开展各类服务活动近 600 场次。

## 三、我市中小企业发展中存在问题

由于经济下行压力持续增大、生产要素价格上涨等外部影响，加之产业结构不合理、经营管理粗放等内生不足，我市中小企业发展面临诸多困难和问题。

（一）整体实力不强，结构调整任务艰巨。我市中小企业普遍“低小散”，科技含量不高，产业层次相对较低，市场竞争力不足，创新能力不强，存在产品质量低、技术标准低、品牌认可度低、企业诚信度低等问题，在日益加剧的市场竞争中，生存空间狭小。我市中小企业大量集中在一些技术简单、投资不大、易于模仿、便于进入的粗放型劳动密集型产业，产业链条有待延伸，集群发展相对滞后。如荥阳、上街机械制造企业众多，但成规模的很少，企业“同质化”严重，互补性、配套性差，集聚优势不明显，没有形成合理的产业梯次和分工精细、合作有序的产业链，未能形成上下游产业及支撑产业相互关联的互补效应。郑州的电子商务产业，企业单体规模相对偏小，带动力强的龙头企业在企业群中所占分量轻，众多跨境电子中小企业更多地立足于“搬运工”甚至“代购”的角色。郑州物流业发展很快，但运输、集散、中转、储存、配送、订货、销售、售后服务等相关物流功能还未有机结合，物流设施、土地利用效率不高、产业升级转型的需求迫切。

（二）企业流动资金偏紧，融资难融资贵问题依然突出。国内外市场需求不振，导致我市中小企业应收账款和产成品库存上升。同时，金融部门对中小企业贷款设置的门槛和条件较高，贷款难度大，再加上担保费用、保证金、贷款抵押物评估和登记费等各种中间费用，民间融资成本高、风险大，中小企业缺乏快捷、有效的融资渠道。商业银行贷款融资成本低，年化利率大多分布在5.22%～6.09%，加上第三方费用，两者合计一般仍低于10%。但由于商业银行较为注重风险防范，很少将贷款发放给中小企业，因此很多私营企业，尤其是一些小微企业只能通过民间借贷融资，年化利率大多在15%～30%，最高超过100%，融资成本非常高。融资难、融资贵制约了企业的转型升级、提质增效和迈向中高端的发展步伐。另外，信用担保体系存在明显缺陷：担保机构与银行之间存在分歧，难以形成良好合作，由于银行对担保公司的信用难以接受，在担保放大倍数、风险分担比例上与担保公司分歧较大。

（三）经营成本上升，利润空间缩小。我市中小企业多处于产业链低端，产品附加值低，消化成本能力弱。随着土地、资金等生产要素成本上升、劳动力价格等生产要素的不断提高，加之物流、环保等费用增加，增加了中小企业经营成本，进一步压缩了企业的利润空间，造成众多企业微利甚至亏损经营，失去再投资、再发展的能力。在调研中，企业反映各种行业检验、检测、鉴定项目多，收费多。各种行业检验、检测、鉴定等项目并未随着行政事业性收费的取消而取消，而是行政事业单位取消了，企业只能从市场上找有资质的检验、检测、鉴定部门来做，所需要交的费用并未减少，且检验、检测、鉴定公司鱼龙混杂，有的甚至交钱就出检测证明。而且当前国家、省、市对环保治理要求严，相继出台大气污染防治攻坚行动计划、意见和工作方案，加大了对环保治理的检查工作，但环保治理存在检查频次多，部门无统筹等现象。另外，生产资料价格持续上涨挤压企业利润空间。数据显示，2017 年大宗商品整体依然处于上涨格局，逐渐传导至了工业领域。2017 年每月 PPI（工业品出产价格）上涨平均超过 6.5%，达到 11 年以来上涨最快速度，标志着中国工业领域开始了全面涨价。原材料成本、财务成本、管理成本等全面上升，导致企业虽然销售额实现增长，但利润空间缩小。

（四）配套扶持政策滞后，一些政策落实不到位。市场准入、税费减免、资金补贴等扶持中小企业发展的政策在落实过程中，存在“棚架”现象，落地难、落地慢，配套措施出台不及时。同时，广大中小企业对政策缺乏了解，往往无法及时获得政策扶持，享受不到改革红利。很多惠及中小企业的法律、法规、规章、政策性文件只有颁布执行的信息，没有宣传、解析、推进落实的信息。众多中小企业主要是通过电视、广播、网络及相互之间的传播等途径了解普惠中小企业的部分政策信息，绝大多数中小企业对惠及自己企业发展的政策了解仍处于一知半解的状态。作为工商、税务、银行等直接为中小企业服务的部门，由于其业务触及面广、涵盖量大，也很难在其业务方面设置这样的普法宣传栏；作为政府服务“窗口”的行政服务大厅，各执法部门突出的也是行政服务的公共属性，对专项政策解读的服务功能较为弱化。

（五）企业自身创新能力不足，经营管理粗放。我市多数中小企业管理者业务素质不高，对经营管理中遇到的问题，不是从自身出发寻求解决办法，而是寄希望于政府的扶持和帮助。一些企业家族管理特点明显，引入战略合作者的愿望较低，对涉及控制权问题的股权融资较为保守，对行业内的战略合作更是难以接受，使得企业的战略发展空间被严重压缩。我市多数中小企业还处于制度尚未健全的经验管理阶段，90%以上的中小企业从未进行过系统的战略管理咨询。很多企业往往是依托地方特色资源或是发现了短期市场机会而创办起来的，这种创办的偶然性使很多中小企业家从一开始就不具备战略意识，缺乏对未来发展的战略定位和规划。

## 四、促进中小企业发展的建议

郑州在建设国家中心城市过程中，必须练好内功，加快产业结构调整和经济发展方式转变，大力扶持中小企业发展，破除发展瓶颈，为它们营造宽松的发展环境，推动其经济增长从要素驱动向创新驱动转变，激发其市场主体活力。针对当前面临的突出问题，建议采取以下措施及对策：

（一）加快推进转型升级和技术创新。一是大力培育新兴产业。加大对新兴产业项目实施引进和培养的政策扶持力度，重点支持汽车及装备制造、电子信息两大战略支撑产业和生物及医药、新材料两大战略性新兴产业发展，对全市新兴产业发展有重大带动作用的战略性项目个案实行“一事一议”和“一企一策”。优先保障新兴产业重大项目发展用地，推动一批对全市工业转型升级具有重大促进作用的项目。二是积极引导传统产业转型升级。支持我市企业做优铝精深加工、现代食品制造和品牌服装及家居制造三大传统优势产业。深入开展企业对标行动，组织企业在思想观念、产品研发、设备更新、工艺改进等方面与国内外知名企业进行对标，进一步推动传统特色产业升级。重点以节能减排为突破口，以高新技术和先进适用技术改造提升传统产业，千方百计推进产业结构升级。三是培育龙头企业。选择一批发展前景好、成长性高、具有一定行业地位、特别是在战略性新兴产业领域内的中小企业，给予重点扶持。按照“做强、做大、做优”原则，以“微升小、小升中、中升大”为主要发展方向支持中小企业走“专精特新”发展道路。四是积极参与全省千家“专精特新”中小企业培育服务工程。认定一批市级“专精特新”中小企业并给予扶持，以“微升小、小升中、中升大”为主要发展方向，引导企业转型升级，从粗放型向专业化、精细化、特色化、高附加值质量效益型发展转变。

（二）着力缓解中小企业融资难问题。一是深化银企对接服务。要在银企对接上有突破，不断创新工作方式，做好穿针引线工作，努力搭建银企互动平台，发挥好政府在企业与银行之间的桥梁纽带作用，建立合作共赢的有效融资机制。二是创新融资方式。在融资问题上，可以尝试供应链融资，由大企业作担保，解决其供应链上中小企业的融资难题。探索集群融资，由企业形成集群，统一放贷。鼓励企业尝试股权投资，比如私募股权投资、大企业股权投资、股权投资基金等。培育、引导、组织企业在资本市场挂牌上市，扩大上市规模，增加直接融资。三是拓展企业境外融资渠道。去年郑州银行和鑫苑置业 2 家成功发行外债，实际融资额达到 17.91 亿美元。为有效解决企业"融资难、融资贵"瓶颈制约难题，建议加强对民营企业境外融资政策知识的辅导，加快利用国内、国际两个资本市场，拓展境外融资渠道。四是支持民营银行获批。目前河南华贸银行股份有限公司报批工作已完成论证前各项申筹材料、佐证材料的准备和尽职调查报告更新工作，已上报中国银监会。建议考虑到郑州建设国家中心城市的战略需要，积极呼吁国家有关部门研究加快河南第一家民营银行筹备进程。

（三）推进政府服务体系建设。一是切实落实好各项优惠政策。认真落实国家、省、市有关扶持中小企业发展的政策，积极利用工商、办税服务厅公告栏、12366 纳税服务热线、中小企业服务平台等载体增强政策透明度，发放优惠政策宣传单，帮助广大中小企业了解政策、更多地享受各级扶持政策，助推企业发展。二是完善中小企业公共服务平台。按照开放性和资源共享性原则，加快构建国家、省、市三级中小企业公共服务平台网络体系，为广大中小企业提供信息查询、技术创新、质量检测、法规标准、管理咨询、创业辅导、市场开拓、人员培训、设备共享等服务。三是优化发展软环境。加强机关效能建设和职业道德教育，采取切实有效的措施，坚决查处影响企业正常经营的行为。通过深入企业明察暗访，鼓励保护企业举报，并使之制度化、经常化，及时发现和查处各种侵犯中小企业合法权益的违法行为，为中小企业保驾护航，促进全市中小企业在一个良好的环境中生存发展。

（四）加强企业管理，提高企业自身素质。一是重视培育培养战略型企业家。企业家是社会重要的人力资源和生产力，企业家素质的高低、数量的多少直接影响着一个区域的发展。可以把培养中小企业家列入议事日程，通过学习和引导，把一批中小企业经营者培养成自觉运用现代企业管理，能够准确把握市场的战略型企业家。二是推进现代企业管理。按照现代企业管理制度的要求，积极推进中小企业内部管理的改革完善。引导企业建立健全组织机构，制定系统完善的企业规章制度，完善内部治理，正确处理企业所有权与经营权的关系。三是实施品牌战略。引导企业树立品牌意识，争创名优产品，通过企业自主创新，培养品牌，拓展更广阔的市场，提高企业和产品抗风险的能力。

# 郑州市陆港型物流枢纽产业布局和建设情况调研报告

郑州经济技术开发区经济发展局

当前，我国物流业发展处于重要的战略机遇期，社会主义现代化强国建设的新征程，对物流业发展提出了新要求。现代物流业、现代供应链与先进制造业深度融合的需求更加迫切，区域协调发展与区域间物流统筹布局的需求更加强烈，全方位对外开放与打造服务全球的物流基础设施、产业供应链体系的需求更加旺盛。这一系列物流建设战略正需要构建科学合理、功能完备、开放共享、智慧高效、绿色安全的国家物流枢纽网络，从而促进物流资源集聚、提高物流运行效率、推动产业供应链高质量发展。

## 一、基本情况

2018 年 12 月 21 日，国家发展改革委、交通运输部联合印发《国家物流枢纽布局和建设规划》（以下简称《规划》）。《规划》集战略性和政策性于一体，是继《物流业发展中长期规划》之后指导物流业创新发展的纲领性文件。《规划》中 19 处提到多式联运，“铁路”一词出现 32 次，为多式联运发展带来前所未有的机遇。同时，《规划》为铁路多式联运发展制定了清晰的目标。到 2025 年，以“干线运输+区域分拨”为主要特征的现代化多式联运网络基本建立，全国铁路货运周转量比重提升到 30%左右，铁路集装箱运输和集装箱铁水联运比重大幅提高。多式联运等先进运输组织方式广泛应用，国家物流枢纽单元化、集装化运输比重超过 40%。到 2035 年，基本形成与现代化经济体系相适应的国家物流枢纽网络，实现与综合交通运输体系顺畅衔接、协同发展，物流规模化、组织化、网络化、智能化水平全面提升，铁路、水运等干线通道能力充分释放，运输结构更加合理。在 2017 年国家“公转铁”取得预期效果的基础上，《规划》的出台将掀起一股更大的铁路热，物流枢纽重构经济版图，铁路多式联运的风口已悄然形成，铁路多式联运时代即将到来。

（一）打造国际交通和物流枢纽，加快构建国家中心城市。郑州，是全国重要的铁路、航空、高速公路、电力、邮政、电信主要枢纽城市，中国中部地区重要的工业城市。目前有汽车、装备制造、煤电铝、食品、纺织服装、电子信息六大优势产业。氧化铝产量占全国总产量的 50%，拥有亚洲最大、最先进的大中型客车生产企业，冷冻食品占全国市场份额的 40%以上。郑州商品交易所是三大全国性商品交易所之一，“郑州价格”一直是世界粮食生产和流通的指导价格。2017 年 1 月 22 日，国家发展改革委正式复函支持郑州建设国家中心城市，赋予了这个“火车拉来的城市”更多的机遇和使命，站在国家城镇体系的最高层级，“塔尖城市”郑州势必要肩负国家使命、代表国家形象、引领区域发展，加快推进“三中心一枢纽一门户”建设，打造国际综合交通和物流枢纽时不我待、只争朝夕。

（二）经济发展稳中向好，产业结构持续改善。2018 年全市生产总值达到 10143.3 亿元，同比增长 8.1%，高于全国 1.5 个百分点，高于全省 0.5 个百分点，经济总量占河南省比重 21.1%，在全国 27 个省会城市中位居第 7 位，全省经济首位度提高到 21.1%；三次产业结构比由 2017 年的 1.7∶46.5∶51.8 调整为 2018 年的 1.4∶43.9∶54.7，全年规模以上工业增加值增长 6.8%，增速高于全国平均水平 0.6 个百分点；2018 年全市战略性新兴产业、高技术产业增加值同比增长 11.8%和 12.4%，高于规模以上工业增加值 5 个和 5.6 个百分点，实现战略性新兴产业增加值占 GDP 比重超过高耗能行业的历史性突破；全市交通运输、仓储和邮政业增加值 557.3 亿元，增长 5.7%；批发和零售业增加值 798 亿元，增长 4.3%；住宿和餐饮业增加值 380.4 亿元，增长 5.8%；金融业增加值 1145.8 亿元，增长 5.8%；房地产业增加值 693.9 亿元，增长 8.5%。形成以电子信息、汽车及装备制造、新材料、生物医药、现代食品、家居和品牌服装、铝及铝精深加工为支柱的工业体系；形成以现代物流和现代金融为引领的生产性服务业、以跨境电商为特色的商贸服务业、以品牌旅游为主打的生活性服务业体系。同时，空中、陆上、网上、海上丝绸之路四路协同的开放格局不断扩大，2018 年，郑州面向“一带一路”进出口总额 116.1 亿美元，比上年增长 31.4%。

（三）区位交通优势突出，物流产业发展良好。郑州，地处中原腹地，素有“九州心腹、十省通衢”之称，承东启西、联南贯北，全国十纵十横交通运输通道中黑河至港澳运输通道、烟台至重庆运输通道、陆桥运输通道在此交汇，是新亚欧大陆桥东段的桥头堡，是中原经济区的核心城市，是中国内陆腹地海、陆、空多式联运节点，全国核心交通枢纽和全国物流中心节点城市。全国唯一的双十字铁路交汇点并正在形成“米字形”交会点。郑州市都市区对外高速公路形成了“四横五纵”的网络结构；过境国省干道为“三横八纵”网络结构；都市区 7446 平方公里范围内形成“十八横二十三纵”的方格网络，构建连续性、开放性区域快速通道网络。

2018 年，郑州市社会物流总额达到 23604.53 亿元，同比增长 10.3%；实现物流业增加值 787.75 亿元，增长 10.4%，占服务业增加值的 14.2%，占 GDP 的 7.8%，对区域经济的支撑和带动作用突出；社会物流总费用 1493.96 亿元，增长 1493.96 亿元，增长 8.8%，与 GDP 的比率为 14.7%。郑州市全年交通运输业各种运输方式完成货运量 27630.8 万吨，增长 15.8%。其中铁路 1920.3 万吨，增长 9.8%；公路 25679 万吨，增长 16.3%；航空 51.5 万吨，增长 6.1%。2018 年跨境电商进出口包裹近亿单，交易额达到 86.4 亿美元、增长 25.1%，交易额全国第三。本土物流企业不断发展壮大，传统运输、仓储物流企业加快向现代物流企业转型。2018 年郑州市新增 A 级物流企业 24 家，截至 2018 年底全市拥有国家 A 级以上物流企业 87 家。

（四）基础设施发展持续加强，产业生态布局初步形成。近年来，郑州正积极强化国际物流中心功能，大力发展空、铁、公、海多式联运，重点打造海铁、空铁、公铁等一体化立体网络。加快建设立足河南、辐射全国、连接世界的国际冷链物流中心、国际快递物流枢纽、全球网购商品集疏分拨中心，提升郑州在全球物流格局中的枢纽功能和地位。已经形成以郑州国际物流园区、郑州航空港实验区航空物流产业园等物流园区为引领的四大物流功能区，为郑州建设现代国际物流中心提供战略支撑和纵深布局。同时，物流园区间在核心业务功能、依托产业（产品）的差异化较强，互相竞争程度较弱，具备联动协作发展的优势。

（五）政策体系初步形成，发展环境进一步改善。河南省聚焦中欧班列发展、电商快递物流、供应链创新与应用等共发布的物流业相关政策 15 项。《2018 年河南省推进中欧班列创新发展方案》围绕实施“三区一群”战略，加快构建以郑州国家级枢纽为核心，新乡、洛阳省级枢纽为节点，培育形成中欧班列新的增长点。郑州市先后出台了《郑州市人民政府加快现代物流业转型发展的实施意见》《郑州市人民政府加快建设现代国际物流中心的实施意见》《郑州市人民政府关于印发郑州市冷链物流转型发展工作方案的通知》《郑州市人民政府关于印发郑州市电子商务物流转型发展工作方案的通知》《郑州市人民政府关于印发郑州市快递物流转型发展工作方案的通知》等多项规划和政策文件，为郑州市物流业发展营造了良好环境。

## 二、郑州陆港型枢纽建设情况

（一）建设意义。郑州市建设陆港型国家物流枢纽拥有得天独厚地理优势和坚实雄厚的产业基础，符合国家战略要求，是大势所趋，是势在必行。2014 年，习近平总书记视察河南郑州国际陆港和郑州跨境电子商务综合试验区时，明确提出郑州陆港要“建成连通境内外、辐射东中西的物流通道枢纽，为丝绸之路经济带建设多做贡献”，跨境电子商务要朝着“买全球、卖全球”目标迈进。郑州市建设陆港型国家物流枢纽（以下简称郑州陆港枢纽）也是践行“一带一路”倡议，加快构建立足中原、辐射全国、联通欧亚的物流网络的国际陆运综合枢纽，是深化内陆地区改革开放、形成以点带面辐射带动作用、密切中原城市群与全球经济竞争合作的开放型经济和枢纽经济驱动引擎，是推动国际商品交易集散、加快区域消费转型升级、推动我国参与国际贸易规则制定的国际供应链组织策源地。

（二）枢纽位置和规模概况。

（1）枢纽位置。郑州陆港枢纽选址布局在郑州经济技术开发区内，距郑州国际物流园、郑州国际汽车产业园、上汽产业园、宇通产业园、中铁产业园、海尔产业园均1公里，距郑州商品交易所、万邦国际农产品交易中心均5公里，310、107国道交汇于此，在1公里范围内可以到达京港澳高速、郑民高速、新107国道，在15公里范围内可到达郑州4E级国际机场、连霍高速，通过高速公路，3小时内抵达河南省所有重要城市；以500公里为半径6小时货运范围可以辐射3.6亿人口，1000公里为半径12小时货运范围可以辐射7.9亿人口；至天津、青岛、连云港港口铁路运输最多8小时；目前已形成郑州为中心，直达武汉、西安、南京、上海，覆盖全国经济总量2/5强的3小时经济圈。

（2）规模概况。郑州陆港型物流枢纽占地19.24平方公里，其中物流运营面积为12.2平方公里，占比为66.1%；枢纽实际投资总额约852.4亿元；入驻企业695家，其中：年营业收入超过10亿元的物流企业22家，收入超过2亿元的物流企业45家，5A物流企业13家；园区已建成运营企业共吸纳就业人数10.5万人，其中物流从业人员7.1万人；入驻企业营业总收入684.4亿元，其中物流业务总收入475.6亿元；实现税收收入29.3亿元；货运量达9689.4万吨，物流强度为815万吨/（平方公里·年）。

（三）规划布局。郑州陆港型物流枢纽建设按照“四港一体、多式联运”的总体思路，积极抢抓“一带一路”倡议以及河南自贸区、郑州经开综保区、中国（郑州）跨境电子商务综合试验区、国家现代物流创新发展试点城市等重大发展机遇，健全“国际物流、区域分拨、城市配送”功能，打造形成铁、公、机、海“四港一体”、协同联动、优势互补的大物流产业链。建设采用“一枢纽、三片区”的总体布局，整合郑州国际陆港中欧班列国际物流园、河南保税郑州全球跨境E商务产业园（EWTO核心功能集聚区）和郑州国际物流园三个现代物流产业千亿级集群，构建陆港型物流枢纽，其中，郑州国际陆港中欧班列国际物流园区与郑州全球跨境E商务产业园区在空间上集中连片，并与郑州国际物流园区通过高速路和城市主干道连接，三个片区实现优势互补、集约布局、联动发展。

（四）功能定位。物流功能上，中欧班列为整个枢纽提供了重要的国际物流大通道，郑州国际物流园为枢纽提供了完备的国内集散分拨网络，国际铁路运输与国内公路物流相互协作；贸易功能上，中欧班列国际物流园与EWTO核心功能集聚区错位发展，形成合力，推动“一带一路”商贸物流合作交流，打造国际贸易及跨境电子商务完整的产业链和生态圈。产业组织功能上，三个片区形成了跨境电商-国际物流-国内物流-金融商务-加工制造等上下游协同发展的全产业链，产业核心竞争力不断提升。枢纽已完成包括中铁联集郑州中心站、郑州圃田站、铁路口岸服务设施、粮食口岸一期、海关监管多式联运监管中心等一批枢纽功能服务设施建设，完成中欧多式联运综合服务信息平台、跨境电商通关服务平台、冷链班列信息服务平台等一批信息服务平台建设，存量设施平台条件较好。

（五）项目建设情况。截至2018年年底，郑州陆港枢纽规划范围内物流设施及平台建设累计完成投资超500亿元，其中，郑州国际陆港中欧班列国际物流园区累计完成固定资产投资约38.6亿元。已完成包括中铁联集郑州中心站、郑州圃田站、铁路口岸服务设施、粮食口岸一期、海关监管多式联运监管中心等一批枢纽功能服务设施建设，完成中欧多式联运综合服务信息平台、跨境电商通关服务平台、冷链班列信息服务平台等一批信息服务平台建设，正在加快推进郑州国际陆港保税物流中心（B型）、郑州国际陆港多式联运集疏中心、郑州国际陆港汽车整车进口口岸、陆港配套商务区等项目；郑州国际物流园区累计完成固定资产投资283亿元，目前区域仓储面积达到400万平方米，企业使用各类运输车辆约14000台，装卸搬运设备约2500台、总装卸能力5960吨，拥有各类分拣线30条、日分拣能力达到760万件。建成新加坡丰树（郑州）物流园项目、普洛斯（郑州）现代服务产业园项目、安得物流现代综合物流园等56个项目，推动郑州温控供应链产业基地项目、丹尼斯物流中心项目、北京京东中原（郑州）电子商务产业园项目、河南九州通现代医药物流园等20个企业招商项目。同时，郑州国际物流园区正在重点推动公路港项目及河南省物流公共服务平台建设工作；郑州全球跨境E商务产业园区累计完成固定资产投资超过100亿元，已建成保税仓库、综合监管分拨中心、展厅、联检楼、服务楼、企业办公楼、中大门保税直购体验中心、信息化机房等，拥有30万包/日分拣能力的自动化申报分拣系统、10万包/日的终端配送分拣系统及各类机械设备。园区创建的“贸易单一窗口”和“买卖全球网”等跨境贸易电子商务信息化平台，叠加海关、国检等信息化监管服务功能，为跨境电商企业提供“一站式”通关服务，现日均处理能力峰值可达500万包，通关速度提升到每秒1000单。

## 三、郑州陆港型物流枢纽运行体系

（一）业务体系。

（1）铁路物流业务体系。郑州陆港型物流枢纽铁路物流体系已形成了以郑州为“十字形枢纽”中心，中欧班列（郑州）为载体，中欧沿线多口岸、多目的地国际网络布局和境内集疏服务网络。可概括为“六个目的站点，五个口岸”。“六个目的站点”：三个欧洲目的站（德国汉堡/德国慕尼黑/比利时列日），二个中亚目的站（哈萨克斯坦阿拉木图/乌兹别克斯坦塔什干），一个东盟目的站（越南河内）。“五个口岸”：欧洲线路为主体运行线路有三个出入境口岸（西线新疆阿拉山口，中线内蒙古二连浩特，东北线由黑龙江绥芬河出入境），中亚线路经新疆霍尔果斯出入境，东盟线路由广西凭祥出入境，构建覆盖中原城市群、京津冀、环渤海，辐射长三角、珠三角的货源集疏服务网络，连通欧洲、中亚和东盟及亚太（日韩等）的干支服务网络。

（2）公路物流业务体系。郑州陆港型物流枢纽公路物流体系以郑州国际物流园区公路港为核心，按照“三网融合、四港联动、多式联运”的总体思路，整合区域分散的干线运输和区域分拨物流资源，形成规模化、网络化的公路物流集散服务网络。公路区域分拨和配送板块，重点对接郑州市及周边区域产业集聚区和城市生活集聚区，依托陆港枢纽内电商快递、医药物流、汽车物流企业，为区域生产生活提供门到门的区域分拨配送业务；公路干线物流板块，重点连接以中原城市群为核心的国内节点，辐射全国38个重要物流节点城市、30个沿海港口；国际物流服务板块，重点加强公路港与国际陆港、国际航空港的多式联运衔接，通过中欧班列和国际铁海联运建立与欧盟、中亚、东盟及亚太地区的经贸联系，加强与航空港在电商快递和高附加值产品物流的业务联动，依托机场四通八达的国际航线航线网络建立与全球主要经济体贸易联系。

（3）供应链集成体系。郑州陆港型物流枢纽结合所在区产业优势，已形成包括汽车整车制造、整车进口、跨境电商、医药物流等完整供应链体系。其中，汽车整车制造供应链体系整合现有仓储设施，推动流通企业与汽车零部件供应商系统对接，建设需求、库存和物流信息实时共享的供应链协同平台，推行VMI（供应商管理库存）模式，引导生产端优化配置生产资源，包括零部件到货、验收、仓储、集配、配送上线、工厂内搬运、空容器回收等业务，配送管理零部件规模达15000多种；汽车整车进口供应链体系以陆港公司作为整车进口供应链组织主体，国际端与欧美汽车制造企业、汽车贸易商、国际融资服务平台对接，依托成熟的中欧班列（郑州）或国际铁海联运班列顺畅到达郑州，通过郑州汽车整车进口口岸为进口整车提供报关和检验检测服务，同时在郑州国际陆港建立汽车展示交易中心为消费者提供销售及售后服务，截至2018

年底，累计进口汽车 1425 辆。医药物流供应链体系整合了包括国药、华润、九州通等医药龙头企业，并依靠其综合信息服务平台为支撑，对接普通药品、医疗器械、国家储备药品等国内外药品生产企业，建设高标准第三方物流标准的物流中心，配置最先进的自动化分拣系统、现代管理软件，同时辅以无线射频识别系统（RFID）、运输管理系统（TMS）的技术支持，在仓储区域主要提供恒温恒湿储存、自动分拣包装、药品电子监管等服务。目前陆港枢纽集聚了河南全省 70%以上的医药、医疗器械库存。

（4）信息平台体系。郑州陆港型物流枢纽结合陆港公司、保税集团、省物流协会等优势资源，已完成开发建设中欧多式联运信息平台、保税贸易信息平台、河南省物流公共服务平台等。其中，中欧国际多式联运综合服务信息平台主要服务于中欧及亚太地区客户、物流提供商、政府部门及其他相关方如媒体和国际组织等，该平台中、德、俄、英四种语言版本同时在线并自动转换，有效解决了客户间语言障碍，满足了客户实时获取货物动态信息的需求。平台上线以来，舱位提前 1 个月时间对外开放，节约时间约 28%，降低了公司运营成本 20%。“买卖全球网”是河南保税物流中心落实习总书记“买全球，卖全球”指示精神，为开展内贸、外贸、邮政、快递、仓储企业提供一站式便捷高效服务的贸易集成服务综合交易平台。平台集电商、贸易商、物流商、支付商的企业需求、个人消费者贸易诉求、企业面向监管部门的监管申报要求和政府对全产业链价值管控功能为一体，打造立体的、复合的集成贸易服务系统，形成完整的跨境电商生态链。河南省物流公共服务平台依托大数据、云计算和物联网等先进技术，构建集政府、园区、企业、个人于一体的物流公共服务平台。该平台核心功能主要包括：物流资源在线交易（重点提供在线订仓、运力匹配、金融撮合、第四方物流服务等）、物流大数据统计监测（建设全省物流资源电子地图、物流产业热力图、物流数据交换系统、物流数据统计系统等）、物流信用监测与服务（建设全省物流信用查询公示子系统、物流安全支付子系统、信用融资子系统、金融机构贷后监管子系统等）。

（二）枢纽协同运行体系。

（1）境内外节点枢纽运行体系。郑欧班列积极拓展境内、境外业务，通过空运与韩日台港等亚太国家和地区实现空铁、海铁联运，形成以郑州为中心的境内核心物流集疏枢纽，境内覆盖全国四分之三省区市，集疏范围达到1500公里；在境外形成以乌兹别克斯坦塔什干、哈萨克斯坦阿拉木图、蒙古扎门乌德、越南河内等辐射亚洲周边国家和以德国汉堡、慕尼黑、比利时列日为枢纽，持续推进中途上下货多点密布常态开展。

（2）境内外枢纽协同体系。在空、铁枢纽协同方面，郑州陆港型物流枢纽积极推动与郑州航空港“空中丝绸之路”进一步融合，大力发展多式联运，加强与郑州航空港以及沿海港口的有机衔接，积极发展复合型物流模式，全面构建铁、公、空、海“四港一体”的多式联运物流体系。在区域分拨枢纽协同方面，郑州陆港型物流枢纽以河南省主要城市作为区域枢纽港，近期重点联动新乡、商丘、安阳、周口、漯河、洛阳、信阳、濮阳等重要节点，启动建设一批国际陆港，形成郑州陆港枢纽在区域的集货及组织分拨枢纽。在国家物流枢纽协同方面，郑州陆港型物流枢纽以京广、陇海铁路干线为主干，各地铁路网络为分支，连接国内11个省会城市，3个直辖市，8个沿海港口城市，形成连接国内主要城市的“五定”班列货运线路体系。在国际枢纽协同方面，郑州陆港型物流枢纽已经形成遍布欧盟和俄罗斯及中亚地区24个国家126个城市的网络，同时通过与连云港港、天津港、青岛港等港口以及中远、中海等公司合作，结合日韩东北亚到中亚及欧洲过境货物，以郑州为节点，建立郑韩及郑日铁海联运格局。

## 四、郑州陆港型物流枢纽建设目标和任务

（一）推动班列高品质、高频次、高效率开行。中欧班列（郑州）至2018年年底累计开行1760班，2019年计划开行1000班，到2020年计划开行1300班，加密至德国、比利时、中亚和越南等班列，西向开辟至法国、意大利和西亚等新线路，南向开辟至泰国的新线路，探索开行粤

郑欧、台闽郑欧、新加坡的省际班列和海铁联运班列，东向拓展至连云港、青岛、天津、宁波等港口海铁联运班列，开通至上海、广州等港口班列，扩大日韩中转集拼业务，基本建成境内外全覆盖的立体高效集疏体系。枢纽干线运输到发规模占枢纽总运输比例超过30%，枢纽铁路运输单元化、集装化运输比重超过40%。同时，通过有效的多式联运组织，促进“公转铁”，提高铁路干线运输比例；继续创新推广“一单制”门到门服务，实现“一站托运、一次收费、一单到底、一次认证”。通过推行一体化运输组织，搭建综合信息平台，实现货物高效流转和信息交互共享，进而实现车停时同比下降30%，车辆超偏载率下降80%，平均订舱时间提前10小时，运行时间从18天缩短到15左右，节约时间约17%，比海运节约22～27天，比空运节约资金重货约80%，总体运输效率提升三分之一。

（二）降低物流运行成本。一是取得国际班列优惠价格。在量价捆绑的铁路议价机制下，持续依托双向满载率、频次稳定性、货值均衡性等运营能力，与境内外承运商统一开展境外价格谈判，提高全程价格主导权，有效降低国际联运全程物流成本；二是降低公路干线运输成本，郑州陆港枢纽建立了“海铁干线运输＋公路短途接驳”的运输模式，将原有公路的货物转移到铁路及海运干线上来，充分发挥铁路和海运运量大、成本低的优势，物流成本降低主要体现在铁路干线运输、公路干线运输、海运之间的物流成本差值。目前通过中欧班列运输的货值占我国全部出口到欧洲及沿线各国货值的1%～3%，根据我国与沿线国家的贸易量发展趋势，具体分析中欧班列（郑州）开行线路周边市场的铁路贸易份额，对标实际承运能力，预测到郑州陆港型物流枢纽开行伙伴班列承担总货运量2019年完成17万TEU、2020年19万TEU、2022年25万TEU。

（三）完善物流供应链服务体系。初步建立物流业与制造业、商贸业联动发展机制，形成支撑整车制造、家电生产、铁路装备、生物医药、口岸贸易等产业发展的物流供应链服务体系。“链主型”供应链、“平台型”供应链、“共享型”供应链等先进供应链组织模式广泛应用，供应链库存管理、生产线物流、供应链一体化服务等广泛开展，个性化定制、柔性化生产、资源高度共享为特征的虚拟生产、云制造等现代供应链得到初步充分发展。物流枢纽组织效率大幅提升，物流综合服务能力显著增强，铁路港、公路港、航空港、内陆无水港“四港联动”立体网络运输能力充分释放，基本形成以物流枢纽为核心的现代物流运行体系。到2020年，依托物流供应链系统化组织、专业化分工、协同化合作和敏捷化调整的优势，郑州市流通资源的配置效率进一步提高，培育2～3家全国供应链创新与应用试点企业，社会物流总费用与全市GDP比例在当前基础上降低2个百分点，进一步推动物流降本增效，为区域经济高质量发展提供支撑。

（四）推动区域经济高质量发展。充分发挥郑州陆港型物流枢纽带动效应，发展特色口岸经济，保障汽车进口、跨境电商、一般国际贸易、国际运邮、冷链物流等业务多元化常态开展，推动汽车装备制造等产业依托班列开发面向丝绸之路经济带国家市场。目前进口汽车、粮食、肉类、木材、水果、邮政等口岸相继落户郑州，郑州已经成为全国功能性口岸最多的城市，初步形成较为完善的现代口岸体系，口岸经济规模不断壮大。到2020年，郑州陆港枢纽口岸开放体系将进一步完善，枢纽物流业主营业务收入突破1500亿元，年可承接包裹单量超过15000万件，全年进口汽车1000台以上，力争进口粮食3万吨以上，带动相关就业10万人以上。

（五）提升内陆对外开放水平。构建“东西双向互济、陆海内外联动”的开放格局是当前我国“一带一路”倡议的重要任务，郑州陆港通过开行稳定的货运班列，对外服务网络遍布欧盟、俄罗斯及中亚地区24个国家121个城市，对内以北京、济南、武汉等134多个市（县）为二级集疏中心，在国内设立53个集装箱还箱点，辐射半径达1500公里，涵盖近四分之三国土面积，未来将进一步推动区域与全球重要物流枢纽、能源与原材料产地、制造业基地、贸易中心等建立更加紧密的合作关系，切实推动亚欧商贸对接，成为双方贸易物流大通道；与“一带一路”倡议的五大方向、六大走廊在空间上形成耦合，功能上形成支撑，形成两种资源、两个市场、国内与国际产能的紧密衔接，从内陆开放前沿走向开放高地，全面提升郑州内陆对外开放地位。

## 五、郑州陆港型物流枢纽建设重点工作

为加快郑州国家中心城市、中原城市群建设，打造以“一带一路”为引领的内陆开放型经济和枢纽经济发展高地，充分发挥郑州陆港型物流枢纽的聚集辐射功能，未来郑州陆港型物流枢纽将依托“覆盖全国、连接欧亚的国际供应链服务网络”，在中欧班列实现数量与质量实现同步快速增长，电商物流、保税物流、冷链物流、医药物流、物流供应链等实现快速发展，进一步改善郑州陆港型物流枢纽要素集聚功能，提升枢纽辐射能级，从而推动中国制造向中国创造转变、中国速度向中国质量转变、中国产品向中国品牌转变。

（一）构建现代综合交通枢纽体系。

（1）打造综合交通运输体系。进一步加强郑州陆港型物流枢纽与航空港、公路港、沿海港等之间功能对接，拓展多式联运业务联系，争取建立以公铁空海“一单制”联运为核心的便捷运输制度，制定推行企业互认的单证标准，实现一站托运、一次收费、一单到底，建设以铁路运输为核心、无缝对接航空、公路、海运等高效便捷的综合交通运输体系，提高资源禀赋配置效率。

（2）提升交通枢纽开放融合程度。推动郑州陆港型物流枢纽进行多元城市功能拓展和突破，提升智能化、标准化、绿色化水平，由单纯的货流汇聚向人流、货流、商流、信息流、资金流等要素流的集聚辐射转变；打破区域边界禁锢，将陆港枢纽纳入更广维度、更全局视野统筹规划建设，与周边城市区域进行联动开发，根据城市规划和土地总体利用规划，合理确定周边用地布局与规模，围绕铁路货运枢纽，形成以物流商贸产业集群为核心，逐步衍生的制造、会展、娱乐等多元业态为补充的多圈层开发布局模式。

（3）完善区域物流基础设施建设。以建设现代化立体交通道路等为重点，加快构建功能完善、互联互通的物流基础设施体系。充分发挥路

网和公共交通的作用，不断提升城市交通服务功能和承载力。按照道路建设规划，加快完成区域内路网建设，建成“外成环、内成网、节点畅通”的道路交通体系；推动与郑东新区、航空港区、中牟县等周边区域的连通道路建设，打通与航空港衔接的交通瓶颈，形成高效畅达的联运通道；提高与周边功能区在物流场站、交通设施等方面互联互通、共建共享水平。

（4）加快铁路专用线入园工程。加快实施铁路专用线进企入园工程，支持郑州陆港型物流枢纽区域内大型专业化物流园区新建或改扩建铁路专用线。进一步规范和简化铁路专用线接轨审核及行政许可手续，优化办理流程，适度放宽接轨技术条件，提高办理效率。鼓励企业自建铁路专用线对外开放共用，支持通过资产收购等方式盘活闲置铁路专用线。

（5）推进郑民高速改口工程。推进郑民高速在郑州陆港型物流枢纽区域内新增出入口，缓解京港澳高速的通行压力，降低企业运输成本，提高运行效率，全面提升经开区交通基础设施综合承载能力，搭建立体化交通网络，为公路港建设提供运力支持，为郑州市构建国际物流中心及在中部地区崛起提供支撑条件。

（二）建设高效优质的枢纽经济服务平台。

（1）建设国际大宗商品交易中心。依托郑商所和河南大宗商品交易市场，围绕粮食、煤炭、有色金属等大宗商品建设一批大型仓储基地，吸引跨国企业在陆港布局国际采购中心，提升郑州价格的影响力，增加期货交易品种，打造“线上＋线下、现货＋期货、交易＋交割”的全功能国际期货交易交割平台和大宗商品交易平台，建成境内境外流通融合、高效便捷的国际大宗商品交易中心。

（2）建设全球网购商品集散分拨中心。重点推动跨境贸易电子商务服务试点扩大规模、提升业务服务水平，进一步探索跨境电子商务业务模式改革，构建跨境电子商务全产业链和生态链，提高进出口业务量，引导企业构建跨国采购平台，打造全球网购商品集散分拨中心。

（3）建设区域创新高地。复制推广郑州航空港经济综合实验区、自由贸易试验区、自主创新示范区等试点经验，率先将国家科技创新政策落实到位，加大政策先行先试力度，将郑州陆港型物流枢纽打造成为科技创新集聚区。同时，支持区域内骨干企业利用全球创新资源，开展技术创新、产品研发设计创新，提升企业核心竞争力，创建国家级工程（技术）研究中心、企业技术中心、重点实验室、工程实验室等创新平台等。

（三）培育构建陆港枢纽型现代产业体系。

（1）推动先进制造业集群跨越发展。发挥汽车制造、装备制造、现代物流等战略支撑产业集群优势，增强大中型客车、新能源汽车、大型成套装备、智能终端、软件与信息服务、节能环保装备等产业全球竞争力，建设全球重要的高端装备研发生产基地、世界级汽车生产基地、国内一流的智能网联汽车自动驾驶综合试验基地以及智能终端产业基地；重点培育智能制造装备、生物及医药、新一代信息技术等未来产业集群，着力在物联网、云计算、大数据、智能机器人、增材制造、生物医药、北斗导航、节能环保、信息安全等前沿领域实现技术率先突破，瞄准技术前沿，把握变革方向，梳理产业图谱，加强上下游产业布局规划，推动形成共生互补的产业生态体系。

（2）加快国际商贸业提质发展。大力发展转口贸易，依托中欧班列、海关特殊监管区，促进商贸和物流深度互动，积极发展离岸贸易、高端消费；建设辐射中西部的国际消费中心，重点发展保税展示销售、进口商品直销，形成世界知名的保税购物中心；支持一批重点电商产业园建设，重点发展垂直电商、跨境电商、C2M 等新业态，加快线上线下融合发展，培育多元化电商主体，实现“买全球”和“卖全球”；高标准建设 EWTO 核心功能区，重点打造监管服务标准、第三方服务标准、交易服务标准、技术服务标准，最终建成全球网购商品集疏分拨中心、全球跨境电子商务大数据服务中心。

（3）进一步改善物流业发展外部环境。引入国家、省、市各级物流业发展产业基金，并在郑州陆港型物流枢纽所在县（区）设立子基金，设立物流产业发展专项基金和专项基金池，重点对物流主管部门认定具有示范带动作用的物流重点建设项目、物流信息化建设、物流骨干企业等予以资金扶持；积极对接领用国家、省、市各级相关资金支持，专项资金应对郑州陆港型物流枢纽切块下达，提高投入比例；结合现有的城区规划、土地规划，增加郑州陆港型物流枢纽区域物流用地指标，在物流枢纽等重点区域预留项目用地，促进物流业集聚集约发展。在现行政策框架内，用足用好现有各项优惠政策，房产税、土地使用税、教育附加等地方税减免，向区域内物流企业给予优惠倾斜。

（四）强化枢纽与区域经济联动融合发展。

（1）探索对外合作创新模式，打造内陆开放创新高地。积极参与中新（重庆）战略性互联互通示范项目“国际陆海贸易新通道”建设，并借鉴筹划运作经验，凭借在中欧班列开行、跨境电子商务综试区建设的过程中，与相关国家或地区积累了大量合作项目和资源，深入探索构建更高层次、更多领域的合作关系，自主谋划国际战略合作示范项目。

（2）构建陆港产业生态圈，推动园区间协同发展。以陆港枢纽现代供应链服务体系建设为抓手，提升陆港对航空港综合试验区、郑州高新技术产业开发区等产业园区的服务联动作用，鼓励物流企业深入制造业供应、生产和销售链条，促进产业上下游和关联企业分工协作，为制造企业提供定制化、一体化的供应链解决方案，建设创新驱动、集约高效的陆港产业生态圈，培育郑州市开放型现代产业发展的新引擎。

（3）着力推动飞地经济发展，实现产业共生共享共赢。以郑州大都市圈以及中原城市群建设为基础，突破行政区划界限，创新跨区域合作模式，发挥不同地区比较优势，优化资源配置，探索政府引导、园区共建、优势互补、利益共享的“飞地经济”合作模式。加强区域交叉融合和产业跨界渗透，在更大范围内垂直整合产业链、进行全链条布局，完善发展成果分享机制，将郑州国家物流枢纽的发展效应、优势资源、发展经验充分利用，全面实现区域协调发展。

# 关于以郑新汴焦沿黄结合地区为核心示范区推动国家“黄河生态经济带”战略实施的初步构想

郑州市发展和改革委员会

黄河，中华民族母亲河，古代“丝绸之路”黄金通道，我国西北、华北地区的最重要的生态廊道、文化廊道、经济廊道。党中央、国务院始终高度重视沿黄地区生态保护与经济社会发展。

践行习近平新时代中国特色社会主义思想，特别是生态文明绿色发展新理念，国家“十三五”规划《纲要》中明确提出“推进黄河生态经济带建设”。省委、省政府在《河南省建设中原城市群实施方案》和《郑州大都市区空间规划》中，率先提出建设黄河文化带。郑州地处黄河中下游分界点，是国家明确支持建设的国家中心城市。郑州大都市区作为中原城市群建设核心增长极，郑、汴、新、焦沿黄结合地区是大都市区经济、生态、文化联动建设的核心功能板块。为此，我们建议，在省委、省政府和黄委会的通力合作和统筹领导下，争取国家战略支持，以郑州为主体，以郑、汴、新、焦沿黄结合地区为“黄河生态经济带核心示范区”，国家、省、地三级协同，高质量规划建设，用两到七年时间，集中精力实施一批重大工程、重大项目、重大政策，着力把该区域打造成继国家“大长江、大运河”等战略后、“大黄河”战略的先行区、示范区、核心区，使之成为向世界展示中华民族生生不息、自强自立、砥砺奋进，努力实现伟大复兴中国梦的重要窗口，成为中部崛起、中原出彩、河南振兴、郑州龙头高高扬起的重要舞台。基本构想如下。

## 一、重大意义

（一）有利于形成黄河生态经济带建设突破口。黄河全长约 5464 公里，沿黄流域涉及 9 省区，面积约 752443 平方公里。全面实现绿色发展，加速向生态经济转型，各省区之间必然有速度和质量上的差异。郑州作为黄河沿线唯一的国家中心城市，有信心也有实力在生态经济建设上率先起步，秉承“生态优先、流域互动、集约发展”的思路，努力做黄河生态经济带的龙头，以点带面，努力推动国家黄河生态经济带战略部署的落地实施。

（二）有利于为生态脆弱地区转型发展提供示范。核心区内黄河上段有山、中段有滩、下段有险，属于典型的地貌复杂、生态脆弱地区。近年来，郑、新、汴、焦四市大力推行生态工程建设，业已取得初步成效。当前阶段进一步推动黄河生态经济跨区域协作发展，围绕管、建、养、修等重点，迅速形成样板案例，探索建立经济发展与生态保护协同共赢机制，必能为黄河上下游其他地区提供经验借鉴。

（三）有利于向世界多维展示中华民族文化自信。黄河流域是中华民族文化发源地之一。中原地区是黄河文明主要承载地。沿河地区，黄土文化、象棋文化、瓷器文化、冶铁文化、河洛文化、商都文化、根亲文化、太极文化、抗战文化等流光溢彩，中华民族博大精深、厚重古老、连绵不惜的文化自信充分彰显。以郑州为中心多角度向世界展示黄河，必将更加激发世界华人圈“黄河、黄土、黄种人”的自豪感和归属感。

（四）有利于探索都市圈新型城镇化发展新路径。未来 5～10 年，大都市区内部空间关系将愈发紧密，加快从“点—轴”结构向“城市—区域”结构演变。特别是河北岸地区必将产生一批双向依托的节点型功能组团。强化 TOD 空间导引，环绕大都市区，一手抓好网络化、集约型、组团式的城镇体系布局，一手抓好乡村振兴战略实施，有望开创一条都市圈特别是大都市区更加科学推进新型城镇化的发展新路子。

（五）有利于促进区域协调决胜扶贫攻坚战。河南境内沿黄地区扶贫即是重点又是难点。加快核心区建设，实施一批重大工程和项目，推动滩区内贫困人口异地搬迁、产业扶贫，同时配合实施滩区种植结构调整，增强旅游文化产业收益，必然能够有效带动滩区居民生产增收、生活增福，确保全面打赢扶贫攻坚战，为高质量完成第一个百年目标奠定完胜基础。

## 二、初步构想

（一）空间范围。郑州市郑东新区、惠济区、荥阳市、巩义市、中牟县境内连霍高速以北地区；开封市域内连霍高速以北、大广高速以西地区；新乡市平原城乡一体化示范区、原阳县、封丘县全域；焦作市温县、武陟县全域。本区域内生态资源禀赋优良、建设开发强度较小、文化旅游底蕴丰厚，适宜进行大尺度规划设计、组团式功能布局及模块化开发建设。同时紧邻郑州主城区，适合梯次引导郑州中心城市功能外延，方便各类要素资源跨黄河流动形成向豫北辐射效应，有利于加速郑、汴、焦、新四市融合发展，形成大都市区北部核心功能板块。

（二）功能定位。初步考虑黄河生态经济带战略核心区应承担核心功能和领军地位，该地区可做四个方面定位安排：一是黄河生态经济先行区。突出沿黄地区生态特色，加快推动山水林田湖草系统治理，努力推动生态建设与农林、花卉、休闲等产业深度融合，为全国生态经济发展探索新路径、积累新经验，树立全国江河流域生态经济建设标杆。二是华夏黄河文明主地标。突出文化引领作用，全力营造“黄河母亲”主题形象，强化全社会对中原作为黄河主地标认知度，来郑观黄河、游黄河、感黄河，打造国际研学黄河文明寻根目的地和中华优秀传统文化观光体验胜地。三是高品质都市区新示范。充分把握大都市区人口、居住、生产再分流趋势，高品质梯次布局城镇新组团和交通体系，高质量推动乡村振兴战略实施，培育高品质城镇化宜居宜业宜游生活圈，建成国际化现代化生态化大都市新区。四是丝路合作科创大走廊。强力推动自创区战略实施，结合中原五区联动、四路协同的大开放建设，大力发展新技术、新产业、新业态、新模式，重点抓好沿黄南岸郑开双创大走廊和研黄北岸科创小镇珠链带建设，着力破除影响国际间创新要素自由流动的瓶颈，汇集全球各类创新主体活力，最终建成国际化科技创新高地和新兴产业重要策源地。

（三）基本思路。全面贯彻党的十九大精神和习近平新时代中国特色社会主义思想，牢固树立绿水青山就是金山银山的发展理念，坚定走生态为基、文化为魂、人民为本的生态文明发展道路，认真贯彻国家、省加快建设黄河生态经济带战略部署，以实行最严格的生态环境保护制度为前提，以科学构建生态经济体系为核心，以打造黄河文化旅游目的地为愿景，以建设高品质国家科创基地为动力，积极探索形成节约资源和保护环境的空间格局、产业结构、生产方式和生活方式，着力构建山水相济、人文共美、科技潜力迸发、开放活力彰显的黄河生态经济带核心示范区，为我国沿黄流域生态经济发展、生态文明建设积累经验、提供示范。

秉承以上发展思路，关键是要把握好四方面原则：一是坚持生态优先，严格保护。把生态建设和环境保护摆在首要位置，把资源承载能力和生态环境容量作为经济发展的重要依据，保护优先，在发展中保护，在保护中发展，努力实现生态建设与经济社会发展同步推进。二是坚持产业高标，统筹优化。在绿水青山向金山银山转换中找到最佳结合点、全面退出域内污染类企业，积极植入创新科技、文化旅游、康养休闲、金融会展型等环境友好型产业，加快实现生态与人文、生态与科技的协调发展。三是坚持一体管控，合力投入。强化郑州的核心地位和统筹领导，推动区划调整，或仿照国内先进地区实施区域代管共统分计，从而推动全域资源整合，因地制宜，差异协作，强化政策配套，协调项目布局，从而培育形成区域整体竞争优势。四是坚持改革创新，激发活力。坚持市场主导，充分发挥市场在资源配置中的决定作用，激发民间投资的活力。强化政府引导，优化发展环境，不断释放改革红利，从而形成支持核心区建设的可持续市场动力。

（四）主要目标。按照统筹规划、分步实施的原则，可考虑分阶段推进黄河生态经济带核心区建设。近期目标：到2020年，基本形成生态经济体系，基础设施趋于完善，黄河滩区扶贫工作取得全面胜利，生态环境和经济发展协调完善，基本形成经济社会发展与资源环境承载力相适应的高效生态经济发展新模式，在部分重点领域形成一批可复制、可推广的改革成果。远期目标：到2025年，核心区的生态经济发展水平全国领先，形成全国生态经济样板。生态经济社会发展基本成熟，黄河文化和现代文化得到传承和融合，中原作为全球黄河文明的科研文旅目的地地位全面夯实，区域内居民幸福指数显著提升，形成全国知名的生态宜居、宜业、宜游的品质新城网络体系，率先建成经济繁荣、环境优美、生活幸福的国家级生态经济区，为全国生态经济发展创造出一批典型经验。

初步考虑，考核指标体系可按照生态建设、文化影响力、科创合作、品质生活四大类设置。主要包括：三区三线划定、水环境质量、大气环境质量、森林覆盖率、湿地面积、土壤污控防治、农村垃圾处理、文化旅游收入、科技研发投入与产出、科技型产业占比、科研人才数量、公交出行比例、城乡居民人均收入等。

## 三、工作重点

（一）两岸联动共建，集力打造沿黄区域生态修复改善、保护管控、联防协作工作标杆示范区。一是重点抓好森林屏障工程。研究实施林长制。加强两岸公益林管护，严控林地向非林地逆转。全面开展黄河地区的森林增绿行动，力争黄河北岸地区森林覆盖率提高5个百分点。加强古树名木保护，开展古树保护性修复，落实分级鉴定、建档管理、挂牌保护等治理措施。二是着力抓好湿地公园工程。继续完善郑州黄河湿地公园建设。在黄河北岸地区选择适当区域启动北岸湿地公园建设。着力恢复湿地自然生态系统，实现湿地景观自然化。加快湿地植被带建设，开展湿地可持续利用示范。三是加强生态环境监管和生物多样性保护。加强对黄河国家风景名胜区等重点资源开发的监控，严控周边各类制造业活动。积极开展区域内生物多样性保护优先区域的本底调查与评估工作，加强郑州野生动物救护中心建设，谋划建设郑州生态博物馆。四是适度开展收河紧堤尝试性工程。尝试性进行黄河北岸大堤南移，建立登记制水土综保利用体系。推进区域内“堤（岸）、疏、蓄、滞”综合治理工程布局，提高防洪标准。兴建若干应急性平湖工程，平时蓄水做景观，急时清淤调蓄水。加密建设生态河道网。五是强化生态保护红线分区分级管控。以环境主体功能区划落地实施构建“基础骨架”，以生态保护红线划定确立“生态高地”，开展分区分级保护，分层次推进空间用途管制落地。划定生产、生活、生态空间管制界限，落实用途管制，制约空间开发行为，系统提升生态保护水平。六是加强水源地保护和水资源节约利用。加强两岸水源利用统一规划，优化取水口布局，划定禁止排污区、限制排污区和河岸生态保护空间，保护饮水和供水安全。重点在郑州侧改造和扩建现有水源地，提升取水能力。优化水资源配置，保障河道水网生态需水，逐步开展生态用水调度。健全水源保护区的安全防范措施和制度。七是推动两岸大气污染联防联控联治。共建大气污染物跟踪标定监控系统，实施重点污染源排查制度。加强对建筑工地和交通运输的管理，抓好夏秋两季秸秆禁烧和综合利用工作，严格机动车尾气污染监管，加强对城区餐饮服务经营场所的油烟排放监督检查。力争在大气污染传输通道城市（即“2＋26”城市）率先实现联防联控联治。

（二）注重优化提升，努力发展生态农业助力河南打造全国农业经济高质量发展样板。一是大力发展优质粮食产业。充分发挥黄河流域耕地质量较高、沿黄水面富足等优势，突出粮食生产优势地位，调整优化生产布局，扩大优质小麦、油菜、水稻、杂粮等种植规模，改善农业基础条件，强化农业科技支撑，努力提高粮食产能，立足建成全省优质粮食重要供应基础，推动藏粮于地、藏粮于技，在确保国家粮食安全方面有新担当、新作为。二是大力发展都市休闲农业。积极推动沿黄农业向旅游、文化、教育等产业延伸，发展休闲农业、养生农业、创意农业、体验农业等新产业、新业态，带动美丽乡村建设和休闲农业旅游互促共赢，建设集农产示范、园区休闲、垂钓娱乐、自由采摘、田园居享、文化体验于一体的新型农业，提高近郊都市休闲农业的综合效益和整体竞争力，多渠道促进农民增收。加快以黄河鲤鱼品牌为主的沿黄现代渔业发展步伐，推进沿黄现代畜牧业同步发展，扶持优质畜禽良种繁育，推进标准化规模养殖场、现代畜牧业示范园区和畜产品加工基地建设。三是大力推进农业智慧化发展。积极发展“智慧农业”“互联网＋农业”、农产品电子商务，推进物联网等现代信息技术和自动化农机装备、农业机器人等智能装备在农业生产领域的应用，加快推进农业新品种、新技术、新装备的转化和应用，大力发展高端高科技农业、生物农业、现代种业、物理农业，完善现代农业产业技术体系，打造沿黄农业科技创新中心或基地。四是建设现代绿色农业生产区。依托黄河沿岸平坦的地形条件与农业基础，划定并保护基本农田，建设大规模的现代农业生产基地，加强对农业种植结构调整的引导，保障粮食综合生产能力，改善农田生态系统，保障农产品质量安全，促进稳产高产商品粮棉油基地建设，发展优质高效绿色农产品基地，打造绿色优质农产品供给区。五是加强农业区域协同发展。发挥郑州科技、资本、人才集聚和物流中心优势，加强郑州与焦作、新乡、开封在农业科技研发、资本融合、品牌推广、农产品流通等方面的沟通与协作，探索建立以郑州农业企业为龙头、以外阜地区为基地、以郑州为市场的跨区域产业链条，在缓解资源紧张压力、疏解郑州城市功能的同时，保障居民多元化消费需求。

（三）整合文化资源，锚定河南“黄河文明之魂、华夏文明之根”的全球认同感自信心感召力。一是全面复兴黄河母亲主题形象。《哺育》作为郑州市乃至河南省地理标志性雕塑，20 世纪曾长期作为省、市电视台的开播画面，由此郑州黄河母亲文化也为国内外广泛认同。全面启动黄河母亲地标复兴工程，通过文学、艺术、专题片等形式重塑性推广，与四大文化片区建设协同宣传，使之成为郑州核心文化名片。二是启动黄河文化集合展示工程。借鉴深圳锦绣中华微缩景区主题公园经验，考虑在中牟建设黄河沿途风光微缩景区博览园，高标准荟萃黄河沿线地区民间艺术、民俗风情和民居建筑，建设一个具有代表性、独一性的集观光景点、文化体验为一体的精品文化苑区。三是提升黄河风景名胜区品质。完善黄河生态旅游风景区管委会职能，对国务院批复的郑州黄河风景名胜区范围内村镇进行托管。谋划景区新建黄河抗日文化广场等工程，艺术化展现黄河大合唱等作品，谋划2020抗日战争胜利75周年《黄河大合唱》全国汇演全球直播。扎实搞好沿黄旅游业发展的组织协调和市场营销，提升郑州大黄河之旅热度。四是设计黄河文化精品旅游线路。整合黄河郑州段沿线旅游资源，加快推动郑州市域内旅游一体化发展，共同打造推广“黄河旅游”整体品牌。围绕中华文明溯源之旅、文化名人修学之旅、历史遗迹探寻之旅、大河风光体验之旅、生态养生休闲之旅等不同主题，形成富有中原特色的黄河旅游产品和精品线路。五是启动黄河文化探源研究工程。充分利用中国社会科学院郑州研究院平台，整合中国社科院中国历史研究院学科力量，联合开展黄河文化探源研究。定期举办以“黄河文化”为主题的黄河论坛和研讨会，深入研究黄河文化的内涵、外延、载体、价值和功能等。广泛开展黄河文化普查，开展黄河文化遗产的抢救和保护工作，谋划建设黄河文化博物馆。

（四）坚持创新驱动，着力构建全球科创合作、中原集群联动、三地优势互补经济增长新模式。一是构建开放型区域协同创新共同体。强化国家自创区战略实施，更好发挥郑州自创区领军优势，广泛对接郑州、新乡、焦作、开封科技和产业优势，建设开放互通、布局合理的区域创新体系。推进中原科创谷、高新开发区、龙子湖数据岛、郑开双创走廊、平原新区创新产业园、武陟华夏幸福产业新城等重点科研园区建设，积极构建沿黄科技创新走廊建设。加快区域内双创示范基地、众创空间建设，为国际人才来中原创新创业提供更多机遇和更好条件。支持鼓励境内外企业投资者到核心区设立研发机构和创新孵化基地。二是打造高水平科技综合平台。支持重大科技基础设施、重要科研机构和重大创新平台在核心区布局建设。争取国家在核心区建设布局一批重大科研基础设施和大型科研仪器。寻求国家自然基金支持，在郑建设科研机构，吸引支持黄河流域省份科研单位积极参与国家科技计划（专项、基金等）。加强应用基础研究，拓展实施一批黄河重大科技项目。加快推进大湾区重大科技基础设施、交叉研究平台和前沿学科建设。优化创新资源配置，建设培育一批产业技术创新平台、制造业创新中心和企业技术中心。三是深化区域创新体制机制改革。鼓励科技和学术人才交往交流。允许省属符合条件的高校、科研机构向核心区进行迁建。谋划虚拟大学园，吸引国内知名院校在核心区设立的研发机构，享受各项支持创新的政策。完善资本市场和金融服务功能，向全流域省份发起联合设立黄河科技创新专项资金，就重大科研项目开展合作。构建多元化、国际化、跨区域的科技创新投融资体系，优先辅导核心区符合条件的创新型科技企业上市。四是强化知识产权保护和运用。强化知识产权行政执法和司法保护，更好发挥郑州知识产权法院等机构作用，加强在知识产权创造、运用、保护和贸易方面的国际合作，力争在郑州设立国际知识产权中部法院，促进高端知识产权服务与区域产业融合发展，推动通过非诉讼争议解决方式（包括仲裁、调解、协商等）处理知识产权纠纷。不断丰富、发展和完善有利于激励创新的知识产权保护制度。建立黄河科创基地信息交换机制和信息共享平台。五是研究设立黄河学者奖励计划和黄河科创国际论坛。争取科技部支持和有关基金支持，发起成立黄河学者奖励计划，与“长江学者奖励计划”“海外高层次人才引进计划”“青年英才开发计划”等，共同构成国家高层次人才培养支持体系。积极争取科技部、水利部支持，共同发起成立黄河科创国际论坛。每年定期举办活动，使之成为一个开放式、国际化的对话合作平台，定位为全球智库，重点在核心区内选址，打造论坛永久会址和一批国际化科创小镇（设区），力争引进一批热爱中国文化的国际学者、情系中原的国内科学家入驻。

（五）围绕人才需求，加速形成协调均衡、注重品质、怡人舒适、更可持续的活力宜居生活圈。一是强化两岸互通着力改善交通体系。重点完善两岸以黄河沿线桥梁为依托的高速铁路、城际铁路和高等级公路为主体的城际快速交通网络。研究郑州轨道交通向北岸延伸的科学性、可行性，有序规划北岸地区公共交通线网项目。加强两岸地区物流交通体系建设，推进场站等基础设施有效对接，构建安全便捷运输体系。二是重点优化北岸地区城镇体系布局。避免黄河北岸地区城市摊大饼发展模式，集力建设一批重要镇区，推动县市中心城区、中心镇、科技小镇、品质生活社区网络布局、链式联系。充分发挥各地区比较优势，加快培育一批具有特色优势的魅力小镇。加快实施乡村振兴战略，提高核心区内城乡一体化水平。三是面向未来建设一流智慧网络体系。全力打造中原智慧城市示范区，推进骨干网、城域网、接入网、互联网数据中心和支撑系统的 IPv6 升级改造。谋划实现免费高速无线局域网在热点区域和重点交通线路全覆盖。加强城市大数据互动合作，建设互通的公共应用平台。积极推动信息类先进技术在核心区使用，建设无人驾驶等新产业实验基地。四是推动优质公共服务体系均衡配置。参照长江学者计划建立黄河学者计划。积极引进世界知名大学和特色学院，推进世界一流大学和一流学科建设。推动教育合作发展，加强优质基础教育向北辐射。推动核心区休闲品质生活，共同开发高端旅游项目，完善旅游基础设施与公共服务体系。研究推动优质医疗卫生资源无缝对接，发展健康产业，加强食品食用农产品安全合作。五是开展丝路人文交流与合作计划。重点围绕青少年开展丝绸之路沿线国家的出访活动。谋划在郑州召开丝路青年文化、艺术、科技等合作交流活动。加快郑州建设旅游集散中心和对外文化交流门户，扩大中华文明和中原文化的影响力、传播力和辐射力。六是设立国家中欧合作案例地区研究中心。结合国家“一带一路”建设、以中国社会科学院郑州研究院为牵头单位，协作郑州大学、河南大学和河南省外科研机构，以中欧城镇化务实合作的体制机制和创新发展实践为主视角，重点研究中欧城市建设经验与合作方式，推广合作城市最佳实践案例，为国家推进中欧城市可持续合作提供思路和建议。

## 四、保障机制

（一）协同管理机制。积极争取国家批准成立黄河生态经济带核心区委员会（可参照河南省航空港经济综合实验区模式设置），负责黄河生态经济带的统一领导、统一规划、统一开发和建设，研究解决政策实施、项目安排、体制机制创新等方面的重大问题，做好区域内重要规划协调衔接、重大政策决策会商、重大基础设施对接建设、公共服务共建共享等方面工作。

（二）财税投入机制。积极争取国家对黄河生态经济带的基础设施建设、生态环境保护等方面给予更多资金支持。研究设立黄河生态经济带“区域一体化发展基金”，支持区域内生态环境保护、扶贫搬迁、科技农业、文化建设以及重大问题的研究和重大规划的编制等。探索实行差别化税收政策，适当降低核心区内科技创新型企业的税收标准或免税。

（三）要素保障机制。加强水资源管理调度，统筹安排增加河南黄河流域用水指标，优先保障郑州用水，力争新增 15 亿立方米用水指标，以满足郑州市人口增长、城市综合承载力提升和城市景观形象改造的需要。科学管理黄河收堤新增土地，黄河水利委员会优先使用；河南省对黄河北岸新增土地进行统一规划，并通过土地置换等方式，提高土地利用效益。

（四）项目落实机制。坚持项目带动、项目化推进，谋划一批基础设施、产业发展、生态环保等领域的重大项目，细化分解出对应的单项规划，明确各类规划中需要实施的重点项目，制定分阶段推进时间表，突出重点、有力有序推进重大项目建设，确保黄河生态经济带建设各项任务落到实处。

## 五、几点建议

（一）加强顶层设计，编制两大《规划》呈报国务院审批。一是《黄河生态经济带建设纲要》，恳请水利部黄委会牵头，河南省配合，落地到郑州市；二是《黄河生态经济带中原核心区发展规划》，恳请河南省牵头，郑、新、汴、焦四市配合。两项规划报批工作要充分借鉴前期国家战略申报经验，河南省、黄委会通力合作完成。

（二）强化省际协调，力争在郑州常设沿黄省市联席会议。建议国家批准设立黄河生态经济带联席会议机制。请国家发改委、水利部共同牵头，黄委会、河南省人民政府具体承办，每年定期召开，重点研究统筹协调黄河生态经济带建设发展工作。会议常设在郑州召开。

（三）抓好专项研究，持续提升国家对黄河工作的重视度。建议设立国家黄河专项研究基金，围绕生态修复、水资源调配、沿黄文旅通道建设等经济社会发展诸多方面开展专项持续性研究工作，每年度在郑州举行一次“黄河研究重大专项表彰大会”，持续提升科学界对郑州黄河研究中心的默认度和国家对黄河问题研究的热度。

# 郑州战略性新兴产业培育问题研究

中共郑州市委党校

2008年国际金融危机爆发以后，全球主要经济体都致力于加快技术研发创新，培育壮大新兴产业，抢占未来科技和产业的制高点。2010年国务院印发《关于加快培育和发展战略性新兴产业的决定》，立足我国国情和科技、产业基础，列出现阶段我国重点培育和发展的七大方向：节能环保、新一代信息技术、生物、高端装备制造、新能源、新材料、新能源汽车等。2016年国务院印发《“十三五”国家战略性新兴产业发展规划》、2018年国家统计局发布《战略性新兴产业分类（2018）》，在既定七大产业的基础上又增加数字创意产业和相关服务业。

2017年河南省政府印发《河南省“十三五”战略性新兴产业发展规划》，将新一代信息技术、生物、高端装备、先进材料、新能源、新能源汽车、节能环保、数字创意八大产业列为河南省重点培育和发展的战略性新兴产业。2011年郑州市政府出台《郑州市战略性新兴产业发展规划（2011—2015年）》。

## 一、郑州培育和发展战略性新兴产业取得的成绩

（一）产业规模持续壮大。

2011年郑州市政府出台《郑州市战略性新兴产业发展规划（2011—

2015年)》。近年来，郑州市培育和发展战略性新兴产业的步伐持续加快。数据显示，继2015年工业中战略性产业比重首次超过传统高耗能产业后，2017年汽车及装备制造、电子信息、新材料、生物及医药四大战略性产业占全市工业的比重进一步提升到55.8%，煤炭、化工、建材、钢铁、铝、电力六大高耗能产业比重下降到40.5%。

（二）重点产业快速成长。

（1）新一代信息技术。

1）智能终端与配件。目前，郑州已成为全国重要的智能手机生产基地。2017年航空港区智能手机总产量2.99亿部，在全球手机供货量中占比超过1/7。此外，郑州旭飞光电是国内最大的5代液晶玻璃基板生产基地，并引进郑州合晶单晶硅抛光片、华锐科技5代TFT-LCD面板、惠科11代液晶面板等生产项目。

2）大数据。2016年河南省获批建设国家大数据综合试验区，成为继贵州之后获批的第二批省份之一。截至目前，华为、浪潮、甲骨文等知名企业已经入驻龙子湖智慧岛，岛上企业数量超过200家，涵盖基础技术平台、数据交易等主要领域。作为新IT行业的领军企业，新华三在高新区大数据产业园投资建设新华三大数据技术有限公司。

3）物联网。位于高新区的汉威科技已经发展成为国内气体传感器领域的龙头企业。此外，高新区还集聚了辉煌科技等一批知名的物联网企业。2018年9月，郑州市政府印发《郑州市智能传感器产业培育专案》，提出要以高新区为核心，以航空港区、郑东新区为支点，全面建设“中国（郑州）智能传感谷”。

4）软件和信息安全。高新区的郑州软件园被科技部认定为“国家火炬计划软件产业基地”，区内聚集相关科研机构及企业300余家。此外，郑州信息安全产业在国内处于领先水平，拥有信大捷安、山谷网安、金明源等一批行业优秀企业。

（2）新能源汽车。2017年郑州新能源汽车产量达到3.11万辆，仅宇通1家新能源客车产量就达到2.51万辆，市场占有率达到20%以上，位居行业第一位。2018年8月，宇通客车自主研发的氢燃料电池公交车全面进入商业示范运营阶段。郑州已经成为全国最大的新能源客车研发生产基地。此外，中牟新能源及新能源汽车产业基地已经汇集了北京国能、深圳比克等锂离子电池全国重点项目，并成功引入牟特科技电驱动系统及电机电控生产项目，产业配套能力不断提升。

（3）高端装备制造。装备制造是郑州的传统优势产业。郑州拥有中铁装备、郑州中车、新大方、郑煤机、黎明重工等一批在国内外具有较强竞争力的高端装备制造骨干企业。工程机械、轨道交通、煤矿机械等产品处于全国领先水平。在高端精密制造领域，郑州拥有郑钻精密、台湾友嘉等行业知名企业。

（4）新材料。2017年郑州新材料产业产值超过2000亿元。郑州是我国超硬材料的主要发源地和行业中心，同时是全国重要的新型耐火材料和新型有色金属材料生产基地。新密的新型耐火材料、荥阳的超硬材料、登封的非晶合金材料等在国内具有一定的影响力。

（5）生物医药。郑州在抗生素原料药、片剂、中药丸剂、血液制品、疫苗及诊断试剂等领域具有一定的优势。目前已有美泰宝、鸿运华宁、泰基鸿诺等创新药领军企业，安图生物等体外诊断试剂企业，太龙药业等现代中药企业，华南医电、飞龙医疗等高端医疗设备企业。

（三）新技术、新产业、新业态、新模式蓬勃发展。

（1）智能制造快速推广。当前，智能制造已成为制造业转型升级的主攻方向。2018年郑州市出台《郑州市智能制造和工业互联网发展三年行动计划（2018—2020年）》。大信橱柜的“梦模块＋梦工厂＋云设计”模式、梦舒雅的“小单快反、快速转款”生产模式已经成为推广智能制造生产方式的优秀代表。

（2）线上线下加速融合。一方面线下企业纷纷触网。好想你、逸阳等郑州知名品牌纷纷入驻电商平台；黎明重工搭建“世界工厂网”，成为国内最专业的装备制造电商平台。另一方面线上企业开始布局实体销售渠道。跨境电商是未来国际贸易的主要方式和主流趋势，郑州首创的跨境电商“1210”监管模式不仅在全国复制，更是在俄罗斯、卢森堡等国家推广。受益于跨境电商的发展，黎明重工、宇通重工、企鹅粮油等企业跨境电商业务年均增长 20%～30%，荣盛耐材、郑州锅炉、大汇恒兴、国立进出口等企业所经营的耐火材料、锅炉、箱包、建筑机械等产品跨境电商销售额年均增长超过 50%。

## 二、郑州培育和发展战略性新兴产业面临的问题

（一）科技创新能力不强，产业层次总体偏低。

(1) 研发投入不足。研发投入强度是全社会研发经费支出与 GDP（地区生产总值）之比。2017 年郑州研发投入强度为 1.74%（如图 1 所示）。横向对比可以发现，郑州研发投入强度不仅与发达国家和国内一线城市相比处于落后水平，也低于全国平均水平和武汉、合肥等中部地区城市。

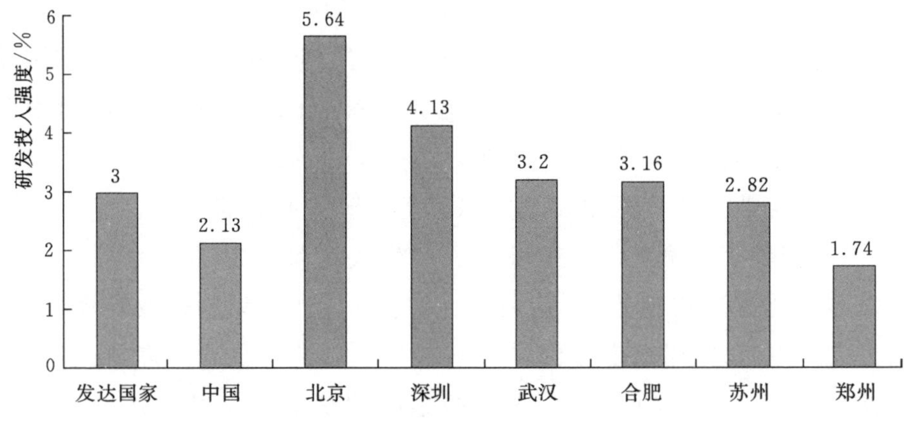


图 1　2017 年研发投入强度比较

(2) 创新能力尤其是原发性创新能力不强。长期以来，郑州企业创新能力尤其是原发性创新能力不强。发明专利授权量是衡量自主创新能力的核心指标。2017 年郑州发明专利授权量 2954 件（如图 2 所示），不仅低于北上广深等一线城市，也低于武汉、成都、西安、合肥等中西部地区城市。

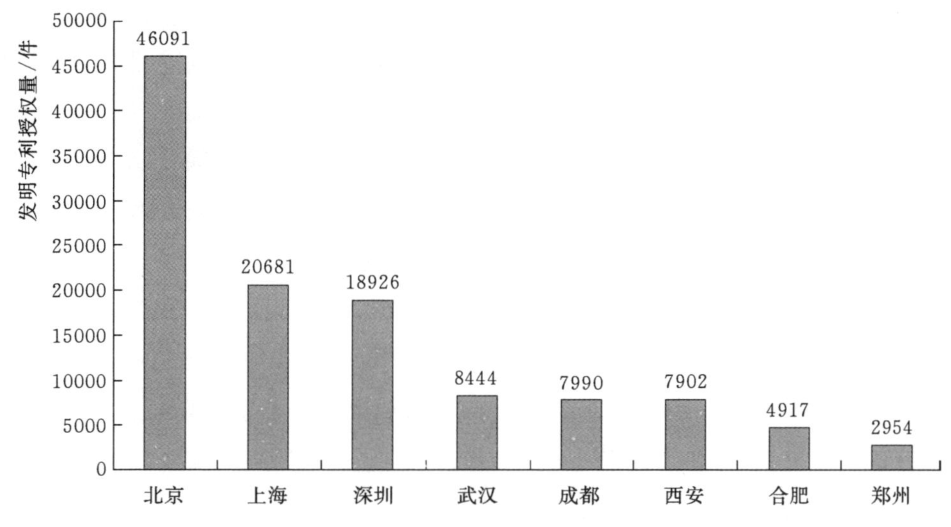


图 2 2017 年主要城市发明专利授权量

(3) 产业基础较为薄弱。一直以来，郑州的传统优势产业以轻纺、服装、食品加工等劳动密集型产业为主，技术密集型产业不发达，发展战略性新兴产业的基础较为薄弱。郑州在培育和发展战略性新兴产业的过程中存在“高端产业低端化”现象，一些核心技术和关键零部件仍然依赖进口。

(二) 高端生产要素供应不足，城市“品牌效应”有待提高。

(1) 人才状况不容乐观。一是高层次人才相对短缺，比如能够引领科学发展趋势的战略科学家、有望推动行业核心技术实现重大突破的科技领军人才等。二是本地科教资源有限。目前，郑州只有郑州大学一所双一流大学，许多与战略性新兴产业相关的前沿学科和专业本地院校还没有开设。三是本地人才存在“孔雀东南飞”的现象。据不完全统计，从 2017 年至今，天津、重庆、成都、武汉、杭州、南京、青岛、长沙、无锡、郑州、沈阳、济南、西安、南昌、厦门、新疆、石家庄、福州等超过 50 个城市发布空前力度的引才政策，推出户口、住房、生活补贴、研发经费等方面的优惠政策，城市之间对人才的争夺日趋激烈。

(2) 金融对战略性新兴产业的支持力度不足。一是战略性新兴产业多处于发展初期，发展前景不明朗，以银行为代表的传统金融往往不愿承担过高风险而存在惜贷现象。大多数战略性新兴产业的企业具有轻资产的特点，由于无形资产很多情况下不能抵押担保从而限制了企业获得银行贷款。二是郑州本地企业通过资本市场融资能力不强。以股票市场为例，截至 2017 年底，杭州 A 股上市公司数量为 129 家，长沙 66 家，武汉 53 家，成都 69 家，合肥 44 家，郑州仅为 27 家。三是金融创新不足。郑州作为一个内陆地区城市，金融创新滞后。目前，郑州本地风险投资机构数量少、规模小、资金来源单一，其他的一些金融业态，如融资租赁、科技担保、科技保险等刚刚起步甚至仍处于空白阶段。

（3）郑州的城市“品牌效应”有待提高。“品牌效应”使城市在招商引资的过程中呈现出明显的马太效应。一个城市越具有“品牌效应”，就会吸引更多的优秀企业慕名而来，在当地落户。目前，郑州的城市“品牌效应”仍有待提高。

（三）配套体系有待完善，产业集群效应尚未充分发挥。

（1）配套体系有待完善。一是基础设施不完善。战略性新兴产业大多需要一定的基础设施相配套，除了水、电、道路等一般性基础设施外，有些还涉及专业性较强的基础设施，比如发展电动汽车需要建设充电桩，发展生物医药产业需要建设废水处理厂等。基础设施不完善成为制约郑州战略性新兴产业培育和发展的一大因素。二是公共服务平台较为欠缺。包括技术服务中心、检验检测中心等在内的公共服务平台在战略性新兴产业培育和发展的过程中起到至关重要的作用。目前郑州此类公共服务平台仍然较为欠缺。三是法律法规滞后。在战略性新兴产业培育和发展的过程中，会出现新技术、新产品、新业态、新模式等一系列新生事物，需要法律法规对这些新事物进行认可、规范和调节。但法律法规滞后导致新兴产业发展中出现现有规定与新兴产业发展相冲突、无法可依等问题，制约战略性新兴产业的培育和发展。四是市场培育不足。战略性新兴产业大多处于发展初期，由于技术不成熟、社会认知度低、消费习惯和理念短期内难以转变、价格昂贵等原因，其产品往往表现出需求不足的问题，阻碍战略性新兴产业的规模化发展。

（2）产业集群效应尚未充分发挥。战略性新兴产业集群是指在地理上临近，并与战略性新兴产业相关联的公司或机构，它们同处于或相关于一个特定的战略性新兴产业领域，相互之间具有竞争与合作关系，是彼此关联的公司、专业化供货商、服务供应商和相关产业的企业以及政府、其他相关机构（如大学、研究机构、智囊团、职业培训机构以及行业协会等）的集聚体[1]。一个带动力强的龙头型企业可以带动上下游产业的发展，促进关联企业集聚，最终实现整个产业的集群式发展。目前，郑州缺乏战略性新兴产业领域带动力强的龙头型企业，产业链条和产业配套不完善，产业集群效应尚未充分发挥。

（四）国内外加速布局战略性新兴产业，竞争日趋激烈。

（1）发达国家纷纷出台政策鼓励战略性新兴产业发展。2008 年国际金融危机以后，许多发达国家都对危机产生的原因进行反思，将其归结于产业空心化。危机后，许多国家从产业结构入手，对经济进行结构性调整，如美国《美国创新战略：推动可持续增长和高质量就业》、德国《高技术战略 2020》、英国《工业 2050 战略》、日本《面向光辉日本的新成长战略》、韩国《新增长动力规划及发展战略》等。战略性新兴产业代表新一轮科技革命和产业变革的方向，一时间成为各国竞相发展的领域。

（2）国内许多城市加速布局战略性新兴产业。近年来，国内许多城市加速布局战略性新兴产业，先后出台支持战略性新兴产业发展的规划措施。虽然在行业的细分领域和侧重点上有所不同，比如同样是新一代信息技术领域，武汉依托光谷重点发展光电子等，合肥依托中国声谷重点发展智能语音，郑州依托解放军信息工程大学重点发展信息安全、可见光通信等。但整体上看，在培育和发展战略性新兴产业的过程中，区域竞争日趋激烈。一些地方甚至出现无序竞争、低水平重复建设等问题，值得警惕。

---

[1] 刘大勇．战略性新兴产业集群演进路径研究——以河南省为例［J］．区域经济评论，2016（1）：89－94.

## 三、郑州培育和发展战略性新兴产业的思路与对策

（一）以产业基础和本地特色为出发点，确定培育和发展的重点领域。

科学判断和选择新兴产业发展的主要领域和方向至关重要，是实现新兴产业的后发优势和跨越发展的基础和前提，将决定区域未来的产业层次和在总体经济发展格局中的战略地位❶。郑州在确定战略性新兴产业发展重点和方向时，要平衡技术前沿性与适宜性，充分考虑其对相关产业的引领带动作用、市场需求前景、资源消耗和环境污染等因素，立足郑州自身特色和产业基础，避免贪大求全，力求与其他地区实现差异化发展。

（1）新一代信息技术。一是着力打造世界级电子信息先进制造业集群。一方面在现有产能优势的基础上，不断向产业链中高端延伸，尤其要加快研发设计、应用服务等环节的发展，重点在屏幕、芯片和主板等关键环节实现突破；另一方面，以智能手机为基础向智能电视、智能可穿戴设备、平板电脑等智能终端延伸。二是积极培育大数据、云计算、物联网等技术和企业。重点推进郑东新区智慧岛、高新区郑州大数据产业园等建设，发展云计算服务以及传感器制造、射频识别、物联网软件和系统集成等物联网技术和应用。三是建设千亿级信息安全产业集群。2017 年 7 月，郑州信息安全产业基地启动暨战略合作签约仪式在金水科教园区举行，计划到“十三五”末建成在国内具有重要影响力的千亿级信息安全产业集群。四是发展北斗导航与遥感、可见光通信等具有本地特色的新一代信息技术。依托河南北斗产业园和郑州航空港区北斗智能终端产业园两个专业园区，研发生产北斗地基增强系统、授时系统、车载终端等产品；依托解放军信息工程大学发展可见光通信等具有本地特

❶ 李天舒，张天维．战略性新兴产业的领域选择和政策取向［J］．特区经济，2010（10）：220－222.

色的新一代信息技术。

(2) 新能源汽车。郑州应利用自身在新能源汽车行业的优势地位，进一步在动力总成系统、电池、电机、电控等核心环节取得更大突破，建设全国具有重要影响力的新能源汽车研发生产基地。把握国家支持燃料电池汽车发展的机遇，尽快出台产业发展规划和支持政策。

(3) 高端装备制造。2018 年 3 月，郑州市政府印发《郑州市装备制造业转型升级行动计划（2017—2020 年）》，聚焦盾构、机器人、数控机床、轨道交通装备、节能环保、通用航空 6 个高端引领产业，到 2020 年，郑州市高端装备制造业主营业务收入力争达到 1000 亿元。此外，继续加快智能制造生产方式的推广应用，贯穿产品设计、生产制造、管理服务的全过程，提高产品质量和附加值。

(4) 新材料。2018 年 1 月，郑州市政府印发《郑州市新型材料业转型升级行动计划（2017—2020 年）》：将围绕新型耐材、新型建材、中高端铝材、超硬材料、前沿新材料（非晶材料、碳纤维、石墨烯）等重点领域，将郑州建设成为国际知名新型材料产业基地。目前，荥阳市正在建设郑州市新材料产业园区，致力于研发碳纤维、石墨烯等先进碳材料；登封着力打造千亿级非晶新材料产业集群和千亿级玄武岩纤维新材料产业集群。

(5) 生物医药。加快发展附加值和技术含量较高的生物技术药物、化学创新药、现代中药的研发制造，高端医疗器械等生物医学工程技术和产品，以及医药研发、第三方检验服务、医疗诊断、药品冷链物流等新业态。

*（二）以郑洛新国家自主创新示范区为平台，提高自主创新能力。*

(1) 继续加大研发投入。《郑洛新国家自主创新示范区建设实施方案》提出，2020 年郑洛新三个国家高新区研发投入占生产总值的比重达到 5%，带动郑洛新三市研发投入占生产总值的比重达到 2.5%。政府要加大对研发的资金扶持力度，通过组织实施重大科技专项等措施，支持核心、共性技术的攻关和成果转化；通过财政补贴、提高研发费用税前抵扣比例等方式进一步激励引导企业加大研发投入，巩固企业在研发投入方面的主体地位。

（2）推动高端科教资源在郑州集聚。一是积极发挥本地高校和科研机构的作用。郑州现有高校应密切关注科技发展趋势和前沿并及时增设与之相关的专业和课程，郑州信大先进技术研究院、郑州大学产业技术研究院等本地科研机构应利用自身专业优势服务郑州战略性新兴产业的培育和发展。二是加快从外部引进高端科教资源。国内外城市发展经验证明，通过与国内外知名高校签订战略合作协议、合作办学，支持知名高校设立分校、研究生院等方式，是弥补高端科教资源先天不足的有效途径。

（3）完善自主创新体系。一是充分发挥企业的主体作用，形成以创新型龙头企业为引领、以高新技术企业为骨干、以科技型中小企业为生力军的创新型企业集群。通过组织郑州本地企业家参加国内外经济形势、科技和产业前沿问题等专题培训，组织企业家外出考察等形式，培养郑州本地企业家的战略眼光和干事创业能力，增强其培育和发展战略性新兴产业的积极性。二是充分发挥创新创业综合体、众创空间、高新区以及产业园区等的载体作用。创新创业综合体、众创空间的建设有助于完善覆盖“苗圃-孵化-加速-产业化”的全链条创新创业培育体系；高新区、主导产业符合战略性新兴产业方向的产业园区是提高自主创新能力、培育和发展战略性新兴产业的重要载体，有助于实现产业集群式发展。三是充分发挥产学研协同创新战略联盟、产业技术创新战略联盟等的平台作用。集聚人才、技术、资金等资源，联合开展产业前沿及共性关键技术研发、行业标准制定等工作。四是健全包括科技信息发布、企业商务咨询、技术交易等在内的科技创新中介服务体系，减少科技成果转化过程中的信息不对称问题，促进科技成果转化和商业化应用。

（4）进行有利于创新的体制机制改革。国家自主创新示范区是国家赋予郑州的重要战略平台，其核心在于国家赋予地方政府“先行先试”的权力，对阻碍创新的体制机制，如科技评价机制、科技成果转化机制、人事薪酬制度等进行改革。作为郑洛新国家自主创新示范区的核心区，郑州高新区已启动管理体制与人事薪酬制度改革，激发干事创业活力。

（三）以开放发展为契机，借助外力加快战略性新兴产业的培育和发展。

（1）大力引进引领性项目和企业。近年来，随着航空和跨境铁路两种运输方式的快速发展，郑州航空、铁路、公路、海运“四港一体”多式联运功能日趋成熟，其国际性综合交通枢纽地位得以确立。郑州从一个不沿江、不靠海、不沿边的典型内陆城市站在了新一轮改革开放的最前沿，越来越多的国内外企业开始了解郑州的区位交通、人力资源、市场规模等优势，并选择郑州作为投资目的地。郑州应加大招商引资力度，深度融入全球产业链和价值链，引进一批战略性新兴产业领域的引领性项目和企业，从而带动整个行业快速发展。

（2）提升本地企业在全国乃至全球的品牌影响力。一是积极实施品牌战略。作为“中国品牌日”的发源地，郑州要积极实施品牌战略，培育一批在全国乃至全球范围内有影响力的本土品牌，增强国内外消费者对郑州产品的了解和认可。二是鼓励企业积极开展跨国经营。鼓励具有较强竞争优势和实力的郑州战略性新兴产业的龙头企业制定国际化战略，积极开展跨国经营。三是借助“一带一路”倡议开拓沿线国家市场。郑州是“一带一路”的重要节点城市。郑州本地企业在前期市场分析和投资可行性研究的基础上，应积极在“一带一路”沿线国家开展业务；政府相关部门争取在沿线国家设置办事机构，为企业走出去提供配套服务。

（3）积极整合国内外研发资源。一是鼓励本地企业在全国乃至全球范围内，与行业内其他企业、学校、科研院所开展交流合作，进行联合创新。二是争取国家重大科技项目落地郑州。随着国外在关键核心技术方面对中国实行越来越严格的封锁，我国必然会从战略层面更加重视自主创新能力的提高，集中人力、物力、财力对重大科技项目进行攻关。郑州要抓住机遇，积极争取国家重大科技项目落地郑州，带动相关产业发展。

（四）以产业生态优化为着力点，推动战略性新兴产业集群式发展。

（1）正确行使政府职能。一是进一步增强加快培育和发展郑州战略性新兴产业的紧迫感和责任感。郑州广大领导干部尤其是负责产业发展规划、招商引资等相关工作的领导干部要充分认识到加快培育和发展战略性新兴产业的重大意义，以“功成不必在我”的精神境界和对郑州长远发展负责任的态度谋划发展。二是营造良好的营商环境。要以“一网通办”前提下的“最多跑一次”改革为带动，持续深化“放管服”改革，减少审批事项，优化服务流程，提升办事效率，进一步厘清政府与市场的关系，努力营造国际化法治化便利化的营商环境。三是加大对战略性新兴产业的扶持力度。在产业规划、项目审批、信贷优惠、财税政策、用地保障等方面加大对战略性新兴产业的支持力度；加快市场培育和开发，在符合国家相关政策和满足质量标准的前提下，鼓励郑州本地产品的示范应用，从而形成科技研发与市场化应用之间的良性循环。四是完善配套体系。郑州应尽快完善战略性新兴产业发展所需要的配套体系，不仅包括基础设施等硬件，还包括行业标准、政策法规、知识产权保护等软件。五是科学引导战略性新兴产业进行合理空间布局。为避免传统产业存在的“小散乱”问题，政府相关部门应该从源头上对战略性新兴产业的空间布局进行科学引导，突出特色。

（2）创造良好的人才发展环境。战略性新兴产业的发展离不开高端人才的支撑。一是加大本土人才培养力度。增强本地高校和职业技术院校的师资力量，增设与战略性新兴产业相关的课程与专业，扩大招生规模，加大本土人才培养力度。二是面向全球重点引进一批战略性新兴产业相关领域紧缺的高层次科技人才和高技术人才。三是建立灵活多样的人才流动与聘用模式，人才跨地区、跨行业、跨体制流动便利化机制和柔性引智机制。四是建立健全人才激励机制，建设生态良好、和谐宜居的城市环境，为在郑创新创业人才提供具有吸引力的发展环境和生活环境。

（3）提供多元化的金融支持。一是鼓励银行等传统金融机构创新产品和服务，比如知识产权质押融资、“科技贷”等适合战略性新兴产业特点的业务。二是抓住新股发行制度有利于战略性新兴产业改革的时机、支持符合条件的企业在主板、中小板、创业板上市直接融资，发行企业债券，通过产权交易市场进行融资等。三是设立战略性新兴产业发展引导基金，吸引更多社会资本投资战略性新兴产业。四是发挥风险投资、科技担保、科技保险等新型金融业态的作用。在拓宽风险投资资金来源渠道的同时，完善风险投资退出机制，通过股票上市或被外部机构收购等退出方式实现资本增值[1]。发展科技保险、科技担保等金融新业态，针对产业发展不同阶段的风险特征和风险水平开发不同的保险产品，为战略性新兴产业的培育和发展提供保障。

---

❶ 谭中明，李战奇．论战略性新兴产业发展的金融支持对策［J］．企业经济，2012(2)：172－175.